# 譚傲霜回憶錄

譚傲霜——著

冰雪剛解凍，亭亭玉立花一枝。
仰首已覺滿林綠，滿眼不堪三月初。

一九七四年三月

# 代序　童年回憶

來自嘉陵江畔的朋友，當你在歸途中，穿過巴山夜雨，
回到北岸的老家，勞你抬頭向南邊瞭望，
在極遠極遠的群山之上，在霧氣繚繞的頂端，
孤獨地佇立著一座古塔，
她就是南岸人所皆知的，我的老相識——文峰塔。

煩你向行人問問，塔周圍那漫山遍野的杜鵑花，
是否還像當年的映山紅，開得出奇地燦爛？

順便也問問，我家大門前的桂花樹，
在中秋明月當空之時，是否仍散發著千里的幽香？

春初，一陣驟雨過後，窗前的芭蕉是否，
也還驕傲地伸展著捲曲的枝葉，
向身旁發出異香的梔子微笑？

還要託你問一聲，後坡那棵會講故事的老黃葛，是否倖存？

幼時，我愛坐在它粗壯的枝幹上，眺望紅日西沉，
留下滿天變化著的火燒雲：金兔子、赤老虎、大黑熊……

時刻都變幻無窮。剎那間，那位神奇的畫家，
把一瓶瓶紅、黃、藍、紫、綠，投入山腳下的江中，
轉眼，揚子江變成一個，閃耀著五光十色的火燒世界！

天黑下來了，在星星的陪伴下，帶著那幅奇景，我走向歸途。

三月到了，挑著豆腐腦的小販滿山叫賣。
一夜之間，菜花鋪開她層層金黃色的地毯，
順著梯田，把芬芳撒滿山谷。
去迎接，暖洋洋的，在春光中爭豔的，粉色的、白色的桃李。

時光如箭，生日到了！媽媽帶著我採菊「東籬下」。
幾毛錢，任你帶回多少黃的、白的、暗紅色的秋菊。
東坡的「傲霜枝」，出現在她客廳的大花瓶裡。
白花如散銀，華黃如逪金，寧可抱香枝上老，不隨黃葉舞秋風

再過一些時光，汪山的梅林也將活躍起來。
躲在積雪中的紅梅和臘梅，
在彎曲無葉的枝頭上伸出臉兒，
向人們宣告：春天已經不遠了！

昨天，夢裡，不，那不是夢，在你的南坡上，發生了一場浩劫。
我心愛的松林被饑民們砍伐一空！
此起彼伏的松濤，曾在狂風中，奏出深沉的交響曲；
如今，這些音符應只會在夢中發出迴響……

古老的文峰，你也許太蒼老了，已無暇顧及人間的災難和喜樂。
人們說，古塔會成精，也許有一天，你會施展出一個魔術，
把一切一切都變回來，讓我重新享受童年的幸福時光……

哪怕在夢中，沿著山路，走回那神奇的世界。

# 第一章

一九三一年，南京

一個幸福美滿的家庭

* 我父母的邂逅和結合
* 在戰火中誕生
* 大花蟲原來是條蛇
* 姐姐給我理髮
* 搬進新房子，新生活之始
* 遊明孝陵
* 德國家庭最重視聖誕節
* 復活節的傳統
* 青島之行
* 參觀中山陵
* 我記憶中一九三〇年代的上海和南京
* 太湖邊度假
* 黃埔軍校校慶
* 西安事變的反響
* 黃埔軍校的尾聲
* 我的四歲生日

# 我父母的邂逅和結合

　　一九三一年，我出生在一個德國母親、中國父親的家庭裡。我母親瑪麗年幼喪母，她父親再娶後，即把她送到一個天主教教會學校寄讀。當時是二十世紀初，在文學藝術和學術領域中，法國印象派雖已進入尾聲，卻仍風靡世界；德國的表現主義和各色各樣的前衛先驅派和學術思想流派，在藝壇和科學寶殿上，百花齊放，各展千秋。德國首都柏林，經過十九世紀大規模的擴建和城市綠化後，藝人和學者群集，儼然成了歐洲文化藝術中心。

　　母親瑪麗自小就缺乏母愛，沒有嚐到過家庭的溫暖，卻成長為一個酷愛文學藝術的浪漫派女人。成長階段，在一個保守的天主教學校被「關」了許多年，她是多麼渴望自由啊！自己成為母親之後，她絕不願用保守的教義去教育她的孩子們，這是可以理解的。因此，關於孩子的信仰選擇上，完全不加干涉。不過，孩子們卻在耳濡目染中，深受她喜愛的德國文學與音樂所薰陶。

　　中學畢業後，瑪麗前往柏林，在大學攻讀室內設計。這些年當中，她一有機會便到博物館、畫廊去豐富自己，吸取精神食糧。同時，還在一位有名的藝術設計大師門下受教。

　　我父母的邂逅可以說是巧遇，是不幸中之大幸。母親瑪麗在柏林念書時，愛上了一個在德進修的俄籍物理學家。經推算，此君並非別人，而正是後來鼎鼎大名的核子物理學家朗道（L.D. Landau）院士。母親曾屢次提到他的專業和姓名，朗道院士的最後一位情人也證實，在一九二〇年代後半葉，他曾在柏林深造。這位年輕的學者，原來一輩子都耽溺

於女色，專幹那惹草拈花的風流韻事，這是眾所皆知的。對母親來說，愛情是幸福的火光，當它熄滅的那一剎那，生命便失去了意義。

失戀的母親瑪麗，決定結束她自幼即不幸、命運多舛的一生。可喜的是自殺未遂，她後來被送進醫院急救，而主治大夫，就是我那正在柏林攻讀博士學位的父親，譚守仁大夫。因緣巧合，母親被這位來自東方、文質彬彬的譚大夫無微不至的殷勤護理所感動，心中自然而然滋生情愫。在她當時看來，這是東方文明優越性的表現，便接受了父親的求婚。出院後，他們在中國大使館舉行結婚儀式。臨行前，一塊兒回母親老家，告別父親、後母和妹妹（後母的女兒，父親過繼來的）。這是在一九二八年冬。

母親瑪麗的日記是從他們所搭乘的列車到達西西伯利亞厄姆斯車站寫起的。車站醜惡的一面，在她筆下顯得活龍活現，反倒有些詩情畫意。以下是日記中的一段描寫：

> 沒有電燈，小桌臺上卻放著鍍銀燭臺。在閃閃燭光的襯托下，周圍的骯髒顯得更加荒誕不經，好似節日裡的焰火。把頭伸出窗外，只見月臺上一大群衣衫襤褸，污穢已僵化，臉上長滿麻子的小孩兒，他們正在用高高低低的各種不同聲調，向旅客討幾個戈比，好買食物充饑。

儘管如此，母親卻喜歡俄羅斯人。在描寫富饒的大自然環境，和心胸寬大、情感單純像小孩子似的俄羅斯人時，母親自然流露出對他們的異常好感。使她入迷的，還有在白皚皚的冰雪世界中沉睡著的，遼闊廣大的俄羅斯冬景。看，那不斷地飛過眼前的白樺樹林，千里雪飄的西伯利亞已在身後，美麗壯觀的貝加爾湖驟然映入眼簾。啊，她安靜地躺在冰凍的世界裡，做著她甜蜜的冬夢。

母親把她的靈魂全部寄託在這位來自遙遠異鄉，深愛她的中國男子身上。到達中國首都南京後，她所看到的卻是一個完全陌生的世界——到處是貧困和落後，但為了愛情，她決定戰勝一切。

　　一九一五年，袁世凱篡奪了辛亥革命的成果稱帝；袁死後，政權又落到北洋軍閥手中。退居日本的孫中山先生，歸返中國後，在廣州當選大元帥，便命令護法軍出師北伐。不幸孫先生壯志未酬身先死，卻給我們留下了珍貴的總理遺囑。之後，首都南遷，蔣介石成立南京政府。

# 在戰火中誕生

　　我還有一個比我大一歲的姐姐。媽媽肚子裡懷我的時候，正值導致東北全面淪陷的「九一八」事變，地圖上出現了滿洲國。為了保證第三胎（中間還有過一次流產）母女安全，爸爸把媽媽送到上海大西路德國醫院。

　　我出生於一九三一年十一月二十一日，這是中國現代史上一個十分動盪而又極其悲慘的時代。我出生後不久又遭逢上海「一二八」事變，即有名的淞滬戰役。當時，上海十九路軍，抗日英雄的浴血保衛戰，寫下了無數英勇的篇章。「中國不會亡！中國不會亡！」這就是後來在小學裡學到的，歌頌謝團長保衛吳淞口的抗日歌曲：「身可殺，志不撓，一心一意為國勞，憑槍殺敵志不撓，憑槍殺敵志不撓！」上音樂課時，我們是多麼興奮地唱著這些歌曲啊！

　　十九路軍雖然擊退了敵軍，打了勝仗，卻處於彈盡糧竭的困境。不料，蔣介石在此戰役後，竟與日方簽訂了《上海停戰協定》，向日軍提供了在上海駐軍的權利，而中國軍隊反而不能駐軍。在中國現代史上，又一次寫下了喪國辱權的一章。

　　「一二八」事變迫使我全家，包括猶在父母懷抱中的我，坐船逆長江而上，第一次走上流亡的道路，也第一次來到祖宗的土地——天府之國四川。這次流亡的時間並不長，等「局勢」平定後，我們就闔家回到南京。

　　一九二八年父母從德國坐著那橫跨歐亞兩洲的西伯利亞大鐵路抵南京時，正逢北伐（一九二六至一九二七年）結束，首都從北平遷至南

京。我們的新生活剛開始，租屋度日。

　　爸爸除了靠私人開業賺錢外，還在鎮江江蘇醫學院任教。媽媽也沒有賦閒在家，她同時在陸軍軍官學校、南京大學和黃埔軍官學校三處兼課。父母親為了早日給這個小家庭編織好一個安樂窩，像蜜蜂似地整日在外面奔忙。

　　家裡有楊媽帶著我們，另有廚師做飯。我和姐姐則先後上了鼓樓幼稚園。往昔的一切早已日漸淡忘，如今只依稀記得一兩件軼事。

# 大花蟲原來是條蛇

　　有一天，雨剛停，我獨自一人跑到園子裡玩耍。那天是休假日，爸爸也在園子裡。忽然，我看見陰溝裡有一條很長的滿身花紋的蟲子，我覺得很好看，想跑過去摸摸牠，就連忙把爸爸叫來說：「爸爸，你看這麼大一條蟲！」爸爸一看，嚇了一跳。原來是一條長蛇，在陰溝裡曬太陽。爸爸說：「別動牠，我馬上就來。」

　　幾分鐘之後，他拿來一個大玻璃罐，放在溝裡蛇頭前。誰知那大傢伙，竟十分聽話地鑽到瓶子裡去了。據說，爸爸後來在玻璃罐裡，倒滿了酒精。這龐然大物，喝得醉醺醺地，永遠進入了甜蜜的醉鄉。

　　此後，牠便成了家中的第二個生物標本，陪著我那未出世而夭折的小哥哥。我對這種動作緩慢、色彩斑斕的蛇類，不但不害怕，反而抱有好感呢。

　　當然，在蛇類中也有那動作敏捷能把人咬死的毒蛇；甚至還有更大的蟒蛇，會把人緊箍纏牢，直到你停止呼吸。這些都是爸爸後來告訴我的。

# 姐姐給我理髮

　　這天晚上是週末，媽媽爸爸去朋友家作客，把我和姐姐留在家裡，這也是常有的事。姐姐大概是無聊得憋不住了，就找到一把剪子，來給我「理髮」。她東一剪，西一剪，好好的頭髮，剪得不成人樣，但我也絲毫不在乎。

　　媽媽回來了，看見姐姐如此橫來，便大罵一頓，還使勁地打屁股。可能因為我年齡還太小，對自己的外貌，不十分在意。姐姐挨罵挨打，傷心地大哭大叫。我覺得她太委屈了，就跟媽媽說好話：「妳不要打姐姐啦，你看她多可憐！」媽媽回答說：「妳護著妳姐姐？快到鏡子前看一看，妳的頭上就像生了癩瘡疤！」但生瘡是什麼我也不懂，只覺得自己變得很可笑。

　　用現代心理學方法來分析姐姐的行為和我的反應，也許原因在於，我們姐妹只差一歲多，而在這個年齡段上，一個大約三歲，另一個還不到兩歲，每人的自我意識和對外界的反應，還有一定的落差。

# 搬進新房子，新生活之始

　　不到一兩年，新房子買下來了。在新區樂家路，媽媽特別高興，將它精心設計和點綴了一番。

　　樓下是小客廳和餐廳，中間相隔一道帶轆轤可以來回推來推去的玻璃門。餐廳後面是我很少去的廚房，我已經沒有印象。樓房與傭人住的屋子之間，隔著一個敞開的覆蓋著葡萄藤的裡院。進門後，右側有一個儲存食品的小房間，裡面放著冰箱。

　　我們的臥室和浴室都在樓上，媽媽爸爸一間，我們孩子們一間，還有一個小陽臺。從二樓有樓梯向上通到樓頂的閣樓，是專為客人來過夜和短期下榻準備的。房子外有一個花園和車房。

　　從小，父母親就不和我們同桌吃飯。我們的廚師中西餐都難不倒他，小孩兒不許吃辣的、炸的、油膩的。我們的食品是富含營養和維他命的乳製品、馬鈴薯和蔬菜之類，肉類少吃，都是烹煮的。

# 遊明孝陵

　　童年時期我記憶最深的是我們全家同遊明孝陵。明代第二個皇帝孝宗的墓前，有一排巨型的石雕動物，諸如大象、駱駝和馬。這些原本就很巨大的物種被大大地誇示，以示皇權的無上權威。記得爸爸想替我拍一張照做留念，我費了五牛二虎之力，半爬半推地坐上去，坐穩了，那張照才算照好了。

　　再過去，就是文武百官像。文官頭上戴著有十字形裝飾的方帽，手中還拿著書本。武官則全副武裝，也十分高大，都是用石頭雕成的。要想看見孝宗皇帝的墓，還要走很長一段路。明孝陵佔地究竟多少畝？皇帝靈柩所在的地方，是否有人陪葬？人們遊明孝陵時，也許會想到這些問題吧。

　　我第一次聽到「陪葬」這個詞，弄不清是活著的人被活埋，還是死者同其他死者一起埋起來。當時，我覺得如果是活埋，那太殘酷了。難道代表中國古代最高權力者的皇帝是這麼一個可怕的君主嗎？爸爸說，南京有明朝三個皇帝的陵墓，後來國都搬到北京，其他十三個皇帝就葬在北京的十三陵。

　　許多年之後，我到北京參加漢語研討會，曾坐公車參觀十三陵水庫，順便遊覽了十三陵。記得看到那些大石獸和石造的文武官員時，我立即聯想起南京的明孝陵，但記憶中的明孝陵是充滿陽光和鳥語花香的，耳邊彷彿還聽見父母親切的話語——爸爸當時正給媽媽和我們介紹中國古代歷史故事呢。

　　那時，我們還是一個美滿的家庭；如今，父母卻早已雙雙離開人間。我想，他們在黃泉之下，也未必能夠相見吧。爸爸在他八十歲的風燭殘年時，曾對我說，他如果沒有跟媽媽離婚，不會落到如今的地步。看來，在爸爸臨終前的回憶中，年輕時那一段共同生活的歲月應該是十分美滿、十分珍貴的。

　　南京的名勝中，印象比較深刻的，要算梅園新村！但那也只不過是被時間沖淡了的一幅法國印象派畫作：在一個隆冬的上午，天空一片灰色，突然一簇簇粉紅色的雲彩，出現在白茫茫的雪地上。

　　爸爸介紹說：「這就是紅梅，還有清香萬里的臘梅。梅花是我們的國花，但只有在少數一些南方的城市，才能生長。」當時，我彷彿在夢幻中，只有在童話世界裡，才會有這樣的奇景。媽媽也深深地愛上了這種奇花。

　　第二次參觀梅林應該是在重慶汪山，但因為我的歸家之愁作祟而未能實現。大概那時我已隱隱感覺到，一個美滿的家正在走向毀滅。就讓我對梅花的回憶，永遠活在幼年時的記憶中吧！

# 德國家庭最重視聖誕節

　　爸爸買了一輛小汽車。等弟弟生下來，他常開著車，帶我們到七峽山好玩兒的地方，或城東紫金山的中山陵去遊覽。爸爸特別感到驕傲的是，我國擁有最古老的七峽山天文臺

　　我們的外祖父是卡塞爾市一個大火車頭工廠的總工程師，生活比較富裕。他很愛我們，每年聖誕節到來之前，都要海運一批禮物送給我們。留聲機剛上市，就託運了一架，還附有當時流行的德國歌曲，和膾炙人口的古典音樂唱片。

　　爸爸很喜歡音樂，所以很喜歡這架留聲機，常常在家裡和郊外播放。逐漸地我們不僅學會了許多聖誕歌曲，而且，把那一九三〇年代的德國流行歌曲和古典名曲也都學會了。爸爸唱時我們跟著把曲子哼出來，還學會像他那樣隨著樂曲吹口哨。因此，許多古典音樂的主要曲調也在不知不覺間記入了我們的腦海中。

　　記得抗戰期間，我們住在鋸木灣，大弟有時在樓下複習功課，興致來了，就放聲高唱舒曼的夢幻曲。這樣唱著唱著，讀書分了心，媽媽也沒有去責備他。

　　聖誕節是我們家一年裡最隆重的節日。母親既然是天主教家庭出生，就必定在十二月二十四日夜裡過（這與基督教二十五日開始過，有點不同）。這天下午四五點，媽媽就讓我們上床睡。八點整，叮噹叮噹的鈴聲像教堂裡的大鐘似的，配合著音樂聲齊響。媽媽把我們從睡夢中叫醒，我們一個個興奮地配合節日盛裝打扮。走下樓去，這時的客廳早已燈火輝煌，一棵點著許多小蠟燭的聖誕樹，亭亭玉立在客廳中央，閃

閃發光。樹上掛滿了細雨般的銀絲和各色玻璃球、銀色的核桃，和金色小鐘。樹下鋪滿厚厚的棉花，宛如林中的厚雪；在燭光的照耀下，樹影婆娑，枝葉扶疏。在斑駁的樹影中，聖誕樹活像一個盛裝的美女。

樹旁的沙發椅上，坐著一位手中拄著一根長棍的聖誕老人。他身穿鑲白邊的大紅袍和軟帽，好像剛從異國他鄉趕來，還沒有緩過氣來。聖誕老人身旁放著一個他帶來的大白布袋。坐定了，就把我們孩子們一個個叫到身邊，問我們：「這一年都幹了什麼？有沒有不聽媽媽爸爸的話？欺負過弟弟妹妹沒有？」又問：「幹了什麼值得表揚的好事，是什麼好事？」比如說，是否幫媽媽澆花？有沒有替爸爸開車門等等。這時候，我們心裡總是很緊張，深怕說錯話或無意中說了謊，觸怒聖誕老人就拿不到禮品了。

聖誕老人談吐自然，嚴肅之中透露出慈祥。他說：「做錯了事，要學會認錯道歉，以後不再犯。要愛護弟妹，關心父母，在幼稚園裡也要跟孩子們交朋友。」禮物分發完了，開始進晚餐──平時的正餐由各種可口的糕餅甜食所代替了。然後，留聲機播放著聖誕歌曲，我們全家就在神聖的氣氛中大聲歌唱：「平安夜，聖潔夜……」這首歌曲我最喜歡，它的音符出自人們靈魂的深處，既安寧又聖潔，同每個人的心神融為一體：

> 平安夜，聖潔夜。一切沉浸在睡夢中，一切沉浸在寂靜中；唯有那對忠實神聖的伴侶，守護著嬌嫩可愛，頭髮鬈曲的孩兒。睡吧，在天堂似的寧靜中睡吧，在天堂似的寧靜中睡吧！
> 黑暗隱去，處處是光芒。
> 牧羊人聽見天使們的歌唱：「哈利路亞，耶穌救世主誕生啦，耶穌救世主誕生啦！哈利路亞，我們的主永世不滅！」

歌詞道出耶穌降世人間，被釘死十字架上，給人類帶來拯救的深邃哲理。

接著，媽媽帶我們唱小孩兒過聖誕節唱的其他德文歌曲。聖誕夜，我們可以晚些睡，並允許我們玩一種鎂光鋼條。鎂光鋼條一接上蠟燭上的燭火，就會吱吱吱地發出閃耀火星，光芒四射，最後會像銀色的雨點一般落下來，熄滅掉。

記得，有一年聖誕節，媽媽的朋友帶著孩子來過節。當我們玩兒仙女棒時，火星落到聖誕樹下的棉花上。屋子溫度高，說時慢，那時快，一棵枝葉茂密的小松樹，只一眨眼的工夫，便帶著歡樂的劈啪聲燃燒起來了。好在我們飯廳有扇玻璃門能通到外面的草地，爸爸一聲號令，要大家趕快躲開。然後，他便巧妙地把燃燒著的樹，通過飯廳推到戶外，用幾桶水把它澆滅了。

這場意外，大人和小孩都吃驚不小，客人們更可說是乘興而來，敗興而歸。好在節日也已進入尾聲，最終大家就這樣各自草草道別走散了。

我們抱著珍貴的聖誕禮物，回到二樓，一面走一面議論：「聖誕樹燒掉多可惜，這是媽媽精心裝飾的，本來可以多放幾天，讓它給我們帶來更多的歡樂，而如今還要再等上整整一年的時間了。」這時弟弟氣憤地插進來說：「妳們就只想到自己。爸爸冒著生命危險，滅掉一場可能引起的大火，他才是我們的英雄好漢呢！」真的，由於爸爸的果斷，才免了一場災難。

隔年，當聖誕節的燈火重新在我們家的客廳裡點燃時，我們已置身在遙遠的大西南叢林裡了。那時，我已六歲，姐姐已經七歲。聖誕老人照例光臨，一切如舊，我們心裡因此而感到又驚又喜。唯一不同的是，缺了外祖父從德國寄來的禮物。那時，歐洲已被捲入戰火中。

到了一九三八年夏季，有一日，媽媽正在翻箱倒櫃整理冬裝，把它們拿出去曬太陽時，我偶然發現箱子裡有一件棉布大襖，便偷偷地把這個消息告訴了姐姐。就這樣，又一個童年的美夢，在不知不覺中，流逝在無情的時光中。

# 復活節的傳統

　　每年入春，當百花盛開，百鳥在枝頭上歌唱的時候，基督復活節便到來了。根據教曆，這一天往往碰上四月頭一個星期日。正如《新約》裡說的，耶穌為了拯救人類，被釘在十字架上，三天後，他復活升天。當他走出石穴時，第一個發現這事的是他最寵愛的門徒——改邪歸正了的瑪麗·德蓮（即瑪麗瑪格德蓮娜）。這個名字碰巧是我的教名，但媽媽從來不這麼叫我，因為「妹妹」這個稱呼對她而言更親切得多

　　後來，她在「妹」這個詞根上，加上了一個詞綴「琳德」。這個文字遊戲，使我們家裡出現了一個德文名字，簡稱時就叫妹。媽媽的處理我很同意，而我的教名，只會喚起我一些複雜的聯想。

　　復活節這一天，在西方國家，特別是德國，總是過得很熱鬧。學校要放一星期復活節假。家家都用各種彩色煮成花花綠綠的復活蛋，放在一個大籃子裡，色彩絢麗，很具有裝飾性。有些人畫興來了，竟能在這個小小的、圓鼓鼓的空間上，畫出一幅精美的即景畫。在俄羅斯，民間盛行木製蛋，有的卻是用寶石製作，俄國沙皇把它贈送給歐洲與俄國有世襲關係的皇親貴族們。現在，許多國家的博物館裡都還可以看到這樣的裝飾品。

　　復活節在耶穌誕生前就是猶太人的重要節日，有吃齋的習俗。現在東正教也承襲了這個舊習，過得很隆重。教堂裡唱聖歌講道一直弄到深夜。這幾天遇見熟人，必定用「基督復活了」的喜信向告，對方則答以：「是真的復活了！」家家戶戶做了復活節蛋糕，要拿到教堂裡去灑聖水。

送蛋的習俗現在已很難考證，可能是基督教之前的多神教留下的。隨著時代的變化，它早已變得商業化了。不論哪個商店都在出售巧克力製作的雞蛋，好好的風俗竟變得如此俗氣。

　　南京地區屬亞熱帶，春天來得很早。三、四月，園裡已綠草如茵。灌木和新生長的小樹也都發出綠芽來。園子裡開滿了水仙、芍藥、丁香、玫瑰，香氣撲鼻，小小的花園召來許多蝴蝶和蜜蜂。

　　媽媽為了給節日增添更多喜氣，會把染好色的雞蛋藏在花園的樹叢中，然後分發給每一個孩子一個小巧的竹籃。一聲令下，身著漂亮春裝的孩子們，像一隻隻花蝴蝶似的，飛出戶外。誰找到第一顆蛋，馬上向大家宣布，而誰的籃子裡的蛋最多，就會得特獎。這個節日僅次於聖誕節，是我們孩子最喜歡的春天節日。

　　中國人也有染蛋的習俗，但它的文化背景和內涵完全不一樣。一般是哪個人家生了孩子，就把雞蛋或鴨蛋，染成紫紅色，分送來道喜的客人，以示喜慶。

　　有一次我們的復活節是採取野遊的形式，爸爸還帶著留聲機到郊區去。好像就是那一年，同遊的還有張治中將軍夫人及孩孫一輩，此外還有住在我們閣樓裡的瑞士人趙太太和她的中國丈夫。那時大弟弟時霖還是個嬰兒，抱在趙太太懷裡，我們也不過三四歲。如果不是保留了半個多世紀的那張野遊照，這件事恐怕早已在我記憶中消失。

　　我只知道張治中一家人是爸爸的老病人和世交，後來在北大念書時，還看見他的女兒就讀外語系。她也是游泳運動員，我們還曾經待在同一隊，她游蛙式，我跳水。

　　父親的老病人中，還有國民黨著名人士副主席李濟深。他後來參加了共產黨新政府任副總理，他老人家曾帶我們去中南海幹部俱樂部跳舞。這些七八十歲的老人，早已聽不準音樂的旋律，搖搖擺擺地也算跳交際舞。

　　這好像是我們偉大的導師毛澤東興起的，他老人家不但在游泳池裡簽署重要文件，而且橫渡長江不止一次喔，你可別小看！

# 青島之行
## 愛國的第一課

　　到我四歲那一年夏天，媽媽爸爸還沒放暑假，就託去青島的朋友照顧我們先行。

　　我們姐妹倆頭一次乘海船離家遠行，一路上雖然浪頗高，自我感覺並沒有什麼異樣。當我發現船上竟有一架鞦韆時，立刻玩開了，覺得心曠神怡。我拚命地往高處盪，在想像中覺得，好像一放手便會飛躍到那藍色的海洋中，與宇宙共天地，渺滄海之一粟。

　　到了青島，我們兩姐妹寄宿在學生已經放暑假的聖公中學宿舍，等待媽媽爸爸帶著弟弟來青島。

　　記得有一天，媽媽帶我們去逛街。青島的日本貨很多，我們逛到一個日本攤子前，上面放著許多製作得很精美的小皮包。皮包上畫著日本的樓臺廟宇，和一簇簇粉色雲彩似的盛開著的櫻花，非常好看，價錢又很便宜。

　　我要媽媽給我買，但媽媽說：「現在人人抵制日貨，不應該買。」我問她：「什麼叫抵制？」從她的解釋中，我才知道，原來日本是我們的敵國，它侵占了我們的土地，想要滅亡中國，買它的東西就等於資助它。「再說，」媽媽又加上一句，「日本貨雖然便宜，但質地不好，容易壞。」

　　日本人為什麼要滅亡我們，我還是弄不明白，就讓它糊塗下去吧！豈知這個難得糊塗的謎，不過一兩年後，便被「七七」事變的砲火揭開，而使我這小女孩兒無師自通了。

　　媽媽爸爸和弟弟都來青島後，我們每天都到離市區最近的第一海濱浴場去洗海水澡。第一海濱浴場人雖然多，可也安全得多，不會遇到鯊魚。因為，浴場前方設有一個很大的網，不讓這些海中的殺人魔王來去自如。

　　第二和第三浴場，人較少，風景也比第一浴場好，但據說每年都有好幾個白人冒險游到深海區，不幸被鯊魚啃掉腿。白人皮膚白皙，在水裡很顯眼，鯊魚聞到人的腥味，便會群起而攻之，一大群游攏過來，幾分鐘之內，喜歡在深海冒險的白人佬，已被這群牙似利刃的吃人魔王，啃得只剩下一把骨頭。

　　第一浴場離市區最近，到了最熱的時候，沙灘上人山人海，好像全城的市民都聚集到這裡來了。大人呼小孩兒，小孩兒找大人，一片喧囂在熱空氣中蕩漾。好一個龐大的海濱浴場，就好似塞滿了沙丁魚的罐頭。

　　我帶著一個灌滿空氣，吹漲得鼓鼓的長頸鵝，想坐在它身上游開來。誰知不到幾秒鐘工夫，我已經游出父母的視野以外。這可不得了！說實話，我當時也有點著急，在這個數百人，人擠人的浴場裡，要想找到父母親就像在海裡撈針！但看來父母親比我還著急，早已向觀察臺描述了我的特徵，不出半小時，我已回到了他們的懷抱。

　　說實話，第一次的青島之行，沒有給我太多的好感。再說，聖公中學醫療室裡存放著一具立著的骷髏，怪嚇人的。後來，才聽說這是上生物課，講人體解剖時，給學生說明人體骨骼構造必要的活教材。我第一次看到，我們死後一個個都會變成這樣醜惡的骷髏，很不以為然。

　　後來，一位修女告訴我，骷髏雖然都很難看，但是一個人活著時，如果行善，死後他的靈魂便會升到天堂裡去。我把修女的話告訴媽媽。媽媽卻說：「上天堂還是下地獄，要等世界末日最後審判到來時才能決定。所以妳應該當個乖女孩，長大了也要做一個好人。」

　　離開青島前一天，媽媽一早讓我們穿上漂亮的洋裝，坐著馬車，把我們帶到大家最喜歡的德國浴場去玩兒，照幾張相片留念。照完以後，

媽媽叫我把衣服脫掉，裸體同她擁抱合拍一張。我一聽要裸體便毅然表示抗議，但媽媽硬是堅持要拍這個鏡頭，我便傷心地大哭起來。我心裡想：「羞恥之心人皆有之，媽媽妳怎麼不懂中國人的這個道理？」最後，雙方各讓一步，衣服都脫下來，但留下一條小褲衩，這場糾紛才算平息。

青島雖然美好，但也有不愉快的事：我幾乎在海邊丟失了，這是其一；跟骷髏隔屋而住，這是其二；媽媽逼我拍裸體照，這是其三。此外，還得加上回南京後不久，我動了一次中耳炎手術。據爸爸說，這是因為在海水裡洗澡，髒水灌進耳朵化膿了。手術前給我打全身麻醉，我感到有一個馬達拚命地在腦子裡旋轉，我用全部毅力去抗拒它，馬達轉得更快了，終於我失去了知覺。

# 參觀中山陵
## 近代史上的一課

次年夏天，爸爸媽媽帶我們去參觀中山陵。爸爸說，這是我們國父孫中山先生的靈寢。

「就是他推翻了皇帝的專制制度，建立了民主共和國。」媽媽連忙插一句，「現在中國男人再也不必像舊照片裡的清朝人那樣，留著辮子。」

中山先生是在北京去世的，但新政府決定把他的靈柩運到南京，因為南京是我們的首都，並且為他建造了這樣一個莊嚴美麗的殿堂，全是玉白石製的。走進陵堂，氣氛異常肅穆，男人都脫下帽子。我問媽媽：「男人為什麼都脫帽？」她說：「孫先生是一個偉人，他為中國做了許多偉大的事，所以稱他叫國父，脫帽是為了對他表示尊敬和懷念。」

最後，我還忍不住問媽媽：「為什麼我們對孫先生的稱法很不一樣？」她說：「我們的稱法是他本名孫逸仙的方言英譯音，中國人就以他的字稱。」爸爸說：「這樣更顯得親切和尊重。」中山陵坐落在一個有幾百級石梯的山頂上，是中國，也是世界上，最雄偉、最美麗的陵墓之一。

那天，天氣特別熱，山下有一個游泳池。媽媽允許我和姐姐在水裡玩兒，涼快涼快。至於他們和弟弟是否也下水了，這一點已從記憶中丟失。照道理，這小傢伙絕不會放棄這種機會。

# 我記憶中一九三〇年代的上海和南京

　　我的出生地上海，是一九三〇年代我們經常前往遊逛的城市。我們家住南京，但在媽媽的假期裡，特別是在不宜出遊的寒假，我卻時常陪著她去上海採買食品、衣著等日用品。首先光臨的自然是南京路四大公司。雖然，櫃臺百貨琳琅滿目，但媽媽其實很少給我們買玩具，除了圖書之外。那時公司裡已有了自動化的電樓梯。媽媽忙著購買，有時把我們叫去當翻譯，我們就一直圍繞著電動樓梯，上上下下玩個沒完。

　　現在回憶起來，上海給我印象最深的是黃浦江。這條江不管是從近處看還是從遠處看，都看不到對岸（除了遠處的崇明島）。它好似一鍋正在不斷沸騰、快要滿溢出來的熱水。瞧，它的波浪有時上上下下翻滾著，有時又忽左忽右地搖擺著，但彷彿永遠停滯不前。不知有吳淞口的人，也許會誤以為這是一灘根本沒有出海口的死水吧。

　　黃浦江邊，停滿掛著萬國旗號的商船，和幾艘漂亮的外國白色軍艦，十分醒目。許多小舢板載著蔬菜水果和肉類，穿梭於浦東和崇明島之間。這些小舢板的駕駛者，跟他們的上海老鄉一樣，技術精巧穩當地飛奔漂流在浪峰之上，而不會被它吞噬。

　　再看揚子江，特別是中游地帶，則大不相同，這是一條日夜不停地奔流的活水。雖然江水也呈泥黃色，卻總是以千軍萬馬之勢向東奔馳，從來不會留下像黃浦江和蘇州河那樣的臭味。放眼揚子江對岸，不是亂石穿空、崢嶸陡峭、驚濤拍岸的石壁，就是阡陌縱橫的農田，或房舍櫛比鱗次的中小城市。

　　到了上海，媽媽有時也去探訪一兩個朋友，例如同濟大學的廖教授

夫妻和三個兒子、瑞士人趙太太和她的中國丈夫，這兩家都是媽媽的至交。特別是廖家，許多年後，媽媽在北大任教時，還保持著友善交往。廖家的大兒子，剛解放就去香港搞實業。二兒子貝爾尼娶了一個白俄混血兒姑娘，遷居到蘇聯西伯利亞——這是當時唯一允許他們定居的地方，可惜生了兩個孩子後不久就離婚了。赫魯雪夫上臺後，貝爾尼又帶著兩個兒子，移居戰時被史達林驅趕到哈薩克斯坦的，德國先民居住的村落。這些德裔俄羅斯人，是早在十八世紀，應原籍為德國人的葉卡捷琳娜二世邀請來定居的。

根據彼得大帝的遺志，沙皇的兒子必須娶一個歐洲皇族的公主做皇后。俄羅斯最後一個皇后，就是英國維多利亞女皇的親侄女。從中世紀以來，歐洲皇族聯姻已成傳統，至今未斷。俄國和其他皇族通婚，不僅促使了這個國家歐化，並有利於它的改革。

這位雄心勃勃的葉卡捷琳娜二世女皇，一心要把地跨歐亞兩洲的俄國變成一個偉大帝國。她以德國某公爵女兒身分嫁過來，並且立刻皈依東正教。後來，葉卡捷琳娜發動宮廷政變，掌握了政權。她即位後，馬上進行一系列改革，決心完成偉大帝國的夢想。她的政績，包括發動俄土戰爭而取得黑海沿岸地區，並使克里米亞歸屬俄國。在聖彼得堡眾多名勝古蹟中，就有一座以她命名的宮殿。由於她在政治、經濟，以及特別在文化方面的功績，使得俄羅斯走進入了其歷史上最繁榮的時代。這也可以說，彼得大帝的理想實現了。

被邀請遷移到俄羅斯的德國人，原來定居在伏爾加河薩拉托夫州附近，和克里米亞城堡區。貝爾尼就是在德國人被迫前往哈薩克斯坦開墾荒地時跟去的。他從小即受到純德語教育，德文是他的第一母語，和我們不一樣。他有個弟弟，曾在團中央做翻譯。這個弟弟「文革」期間被打成右派，得癌症而死。他們的父母，兩老口子仍住在北京，相依為命，那時母親常常去城裡看望他們。東西德統一後，哈薩克斯坦的德國先民和他們的後代（有不少跟俄羅斯人通婚），陸續被遣返回到他們歷

史上的祖國。加入蘇籍的貝爾尼，孩子們大了都遠走高飛，他自己則脫離了德國文化，好似水中的浮萍，在陌生人中孤苦伶仃地度過他的餘生。

南京是一個古老的文化城，比起其他城市來，我更喜歡它。三國的孫吳、東晉、宋、齊、陳、南唐、明初太平天國和辛亥革命成功後都曾在此建都。南京城桓周圍約三十五公里，為世界第一。有山有水，風景優美。據說，南京古城又名石頭城。《紅樓夢》裡賈雨村，欲遊六朝遺蹟，就要進入石頭城。可見，曹雪芹所描繪的大觀園的故事，其實是古典美人石頭城的風華再現。

南京城啊，你的名字永遠是同樂家路上我的家連在一起的，也是同我的德國母親、中國父親連起來的，而他們永遠是我的父母親。

回憶往事，不禁想起南唐後主李煜辭廟北上時，曾無比淒涼地寫出「四十年來家國，三千里地山河」的詞句。那時的金陵正是：「鳳閣龍樓連霄漢，玉樹瓊枝作煙蘿，幾曾識干戈？」（〈破陣子〉）

民國初建，南京這個古城獲得重生，進入了新世紀。但很不性地，歷史的長河給她安排的時光太短促，前前後後才不過十年光景，她已被踐踏在日本鬼子的鐵蹄下。一九三七年十二月十三日發生的南京大屠殺，數十萬南京同胞死於非命，日本人殘忍的程度與希特勒相比，有過之而無不及。戰後，我再也沒有回過南京，但在我的心靈中，她一直是我們的第一個、也是唯一真正的家，甜蜜的家。

南京是金陵古城的化身，剛進入新世紀之初，而上海連同黃浦江和外灘，早已成了冒險家的樂園，一個熱鬧非凡的半殖民地現代化國際都市。

住在南京時，常常嚮往上海那股熱鬧勁，但採買任務完成後，又急不可待地想回南京。南京的名勝古蹟，我們自小都能叫得很熟，爸爸從不錯過機會帶我們和媽媽去遊覽。印象雖然很深，但在記憶中卻又往往是支離破碎的。後來，隨著在學校獲得的知識漸多，才能在時間的長流中，一點一點地把它們拼湊起來，而這一幅一幅的畫作仍然是美麗非凡的，是一個典型的燦爛的中國文化古都的再版。

# 太湖邊度假

　　有一年夏天，爸爸在無錫山上的工人療養院，租了幾間房，給我們全家過暑假。從上海乘火車，先到鎮江，再轉無錫。記得媽媽在四大公司給我買了一本從法文譯成中文的書，叫《愛米爾歷險記》。我非常欣賞這本書，在火車上看了又看。

　　當我們的列車從上海出發時，我已感到很疲勞了。雖然行程不遠，在鐵輪發出有節奏的噠噠聲中，我很快地被驅入夢鄉。夢中，我就是愛米爾，而我們乘坐的火車一下子飛起來了。騰雲駕霧，在天空中快樂地繞著圈子。忽然，卡達一聲停車閘響，把我驀然驚醒，還以為是天上的火車掉下來了。因為睡得很熟，當真嚇了一跳而忍不住大叫一聲。媽媽問我：「叫什麼？」我一本正經地說：「我們的火車是不是剛從天上掉下來了？」引得媽媽哈哈大笑！

　　鎮江這個城市，我還有印象。山上的工人療養院，我們全家住了兩週。原來遊太湖是計畫好的，沒想到卻半途作罷：由於我急於第一個到達江邊，拚命跑，摔了一大跤，膝蓋被石塊深深地擦破了一個口，只好打道回府。欲速則不達，一路上我心裡想：「妹妹，妳這個好強的性格，也真要改，小不忍則亂大謀，結果給一家人潑冷水。」另一個妹妹卻很不服氣：「我不是也沒有遊太湖嘛，而且，膝蓋還疼得厲害。爸爸不是答應下次再出遊！弟弟上哪兒啦，他腿不疼，到處跑，也不來陪陪我，爸爸一會兒還要給我們照相呢。」

我在將近七十年之後重遊太湖時，但見物非景異，不覺要問：當年湖邊林木蓊鬱，湖中荷花開遍、魚蝦可見的魚米之鄉，如今安在焉？今日，我看到的太湖湖水已經優氧化得很嚴重，被各種藻類和微生物，污染成好似抹上了一層綠漆。雖然，山坡上和岸邊建了不少豪華的廟宇和亭樓，卻又如何能彌補已失去的那份古色古香的天然之美呢？

　　我的思潮跌宕紛起，不知不覺遙想遠古。所謂：「欲把西湖比西子，淡妝濃抹總相宜。」當年范蠡與西施泛舟同遊五湖中的無錫太湖，流連忘返的園林——范蠡園，其實也是美得如詩如畫的。反過來說，如果當年的西施，長得像今天太湖面貌這般俗氣，淡妝濃抹總不宜，吳王夫差對越王勾踐所施加的美人計，又如何能夠得逞呢？

# 黃埔軍校校慶

一九三五夏天，媽媽快放暑假時，有一天，她把我們三姐妹打扮得特別漂亮，說是去參加一個盛典──黃埔軍校建校周年。我還記得，媽媽這天穿得就像個女教官一樣，威風凜凜。

媽媽把我們三姐弟帶到一個大校門前，門口搭起很大的牌坊，上面寫著一排大字。據媽媽說，意思大概是「慶祝黃埔軍校建校十周年大典」。進入校園，眼前是一個個用竹子和草席搭成的天棚，每個棚子裡販售的全是各省著名的小吃和甜食。

那一天，我第一次吃到千層糕。據說是北京特產，可好吃呢！許多年以後，我在北京王府井又一次吃到了這種點心。

逛棚子時，一位身著軍禮服，身材高大的男人，看見我母親，很有禮貌地同她握手，還問我們叫什麼名字。最後，他提醒媽媽晚上的慶祝會一定要參加。

我們從一個天棚逛到另一個天棚，其間有不少人跟媽媽打招呼，停下來同我們握手。這些人，有的是她的同事，有的是她的學員，他們的德文已說得很不錯。我因為有這樣一個媽媽而覺得很自豪。

次日，媽媽給我們看慶祝大會送給她的紀念手冊和紀念章。冊子的頭一頁上就有我們的國父孫中山先生的肖像，我已經能認出他了。第二頁是一張集體照，校長蔣介石坐在一把藤椅上，手執雪亮的指揮刀，身後站著學校的教務委員和蔣校長的親信。後來我們才知道周恩來也是校委之一。教官欄裡可以看到媽媽的照片，我特別喜歡那張照片，媽媽看起來就像個貴婦人一樣。

一九三六年，就在「七七」事變前夕，發生了舉世震驚的西安事變。這次事變是由蔣介石的「攘外必先安內」的主張引起的。是年十二月十二日，國民黨東北軍張學良少帥和西北軍楊虎城兩位將軍押持蔣介石，逼迫他聯共抗日，建立了抗日民族統一戰線。這是歷史事實。

# 西安事變的反響

　　流亡重慶，我們在歷史課上學到西安事變，才知道張學良這個人物。書上說，他在西安把蔣介石軟禁起來。為此我們感到非常氣憤，問爸爸：「張學良是否背叛了蔣介石？」爸爸叫我們不許胡說，並且告訴我們，媽媽的手冊裡有他的照片。

　　放學後我找到那本手冊，在著名人物欄中，果然發現了張學良的名字和照片。看到他寬大的額頭，想必是一個有才氣的人。我們本想把這個「賣國賊」給塗掉，爸爸把我們罵了一頓，問我們豈敢在這位偉人照片上用指甲亂畫。汪精衛的相片也在手冊裡，他投降日本，當然遭到我們的口誅筆伐。

　　原來，張學良沒有叛黨叛國，他是一位忠臣，一個了不起的抗日英雄。很不幸地，他後來卻因這一次，為了促成國共團結抗日的挾持之舉，而被蔣介石幽禁一生。當年不可一世的少帥，如今雖已走出歷史陰影，卻默默退縮於園藝，熱中種植蘭花，不再叱吒風雲！想想，若沒有當年的西安事變，抗日戰爭恐怕會另有結局，此即所謂英雄造時勢也！

　　我的耳邊又響起許多年前，在重慶南岸南山小學操場上，孩子們清脆的歌聲：「搶口對外，齊步向前；不殺老百姓，不打自己人……」

# 黃埔軍校的尾聲

　　抗日戰爭時期，每到星期一的週會上，全體同學集合在飯堂總理相前，背誦總理遺囑，然後為陣亡戰士靜默三分鐘。從小到大，我們其實一直接受著各種形式的愛國主義教育。

　　抗戰不久，蔣介石把首都西遷至重慶，建立陪都。想來，黃埔軍校那時也就「樹倒猴猻散」了。

　　歷史書上說，北伐成功後，根據國父遺志建立了黃埔軍校。校址本在革命根據地廣州，並根據國父的指示聯俄、聯共、聯合工農，當時還從蘇聯請來了著名的軍事專家鮑羅廷等人。

　　一九二五年國父逝世，「五卅」政變後，蔣介石一反總理遺願，把蘇聯顧問辭退，將軍校遷至南京，並邀來德國軍事專家以代之。蔣介石不聽總理的訓導，到了國難當頭，弄到想偏安重慶都不得，最後只好偏安臺灣啦。

# 我的四歲生日

　　一九三五年，我該滿四歲了。那時南京的政治、經濟生活似乎進入了和平時期。十一月二十一日這一天，媽媽把鼓樓幼稚園全體師生和家長，都請到幼稚園花園裡，給我做生日。爸爸好像也在場。那時，我已經四歲，但奇怪的是，如果不是到現在還保留下來那張生日照片，我對自己一生中這樣一個盛典，卻毫無印象。這也許是因為缺少新鮮感受的緣故：幼稚園天天要去，小朋友和他們的父母親也都熟了，在我的感覺中，過生日不過生日，大概區別不大。但也或許是因為一九三五年是政府南遷後最太平的一年：人們對籠罩在頭上的戰爭烏雲還無所警覺，每日生活得安安逸逸，甚至有些麻痺。豈知，這不過是大雷雨前暫時的寧靜，動亂的生活很快就要開始了。

　　然而，這哪裡是一個年僅四歲的小女孩會知道的事呢？瞧，她獨自一個人站在那片空曠的草地上，而其他小朋友都帶著幾分覥腆，靠攏著父母親。小女孩用疑惑的眼光，望著來給她做生日的人們和這個世界。她的視線投向遠方，臉上沒有一絲笑容，只是把那小藤椅緊緊地抱在手中，生怕被人搶去。當時，那小女孩也許正在揣想：等待著的她的未來是什麼？是流浪或逃亡嗎？流浪到哪裡？逃亡到何方？在她的小小心靈中，也許已隱隱感覺到：山雨欲來風滿樓……

# 第二章

首都淪陷，八年抗戰

* 當炸彈在頭頂上爆炸
* 逃難，流亡
* 南京大轟炸
* 第二次回到祖先的土地
* 文峰塔下的新居
* 偷雞不著蝕把米
* 一場可怕的風波
* 偏安山城
* 一場激烈的序戰
* 我的生日禮物
* 一道可怕的裂痕
* 「小人兒」時震出生

# 當炸彈在頭頂上爆炸

　　一九三七年七月七日的夜晚，南京的氣溫已升到能烤熟麵包的程度，天上的星星也被熱浪遮住。我們在樂家路新買的小洋房裡，被熱氣薰得十分難受。時間不早了，孩子們——姐姐、弟弟和我，早已端出自己的小藤椅，坐在花園裡，規規矩拒地等著送霜淇淋的車，給我們帶來臨睡前的一點點快樂。

　　晚報來了，爸爸急忙坐在藤椅上，藉著屋裡的光線，聚精會神地看起報來。媽媽躺在長椅上休息，她在南京三所大學兼課，折騰了一天，恐怕已經睡著了。

　　平時，我常常喜歡打斷爸爸的閱讀，東問西問。今天一切都與往常不同，爸爸的臉繃得死緊……「糟糕！」爸爸的嗓音突然劃破了花園裡的寂靜。他的臉色變得鐵青，甚至顯得恐怖，我從沒見過他這樣。媽媽頓時嚇醒過來問道：「發生了什麼事？」「日本鬼子藉口士兵被打死，跨過蘆溝橋，向南進軍。和約被撕毀，第二次大戰的序幕在中國拉開了！」這些話幾乎是一口氣說出來的。

　　爸爸臉上的恐懼，像觸電似地傳到每個人的神經末梢。不錯，前幾天南京城裡的氣氛已開始顯得風聲鶴唳。記得一個年輕軍人，手裡套著一大捆防毒器，挨家走戶地分發給住戶，每人一套，不分大人小孩。他剛走，我立刻悄悄地躲開大人，決定一試。這種橡皮罩子，戴上它之後，透過賽璐珞片，外面的世界變得模糊不清，而且立刻感到窒息。弟弟看見我這個怪物，嚇得立刻逃跑。我把它摘掉以後，心裡想，要是日本鬼子用毒氣來打我們，我們都會被悶死。

次日，我家牆外的空地上，已用磚頭、木板和沙袋，搭起了人稱防空洞的輕巧結構。姐姐剛從幼稚園回家，我們三個孩子被媽媽一把拉到防空洞裡。不一會，一架沉重的敵機已從遠處飛來，在市區尋找目標投彈。好幾次，只聽見颼颼的聲響，然後就在近處，一顆炸彈轟的一聲爆炸了。我用手摸了摸姐姐和手裡抱著弟弟的媽媽的腦袋，謝天謝地，大家都活著，只是變成沙人兒了。只有爸爸不在身邊，媽媽說他一早就去醫務工作者登記處去報名了。

這時候，解除警報已響，人們都向洞口蠕動，急急忙忙地趕回家去，看自己的家是否中了炸彈。這樣，我們第一次受到戰火的洗禮。

隔天，爸爸果然離家赴火線。問起媽媽：「爸爸又不是軍人，為什麼也要去前線？這不是很危險嗎！」媽媽緊緊地抱著我，平靜地說：「救護受傷者，是世界上一切醫務人員的天職，哪怕是敵方的傷兵，也要想法救活他。」說時，兩粒大眼淚從她的藍眼珠裡滾下來。我勸媽媽：「放心，親愛的主會保佑爸爸的！」

提到老天爺，忽然想起，好像是幾個月以前吧，本堂神父發現還有一個天主教母親的幾個孩子未曾受洗，這是一個很大的疏忽。立刻找上門來，跟媽媽約好，草草完成孩子一出生就該施行的神聖儀式。

我說的關於天主會保佑爸爸的那番話，媽媽當時沒什麼反應。為什麼呢？許多年以後，我才領悟到其中的原因。

擴音機裡，一個男人在向居民發號施令。他說什麼，媽媽莫名其妙，我們小孩子也半猜半懂，不敢發表議論。只聽到他一再重複：「請大家趕快做好疏散準備！」「請大家趕快做好疏散準備！」疏散這個詞對我們而言是非常生疏的。

「什麼疏散不疏散！」楊媽歪著嘴說，「日本鬼子來了，要我們逃命！」這樣一來，我們的娃娃房子怎麼辦呢，還沒蓋好就要被破壞了！這是我和姐姐首先擔心的事。德國外祖父送給我們的聖誕節禮物——要

用配件一點一點地搭起來的娃娃房子，能帶得走嗎？我們的眼淚快掉下來了。

弟弟淘氣地插嘴說：「沒關係，小鬼子們會替妳們把工程完成的。」我氣得給了他一下。他的惡作劇，當真打消了我們的美夢。此外，我還戀戀不捨父母親送我們的一匹活生生的小馬駒子。

我自幼就喜愛各種動物，就像星星小王子那樣，希望有一隻小動物做我最真誠的朋友。但是，無論哪一隻動物都不曾在我身邊久留，為此，我不知流下過多少眼淚！這匹小馬來了以後，我們早打算把牠拴在鞦韆上，這樣，就能讓牠欣賞我盪鞦韆了。

我最喜歡盪鞦韆，用雙腳的蹬力，一點一點地上升。這時，我身上的燈籠裙像百合花似的，一會兒鼓起來，一會兒又癟下去。我喜歡盪得高高的，直到鞦韆板的高度與鞦韆頂部平行時才肯罷休。

記得有一次，爸爸已坐在汽車裡，等待媽媽一塊兒出門，他看見我玩得歡，大聲警告我放慢速度。我蹲低下來，然後坐下，伸直腿，讓鞦韆來回擺盪，這種快感只有一個五六歲的孩子才能體會到。媽媽早就習慣於我的「冒險」行動，但有時還是要說聲：「小心點，及時打閘！」

不錯，冒險是我的天性，但我也學會了保護自己。我的勇敢，好像是從好強的性格和健壯的體格滋生出來的。漂亮的姐姐生下後，父母自然期盼下一胎是個胖小子。老天爺卻另有安排，讓那小子人工流產，在爸爸的酒精瓶裡度過餘生。不久，在誰也沒有意料到的情況下，二女兒呱呱墜地了。這對我的父母親而言，真是一個不小的打擊。但他們很快發現，這個不受歡迎的妹妹，卻是一個男孩子的化身。

意外總在意料之外來到。整整八年之後，第二個小子乍然降臨我們這個家庭。金童玉女湊成了兩對，對一個中國家庭來說，豈不是夠理想的，但那已是個兵荒馬亂的時代了。

# 逃難，流亡

　　解除警報，只給人們帶來暫時的輕鬆，連我們小孩兒也懂得大難已
臨頭。此後所發生的一切好像一陣旋風，令人暈頭轉向。爸爸臨走時，
交代了整個撤退計畫。好像就在當天，不，是在次日一早，開來一輛計
程車接我們走。

　　媽媽已有令在先，每人所帶玩具不許超過兩件。我和姐姐自然帶了
外祖父送的，歐洲新出的仿真人真髮的娃娃，一同擠上車去。一對配套
的娃娃車，只好忍痛留下。

　　汽車的發動機已經響了，我忽然想起我的小熊「泰迪」還在家裡。
我頓時全身緊張，就像發了瘋似的衝出車門，拚命地跑向臥室，衝到枕
頭邊，一把抓住我心愛的小熊，緊緊地抱在懷裡，然後才跑回停在漫天
塵土中的汽車。等我坐下來時，才發現自己滿身大汗，心臟撲通撲通地
跳個不停。沒想到，我這一瘋狂的舉動，竟沒有遭到任何責備。

　　目的地顯然離市區很遠，計程車載著兩個婦女──媽媽、保姆楊
媽，和三個孩子，慢吞吞地繞過炸彈留下的窟窿，困難地行駛著。我們
在車裡不知不覺地睡著了，醒來時，車已開到南京郊外，一個叫陳莊的
鄉村大莊園。我睜眼一看，周圍到處是大樹，一座磚造的老房子完全隱
蔽在綠蔭中。這叫我很放心，日本鬼子看不見我們。

　　下車環顧四周，看見許多栗子樹。這可把我的睡意立刻打消了。
園裡的一個工人正在那兒整理殘枝，我興奮地跑過去問他：「可以爬上
去摘栗子嗎？」那位工人把我這個半中半西的小女兒，上下打量了
一番，說：「栗子九月份才熟，早著呢！」我雖然有點失望，想問媽媽

我們能住到那時候嗎，又覺得這個問題有點多餘。爸爸不是向媽媽關照過，一有票馬上走嗎。再說，樹那麼高，栗子的針皮又那麼刺手，好在沒熟，不用給自己找麻煩，也可以打消弟弟願意合作的願望。

弟弟一生下來，自能走路之後，我們就成了一對難兄難弟。他是我的各種淘氣主意的支持者，而我是他的絕對保護人。好像媽媽乾脆就把他交給我了。

有一年夏天的某日，弟弟忽然不見蹤影，房子裡外每個角落都找遍了。媽媽不在家，我的責任沒有盡到，我心亂如麻。太陽已經下山了，媽媽快回來啦，我急得淚流滿面。忽然，我發現一雙小鞋子在種下去不久的一棵小松樹下動著。仔細一瞧，原來小鬼躺在樹下睡著了，睡得好香。

這大熱天裡，小樹不但能遮陽，還能遮蔽外界視線。這小傢伙真機靈，但可把我急了大半天！媽媽下班回來後，看見她的寶貝安然無恙，當然很高興。然而，在我的內心裡，卻從此慢慢滋長以後給自己增添許多麻煩的個人英雄主義。

入鄉隨俗，在這個朋友的莊園裡，媽媽無法為我們提供既富營養又易消化的西餐。這座鄉下房子雖然有它天然的美，卻忙壞了從小就裹小腳的楊媽。

早先，楊媽被溫州的丈夫甩了以後，到南京找事。她一開始跟著英國使館的太太，後來到了我們家。小腳走路固然不方便，但人很老實，要價不高，還能說兩句英語，對沒有專修過漢語的媽媽，確實很方便。從此楊媽就成了我們家裡的成員。

在南京住時，我們早就習慣於我們的職業婦女母親早出晚歸的生活節奏。但在離南京十幾公里的陳莊，並沒有大學，有的話，也早「疏散」了，媽媽怎麼還是整天不見人影兒呢？這個「謎」，藏在往事的許多碎片中，直到六十年之後，大弟弟時霖公開了媽媽的日記之後，才揭開來了。

　　原來媽媽身後留下的日記，是從一九二八年她離開德國，坐上西伯利亞駛往南京的大鐵路火車時，在途中就開始寫的。而我們在陳莊少見媽媽的這段空白，恰好出現在日記和給德國父母的書信中。

　　媽媽性格堅強，不會輕易放棄她和父親的勞動果實，任其付諸東流。原來，到陳莊後，每天清早，太陽還未升起，她便帶著兩個黃包車夫，冒著敵機不斷狂轟濫炸的危險，回到樂家路家裡搶救財物。如此日復一日，直到入川之行的前夕。媽媽的解釋是，樂家路的房子和家具是她跟父親辛勤勞動七八年才攢夠了錢買下的，捨不得。

　　爸爸除了在市內私人開診外，每週還要來往於京滬之間，在無錫附近的江蘇醫學院任教。新房子室內的家具和擺設，全部是媽媽親自設計，請工匠們做的。她天生就有少見的卓越審美觀，能用最最普通的材料，做出人人稱道的室內擺設。

　　在媽媽的安排下，小件大半跟車夫一塊兒拉到陳莊，大件找長江運輸公司懂英語的職員，說好話，等下一班船入川時託運。這些都是從媽媽的日記上看到的，欠缺的細節則是由我補上的。我到現在還記得，那時她皮包裡總是塞滿了各式各樣的收據，生怕弄丟一張。

　　到重慶一個多月後，我發現到南京的家具像變魔術似地物歸原主了，不過卻改換了地方。更讓我驚詫不已的是，娃娃車也從天而降。記得那時我和姐姐都為此而又驚又喜，但並沒有向母親問明緣由。在孩子們的私心裡，得，總是自然的。一直到她去世後很久，我才恍然大悟：奇蹟並非從天而降。再次，我為自己能擁有這樣一位堅忍剛毅、充滿自我犧牲精神的母親而感到自豪。

　　在陳莊那段日子，我們一直在焦躁地等待著出發的信號。記得某天晚上半夜三更，媽媽忽然發出一連串令人發顫的尖叫聲，她慌忙打開手電筒一照，原來是一隻大老鼠從她床上跳下去。但大老鼠的興趣所在，並不是這位外國太太。那天中午，廚子做了一盤我們從來沒有嗜過的油炒鍋巴，又香又脆，就特意給我們的洋媽媽留了一些，讓她也享受一下

中國人的口福。就這樣，引來了老鼠。誰知道，這種大耗子在媽媽眼裡竟比魔鬼還可怕。

楊媽也火上加油，活靈活現地講給我們聽：她們溫州鄉下，這種大老鼠常常把嬰兒的鼻子啃掉！從此以後，每當我們在重慶陰溝裡見到大自然的這種受造物時，莫不感到既可怕又可厭。怪不得，在德文裡大老鼠與一般老鼠的稱法不同，屬於不同的類。

夜間出現的怪物使我們大家都受驚不小，好在沒過幾天，輪船公司的票就送來了。媽媽拖著一家老小，好不容易擠上了開往四川的輪船。人擠，我們的活動範圍就受到嚴格限制，連天下第一奇景三峽也未進入眼簾。多麼可惜！看來逃難和旅遊這兩個概念是很難相容的。

# 南京大轟炸

全文引自譚瑪麗日記，《一個德國女人在中國的悲歡喜樂》中的片段。

一九三七年十月六日

我們又登上了逃難的途程，亨利還在無錫，晝夜不停地照顧傷病員。

九月七日，我帶著孩子們離開南京，現在還在逃難的半途中，我們實在待不下去了。剛到碼頭，我們才登上船，行李還在岸上，隆隆的引擎聲卻又響了——日本飛機來襲！也許是跟我們告別來的？

我們的船向上游漂流一小段距離就拋下了錨，停泊好幾小時，直到警報解除。這時候，旅客們都躲在煤倉裡。傍晚時分，輪船倒開，去接那些沒有走成的旅客和沒有載上船的貨物。原來鬼子飛機是來轟炸停在附近機場上四架沒逃走的飛機，把它們全部炸毀了。

這次的敵對行動來得如此突然，使我精神上受到很大打擊，體重一下子就掉了二十公斤。這已不是人過的日子，敵我雙方根本沒有宣戰——現代人的戰爭往往就是這樣，不宣而戰！目前的階段還只是在討價還價，一方會在和平的日子裡，毫不知恥地攻擊敵方的城市，甚至學校和醫院！

出了煤倉，我們馬上前往新家。我們的新住宅區附近都是外國使館，在某種程度上擁有一些安全保障，但高射砲裝置也在不遠的地方。我們簡直生活在地獄中，空戰往往就在我們頭上進行著。好在日本鬼子也夠蠢，難得能夠擊中目標。外交部和其他黨中央機構離我們家也不遠。

有時我們感到房子彷彿要塌下來了，有好幾次我乾脆把門鎖上。我以為末日已到，只能在家等死。這個時候，雪梅偏偏病倒了，一連好幾天發高燒（四十度以上）。我簡直不知道哪個更可怕：不斷的轟炸還是孩子的病？我冒著生命的危險，晚上跑到藥房去買冰塊。當時天氣熱得難忍，我不敢找人去買，擔心：「出了事誰負責？」傭人們都跑到鄉下去了。

在那些難忘的日日夜夜，我們搬來了一大堆的沙，還儲存了大量需用的水，坐著等待解除警報。夜裡合衣而寢，手裡拿著電筒，白天則不斷地打包行李。儘管，解除警報只持續很短暫的片刻，這時卻好像得到莫大的解脫，有一種莫大的自由感。接著，又是長長的緊張時刻。就這樣，緊張和放鬆交替，中間相隔的時間越來越短。

你跑到大街上，想去買一些食品，但商店多半關門不做生意，夠你著急！店裡的食品很有限，因為已經好久沒有進貨了。此外，走在路上也隨時會遇到警報。商店不再「服務到家」，家裡的電話也不斷受干擾。

每過去一段時間，你就會苦苦地思慮：「怎麼辦？可以投靠什麼人？」我去找過一趟大夫，還跑了一趟藥房，到德國咖啡館喝了一杯咖啡，途中就有四次因警報而回不來。這真不是滋味兒！我們睡在樓下，箱子都放在大門近處的過道裡，這樣也許能把最急用的東西保住。

終於，救星來到，孩子們被送到和平門外，有山有樹林的隱蔽地。你要是想雇公車把行李送去，車費越來越貴，路上要走半個小時。

這一帶有一片小松林，空氣對孩子們很有益處，他們開始恢復健康。我們住在某位師長的別墅裡，周圍也是大大小小的別墅，還有一個西藏學校。

三天之後，整個空軍參謀部都搬過來了，住進學校。我們原來住的地方因此被戰爭的氣氛所干擾，外圍被封鎖，只有我們一家人可以留下來，還給我們派了一名警衛。事實上，到處都可能有間諜在活動，為了不使日本人得知參謀部就在這裡，一定得從四面八方加強對這裡的防禦才

行。而且，情勢一天比一天緊張，這時候想要回到城裡去是不可能的了。

我們住下來已經一個月了。這裡有一個很結實的水門汀（亦即水泥，或稱洋灰）防空洞，深三十米，它雖然經不起炸彈炸，但至少不會被手榴彈和機關槍的碎片擊傷。我們這一帶也成了敵人注意的對象，空戰一開始就在我們這裡進行。炸彈就在我們頭頂上嗡嗡作響，大砲聲如響雷，機關槍「答答答」地呼叫，人們總怕飛機中了彈會撞下來，大小炸彈發出低沉的隆隆聲。我們就這樣在地洞裡坐著等，有時一天來三四次，一坐就是好幾個鐘頭。而且，往往連吃飯的時間都沒有，剛一到，警報又響了。

我手裡拿著手電筒，身上帶著一個皮箱，放錢和文件——誰知道從防空洞裡出來，你住的房子是不是已經垮了？小箱子裡還帶著一個放茶的暖壺、一盒餅乾、一小瓶白蘭地、防毒面罩、必要的藥品與紗布、膠帶、蚊香和毛衣。

這一切是不可想像的：飛行本來是一種現代化的發明，如今為了避開此一飛行器，生活在二十世紀的人們，竟然得像自己史前時代的祖先一般，在潮濕陰暗的洞穴裡爬行。這簡直是荒誕不經！試問：我們幾時對明亮的月亮感到過恐懼？

我這一輩子也從沒像當時那樣，極度渴望下雨。那時，外面還是夏天，洞裡卻寒冷潮濕。我們不停地在防空洞口張望。

從防空洞上來後，仍隨時可見遠處燃燒著野火，滿天繚繞著煙塵。甚至在我們離開南京前夕，忙著打包行李時，也無數次被突然響起的警報聲嚇一大跳。最後，他們轟炸發電廠了，市內好幾天沒有電。好在發電廠的主機沒壞，但也無法發布警報了。所幸人們事先就估計到事態會有這樣的發展，已在各個市區安置了龐大的廟鐘。現在，一放警報，全市的廟鐘就「噹噹噹」響個不停，好似一陣暴風雨。

太陽還繼續照耀著。丈夫和趙太太經過許多周折來看我們了，卻是在淌著流水的巨大岩石縫裡彼此相見。婦女們都下到防空洞去。我們帶

著弟弟，整個身子貼在岩石上，沙礫從上面颼颼地滑下來，弟弟大叫：「我害怕，鬼子開槍射我的眼睛！」

市內的情況更糟，裝滿了炸彈的鬼子轟炸機，有時掉到人口密集的市區，機中的炸彈接二連三地爆炸，把民房全部摧毀了。許多市民被猛烈的氣浪撕裂，屍首還沒有入殮即在街上發出難聞的臭氣。

指示下來了，要我們動身到下關的「橋屋」（Bridgehouse）旅館過夜。我身邊除了孩子們以外還有五十多件行李，但旅館裡的情況很糟，人都跑光了，旅館當局乾脆拒絕我們過夜。最後交涉結果是，讓我們先把行李留下來。這時，老天爺發了慈悲——下雨了！我叫了小巴和孩子們回家去。

沒想到次日中午又出大太陽，鬼子的飛機隨時可能來襲！我們雇了車，取了行李，站在碼頭向東張望，望穿秋水等著早就應該到岸的船。

我們終於上了船，在船上還遇見許多熟人。如今，我們正一分鐘一分鐘地慢慢脫離險境，開往大後方。

　　母親對中國人民的勇氣十分佩服，深信日本鬼子永遠也不能把中國滅亡。

譚傲霜譯

# 第二次回到祖先的土地

　　輪船最終在重慶碼頭拋錨了。一路上，母親一直提心吊膽，生怕像「九一八」事變那時候一樣。那年，我們第一次逃難，她懷裡抱著剛出世不久的我，船底忽然被礁石撞破個大窟窿，渾濁的河水大股大股地滲入。如果不是營救人員及時搶救，後果是難以想像的。

　　第二次入川，我和姐姐都自認是老資格了，但不知何故，對於媽媽上面的敘述卻毫無印象。畢竟是六歲的孩子了，更小時發生的許多事，我都記得清清楚楚的呀。會不會是因為整天的轟炸把頭腦嚇呆了，為了自我保護而不再接受任何資訊呢？

　　事實上，上船以後我就恢復了正常的思維和記憶。在船上，我成天一手抱著小熊一隻手牽著弟弟在甲板上神遊，一方面也好讓媽媽休息休息。我們在人群中轉了一圈，弟弟忽然扯了扯我的袖子低聲說：「看，比我還大的男孩子竟然在吃媽媽的奶呢！」我睜眼一看，一位正在餵奶的母親，不時放鬆了乳頭，讓瞪著大眼排好隊等著的哥哥姐姐們輪流吃個痛快。

　　我們立刻回去把這件奇事向媽媽報告。媽媽笑著對我說：「妳忘了，妳也是吃奶媽的奶長大的呢！」我想，要是媽媽學過《孟子》，也許會拿五十步笑百步的諺語來挖苦我吧。

　　輪船到岸後，媽媽叫了三架滑竿（在四川，結構簡單的轎子叫滑竿），並事先教訓我們要老實點。我和姐姐擠坐一個滑竿，滑竿便在剛下過雨、泥濘而狹窄的石板路上，一步一步吃力地慢慢向上爬。平時活潑好動的我們立刻變得乖巧嚴肅了。轎子越登越高，有如上青天一般。

望下一看，好傢伙！萬丈深淵，這可不是開玩笑的。最後，到了陡峭的山頂，才出現較平坦的街道。

我們的目的地，是先去拜訪爸爸尚存的幾個親人——婆婆、姑媽和表姐。他們住在一座既簡陋又骯髒的兩層樓房的樓上，家具倒是典型中國式的。這可能就是董竹君女士撰寫的《我的一個世紀》書中第八十一頁上提到的那個地方。她寫道：「不久，我們遷往丈夫的大哥夏冕昭的老友譚家，就是現在譚守仁醫生（民革成員）家⋯⋯」我們兩家有過這段世交的因緣，好像聽爸爸說過，現在才得到證實。

我們見到了姑媽和表姐，婆婆卻一直沒有露面。媽媽用她半生不熟的中國話，對我們的親戚說：「天快黑了，我們得趁亮趕路，乘輪船渡到南岸。」到了重慶卻沒有面見婆婆，在中國人來說是不禮貌的——這一點媽媽也懂。因此，我們又等了一陣。但婆婆還是沒有露面。

姑媽知道我們還要遠行，就乾脆把我們帶到隔壁房間。只見一個瘦小的老太太側著身子，躺在一張巨大的木製雕花床上。她全身都被一股甜絲絲的濃煙圍繞著，瞇著眼睛，在不斷地噴雲吐霧，好似享受著人生之最大樂趣。

「妳是傲兒，婆婆還記得妳。」這可能是她老人家弄錯了，把我當成姐姐雪梅了。她說的帶成都口音的四川話，我聽起來有些吃力，但能懂。我覺得婆婆很善良，只是口裡剩下的三顆獠牙有點可怕。但是，我還是喜歡她。

姑媽嗓子很粗大，我們的表姐，則是一個矮小的女孩，老躲在她媽媽身邊。這孩子長得一副古怪的模樣，但是在這模樣後面卻隱藏著一個美麗的靈魂。我真心地喜歡她，她對我們也視若來自天上的客人，烏黑的眼睛一直盯著這幾個似洋人又似中國人的表姐弟妹們。

南京是個平原城市，高聳的只有近郊聞名的七峽山。但重慶——我們祖先的故鄉，卻是一個天無三日晴、地無三尺平的天府之國。揚子江渾濁的浪濤，在我們搭乘的輪渡下滾滾東流。江岸上，許多轎夫正招攬

著上山的顧客，顯得熱鬧非凡。奇怪的是，還有許多出租馬的馬夫活動於人群中。一些男人和小青年講好價錢，毫不在乎地跨上馬，一步步地上山去了。

我立刻轉頭向媽媽要求騎馬上山。媽媽吃驚地說：「妹妹，妳怎麼那麼不聽話！摔下來怎麼辦呢？」我心裡明白我們在逃難，但逃難也可以騎在馬上逃啊！那種樂趣可要比婆婆的大煙管強得多啊！

南岸上山的坡度雖然陡峭，但路是大石板鋪成，看起來就不那麼險峻了。我和弟弟談起剛見到的揚子江水滾滾滔滔，以驚人的速度向東流去，要是有人掉下去，無論怎樣都拉不上來吧。

十一月的傍晚，天上滿是烏雲，好像快壓到頭頂上來了。經媽媽的細心安排，與我同坐一個滑竿的不是弟弟，而是比較穩重的姐姐。竹片編成的座椅，像搖籃似地催著我們入睡。

記得離開江邊的最後幾分鐘，我看見幾條小船快速地順江而下，船上堆滿了紅色橘子，和人頭般大的黃色橙子。問起轎夫，他說：「這是從上游來的柑橘，需要趁天黑之前運到下游村鎮，明天一早趕集。」此事此景在腦海中縈迴著，不覺令人想起東坡的詩句：「一年好景君須記，最是橙黃橘綠時。」

這天看見的新鮮事太多了！媽媽常喜歡用一句德國成語來訓我：「妹妹，妳怎麼這麼喜歡把妳的鼻子插進去！」好在當時她正在使用「洋涇濱漢語」，由楊媽幫著跟轎夫們討價還價。

記得我進入夢鄉之前，腦海還想著：「可恨的日本人，要不，我們家裡也會有一匹媽媽稱為Pony的馬。」但遺憾的是，弟弟得意地顯示了他的動物學知識，指出：「這種Pony不會再長高了，也不能養在我們家裡。」

原來這是一種阿拉伯種的戰馬，成人騎上去，馬蹬子快挨到地上。這和我在畫報上常見的高加索種，在跑馬場用來比賽的高頭大馬，沒法兒比。

# 文峰塔下的新居
## 抗戰之始

　　看來，母親在朋友們和她助手的幫助下，早已把住房和我們的學校問題解決了。我們租了一座美國教會三層磚房的第三層。房主是一個叫瑪卡梯太太的美國人（中國人稱他「瑪師母」）。她身邊總是跟著一個姓陳的管家婆子，這婆子說起話來語調又兇又難聽。

　　我們的媽媽長得高大、健壯又神氣，年過八十的房東太太瑪卡梯則個子不高但胖得驚人。她一身的肥肉，隨著年月賜予的皺紋一層層地軟癱著，像個可怕的軟骨動物。

　　陳婆婆住在離大樓不遠、為難民蓋的木建築裡，專給她管理財務，整天東跑西跑忙個不休。當時，瑪卡梯太太正在給基督教清教徒幾家人籌建一座看起來像門房的新居。好在那棟木製的「團結大樓」裡，沒有「高女人和她的矮丈夫」，陳婆婆的職務就只限於收房租、挑住戶們的毛病、抬高租金、跟住戶吵、罵小孩、向美國主子打小報告，而且，她也遠不像馮驥才小說裡所描繪的，專門打聽住戶們的私事的裁縫老婆那樣可恨。

　　我們租下的三樓，雖然相當寬敞，但地板下斜，屋頂漏水。這個聰明、不怕困難、一身美感的德國女人，卻在她丈夫拯傷救亡之際，獨力把屋子修整成一間有時代感、令人羨慕的混合型大房間。雖然，屋內地板的線條，有時彎曲有時下滑，她卻成功地利用了時間的破壞力和自然的恩賜，畫分出小書房、臥房、客廳、餐廳等不同功能的居室，使之置於一個共同的空間下面，甚至還能剩下不少地方供我們活動、玩耍呢。

　　我們的家周圍被許多高大的松樹和亞熱帶樹木環抱著，尤其是媽媽的那個大間三邊都是大玻璃窗，使人感覺到彷彿置身於深山密林中一般。

　　夏天，為了涼快，我們常到那整面全部敞開的陽臺上去用早餐。有一次，驀然抬頭一看，從木格子的屋頂上，竟直條條地吊掛下來一條花花綠綠的長蛇呢。

　　媽媽對蛇類很友好，覺得牠們很美。而那些偶然垂掛下來的不知何屬何類的軟體動物，一見我們全家正在用早餐，總會規規矩矩地把身體縮回去，不打擾我們星期天的全家福。

# 偷雞不著蝕把米

瑪卡梯太太住在一樓，平常很少出門。她的家，窗戶上掛著厚沉沉的深色窗簾。她讓人感覺到，好像她每分鐘都躲在窗簾後面偷窺外面的事物似的。這條「軟體動物」，一旦發現住戶有什麼出軌的事，便會像彈簧似的，飛快地從房門裡彈出來，舉著拐棍，用她那帶著美國口音的四川腔罵開來。

她的一樓住房外面，種著幾排花苞剛開，一串比一串豔麗的錦葵。我從來沒見過這樣美麗的錦葵花，看準了一枝，便毫不客氣，一個快步躥向前去，雙手折下。花還沒到手，只聽見那可怕的美國洋涇濱腔調，從某扇窗戶的窗簾後面傳過來。窗簾明明拉得很緊，竟會這麼快把我的非法行為傳到她厚玻璃的眼鏡裡。

她大聲警告我要報告我媽媽，叫她好好地揍我一頓。我早已溜之大吉，只嫌自己不夠大膽。可能因為吃驚不小，已經採下的花卻沒有到手。沒過一會兒，我早把偷花的事丟到腦後，到樹林裡去窮逛了。

夏天，每天晚上七點，我們都要在廚房外面，樓梯臺上的小塊陽臺上洗澡。我已光著身子，在木製的澡盆裡戲水。忽然聽見身後樓梯上，木棍咚咚地響，夾雜著呼呼地吃力的喘氣聲。我立刻理會到老太婆來跟我算帳了，嚇得光著身子一絲不掛地，向廚房另一個出口處跑，也顧不了廚房裡還有一個廚師和男傭人。

那時我畢竟已是一個六歲的懂得羞恥的小姑娘了，便躲在廚房後偷聽媽媽跟瑪卡梯太太的談話。她們說的是英文，只聽見媽媽向她表示道歉，並保證她頑皮的女兒不會再做出這種事來。

　　沒有到手的錦葵花誘人的形象，又出現在眼前。偷雞不成蝕把米，我的犧牲也不小啊！可是愛花的天性立刻得到安慰。明天不是星期天嗎，亞細亞石油公司的先生們，不是要來過週末打網球嗎，那裡石階兩旁，剛開的繡球花可不屬於你瑪卡梯的領地。昨天一場春雨後，今天天藍色的花瓣會顯得更加嬌嫩。

　　我特意起了個大早，趕到網球場的兩排石階上。啊！太美啦！這豈不是我最愛慕的女詞人李清照的那闋〈減字木蘭花〉：「賣花擔上，買得一枝春欲放。淚染輕勻，猶帶彤霞曉露痕。」

　　我採了一大束天藍色的繡球花，插在早餐桌上的花瓶裡，供大家欣賞。從此，我對那個美國老太婆更加厭惡，也更加害怕了。

　　我們租的最高一層樓雖然比較講究，但也經不起歲月的摧殘。最大一間原是由一個四十多平方米的陽臺改建的，此時已下斜五度，靠東的兩間小陽臺就在我和姐姐睡房前面，這些陽臺的三道牆已處處裂縫。我們全家都疼愛的大黑貓蒲賽，還是從南京帶來了，牠一懷孕就躲到牆縫裡去度過妊娠期。這樣，小貓一出世事情就麻煩了，因為要將牠們從窄縫裡取出，恐怕比難產動產鉗還討厭。楊媽找弟弟，弟弟找我，我找工人。工人在屢次「動產鉗」失敗後，只好把洋灰板鋸掉幾塊，將小貓連帶蒲賽一塊取出。這樣的「難產」程序經歷過好幾次，後來我們就搬到山谷對面的新居住區了。

# 一場可怕的風波
## 弟弟死裡逃生

「我親愛的小弟弟，天真爛漫，活潑，美麗。他小小的眼睛，不很淘氣，不很調皮，一天到晚笑嘻嘻。有一天……」每天晚上睡覺前，我總是把弟弟抱在懷裡，唱這首歌謠哄他睡覺。

一九三七年十一月一個冰冷的早晨，廚房的鐵鍋上，像往常一樣，煮著一大鍋供全家人吃的粥。我和姐姐雪梅不時圍到爐邊取暖。還不到三歲的弟弟，坐在一把藤椅上蹺來蹺去，嘴裡還按著拍子唱：「搖一搖一搖，搖一搖一搖，搖到外婆橋……」打發早飯前的時間。忽然，椅子失去了重心，撞到爐上那鍋粥上。

剛燒熟的一鍋大米粥，像火山爆發似的，將一百度以上的漿液，傾盆瀉倒在他小小的身軀上。兩隻手臂、胸上、腹部、頸部和腿部，都蘸滿了熾熱的漿液。

媽媽聞聲從大屋趕來，看見她的小寶寶遭了橫禍，一時失去了主意。但理智立刻告訴她，要把橄欖油澆到傷處，減輕傷勢和疼痛。

附近沒有醫院，連電話都沒有。媽媽把弟弟用棉被裹起來，迎著刺臉的西北風，徒步走到廣益中學曾經留英的楊校長家求援。她從學校打電話，請來一位醫生。這位大夫醫術不高，叫媽媽把孩子送回家。

弟弟全身的燒傷都變成黏乎乎的泡沫，令人膽破心驚。我躲在屋角暗地流淚，心裡絞痛，求老天爺保住弟弟的生命。媽媽的熱淚不斷流下來，小傢伙卻咬緊牙關勉強憋出一個微笑，對媽媽說：「媽媽別難過，我送你一百個吻！你不是說我是個小男人嘛！」這已是次日下午。弟弟的體溫不斷地上升，超過了水銀柱四十度的紅線。

　　母親對那位趙大夫不放心，又跑到一個很遠很遠的加拿大醫院，請
來一位加籍醫生給弟弟打了一針安定劑。由於傷勢很重，燒傷面太大，
那位醫生囑咐媽媽把孩子立即送醫院治療。

　　在醫院的兩週中，母親和兒子徹夜不眠。弟弟因為消耗了大量體
液，不斷地喝水，但連一點飯都不能進口。為了拯救兒子的生命，母親
已憔悴不堪，卻沒有放棄奮鬥。

　　我們姐妹倆，每見母親回來換衣物，總要向她討些好消息。而我是
多麼想念我親愛的弟弟啊！大概就是從那時候開始，我學會了向主禱告。

　　弟弟的病情逐漸有了起色。但一天換兩次繃帶，卻給他帶來無限的
痛苦。更難以忍受的是，須刮掉腐爛的皮膚，免得化膿，以致阻止了新
皮膚的生長。事實上，直到現在，他右手的膀子上還能看到漿液流過的
痕跡呢。

　　經過將近一個月，弟弟的傷勢才見好轉，大家心中的痛苦也逐漸減
少。媽媽把他從死神的手裡搶回來了！

# 偏安山城

　　一九三七年十二月五日，正當弟弟快要痊癒時，爸爸的醫療隊所屬作戰部隊失去了一個又一個城市：無錫、鎮江……父親一人把車開到漢口江邊。鎮江市長帶著一個老手下死守城池，父親幾度勸他們坐上車來都遭拒絕。這位國民黨忠臣寧死不屈，英魂當被載入史冊。父親狼狽過江且幾乎喪命，武漢淪陷後，才輾轉回到了等待他過聖誕節的溫暖的家庭。

　　爸爸拯傷救亡的使命完成後，回來到重慶。在市內新建的美豐銀行租了一個大間，把它隔成幾小間──候診室、聽診室和手術室，倒也很完備，還留下一個小屋給護士住。由於我們沒錢雇轎夫，他每週週六才回來，坐滑竿或騎馬。要是病人不多，也可能在週三或週四回家，與家人相聚。

　　爸爸一回家，媽媽總是做些好吃的，全家兩個大人，三個孩子，高高興興地過幾天天倫之樂。

　　遺憾的是，深山密林中的老房子已無法保證一家人的安全，尤其是在小弟弟時霆一九三九年出生後。最後，我們不得不以無限的傷感與它告別了，那時連那個美國老太太和她的管家陳婆婆，也不顯得那麼討厭啦。

# 一場激烈的空戰
## 空中門戶洞開

　　抗日戰爭的爆發，改變了我們的時間觀念。短短一年中發生了如此眾多的事件，對一個孩子來說，有如生活在萬花筒中，遠不能與太平之世相比。但這還只是戰爭之始呢。

　　最初，敵機只敢出現在重慶的夜空，我機立即勇敢飛上天空，迎擊偷襲的敵人。地面上探照燈的光道，把敵機緊緊地圍困住，整個夜空都被照得通亮。高射砲有節奏的「答答」聲，就像發自近處的群山裡。我們從家裡附近的防空洞探出頭來，仰望夜空裡展開的一場驚心動魄的激戰。我看見一架又一架追擊敵人的飛機，在一陣空戰之後，拖著長長的冒著火光的尾巴，消失在遠處的山谷裡。當時我是多麼失望呀！但敵機也有被我們的高射砲擊中的，其他的敵機則嚇得狼狽地逃之夭夭。

　　次日，我在附近亞細亞石油公司的草地上，撿到了幾個高射砲空彈殼，也許正是它們擊中了鬼子機的屁股，送它去見閻王。遺憾的是，這樣的回擊只是曇花一現。我軍缺乏飛機、受訓人員和防空設備，最後，中國的空中大門被迫敞開。

　　一九三八年，國軍空中部隊徹底放棄了對陪都重慶的保衛戰，任憑鬼子機無阻礙地在我們的青天白日之下為非作歹。入秋之後，山城被茫茫大霧籠罩，人們才鬆了一口氣，投入日常生活的步調中。

# 我的生日禮物

　　一九三九年十一月二十一日，我生日即將到來的前夕，爸爸已回來將近一年。他說：「傲霜，今年要給妳過一個好生日！」爸爸事先徵求我的意見，讓我說出我的願望，這也是媽媽興起的規矩。我已盼了很久，期待這一天的到來。

　　在眾姐妹中，爸爸最疼我，原因是我好學，父母們沒有為了補習功課在我身上花過分文。再說我從小愛運動，而父親又最愛打網球，我總是得到他的鼓勵。我被父親的手牽著跟他一同散步，像個小大人似地跟他討論問題，對我來說真是其樂無窮。

　　生日到來了。爸爸問及禮物一事，我就毫不猶疑地說，我要書和文具──好看的書和一枝漂亮的鋼筆。更理想的是，讓我在這天騎在馬上轉一轉。

　　爸爸和他的一位朋友到黃桷埡鎮上，去買生日禮物。他們出去已兩個多小時，我緊張地等待著，不知又過去了多長時間。忽然，弟弟跑來報告：「妹妹，妳的馬來了，能不能也給我騎騎？」（媽媽叫姐姐雪梅，雪梅叫我妹妹，媽媽以為這是專名，也跟著叫。從此我就成了弟弟們的妹妹了。）我說只要爸爸允許，絕對沒有問題。我早就習慣把好吃的、好玩的都拿出和弟弟分享。

　　爸爸他們騎來的馬是牛奶場的，不顯得那麼矮小，我站近一比，覺得挺神氣。在馬上小跑兜圈結束以後，便打開那些早已映入我眼簾的生日禮物。果然一大疊兒童書、文具盒、本子和一枝綠色發亮的鋼筆。我

心裡想，這位叔叔，不同於我精打細算的爸爸，一定是個包包裡很有錢的人。

打開那包書看，《愛麗斯歷險記》幾個字首先進入我的眼簾。那時我已開始認字，不知能認多少。事實上，這本書立刻讓我愛不釋手。不知是哪位好心的叔叔，把它的語言簡化了，還加上許多引人入勝的圖片。我第一次對書本這麼著迷，連謝謝都忘了說。經爸爸的責備，才得知是那位叔叔專選的。這說明他是一位有文學修養的人。

不知為什麼，一看見愛麗斯的形象，我立刻把她和自己認同起來，讀了又讀，其他的小兒書都不能得到我的青睞。從這個七歲的生日起，我開始對文學發生濃厚的興趣。

五十年之後，在北京舉行第三屆世界漢語研討會上，很巧，遇到《愛麗斯歷險記》全文中譯本的譯者趙元任的女公子趙芝蘭教授。那天，我做報告，小組會正好由她主持。我報告的題目是〈漢語助詞「了」的語義、功能與隱現現象〉。

原來呂淑湘先生曾經說過，誰把「了」的謎解開，應為他建立一座紀念碑。我用多年的時間和精力，從事「了」的研究，還不知道呂先生的紀念碑之談。

做完報告，場內鴉雀無聲。當時，由於人們還沒有建立語義學和語用學的觀念，對我研究中的新意無法理解，只有趙芝蘭教授誇之為「一個非常精彩的報告」。

事後，談及《愛麗斯歷險記》，她說其先父的譯本她帶來了。我聽見大喜，不惜用高價複製一份，以待將來仔細對照，作為語用學研究的語料。

# 一道可怕的裂痕

　　那時，我們還住在瑪卡梯家，每天走路到山下東北同胞新建的南山區上小學。我上幼稚園，姐姐上一年級。

　　幼稚園並不使我感到它是兒童快樂的園地。當然，有什麼會比失去自由更令一個孩子感到苦惱呢？唯有上演黎錦輝的《小小畫家》時，才在這死水中激起一點浪花。

　　我年紀小，又沒有那天生的表演才能，小小畫家的角色當然不會給我演。我是狗的朋友，便主動要求做狗。「我的名叫狗，狗就是我，我就是狗，噢汪汪，噢汪汪！」

　　但我更羨慕的是，小小畫家跟母親爭自由的那一幕。小小畫家唱道：「這本《千字文》，那本《百家姓》，糊裡糊塗，如何是好，媽媽呀！」可惜那時我還不知道《千字文》和《百家姓》是什麼書，推想應該是舊學的教科書。

　　猶記得，某天我中午一人回家吃飯，忽然發現情況不對勁：媽媽哭得滿臉都是淚水，正在打包一個大箱子。看見我，她憐惜而又淒涼地抱著我吻了幾下。我問她：「去哪兒？」她說：「去德國，一個人走。」

　　我本能地感覺到父母間肯定出了什麼事，便放下書包，發瘋似地跑到半山上的療養院。

　　那時，因日本人轟炸市區越來越頻繁，爸爸在南岸新建的療養院裡租了一間診療室。我對這個診療室有特殊的責任感。弟弟已經大了，不需要我送幼稚園。因此，警報一響我就趕緊回家，放下書包，連忙趕到爸爸的診療室，把室內一切貴重的玻璃設備和儀器都小心地包裝起來，

拿到離療養院不遠的防空洞。

　　我知道這些設備來處不易，十分寶貴；若沒有了它們，必然會影響爸爸的工作，和我們一家人的生計。沒有人交給我這項任務，但每次我都小心翼翼地，從來沒有碰壞過一塊玻璃。所以，早就得到爸爸的默許。

　　這一天，一看見媽媽打包行李，我立刻明白父母之間發生了什麼蹊蹺，便連忙趕到療養院報告爸爸。爸爸慌了，也就馬上跟上來。我沒打擾他們夫妻談話，只聽見爸爸勸媽媽許多好話。s預習警報的紅球，早已出現在對面山頭，我看事情已經穩定了，便懷著輕鬆的心情，趕回療養院去履行我的職責。

　　在此前一段時間，我們家裡出現了一個年輕貌美的的余太太。據說是湖南人，有個小兒子，丈夫是湖南某軍長。她在南京，就曾找上爸爸的診療所，看病認識的。

　　後來，不知怎樣，她又在重慶出現了。天氣轉涼，她身上穿得很單薄。好心的媽媽，不但留她住下，還把德國寄來的毛褲送給她。令人難解的是，爸爸給我和姐姐各自拉扯上一個乾媽。雪梅的乾媽是那位余太太，我的乾媽則是南岸某水泥廠廠長的妻子。這余太太就這樣在我們家裡住了下來。

　　近水樓臺，有時余太太會給我們檢查檢查功課，以彌補媽媽在這方面的困難。媽媽整天忙著家務，爸爸卻趁機和這位余太太，到附近的文峰塔散步，談情說愛去了。姐姐說，她實際上曾看見過爸爸在夜裡偷溜到余太太那間小屋裡去呢。

　　媽媽要離開的事，才使我意識到出現了這個「第三者」，我因此憤憤不平。爸爸的做法雖然使我感到氣憤，但他畢竟以我們家庭的利益為重，並不打算為了她而拋棄我們。再說，人家也是有夫之婦，有兒之母。你譚大夫就更不用說了，從老遠異國娶來一位漂亮、有知識、有本事的太太，為你生了三個可愛的孩子，也應以中國人和外國人的禮節相待呀！

不久，余太太果然搬進城裡去了，而我們的家終於又恢復了原來的平靜。

# 「小人兒」時霆出生

一九三九年，小弟弟時霆出世了。他足足比我小八歲，這說明我也已經是個七八歲的黃毛丫頭了。

大姐雪梅，二姐傲霜，大弟時霖，小弟時霆。父親給我們起名字時顯然詩興大發，而且彷彿預卜了我們姐弟各幾人的命運，正中要害。

記得每上國語第一課，老師點名點到我，總要發揮一番，誇獎一番。我算沾了蘇東坡詩詞的光：「荷盡已無擎雨蓋，菊殘猶有傲霜枝。」（〈贈劉景文〉，一作〈冬景〉）荷花出污泥而不染，菊花戰風霜而不懼，因而歷來被視為高尚品格與堅貞節操的象徵。我的名字，當真好像在不斷鞭策我向上。

但屬羊的我，偏偏是隻十月羊。這就註定我這輩子沒有輕鬆的日子過，要不斷地奮鬥，不斷地戰勝困難。

小弟時霆比我們小上一大節，媽媽用德文稱他「小人兒」，我們也跟著這樣叫。他實在太小了！而且有點不經風霜，所以自幼就得到媽媽的寵愛。

暑假裡，殘忍的姐姐和哥哥，在午前或午後，出門去長途跋涉探險時，總會想出各種狡猾的辦法，把這可憐的小傢伙擺脫掉。一聲口哨，一個手勢，我們已逃之夭夭。可憐的小人兒，拚命地追，最後，無可奈何地只好放棄，一個人好傷心地哭啊哭。

現在想起我當時的殘酷，感到無比羞愧！妳啊，傲霜姐姐，妳怎麼一點俠氣也沒有？好強欺弱，把個小弟弟甩在後面，怕他累贅。妳的良心哪裡去了？

可惜我那時根本沒有去考慮良心問題，這說明當時我還是一個很自私的小女孩。

# 第三章

## 遷居堡上園

* 春來堡上稻花香
* 永別了，我的小狼狗
* 看《雷雨》深夜摸黑回家
* 梅花盛開時的思家病
* 小時了了
* 精神失常
* 轉校
* 余太太之死與《白莎》的誕生
* 媽媽受到嚴重的精神刺激
* 忍辱負重，委曲求全

# 春來堡上稻花香

　　順著山路下坡去，二十多分鐘，過了公路，再走上坡路，繞著田間的小路而行，一個剛建成的居住區便霍地出現在眼前。新區固然房子結實，但周圍光禿禿的全是農田。我心裡想：「這豈不是鬼子飛機理想的目標嘛！」一旦鬼子飛機光臨南岸黃桷埡，防空洞都在對面山上，要徒步走將近一小時才能趕到。

　　哪裡會呀！炸城裡還來不及呢！這是樂觀派的論調。豈知它小日本，壞就壞在它會預知你的心事，硬要弄得你家破人亡！

　　但是，活潑淘氣的孩子們，哪兒都能找到他們的天堂。

　　這個座落在江右通南岸江邊公路、左側緩慢依山而上的堡上園，每座小樓裡都住滿了從緬甸逃來的難民，他們說的國語帶著濃重的廣東腔。

　　緬甸被占領後，日本帝國版圖空前擴張，太平洋戰爭爆發後，上自夏威夷群島、我國東北三省和東南各省，下至香港及東南亞諸國，都被囊括進它的「大東亞共榮圈」中。

　　當年，南京上百萬人，遭到這個至今才在輿論壓力下被迫贖過認罪的民族的大屠殺。我們在南京才剛築好的歡樂窩，也許早已被日本轟炸機夷為平地了。日本鬼子逼得我們顛沛流離，正如歌中所唱：「哪年哪月才能夠回到我的故鄉！」

　　春天來了！堡上園和公路對面千里稻花香，流過田埂的那條小河，正是我們小孩子遊玩的好地方。光著腳，在河裡的黑泥漿中摸魚。夏天，田裡放水以後，泥裡滿是鱔魚。左近的農民，打著火把，脖子上套

著一隻稻草編的緊口籃子，另一隻手把那些迎著亮光輕信地伸出脖子的魚兒們，輕而易舉地抓到籃裡。

於是，到了週末，爸爸便會慷慨解囊，帶我們全家到公路旁的小館子，吃一頓美味的鱔魚麵。如果你的好奇心無法抑制，跑到廚房去湊熱鬧，看一看我們國家烹調藝術殘忍的一面，那恐怕就會使你倒胃，鱔魚麵上桌之後，只能勉強把它吃下去了。

臨到玉米成熟時期，附近地主的玉米田就要遭殃了：譚家幾個野孩子不時會出擊，偷摘幾穗，帶回家用開水煮熟，吃個痛快！

# 永別了，我的小狼狗

　　那時，我覺得特別神氣，因為從朋友家領來了一條小狗。我們用德文為牠命名，叫Wolf，即狼之意。

　　我精心照料這條小狼狗，稍稍長大了就帶牠去上學。小狗不聲不響地蹲在課室外面，等著牠的女主人。下課鈴一響，老師想多說幾句，Wolf的生物鐘便響了，弄得我很尷尬。好在老師們都很知趣，狗一叫就宣布下課，我便得意洋洋地帶著牠回家去。Wolf越長越大，毛色也越來越光澤。牠從來不亂叫，更不會去咬人，因此很受疼愛，成了眾人的寵物。

　　菜花開了，整個堡上園都沉浸在一片耀眼的金黃中。我的Wolf卻整天躺在陰涼的石板上，食不下咽。牠用悲哀的眼光瞧著我，希望我能拯救牠。但我連去碰一碰牠都不被允許，因為會被咬而受傳染。

　　爸爸請來一個軍人，子彈已經上膛。我用無比悲痛的眼光，同我親愛的Wolf告別。一年多來，牠曾帶給我多少歡樂啊！牠本來還能活上許多年，而且比任何動物都通人性，如今在這菜花怒放的初夏，我們卻要永別了！

　　一聲槍響，遠處的山谷也發出哀鳴，Wolf的四條腿只略略地抽動了一下。我轉過身去默默地流淚，心裡憋得難受，乾脆就悽慘地大哭起來，泣不成聲。沒有人來勸我，沒有Wolf用牠的舌頭輕輕地添我的手背。這個世界太殘忍了！

# 看《雷雨》深夜摸黑回家

　　愛犬死後，我心裡一直鬱鬱不樂，開學以後才略有好轉。這是因為高班同學要演出曹雨的大型舞臺劇《雷雨》。

　　長年住在遠離城市的山區，我們的文化生活受到一定限制，只能用小說來充饑。巴金的三部曲早已拜讀了。姐姐不知從哪兒借來的徐圩的《一個精神病患者的悲歌》和《北極風情畫》，更令人讀之神迷。

　　回到南山小學念高小後，我開始對古典小說感興趣。用早期白話寫的小說，我讀起來也覺得挺對口。《三國》、《水滸》、《西遊》都能一氣看完，《紅樓夢》就更不用說了。看到寶玉出家，好不悲傷，恨不得他和黛玉這一對有情人終成眷屬。我到舊書店，到處去找《紅樓夢續》。後來真的到手了，黛玉也的的確確復活了，可我又覺得好不乏味。自那時以後，我才懂得文學創作必須適可而止。

　　至於《金瓶梅》讓武二郎的老婆死而復生，那分明是作者為了創造新的文學體裁，而別出心裁。至於其他什麼《金瓶梅》、《肉蒲團》等等，都是到了蘇聯以後才看的。那時，我的文學胃口已轉向《浮生六記」、唐詩宋詞，而以李清照為甚。對中國古典文學的興趣，肯定是在北大中文系，有系統地攻讀文學史後培養的。這是《雷雨》前的小插曲。閒話休說，言歸正傳。

　　話說堡上園和廣益中學兩處，分別坐落在兩座山的坡上，遙遙相對。山下隔著公路，兩旁是層層梯田，已插上秧，灌上水。我約姐姐同去觀賞《雷雨》，但因為沒有手電筒，她怕天黑後回來找不到路。我不願錯過這個機會，便不加考慮地獨自去了。由於布景、配樂和同學們的

高度熱情，演出獲得意外成功。我也深受感動，眼淚直流，竟忘了時間已近午夜，而等待著我的歸途是一片黑暗。

我看戲看得心裡熱呼呼的，抖擻了一下精神，就不顧什麼大路小徑，順著兩點間最短的距離，踩著泥濘的田地，深一腳淺一腳地在田間邁步。漸漸地，我的眼睛開始習慣於黑暗。藉著那遠近住家的燈火，給自己開闢了一條回家的道路。東跌西捽，總算在半夜三更摸回到家裡。

從小學四年級開始，國語老師不滿足於課本上的材料，另外給我們選讀了《古文觀止》中的佳作。陶淵明的名篇，以及唐宋八大家那些膾炙人口的文章，那位上海女老師都一一選出來給我們誦讀。

所謂讀，其實就是背書。其弊病正如王力先生所說，結果是知其然而不知其所以然。但是以背書為主的傳統教學法，也有它的優越性。語料的積累，加上字典之助，久而久之，讀者也能無師自通。

# 梅花盛開時的思家病

抗日戰爭時期，國民黨的政府官員、科教人員，在中美合作社的美國人，各省來的難民和本市原有的居民，都聚合在小小山城重慶，當時一城人口之多恐怕超過世界上任何都市。我父母也常能巧遇在南京認識的國民黨官員和他們的異國妻子。傅先生及其德國妻子就是一對。豈僅國民黨，當時宋慶齡的好友安娜王跟丈夫王秉南離婚以後，便和她的小兒子住在南山二嶺的一座平房裡，媽媽有時帶我們去他們家玩兒。

傅家夫婦住在離堡上園四五十分鐘的路程，也屬二嶺的一座山上，那座山叫汪山。汪山之有名，一來作為地主的汪先生，有一個比利時的男爵夫人妻子；二來蔣家人的避暑山莊就設在那裡；三來汪山有幾處適於游泳的池子，夏天有少數人可以去游泳乘涼；此外，汪山的梅林也是名勝之一，深受遊人喜愛。

寒假到了，汪山顯得格外孤獨。那對姓傅的父婦，丈夫可能是蔣介石的副官，他們住在我們附近山坡上的一座小洋房裡，拐過去不遠，就是汪山有名的梅園。傅太太沒有孩子，說好要我在他們家過寒假。

記得那是一個冬天的傍晚，滿天已被烏雲籠罩。我們家的老李，奉媽媽之命送我去，我們爬山步行了很久才找到那座小洋房。這對夫婦見到我來了，真是無比高興。晚飯後，天已漠漠向昏黑。我們出門透透氣，周圍萬籟俱寂，見不到一個人影。忽然，傅太太指著深谷對面的小徑，問我說：「看見了嗎？」對面山路彎曲的地方，有三個人在散步，兩男一女。那個穿著黑披肩軍大衣的是蔣介石，披著黑斗篷的婦人是宋美齡，退一步跟在後面的是保安人員。我們間的距離不過數百米。天漸

漸黑下來，空氣中充滿霧氣。他們大概是去梅園，賞梅歸來。我心裡很高興，居然看到了蔣介石和蔣夫人。

當黑色的天幕全部降下時，我忽然感到一種難忍的思家情。傅太太看我好像有些不適，連忙把我安置在蓋著雪白羽絨被的床上。躺在床上，我開始感到頭疼，歸心似箭。我感到一陣噁心，恨不得馬上逃回家去，體溫也立刻上升。我問傅太太：「這裡能找到滑竿嗎？」這對夫婦嚇得不知如何是好。天已黑了，這麼偏僻的地方，到哪兒去找滑竿？忍到明天吧。最後，服了幾片安眠藥我才睡著了。

次日，不等滑竿到，我已整裝待發。直到把我抬回到家裡，我的思家病才基本上「治」好了。遺憾的是，汪山的梅林我那回沒能欣賞到。但話說回來，能從數百米的「不遠」處見著領袖，卻是十分難得的機會呢。

事後，對我的古怪行為，母親一定跟好客的傅先生和傅太太解釋了。至於我自己，對這一次的失控和失禮，自然也覺得非常不好意思。

# 小時了了

　　小狼狗陪我上學是四年級的事。我從幼稚園一年級一直到三年級，都和姐姐在我們住的一嶺山坡上，南山新村東北人辦的南山小學念書。這個小學是在「新生活」運動的影響下建立的，國語教材全是白話文的散文作品。

　　學習對我是件輕鬆而有趣的事。放學後，我先趕到幼稚園，把大弟接出來。我們常常留在學校打大鞦韆，玩兒各種好玩兒的室外操練器。再說兩個孩子在一個學校，媽媽放心得多了。

　　晚出生八年的小弟弟時霆，三歲也上幼稚園了。我已在廣益中學，上學或在返回堡上園途中，總要繞道去把他送去和接回來。就像保護爸爸的醫療器材那樣，年幼的弟弟們，特別是「小人兒」常使我不放心，使我心疼。知道母親顧不過來，我就自告奮勇地分擔了這份工作。

　　從小學一年級到三年級，我在班上功課一直名列前矛。大考後，把得到的獎品帶回家去「孝敬」父母親，讓他們也高興高興。我該升四年級時，正逢姐姐該讀五年級了。這下子，她便能去廣益中學附小念書。

　　廣益是個老牌教會學校。校長楊芳齡，當年曾留學英國，辦校有方，遠近都很有名。在校學生，大多數是知名人士的子女。廣益原本是男校，新生活運動號召男女同校，楊校長雖然照辦，但男女授受不親的舊思想卻始終在他腦海中作祟。在女性解放的大潮流下，他雖然不能抵制男女同校的主張，每天身旁卻總帶著三隻毛皮帶斑紋的蘇格蘭牧羊狗，一見到男生和女生說話便立即訓一頓。

學校裡還有英籍傳教士，教英語和唱歌。楊校長已故的夫人曾是我父親的病人，校長會英語，能跟我媽媽交流，久而久之，兩家交情更深。

　　廣益原來只有中學，後來擴建了小學五、六兩個高年級。因此，雪梅當然也可以就讀囉。不懂中文的媽媽，以為她聰明的二女兒，可以輕而易舉地不經補習就跟姐姐同班上五年級。兩個孩子在一個學校，每天同去同回，這不是可以省去許多麻煩嗎？誰知五年級的算術課，首先成了我面前的一道障礙。我喜歡抽象思維的代數，最討厭的是用大量實數演算的算術。於是上課時東張西望，心不在焉，恨不得下課鈴快響，把我放出去玩兒。

# 精神失常

　　那時，與我同齡的校長小女兒也該上四年級。此外，山背後有個父親是希臘人的男孩子叫巴巴達，以及民生輪船公司老闆的幼女，一樣是同齡孩子。經過大人的商量，校長決定在小學部樓房旁添建一件小屋，供我們四人上課。後來邵力子的孫兒邵美成，也在下學期參加進來。三年級升四年級對我是很自然的，我不但課業在小班中位居第一，體育也超人，連身體健壯的希臘混血兒也跑不過我。

　　廣益中、小學很重視體育，每年都要舉行一次規模龐大的全校運動會。屆時國旗和彩旗插遍大操場，迎風飄揚。人人身著白上衣、白長褲，全校淹沒在一片白色的海洋中。樂隊演奏，宣布大會開幕，更增加了隆重的節日氣氛。跳高、跳遠、賽跑都有我一份。因為我賽跑的成績好，被體育老師看中了，讓我和中學生一起，作為本校接力賽跑隊的成員，代表廣益參加全市中學生運動會。老師看出我有一股拚勁，決定讓我跑最後一棒。結果，我們這隊獲得第二名，僅次於南開中學。

　　這一切都助長了我的自得心理。搬進小教室後，我把幾個同學組成一個小王國，由我充當國王。校長女兒和巴巴達是我的大臣，輪船公司那個總是流著鼻涕的小不點，學習也最次，當然就是小兵丁了。老師進教室之前，我便搭起椅子，在桌上檢閱手下的士兵。要不然，上課以前，我一聲號令，大家都爬上教室門前的大松樹。老師走進空空的教室，當然要大大發作。這種惡作劇使我萬分高興，況且，我還有小狼狗做我的衛士。這哪裡是上學，簡直是過童話裡的生活。畢竟，我們不是生活在童話世界裡，於是我的生活中便出現了逆境。

第一件不走運的事，是小狼狗的死。暑假裡，待在家裡實在悶得慌，便想央求剛來不久的一個年輕男工帶我去捉鳥。不料，到了他屋裡，他竟抓著我掀開我的裙子企圖強姦我。起初我被好奇心驅使著，繼而感到恐怖。最終，我的封建腦瓜子救了我，我奮力掙扎，沒有讓他得逞。但幼稚的心靈裡一直提心吊膽：萬一他的精液跑到我身上，不是會懷孕嗎？當時我的性知識還少得可憐，不知道小孩也有處女膜保護自己。之後，由於自覺羞慚，我一直不敢告知媽媽這件事，但在精神上卻造成了很大負擔。

　　暑假天氣酷熱，媽媽讓我和姐姐留在家裡，每天給我們上德文課。她耐心地教我們，要會認會寫德文舊體字（現在已拉丁化了），還讓我們輪流閱讀外祖父送的童話故事。那時，我特別喜歡《格林童話集》，其中〈布列門的樂師〉這個故事，最引人入勝。看到樂師朋友們遭難，驢、羊、狗、貓、雞等眾動物，一個搭在另一個身上，從窗外撞入，大聲鳴叫，把那些土匪嚇得四處逃竄。我雖歡喜得哈哈大笑，但不論做什麼，眼前卻彷彿有一根飄蕩的絲線，若隱若現，難以捕捉。「我還是一個處女嗎？」這個問題始終困擾著我，讓我忐忑不安。

　　我們的媽媽身為德國人，卻一直堅持要把我們送到中國學校受教育。抗戰結束後，我們在上海進的天主教學校有中文部——即震旦女中，和英文部——即聖心中學。母親毫不猶疑地要我們讀中文部，否則，等我們長大，恐怕會對祖國的悠久文化一無所知，這豈不是一生的憾事嗎？只有像母親這樣一個愛中國、愛丈夫、愛孩子的女人，才會做出這種英明的決策。但她也絕不會放過機會，教我們德文。

　　夏去秋來，四年級的小班併入到五年級大班。頭一天去上學，我就發現全班同學，包括新生在內，對我極不友好的態度。原來，流鼻涕的小兵丁，在她那無異於「造反黨」的大姐們的驅使下，挑撥全班五十多個同學，群起而攻之欺負我（當然也有例外），以報復我孩童時的「專橫」。

　　這幾件事，和前面說的那些，加在一起，形成了對我嚴重的精神刺激。我仇恨那個五年級，連小便都不願意留在學校廁所裡。一下課，趕緊穿過大操場，去找姐姐，我唯一的親人和依靠。見到她，我心裡立刻覺得舒展些。不過，我的古怪行為，卻弄得她很尷尬。

　　當事情已發展到相當嚴重的地步時，媽媽跟我進行了一次深入的談話。我把心裡的恐懼和同學們沒有理由的仇視，全盤向母親傾吐了出來。事後，母親立刻同父親商量，決定先把我留在家裡，等到下學期開學再轉到對面山下的南山小學。那個不老實的僕人立即被解雇，臨走時，他還把母親從德國帶來的銀勺順手牽羊拿走了。

# 轉校

　　環境的改變，立刻對我產生了安定的作用。同學們我一個都不認識，我的淘氣性格無從發揮，便老老實實地坐著聽課，做一個公認的模範生。老師發現我有寫作天份，鼓勵我更加努力。

　　果然，六年級畢業考試，我的作文得了全校第一名。而在這以前，我有生以來寫的第一篇議論文〈衛生與救國〉，曾在全市的兒童報紙《千字報》上發表，並頒發了獎品。

　　我將畢業那年，南山小學發展了中學部。照說我應該在那裡升學，老師們也捨不得我走。我卻決定回到廣益，正視我所害怕的過去而不示弱。那時，大多數的學生我都不認識，我已學到：要搞好和同學們的關係，必須在必要時幫助同學。因此，我常常犧牲午飯，為英文落後的同學義務補習，也得到了同學們的尊敬。

　　不過，我的淘氣個性還是難改。有一次上我最喜歡的地理課時，老師還未進教室，就跟男同學一起大吵大鬧著。雖然，蔣介石主張男女同校，但廣益是教會學校，承襲了英國某些封建教育制度，上課時男女分得很嚴，不但不能在一處說話，連多看一眼也要受責備。我很喜歡地理，總是得滿分。地理老師不好意思像對待男同學的方式一樣對待我，便派我上他宿舍去，把放在書桌上的一根大尺子拿到課堂裡。男同學由老師各打了幾板，唯有我這個淘氣、不守常軌的女生，自己處罰自己。我知道地理老師疼我，就狠狠地來了一下，以示承認錯誤。

# 余太太之死與《白莎》的誕生

　　一九四三年冬，在一個風雨交加的夜晚過去後的次日，廣益小學的學生們，利用課餘時間到山頂閒遊時，發現一個衣著華貴的女屍躺在塔下。這個新聞立刻傳遍了整個學校。

　　雪梅聽後也前往一看究竟，驚覺到那女人很像是她的乾媽余太太！事實上，一夜風雨已把她的面部弄得難以識別了。雪梅再仔細瞧瞧，沒錯，從那死屍穿著的旗袍下面，露出了那條德國毛褲。雪梅這才斷定，確為其人，並且立刻回家報告了父母親。後來，爸媽也趕來認屍，確證死者就是余太太。

　　當時，南岸和城裡的一些好事之徒，成群結隊地爬上山去看熱鬧。由於余太太的親人一下子無法找到，死者就這樣暴屍塔下數日，未能即時入殮。當時重慶報界輿論譁然，塔下發現美人屍體，成了戰爭年代的頭號桃色新聞。人們議論紛紛，不知情者以為，余太太此舉純為藕斷絲連，在眾情人中唯與我父親譚守仁那段感情念念不忘，因此才選了文峰塔作為與生命告別的場所。

　　事實上，余太太之死猶如一顆定時炸彈，產生了爆炸性的後果。原來，這個女人戰前在南京就戀上了我父親，繼而追到重慶我們家裡。在她與父親的關係被識破後，仍留在城裡跟我父親繼續同居，一心要逼迫我父親離婚，不達目的不肯甘休。日久天長，爸爸的一再拒絕使她灰心失望，最後只好另找出路，投入其他男人的懷抱。

　　自此以後，余太太在情場上一再跌跤，使得她墮入了痛苦深淵不能自拔。因此，對譚守仁的愛就變成了恨。

不管怎樣，死在文峰塔，從死者來說也許是柔情未斷，客觀上卻是一種報復性行為。她的目的，顯然是想繼續破壞我們父母間的關係，弄得父親聲名掃地，繼而使我們全家失去生計。此後的事態，果然是按照這種邏輯發展下去的。

大約在一兩年之後，我們已從堡上園搬到鋸木灣。一天，爸爸從診療所回家，我發現他的皮包鼓鼓的，好像有一本厚書在裡面。爸爸平時行醫已夠忙的，哪兒有時間看書呢？這個發現引起了我們的好奇心。姐姐比我膽大，乾脆打開皮包。一看，「白莎哀史」幾個大字，加上文峰塔的背景，立刻吸引了我們的注意。

其實，近來我們已聽說有這樣一本書問世了。因為，學校裡的男生好幾次一看見我們便立刻尾隨在後，大聲叫嚷：「白莎！白莎！康醫生！白莎！」我們一打聽，原來當年余太太自殺的事，已有人寫出書來。

我和姐姐小心翼翼地把書先放回去，然後急不可耐地等著父母上床去睡覺，才把它從皮包裡拿出來，兩人搶著輪流看。一夜工夫，大致翻閱了一遍。

十分明顯，作者為了譁眾取寵吸引讀者，可謂盡其歪曲之能事，把一個女人失情自殺之事，誇張到無以復加的地步。而且，對主人公的第一個情人——我的爸爸，和他妻子及一家人，倍加侮辱，有時甚至達到荒謬絕倫的地步。例如：白莎暴屍塔下，被野狗搶去充饑，剩下幾根腿骨，康醫生（指的是我爸爸）含淚把它們泡在酒精瓶裡，以做紀念等等。諸如此類無稽之談，純屬捕風捉影。我們看了真是又可氣又可笑。作者是絕對站在「白莎」的立場上的，很可能就是她的情人之一。這本書自始至終，純粹是為了迎合小市民的低級口味而寫的。曾經同情可憐她，留她住下，引狼入室的媽媽和「康醫生」都成了書中的反面人物。

雖然，因為沒有時間，這本書我沒有細看，也不想細看，但它對我的震動太大了。我自小對父親的愛戴，甚至崇拜，一下子化為烏有。沒想到，他竟在說服媽媽留下，把余太太請走之後，瞞著我們，在城裡為

她租了間房，繼續同她來往，奪去了父親對我們的愛和關懷。

　　她自殺時，我們已住在堡上園。經過一段時間，余太太的丈夫余先生（不知是否像她所說真的離了婚）和她的小兒子，才從城裡趕來安葬她的遺體。當時母親的意見是，爸爸大可不必以過去情人的身分出席。何況，余太太的好友雷震夫人（雷震一直是國民黨高級官員）──人就住在黃桷埡，也沒有出席呀！爸爸卻堅持一定要去。

# 媽媽受到嚴重的精神刺激
## 夏家被炸

媽媽受到嚴重的精神刺激，那時媽媽已對父親大失所望。精神上的刺激，發展成生理上的病態。我眼看著媽媽日益變得蒼老憔悴，飲食不入口，心中十分不捨。

姐姐在她的回憶錄《情歸巴黎》中，描寫了當時的情況：有一次，她回到家裡，正看見爸爸把全身血淋淋的媽媽從浴室裡拉出來。

姐姐當時沒有把這件事告訴我，這很不尋常。我們姐妹間本來是親密無間的，彼此沒有隱瞞什麼祕密，看來是爸爸下了禁令。我還記得，當時為了緩和父母間的關係，我曾建議和姐姐同去黃桷埡買個蛋糕回來，大家高興高興，主要是讓他們夫妻從此言歸於好。

遺憾的是，母親由於父親一再的不忠不信而一蹶不振。當日本飛機果真開始轟炸南岸時，她斷然拒絕跑防空洞。記得有一次，日本飛機像瘋狗似的不斷投彈，在掛黃球以示間息警報時，爸爸帶著姐姐跑回家去，苦勸媽媽上山來。我留下照顧弟弟們，心裡卻像熱鍋上的螞蟻，緊張到極點，生怕他們還在路上，或媽媽不肯來。如果他們在掛上兩個紅球後還不趕來，幾分鐘之後，敵機就會出現在上空。

那天烈日當空，將近四十度。在掛一個紅球後，我背上的草兜裡，已揹著三歲的小弟弟，拚命地往山上的防空洞跑，就怕來不及。我一身大汗，又累又渴，第二個紅球掛出以前，我們已坐在陰涼的洞裡。一看，除了媽媽以外，一家人都到齊了，而炸彈的爆炸聲已在洞外轟轟作響。

這樣的大太陽天能見度很強，看見地面上有人，鬼子會開動機關槍——何必為了一兩個人浪費炸彈呢？這些道理我們都清楚，只好求老天

爺保佑。

在黃球出現前，好像過了一輩子。終於，爸爸、姐姐和媽媽出現在視線可見之處；再過一會兒，就在紅球出現的當兒，親愛的媽媽已在她四個孩子的環抱中了，爸爸也好像大大地鬆了一口氣。我深深地感受到，爸爸是愛媽媽的，這種意識使我感到無限的幸福。

綠球掛出來，警報解除了，大家慌慌張張地走出防空洞。這時，走在前面的夏太太忽然大叫一聲昏倒在地。原來，在離洞僅三四十米的夏家房子被炸毀了。父親立刻給夏太太打了一針安定劑。她醒過來後，我們幫著把夏家四口人安置到旁邊的英國人梅家暫且住下，才趕著回堡上園看我們的家是否也遭了殃。

# 忍辱負重，委屈求全

　　媽媽和爸爸的感情從惡化到破裂，經過一個漫長的歲月。在這段時間的長河中，我們生活、學習、成長。

　　除了來自外部的資訊（那本書）外，媽媽從來沒有在我們面前抱怨爸爸或討論他的為人。由於她的這種忍讓精神，使我們能夠在八年抗戰中，度過一個美好的童年。可以說，我們頭上的陽光從沒有被父母不合的陰影所覆蓋。

　　媽媽一直把她的痛苦深藏在心裡，我們從未聽見過父母吵架或反目。這是符合基督教的精神，也是對我們的愛護和保護。回顧往事，我對這個不凡的女性更為感激，也對我們曾經有過這樣一個媽媽感到無比幸福。

# 第四章

鋸木灣

童年中最幸福的年代

* 火燒重慶城
* 我的婆婆、姑媽和表姐
* 舊地重遊，物改人非
* 一棵奇樹
* 「花花世界」與「春蠶社」
* 採菊東籬下，悠然見南山
* 一失足成「千古」恨
* 再接再厲
* 戰場和大後方
* 妹妹捉賊記

# 火燒重慶城

　　一九四〇年，日軍占領宜昌後，幾十架、幾百架飛機，毫無阻攔地飛向重慶。往往預習警報還來不及放，緊急警報一響，成排成排的轟炸機已出現在上空。

　　過去只要你住在南岸，就大可不必擔心，因為日機的目標在城裡。但隨著部分軍政機要部門遷到南岸，在地面上與日軍配合的漢奸也日益猖狂。他們手裡拿著一個小鏡子，藉著陽光的反射，指示方向。敵機投彈的準確率，不斷提高。

　　廣益中學是蔣介石感到得意的一個學府。據說，有一天蔣總司令要來檢閱我校的童子軍，並發表講話。我們已在前幾天，全副「武裝」地操練得十分嫻熟。記得老師派我做分隊長，要發號施令，並向中隊長報告。

　　原來，我雖然從小是個好動的孩子，在想像的世界裡，憑著個人的本事稱王稱霸，演出一齣齣童話戲來充實現實生活，但在現實生活中，叫我做領導，哪怕是小小的領導，心裡上卻有很大的牴觸。這可能是混血兒本來就顯得出眾，不願與眾不同的心態在作祟。經我一再推辭，這個擔子才給了別人。

　　沒想到，就在檢閱前一天，日方得到了錯誤的資訊，往南岸廣益飛來行兇。警報解除後，我立刻向學校奔去。一看，小學部盡皆炸毀了，唯有眾人所喜愛的，那隻脖子上套著鋼圈、成年累月地繞著一棵老樹轉圈的老猴子，僥倖逃過一劫。然而，大操場上卻到處是彈坑，看來鬼子成心要在委員長面前顯威風呢。

這一天，沒來得及躲防空洞的人，有的腹部中彈，雙手捧著自己的腸子坐著呻吟，有的被彈片砍掉手臂，景況之慘令人不忍卒睹。我閉著眼睛，**轉身就跑**，因為再看下去就要發嘔了。自此以後，警報紅燈一掛出，山頂上的住戶也立即鑽進防空洞。

沒有經過抗日戰爭，沒有逃難到重慶，沒有躲過防空洞的人，是無法想像到日本鬼子有多麼可惡的。

記得一天傍晚，爸爸還在市內診療所，幾百架日機未經警報，便闖入重慶上空，無目的地狂轟濫炸，想挫折中國人民的意志，把中國滅亡。蔣介石沒有空中抵抗力量，整個重慶城，隨著夜色的降臨，變成了一片火海。敵機早已離去，爸爸卻總也沒有歸來。我們住在離山頭小鎮最遠的鋸木灣。媽媽帶領著我們四個孩子，直奔黃桷埡埡口等待。

江對面的火勢越來越大，彷彿隨時會越過長江，蔓延到南岸。我們的爸爸此刻是死是活，每個人心中，都打著這個可怕的問號。不知又等了多久，終於看見一個衣衫襤褸，動作蹣跚的人，朝著我們走來。我們六個人擁抱成一團，狂吻一通，歡喜得熱淚直下。爸爸活著呢！

聽父親的敘述，他在大火燒城之前早已趕過江來。誰知在南岸這邊，遇到一個又一個到處活動、向敵機施放信號的漢奸。這種人身上也有武器，必須加以防備，千萬別落到他們手中。爸爸轉彎抹角，半逃半躲，好容易才擺脫了他們的注意。

那次大火，市內有些防空洞的通道，一說被炸彈堵塞，一說管理人員把鐵柵欄門鎖住，到別處尋樂去了。因無其他出口，遂造成了數千人活埋在洞中的空前慘案。事後，當局因準備不周，遭到輿論的嚴厲譴責。事已過去很久，人們還互相傳說，夜裡聽見有女鬼的聲音問：「警報解除了沒有？」

為了紀念那次重慶大轟炸（據統計，日軍空襲重慶兩百一十八次，計有一萬多名重慶市民殉難），勝利後建立了抗戰勝利紀念碑，紀念無辜犧牲的重慶市民。

# 我的婆婆、姑媽和表姐

　　婆婆、姑媽和表姐，她們是我們在中國唯一的親人。自從爺爺去世後，婆婆雖然是個讀過書的女人，生活卻十分艱苦。抽大煙固然能使她暫時忘記自己的逆境，過著醉生夢死的生活，卻不能根本擺脫生活上的困境。何況在這個天府之國，到處生長著罌粟花，抽鴉片成了地主階級的通病。

　　譚家世代是書香門第，爺爺譚鶴孫（譚河深）以書法著稱，寫得一手好字。據說，他的字可以賣不少錢呢。爺爺還會畫，會刻圖章。姑媽是譚家的大姐，下面還有一個妹妹和一個弟弟，弟弟就是我爸爸譚守仁。

　　姑媽譚玉松，從小跟爺爺學畫，也稱得上是位女畫家。後來，她去杭州某藝專，繼續攻讀國畫。她的丈夫李某人，是一個職業畫家，曾在北京某大學任教。遺憾的是，這個藝術才華出眾的姑爺，卻是個品行卑鄙的人，他竟姦污了自己妻子的親妹子，逼使後者含怨自盡。姑媽家庭破裂了，她本人也開始耽溺在酒精中。

　　爺爺在世時，曾因參加孫中山先生領導的護法之役，而遭當地軍閥暗算，把他置於死地。爺爺中毒而死後，住在成都的這個封建地主家庭，遂日趨沒落。但婆婆望子成龍，猶如孟母斷織，堅持要他兒子譚守仁完成學業。爸爸出於憂國憂民之心，選擇了學醫的專業。

　　爸爸先去北大醫學院學醫，畢業後赴德國深造。婆婆為了栽培兒子，可以說是赴湯蹈火在所不惜。雖然細節我不清楚，望子成龍的心驅使著她，把家裡的地產和房子賣掉，帶著姑媽去重慶。姑媽結婚後，跟那個李某曾生了個女孩子，也就是我們眾姐妹和兄弟所深愛的表姐李麗蓮。

　　當時，從重慶過三峽去北京已非易事。再從北京通過西伯利亞大鐵路，遠赴位於歐洲中部的德國首都柏林，那真是萬水千山，學子之心：為了學到西方先進的醫學，拯救落後的祖國。那時，在一個地主家庭已趨破落時，沒有婆婆省吃儉用，供兒子留學兩年，並獲醫學博士，是難以設想的。

　　頭一次同婆婆、姑媽相見，應該是在「九一八」事變後，母親、父親、姐姐和在戰火中誕生的我，逃難到重慶時，只是短暫的幾個月。

　　一九三七年「七七」事變，我們第二次逃難到重慶，日本飛機開始轟炸市區，婆婆、姑媽帶著表姐，也避難到黃桷埡。父親為她們在一個破舊的樓上，租了一間小屋，同時給婆婆治療煙癮。她們三人住在一起相依為命，但姑媽酗酒成習，常常吵吵鬧鬧。三人都要靠父親供養，生活水平之低，不難想像。

　　記得我們在廣益念書時，總是覺得肚子餓。許多同學都跑到鎮上去吃麵，或去買那香噴噴的山東大餅，唯獨我們姐妹倆根本沒有零錢花。對此，爸爸的理由是無法推翻的：天一熱，傳染病流行，攤子上賣的食品都未經消毒，絕對不能買來吃。

　　我常常空著肚子在熱鬧的鎮上走著，有時會碰見婆婆。她一見到我，總是笑逐顏開。雖然婆婆長得有點像個女巫，但她是個善良的老年人。在自己還經常無法填飽肚子的情況下，常常給我五個銅板買山東大餅。我的婆婆就是這樣一個好心腸的女人。

　　值得一提的是，婆婆的鷹勾鼻後來也被父親所繼承，這使我產生一個出人意表的假設。據四川本地人說，明末清初的農民起義軍，自立為「大西王」的張獻忠曾大規模殺害四川人，所以現在的四川居民都是從山西遷徙來的，這是一個歷史事實。唐朝貞觀之治時，開放門戶，有不少中近東的移民湧入長安。據考證，當時洛陽城就有一個猶太人聚居的地區。可惜我們無法得到這個地區的地方誌，因此很難確證：也許我的祖先就有猶太人的血統吧，否則爸爸那隻帶勾的大鼻子，來自何處呢？

姑媽見到我，雖然總是笑容可掬地叫我「傲兒」，但我們小孩子其實都有點害怕她發酒瘋。

　　由於酗酒，她已顯得有些落魄潦倒，雙頰也老是通紅通紅的。記得父親曾為她謀了一份職務，介紹她到廣益教國畫。她獨居在樓梯旁的小屋裡。桌子上放著兩個閃著銀光的巨大海蚌，用來放水，想來還是爺爺留給她的。此外，桌上還有幾個粗大的雕花竹筆筒，插滿了大小不同的毛筆，都洗得乾乾淨淨的。

　　看姑媽作畫，能叫你出神。準備工作非常細緻，研墨就占去很長時間。顏料也都放齊了，隨手可取。她沉默良久，好似一位即將動手術的外科醫生，全神貫注著，我也不好意思打斷她的構思。等一切準備就緒，她便開始作畫。先用筆尖點上一點濃墨，加一些水，只見那筆勢一斜、一勾、一撇、一捺就出現了深淺濃淡的枝葉。最後她仔細地挑選了一小管深紅的顏色，先把筆在水裡一浸，筆尖觸上一點顏色，一剎那間，一朵盛開的牡丹，便出現在眼前。

　　畫作完成，姑媽這才放鬆一笑，像是對自己的丹青妙筆非常心滿意得。這枝牡丹，無論在造型、風姿和氣勢上來看都是第一流的。那時，我多麼盼望她會把這張畫送給我呀！但她卻沒有這種意思。上課鈴一響，她立刻把我請了出去。

　　現在回想：姑媽這樣一個有才華的女畫家，為什麼不能在廣益久留呢？酗酒本身恐怕還不成理由——雖說看來她的每張畫作都賣了換酒喝。

　　事實上，姑媽個人深受學生所喜愛，但教學是要有耐心有教法的。她天生有藝術才能，不過，一個偉大的畫家不一定是一個好的美術老師啊！

　　最終，姑媽的才氣就這樣隨著被她飲進身體裡的酒精，一點一點地揮發淨盡了，多麼可惜！

# 舊地重遊，物故人非

　　一九九八年，我和丈夫應邀去北大做科研，我們藉此機會，到闊別了半個多世紀的家鄉四川去了一趟。我丈夫的父親是著名的化學家，在一九五○年代末，曾被川大請去講學。川大在成都，我們坐火車先去成都舊地重遊，順便遊覽峨嵋山，然後再去老家重慶，跟表姐團聚一堂。

　　探親後，我才知道：一九四七年婆婆去世後，父親奔走於上海、香港之間，加入農民黨，後又轉入國民黨革命委員會。他不但把媽媽休了，對姑媽、表姐也不加聞問。姑媽在貧苦中越陷越深，最後懸樑自盡。

　　可憐的表姐孤零零一人，母親的死雖然使她悲痛，但也使她擺脫了地獄般的生活。解放後她去幼兒園工作，孩子們愛她，同事們關心她，表姐也因此獲得了新生。

　　表姐後來嫁給一個老實的鰥夫，兩人生了一個女兒；小姑娘長大竟成了個大美人，不久前嫁給一位外科醫生。現在，兩老在晚年終於有了依靠。善良的表姐，也時時為遠在異國他鄉的表妹表弟操心，我們因為有這樣一個表姐而感到驕傲。

# 一棵奇樹

　　在深山叢林中生長的孩子，只要體格和身心健全，再加上喜愛動腦子，那就能與大自然為友了。孩子可以從周圍的林木中，獲得童年需要的各種難得的享受。

　　在鋸木灣，我們家大門裡面，靠雞棚拐角處，就長著這樣一棵奇樹。雖說它只是一棵普通的春芽樹，但奇妙的是，到了早春時節，它的枝條中，便開始生發出綠得發黃的嫩芽；把嫩芽摘下來，放在油鍋裡一炒，那就是一道鮮美可口的菜了，它不但下飯，簡直可以說是極品呢。

　　等到「惜春春去，幾點催花雨」，春芽早已成長為樹上的新枝新葉，茂盛成蓋，不讓夏日火毒的陽光透過。

　　這棵樹造型上有個特點：在離地不很遠的地方，樹幹就分成若干枝椏，可以不費吹灰之力攀登而上。再往上爬，樹幹又分成若干長而結實的枝幹。離地越近，它的枝幹越長。這使我心生一計，發明了獨有的「下樹」法。

　　爬樹這種兒童喜愛的娛樂之所以那麼吸引我，可能是因為人類自古就潛意識地想逃往高處，躲避洪水和猛獸嗎？我想不盡然如此。可能也因為，登高望遠，整個世界好似盡收眼底的那種快樂吧？但是，從樹上高處慢慢爬下來，卻使人感到厭倦無聊。

　　所幸，我們的春芽樹還有一個特點：枝幹柔軟而堅韌，可以承受一個孩子的重量，彎曲而不斷。我察覺到它這個特點後，開始小心翼翼地試驗：雙手抓住上面的枝幹，雙腳踏著下面的枝幹，然後徐徐滑行而

下。我發現春芽樹柔韌的枝幹，雖然比上面細一些，但仍毫無折斷的跡象。雖然，滑下時我的身體會不斷地搖擺著。

有趣的是，樹枝和馬戲團裡繃緊的鋼絲不一樣，走鋼絲的人全靠手中那根鐵棍來保持平衡，我卻可以善用許多條樹枝。就這樣，我靈機一動，想道：我可以雙手分別抓住頭頂上的兩條樹枝，腳下選擇那分枝最多的樹枝，一小步一小步地往下滑行，等腳下的樹枝已被身體的重量壓到地邊時，再放掉被拉下的那根樹枝，然後輕輕一跳，到達地面！

首次試驗很成功，再來一次已沒有畏懼心理——春芽樹撐得起我的身體！可以很放鬆地從兩三人高的樹上，滑行而下。我的新發現，就好似人類發現可以用電梯代替樓梯一般，使我感到無比自豪。連忙把家裡的小集體聚合在一起。先是示範，然後勸解，除去思想包袱。不出幾天，大弟、雪梅、夏家的谷雷，甚至連小弟弟都學會了這個下樹絕招。

可憐的春芽樹，因為膽小的初試者太緊張，損失了不少細枝和葉子，顯得有些光禿難看。但關係不大，到了來年春天，它的枝葉會長得更加美麗茂密，鍋裡的春芽菜也會更加香。

大自然就這樣，隨時會意料不到地，贈給孩子們想像不到的娛樂方式。

# 「花花世界」與「春蠶社」

到了一九四一至一九四二年左右，我們一般過的日子，無非就是：上下學，課間跟同學們玩，回家做功課。至於暑寒假，我們的玩伴就只剩下四個姓譚的孩子，和大門外，從桂花樹上坡，坡上住著的另一位德國媽媽生的一男一女，谷雷和谷雲。前面已經說過，那家人姓夏。我們租住瑪卡梯太太家的三樓時，他們則跟幾個人家一起租了一樓。

夏先生是搞工程的，所以決定自蓋一個小平房。經過媽媽的介紹，認識了鋸木灣的英籍主人梅老先生，並獲得土地使用權。梅家是我們的老朋友，梅老先生那時還在英國石油公司辦公，一對夫婦和妻妹，都已上了年紀。因為梅先生有哮喘病，園子裡為此種上了幾棵高聳入雲的金雞納樹。把金雞納樹的葉子烘乾，當菸斗的菸葉抽，可以治喘哮病。那時，他們從山下靠江的住所上一趟山已經很不容易了，就乾脆把鋸木灣的房子和全部地產，包括花園、林地在內，無償轉讓給我們使用。

一九四一、四二年，日本鬼子夥同德國法西斯，對全人類展開了一場驚天地、泣鬼神的非正義戰爭。一九四一年，蘇德戰爭爆發，日本則陷入與美國的戰爭漩渦中。由於戰線越拉越長，日本已無力把更多軍力投入中國戰場。我們雖然已搬到山上，離防空洞近在咫尺，但「西線無戰事」，我們就像生活在真空裡一般。在這個小小的太平的村子裡，世界大事雖然經常過耳，但也像過耳風一樣，與我們關係不大。

整天分散著野逛的六個中德混血，再加上一個美德混血，和後來搬上山的三個中德混血，已然形成一個小小的混血兒團體。家裡已有兩個幫手——楊媽和老林，媽媽整天做家務不耐煩也不必要，又眼看著孩子

們一個個長大，就決定給我們組織一些有意義的活動。她的德文文字功夫很深，便決定辦一個德文報紙，名為《花花世界》，報導各家生活中的趣事。在創刊號上，母親以她特有的才能，給每個孩子和朋友中有特色的大人，各寫了一首幽默的即興詩，這也大大提高了我們對德文的興趣。

冬天過去了，溫暖的陽光喚醒了大地。不知怎樣，我忽然對養蠶事業，發生了濃厚興趣——也許始於我在園子裡發現了一棵大桑樹吧。桑葚固然好吃，吃多了也沒意思。記得上植物課曾學到昆蟲蛻變的現象，不知為什麼，它緊緊地抓住了我的心。我總是把某些蟲類的蛻變，同佛教輪迴轉世的哲理聯想在一起。蛻變畢竟更好，它象徵著生命的永恆，而轉世的教義卻含有懲罰的思想在內。如果你下輩子變成一頭豬，就會任人宰割。

蠶寶寶長到夠大就會吐絲，牠們一個個把絲吐盡了，也結成了一個個橢圓形的繭，這又使我聯想起李商隱的詩句：「相見時難別亦難，春蠶到死絲方盡。」那是死嗎？那不過是另一個形態的生命之延續。我最喜歡看紙上下得滿滿的蠶卵，它們的顏色起初是透明的，漸漸地變成黑色。瞧！小蠶寶寶破卵而出，立刻一邊爬行，一邊東轉西轉著頭，尋找桑葉。那情形就像眼睛還沒睜開的嬰兒，轉動著腦袋四處尋找著母親的乳頭一樣。生命的開始是多麼美呀！

我的生活有了新的意義，每天拿著個布袋子去採摘桑葉，把那些蠶寶寶餵得白胖胖的。當蠶寶寶的身體發出透明光澤時，這說明牠正在醞釀蠶絲。時間一到，牠便開始把極細極寶貴的絲一點一點地吐出來。牠會以自身為軸心，像個藝術家似的，一伸一縮，巧妙地給自己編織一個漂亮的新居。這個過程有時會持續兩天，而辛勤的蠶寶寶一分鐘也不停止工作。牠毫不吝嗇地把自己的全部獻出之後，便隱藏在一個美麗的繭中。

於是牠的生命開始轉化，繭也越來越硬。有朝一日，孕育在繭中的新生命——蛾，就會咬破舊居鑽出來，成為一隻翅膀已退化的蛾。這隻蛾經交尾後，便開始下卵，完成了蛻變的整個週期。我還記得，當我們

看到第一批蛾破繭出世時，真是喜出望外，黃的、白的、粉紅的，多麼可愛！

這時，飼養者就會面對著兩種選擇，是把絲抽盡，把還沒變蛾的繭，送到美食家的碗中，還是讓生命繼續，世世代代送給人們美好燦爛的絲綢。然而，對我們來說是不存在選擇的，我們的蠶寶寶應該永生永世地活下去，作繭自縛，周而復始。谷雷建議把我們的事業稱為「春蠶社」，大家都覺得很有詩意。

但是，老天爺不作美，第二批蠶寶寶已變成成蟲時，不知從哪兒飛來一大批害蟲，叮在桑葉上，把它們的全部滋養都吸收了。我們的「春蠶社」出了災難！天氣已經涼了，迎著這凜冽的寒風，我跟幾個積極分子跑遍了整個南山，去尋找沒有受害的桑樹。但摘回來的葉子，也都帶著害蟲的毒。蠶寶寶伸長了脖子東張西望，餓不可耐地吃著，但吃下去的葉子卻很快使牠們中毒、變黑而死亡。近百隻可愛的生命，全盤被消滅。懷著沉重的心，我發誓再不從事這種傷害生命的事業。由我發起的春蠶社，曾經吸引我們家所有孩子和夏家兩兄妹，為我們帶來許多快樂；但蠶寶寶的災難，也讓所有的孩子感到無限痛心。

今後怎麼打發時間呢？周圍的山谷、洞穴、山澗我們的探險隊都已走遍。我多次向谷雷——我們六人中之長（他比我大兩歲）建議，憑藉附近一個窪地的天然形勢來修築水壩，搞一個游泳池。四十度的大熱天，只有在水裡泡著或游泳，才能消熱。但要想找到天然的清水池，往往得翻山越嶺，有時還可能撲個空。我的建議，谷雷每次都表示贊同，但連一張藍圖都沒有畫出來。真是不肖之子！不像他老子夏先生，一蓋就蓋了兩座房子——否則他們夏家住到哪裡去？

好消息！被我鬧煩的谷雷，居然在他家屋子的下坡處，發現一棵被堅硬而帶有韌性的樹藤纏著的大樹。他立刻把下端切掉，繞開樹藤。那棵大樹，正好立在一個略微險峻的山坡上。這個消息一傳到我們耳裡，大家歡喜若狂，特別是我。谷雷第一個上陣，他深深地吸了一大口

氣，模仿電影裡與猿猴共居的泰山的呼喊聲：「啊，啊，啊──啊──
啊！」這個有些變調的呼喚聲，立刻成了我們兩家集合去探險的信號。

　　當時的探險家，就是谷雷、我和大弟弟時霖。但玩藤的願望人皆有
之，連小弟弟時霆也在我們的保鏢下，嘗試過泰山「飛天」的樂趣。真
要感謝谷雷的機智，為我們開闢了一個再好不過的遊玩天地。

　　哪裡知道：「時不利兮騅不逝，騅不逝兮可奈何，虞兮虞兮奈若
何？」沒過幾天，谷雷來到我們家，垂頭喪氣地向我們報告，泰山樹已
經沒有了。兩家大人商量之後，決定由夏先生用斧頭砍斷了我們的飛
藤。理由是太危險！既然是長者動斧，還有什麼話可說呢？已被我們玩
上癮的老藤，就這樣一刀被砍斷了。這些大人怎麼那麼沒勁！六個孩子
都好好的，誰也沒有摔過。大人的過於謹慎小心，往往在許多年之後會
顯示出它的惡果來。

# 採菊東籬下，悠然見南山

一九三八年，是我來重慶後頭一次過生日。那時，我和媽媽還沒有發現附近山腰有一個菊花園。每年秋末冬初，滿山遍野到處開著金黃色、深紅色、白色、淡黃色的菊花。暗香盈袖，琳琅滿目，好不引人入勝。

後來，我們搬到了鋸木灣，住到退休養老的英國朋友讓出的房子。此後每年到了我生日，我都會和媽媽到我們的「東籬下」去採菊，這已成了慣例。只須很少的代價，就是一大把菊花！

Wolf患狂犬病死了，我又異想天開地跟媽媽要一對小黑羊，當作生日禮物。小羊不能拴在花園裡，不然園子裡的花都會遭殃。於是我把牠們牽到後門外的小樹林裡。

後門是我最喜歡也最富於詩意的地方，這片土地是我的個人世界。在那裡，有兩株樹身筆直的金雞納樹，直聳入雲霄，連我這個爬樹專家也不敢「高攀」；還有一棵古老的核桃樹，被一道因為歷史悠久而開始下塌的石牆圍著。由於石牆矮，園中樹高大，牆內外的林木就連成了一片蔥綠、密不透光的自然屏障。後門很小，用腳把門前堵著的一塊大石頭移開，就能走出園外。外面是一片蒼綠的小樹林，軟綿綿的綠草如茵，使人感到心曠神怡。

清早，我牽著兩隻「小可愛」羊，穿過後門，放好石頭，找到一片嫩綠的灌木，拴好繩子，向牠們告別後，便從種著地瓜的山坡滑行到下面的小路上，沿途哼著曲子上學去了。當時我覺得自己太幸福了！

放學以後，我幾乎是跑著往家去。還沒有走進大門，媽媽就把我叫住，吻了一下說：「發生了一件可怕的事，妳的一隻小羊被野狗咬傷

了。我不是說過，在家裡養羊不合適嗎？」我心裡好氣，想到：「媽媽，妳總是烏鴉嘴，說一些不順耳的預言！」我一言不發，放開雙腳，一個勁兒地跑到後門園外，老遠就聽見我的「小可愛」發出可憐的咩叫聲。

我只見到一隻小羊，卻有幾隻餓狼般的野狗，在那裡等待著牠們的犧牲品。好心的媽媽，早已吩咐老林把被咬的那隻，從後花園林子裡帶到廚房邊，鮮血還在牠那黑亮的皮毛上流淌著呢。

我沒哭，臉上卻流著傷心的淚。小羊一定餓了，我把牠帶到林中去吃草吧。誰知此時，那裡已聚著四五條惡狗。我焦急地用棍子趕打牠們，牠們卻肆無忌憚地回頭襲擊我們。事情很清楚：可憐的小羊，不得不讓老林帶到市場去賣掉。臨走時，我們還在牠的傷口裡撒了許多盤尼西林粉。大熱天，小羊的傷口已經化膿，開始引來蒼蠅。啊！多麼可憐的小羊。這說明我永遠沒有飼養牠們的福氣了。

很快到了隔年的十一月二十一日，媽媽知道我因前車之鑑，不會再要動物了。可我早已胸有成竹。後山坡上花匠的園子裡，長著幾棵大樹，入秋以後，樹上開滿了一簇簇毛茸茸的粉紅色花朵（到現在我還不知道它的學名）。在俄國黑海邊植物園裡，也長著這種花，俗稱印度丁香。當時我想，如果在我們的花園裡也種上這種樹，長大了就會把枝葉伸展到我們的臥房前，豈不給我們的花園美中生色嗎？

這個宿望總算實現了。兩棵小樹，過年就長高了一倍，而且開始開花，可以供我無憂無慮地欣賞了。誰知好花不常開，好景不長在——那已是抗日戰爭結束前一年，八年抗戰，人們每天都歸心如箭，心裡唱著：「哪年哪月，才能夠回到我那可愛的家鄉，什麼時候才能夠歡聚在一堂！」

如今回憶往事，不禁思忖：當我即將和住了多年的南岸文峰塔告別時，我是否曾意識到，那裡才是我的故鄉，那裡才是我成長階段的美麗天地呢？

此後的歲月裡，不管是住在上海、北京，或是在住了過半輩子的莫斯科，我永遠感覺到自己好似水裡的浮萍、空中斷了線的風箏，哪裡都不是我的故鄉……

# 一失足成「千古」恨

　　一九九二年，我和丈夫在一座靠近人工海的，莫斯科大學休養所度假。人工海水涼，由淺至深還要一長段，一句話，不過癮。晚間，寫書的工作暫告一段落時，兩人到周圍的林中去散步。回來時，總要路過一棵屹立在河灣高處的大樹。樹上拴著一根很粗的繩子。

　　跟著父母來度假的孩子們，排好隊，然後一個輪著一個，拉著繩子的一端，從高處用力向前飛奔，一個三百六十度的大飛轉，盪過水面，又轉回原處。每每經過此處，都會引起我對童年的回憶。我告訴丈夫，離開這裡之前，必須玩兒一次才過癮。他聽了只當我瞎說，沒有什麼反應。

　　時間過得很快，明天就要返家。臨走前清晨六點，當整個休養所還在睡夢中時，我跑步到水裡，先游了一下泳，然後換了衣服直奔「泰山樹」。我生怕被人看見，抓住繩子就向後盡量退向高處。再向四處打量，靜無一人。我鼓足全力向前飛奔，那時我的體重，已達到六十多公斤，我也沒有去考慮手臂的力量是否承擔得起這些公斤，便貿然從地面騰躍。水面和岸邊之間，還有一大塊被潮水浸濕了的沙地。中途，我立刻發現自己手腕的力量撐不住那六十多公斤，身體很快地向下滑，結果，「嘭」的一聲就摔在水邊的濕沙灘上。

　　我發現我的手腕子，隨著身體，敲擊在那硬邦邦的沙地上，很不是滋味。我一時站不起來，抬頭看看，有沒有人把這個洋相看見而心裡唸叨：「這麼個大人，怎麼會這麼不懂事啊！真是太丟臉了。」

　　這時，我的眼光中出現了旁邊小橋上、一個兩手托著橋欄杆，身體倚在自行車上的小男孩。看樣子，頂多十一二歲。肯定不是度假者，

大概是本地農民的孩子。我放心多了，帶嘲解地自言自語：「一個多麼愚蠢的阿姨，不是嗎！」他只當沒聽見，十分關心地問我：「您很疼嗎？」

　　我花了半天工夫才爬起來，左手托著受傷的手腕，心裡琢磨著：「不至於斷骨吧？大概已撐壞了。」

　　回去時，丈夫已在餐庭用早飯，看見我來了大吃一驚。這時候，我已覺得手腕痠疼得厲害。今天是休息日，醫務所休假，連一片止疼藥也拿不到。我咬緊牙關，繼續工作，《實用漢語新編》試用本，寫到第五十課國情參考材料〈中國歷史〉。寫字時更感到手腕劇疼，忍耐著把最後一句「天下大事合久必分，分久必合」寫完了才放下筆，然後到園子裡找丈夫。「我說啊，手腕大概斷了骨，否則不會這樣疼。」

　　他說：「現在只好等四點那趟公車，去附近小城市找醫院。妳忍著點兒吧！」車上擠得厲害，總不好叫乘客們給年過六十但外貌依然年輕的女同志讓坐啊。好容易，找到醫院照X光，果然是骨折。架上了石膏，痛感才消失。

　　回想當年，夏先生、夏太太真是太膽小了，那時我們的體重不過二三十公斤，絕對不會出禍的呀！這一次的災禍，不就是因為小時沒有玩過癮而惹下的嗎？其實，這算是我平生冒險「事業」中，第一次遭到的失敗。

# 再接再厲
## 迎接一個新的年齡高度

　　五十歲那一年，我在雅爾達（「二戰」有名的三巨頭會議會址），南斯拉夫新建的游泳池游泳。池內有一座三米跳板和十米跳臺。我心裡暗自思忖：「我這個一九五二年第一屆全國游泳運動會跳水冠軍，還敢上去嗎？」

　　這次，跳板跳水很順利。我過去還沒嘗試過彈性這麼好的三米跳板，一連跳了幾次，就想在丈夫面前逞英雄，去跳那一九五二、五三年在廣州越秀山游泳池也沒有試過的十米跳臺。鼓足勇氣，順著階梯走了上去。跟三米比起來，好像也高不了多少。何況這是跳臺，全靠自己控制自己的身體。吸了一口氣，向上一聳，一個燕式，伸開雙手。收緊腳尖，往深處潛入──沒有出亂子。只是姿勢不標準，再來一個。這次好些。

　　丈夫辟天看見我的大膽十分眼紅，絕不能在比他大十二歲的妻子面前丟臉。他爬上三米跳板，一個剪刀叉，腳先入水，胸部雖然被拍得挺疼，但畢竟是第一次，我把他大大地誇了一番。說實話，能有幾個未受過訓練的男人敢這樣「豁」出去呢？

　　休養所的期限過去了。雖然能享受「文明式」的休息，但我們更喜歡「野人式」的假日。因此，每年都會到克里米亞黑海邊租一小套間，而且盡量跟熟人打交道，以便免去外國人的登記手續，而且有機會與蘇共最高領導成為「近鄰」。但為此特殊「待遇」，每天吃完早飯，得從海拔一百米的半山上徒步走到海灘。

　　那裡幾千年前地震爆發時，從山頂上滾下的巨石，一顆顆停在離海岸不太遠的水裡。經過風化的腐蝕和暴風雨的衝擊，有高達十多米的，

也有散布在淺水灘，好似半藏半露著的鱷魚，深海區也還能看到龐大的焦石。

我們常常從岸邊優哉游哉地游到岩石上，躺著曬太陽；等到皮膚曬成紫砂色時，再一個撲通地跳進爽人身心的海裡。有時會游得遠一些，或是埋伏在岩石邊緣，把那些鮮美的海蚌扯下來，放在篝火上的鐵皮上烤爆，作為下啤酒的可口海味。

在離這堆「鱷魚」更遠的海面上，屹立著一顆大得出奇的岩石，跟海面幾乎垂直。那天特別熱，住在左近的小男孩，大概三四個，游到石邊，然後從水裡輕鬆地向上爬，轉彎抹角，不一會兒就到了峰頂。然後，幾個小鬼從最高處剪刀式跳下來。

我在海岸邊越看越眼紅，也想一試。但有兩道難關：其一，石頭的側面很光滑，只有極少的石片可以讓你抓住，如果它已風化，那可麻煩了，要立刻轉移目標，去尋找比較堅固的，否則後果難以想像。那時我的體重雖然只接近六十公斤，要想上去，必須把身體平臥在石頭上，抓住岩石上的裂縫。這個難關克服了。孩子們用驚異的眼光注視著我，心裡大概想：「竟然上得來！」

第二個難關，是從孩子們那兒得到的資訊。這座伸出海面不到十米的巨石，據他們說，在此處水深只有兩米。這個深度能夠承擔那些體輕的小鬼，我要是燕飛而下，雙手和頭部一進入水中，腰部必須立即向上彎翹，才不至於碰到水底，而水底肯定有許多石頭。從這樣的高度跳下去，衝力有多麼大是難以想像的。好在我已經有過多次淺水跳水的經驗，因此，最終還是克服了第二個難關，完成從八米高的岩石上跳進黑海的冒險任務，再一次戰勝了自己。從此我就給自己的冒險活動打下了一個句號。

智者不吃眼前虧。我已跨過又一個年齡線了，應該知趣點啦！以上的敘述，算是從聯想中提取出來的「過去的未來」。提醒諸位，我們的敘述還停留在一九四三年抗日戰爭時期！

# 戰場和大後方

　　國民黨採取不抵抗政策，在東北、華北、江南廣大的土地上節節失守。西北在共產黨手裡，三峽天險不放過鬼子兵，只好從天空進行襲擊。

　　一九四三年，我們住到鋸木灣時，戰爭已擴展到全世界。一九四一年底，珍珠港的美艦隊被日本擊沉，美國也繼而捲入戰爭。一九四三年，蘇德戰爭已進入熾熱的程度。列寧格勒被德軍封鎖二十九個月，寧死不屈。接著是震天地、泣鬼神的史達林格勒大血戰。這場戰役，消滅了德國法西斯大量的精銳部隊，此後，德軍節節失敗。但是，蘇俄的每一場勝利都是用慘重的傷亡換取的。英機也不停地襲擊德國的大城市，幾千噸的炸彈投擲到千年古城，把它們變為廢墟。

　　蔣介石想靠美國支持下去，蔣夫人一次次赴美演講求援，已成為世界輿論的笑柄。世界上出現了兩個陣營、四個戰場。也可以說是中、美、英、蘇四個同盟國和德、義、日三個軸心國。國民黨為了強作抵抗，在四川鄉村成批成批地拉壯丁。少年、青年、壯年，一個不放。士兵們沒有吃的，捉野狗充饑。大批壯丁逃跑，投奔土匪。於是南岸又變得不安全啦！許多有錢人家都遭搶，我們親眼看見土匪打著火把行劫，然後繞著我們所住的偏僻地方逃走。有時還從山口和密林中，「嗚、嗚、嗚」地傳送信號。

　　這一切好像是外面那個和我們關係不大的、戰火連天的世界，激起的餘波。我們也和父母親一樣，認清了正義在我們這一邊。目前，在陪都重慶南岸的深山密林裡卻看不到戰火，日機的來襲也逐步停止。當

然，日軍被牽制在整個太平洋地區，哪裡顧得了我們？因此，這三年我們是生活在一個相對太平的世界裡的。

四川這個地方自古以來就鬧土匪，鬧得很厲害。土匪頭子有他的山寨，稱霸一時。寨中還有一大群搶來的良家婦女，給寨主做小老婆。但是，有些土匪並非經年累月地以掠奪為生。我們鋸木灣，從樹林走出不遠的附近山谷裡，就住著這樣一個人家。他們在那裡造了一座規模很大、很結實的茅草房。房頂很高，自上至下，斜度很大，幾乎能伸展到地上。這是因為山谷裡熱得像烤箱，這種設計有助於散熱。

起初，我們只當這家戶主、他的妻子和幾個孩子是新搬來的農民。他們來了以後，很快把地開闢成可以種莊稼的層層梯田，還挖了幾處糞坑做肥料用，家裡除了雞鴨以外還養著一頭豬。有一天，只見草房前面一大群人紮堆，我也去湊熱鬧。原來，不知從哪兒牽來一頭公豬，準備跟母豬交配。事後不久，他們家就多出了一窩小豬。

奇怪的是，一到冬天，茅屋忽然空下來，就像從來沒住過人一般。到了次年春天，又像變魔術似地，把一家人都變回來了。據說，警察對這家人很注意，還來調查過。原來，冬天他們搬到深山土匪窩裡去住，男人就外出打劫。爸爸聽說後，就把那家的戶主請來談判。

事後我才知道，雙方訂下君子協議，那位姓江的絕對不來騷擾我們，我們也保證不將他們的行蹤告訴警方。果然，我們在鋸木灣的幾年裡，一次也沒有遭搶。冬天，當茅屋空下來以後，我們時常跑下去，從屋頂往下滾或翻跟斗。這種野外遊戲，類似軍訓，也能消磨漫漫寒假的時間。

在冬天的深夜裡，我們偶爾會聽到土匪們互相打暗號的呼哨聲。事實上，離我們較遠的幾戶富有人家曾多此遭搶呢。

# 妹妹捉賊記

　　高小五、六年級，我是在山下靠公路的南山小學念的。下午上完課，立刻到籃球場去跟男孩子們打籃球。母親給我定的規矩是，必須在晚飯，爸爸回來以前，到家。

　　這天，因為打球打得太起勁，我的生物鐘失靈，一直到汗流浹背、疲勞不堪時才突然緊張起來。「不好了，太陽已經下山啦，爸爸該已回來了！」我心裡想道，連忙抄著小路，拚命往石灰窰的方向跑。快到石灰窰時，沒想到跟那個白俄老頭兒撞了個滿懷，這位老先生在村裡的郵局做事，一早一晚常上這兒來散步。

　　記得我們認識他時，他很得意地從懷中掏出一塊貴重的金錶，說是俄皇尼古拉二世親自贈送給他的。他本人以前也是貴族，革命後流落到中國找生計。今天不巧又碰見他，他用他那彆腳的漢語（其中夾雜著俄文的上海口音）說開來了。我只好停下來向他道歉，說家裡已在等我吃飯。

　　到家後，我輕輕地打開大門，登上石階，在昏暗中看見餐廳的燈亮著，全家人都圍繞著那個圓餐桌在吃飯呢。我悄悄地，從廚房另一邊溜上樓，先到洗澡間擦了擦臉，然後開燈，到我和姐姐臥房的穿衣鏡前梳起頭來。

　　為了不驚動任何人，我的動作特別輕，像隻打算捉老鼠的貓似的。我把那塊從洗澡間裡拿出來的毛巾包在頭上，覺得涼快多了。照了照鏡子，自覺很滿意。這不是《天方夜譚》裡的女皇嗎？女皇是美國明星哈地瑪拉演的。去年父親帶我們進城，特別去看這部電影。

關於女皇的遐想忽然被中斷，我聽見左邊弟弟房間通向屋頂的沙窗門吱吱地響，而且響聲不斷。「這是怎麼一回事啊！」我心裡有些納悶，便吹著口哨，裝著沒有覺察到什麼異樣，繼續照著鏡子梳頭。這時，吱吱的聲音停了一陣又響了。

一切徵兆說明，弟弟房間靠窗處有一個人。

我裝著滿不在乎的模樣，向發出聲響的地方走去。忽然看見沙窗門外，有一個人驀地直立起來，正在我面前。我們之間只隔著那道薄薄的沙窗門。那時天已很黑，眼前所見模糊不清。我心裡想；如果是賊，就應該趕快下去報告；但如果是我的想像力在作祟，這一聲張反而會遭到父母加倍的責難：「回來晚了，還要大驚小怪，故弄玄虛！」最後決定先去廚房，把所見所聞講一遍。

誰知老李和楊媽驚叫起來，直奔餐廳報告主人。

我也跟進去怯怯地說：「樓上沙窗門外有一個人。」爸爸連忙跑上樓，叫我們在花園裡放哨把守。當我們都集合在二樓弟弟的窗戶下，只見爸爸打開沙窗門，站到屋頂上，把一個好大的包袱往下推，同時大叫：「大家小心！」那勁兒好似賊躲在包袱裡，眼看就要從三層樓（底層是過去轎夫住的）的高度掉下來了！此時，夏家的谷雷已聞訊帶著他的大狼狗跑下來了。整個鋸木灣，好像翻天覆地地折騰起來了。

我們大家把爸爸推下來的大包打開，一看，膽子好大！他居然把爸爸媽媽衣櫥裡的貴重衣物，全部裹在媽媽剛來重慶時，用不同顏色的毛線織成方塊後拼成的一個大毛線被罩裡。有三套爸爸的西服、媽媽的冬大衣和毛絨衣等。要是這些東西拿走了，對我們家無疑是個很大的、無法彌補的損失！

我們孩子們分幾路，在警犬的帶領下，打著電筒，越過矮牆，穿過濃密的灌木，連下面的樹林也抄了一遍。過了一個多小時才空手回到家裡。

這時，大家又坐到餐桌前，你一言，我一句，議論開來。這個傢伙是怎麼進來的？很簡單。弟弟屋子兩邊各有一個沙窗門。打開來了就是

斜度不大的鐵皮屋頂，可以晾衣服。這個屋頂一直圍繞著這層樓的幾間臥房、洗澡間和廁所。從任何一間，打開窗戶，就可以跳到屋頂上。

在客房盡頭的下面，就是長在後門的那棵大核桃樹。它坐落在從地面漸向上高聳的土坡上，接近屋頂不遠。在這個地方，可以輕而易舉地從屋頂跳下去──這是我們經常玩兒的遊戲。但要想跳回去，那就不容易了，必須求助於老核桃樹的枝幹盪過去。這一招，堪稱絕招，我們當中只有谷雷和我才能做到，弟弟的腿還太短。父母們自然是不知道的。為了破案，我不得不把這個可能性向眾人公布。

其次，這個賊既然已把父母的衣物囊括一空，打成包袱，從後面核桃樹處扔下去就可以溜之大吉，何必還想辦法把弟弟屋裡的沙窗門打開，也許是怕冒險？

再其次，當他看見有人向弟弟沙窗門走來，並停下來，滿可以蹲在屋頂的暗角裡，何必驀地立起來正視著我？想裝鬼嚇唬我，然後趁我不防溜掉？但是假若我並不把他當鬼看，而大聲嚷嚷：「有賊！有賊！」那豈不是自討苦吃嗎？無論如何，站起來面對著我是最愚蠢的做法。那一包本來滿可以到手的財物，叫我一嚷，必然不能到手，逃命要緊呀！

第三個問題更值得推敲：在朦朧昏暗中，從他的身材和某些無法解釋的特徵中，我斷定來人是曾在我家幹過好幾年的老林。老林是合川人，來時還很年輕，頂多十八九歲。他聰敏、活潑，什麼家務活兒，媽媽一教就會，還學會了幾句德文。他喜歡開玩笑，模仿著媽媽的腔調說四川話，有時還在我和姐姐冷不防的時候，摸摸女孩子最敏感的地方。

有一天，媽媽告訴我們，老林要走了。我覺得很奇怪：這麼一個會幹活兒的工人，幹得好好的，為何要走？父親也沒有虧待他。每天到老遠的井裡挑三次水，幫助媽媽幹些粗重的家務活，拖地板、打地毯，清早跟楊媽磨豆漿，準備我們上學吃早飯。隔幾天去趟黃郭椏買菜。中餐雖然只會做簡單的炒菜，卻也學會了烤麵包、做蛋糕，連媽媽最拿手的馬鈴薯餅蛋糕也學會了。

聽見他要走，我跑到他屋裡去問：「老林，你在我家幹得好好的，誰也沒有虧待過你，為什麼要回老家呢？」他的答覆是：「二小姐，我老家有個姑娘，我們訂了婚。我也有二十多歲了，也該成家了！」

看來他在合川務農，日子顯然相當辛苦，尤其是現在遇到荒年。料想是處於萬不得已，否則，他應該是絕不會來關係這麼好的老雇主家行竊的。記得，他去合川時，媽媽還給他的未婚妻買了一塊漂亮的綢料子作禮呢。

我們家每個成員的生活方式和習慣，大洋房上上下下有幾道門、幾扇窗，老林都一清二楚。沒想到二小姐貪玩兒，回來得太晚，沙窗門又大概又住了怎麼也弄不開，媽媽的臥房又上了鎖，無法趁大家吃飯的時候，從樓梯溜到右邊的客廳裡去，把陳列在壁爐上的古董，和書櫃上標有大英帝國國旗的大型木製遠航海船模型，這樣貴重的室內裝飾品順手牽羊，拿到城裡古董店去賣一大筆錢，回鄉過幾年好日子。誰知二小姐玩心太重，該回家的時候，她還在學校遲遲不歸，打亂了老林的好算盤。

結果，這件事情使我因禍得福：爸爸媽媽因為贓物全部歸還原主，高興都還來不及，哪還顧得上追究我的過犯呢？只聽見他們左一個說：「幸虧妹妹回來得晚！」右一個說：「幸虧妹妹回來得晚！」就這樣，妹妹的不遵守規則早被忘在腦後了。

# 第五章　勝利在即

* 鋸木灣的隱秘

* 舉家歡慶爸爸四十大壽

* 八年的等待

* 我已是個小大人！

* 告別南山、告別童年，飛向冒險家的樂園

# 鋸木灣的隱祕

　　鋸木灣這個地方，顧名思義，好像並沒有什麼出奇之處，頂多說明人們曾經在這一帶砍伐樹木。它地處在一個逐漸向山頂伸去的山腰上。山頂上坐落著一個石砌的殘舊碉堡，裡面有一個用木板搭成的「二樓」，砲口對著四面八方。我們曾經思忖：誰在這個到處撒著狗毛的「軍事設施」裡，跟他的對手較量長短？捉土匪的官兵？那是哪個時代的事了？或許是軍閥內部互相殘殺，也或許是共產黨長征留下的歷史遺蹟。

　　雖然，那個兵荒馬亂的過去，已深深地埋在時間的塵土中，但七八歲的我們，深信還可以利用它同鬼子兵較量個你死我活。此後，我們還在更遠的山坡，發現同樣有狗毛的埋伏工事，每個裡面都有一個通氣管。可見，鋸木灣曾經是天府之國中一個見過烽火的角落。每年天氣一轉暖，漫山遍野，盛開著火紅的杜鵑花——這裡叫映山紅，我們的視線便立刻轉到大自然的美景上，早把歷代戰火留下的遺蹟忘掉了。

　　在鋸木灣山腰上方只生長著矮小稀疏的灌木，從遠處的第二嶺看過去顯得有些禿。山谷裡到處堆積著大大小小的沙石，不甚美觀。東北救亡英雄馬占山將軍，在接近山頂處，開了一個很深的防空洞，主要給家人和親朋好友們使用。

　　鋸木灣左面自上至下，是一片片高大濃密的松林，晚風吹來一片松濤，令人陶醉。去南山小學，就要沿著林邊的一條狹窄的小路往下走。樹林結束的地方，是一個不知哪兒來的石灰窯坑。好像有一位天上的大力士，用它的神斧砍出一個如此險峻的坑。在它的頂端，掛著大塊大塊的岩石，顯得很牢靠，但經過風化，幾千年後大概會變成石灰石。上小

學時，路過此地總是感到幾分膽戰心驚。原來，幾年以前，在一個風雨交加的晚間，山上的一塊巨石裂開縫，以千軍萬馬之勢倒塌下來，恰好壓著一個下工後趕回他住的茅草房的開窯工。

從這裡繞向東是個山谷，只見一棟農房，兩個水池和一片農田，多少有些農家樂的風味。英國石油公司老闆留給我們住的那大片避暑莊園，每隔一地段就能見到稍已發黴的梅字界碑。每每見到這些私人財產的「標記」，總感到有些快意。但得意之餘，又參雜著難以言喻的離情。在這片避暑山莊裡，絕對找不到鋸木的痕跡。左近的「野孩子們」頂多會在沒人時，用竹耙耙些枯黃了的松針，帶回去生火。要是有誰把整枝整枝的松枝，無情地砍掉，鋸木灣的主人就會不客氣地採取對策，保護大自然。

一兩年前，不知哪來一些商人，在鋸木灣山谷對面發現了煤層，於是搭起席篷，召集了一批工人，帶著家眷，開起煤礦來了。那片本來就不大的「魚米之鄉」，從左右兩旁，被石灰窯和煤礦擠在中間，顯得非驢非馬。開礦的二三十個工人自然是用土法操作：礦坑中用木柱頂著山石，狹窄的石梯一直進入地底深處四五十米。用炸藥炸開礦層，然後用推車把一塊塊黑得發亮的煤礦，前拉後推地送上地面。

這個礦自然引起了我們的注意。大弟弟時霖是第一個哥倫布——發現者，也就滿不在乎地跟著工人下礦去「幫忙」，並戴上工人給他的鐵製礦工帽。我想制止他，但自己也大有興趣。經過一個小時焦急的等待，他才上來了。在父母眼中，礦井是頭號禁區。但沒有過過礦工的生活，對一個冒險家來說是一輩子的憾事。於是，我就跟弟弟訂下攻守同盟，不許囂張或洩密。值班工人本來不許小孩兒下礦，經我幾番懇求才總算獲准。弟弟陪我下去了一趟，兩人上來後變成了不折不扣的非洲孩子——滿臉漆黑！

下礦之事結果還是走漏了風聲，被父親發現，嚴厲地訓了一頓，並威脅：下次重犯，關在家裡三天不給飯吃。我們雖然沒有再下去，卻常

常跑去參觀他們的勞作方式。他們幹了一整天，天黑之前吃了點稀飯鹹菜，就攤開一塊油布賭起來了。當時我心裡想：「他們拿到的那一點微薄的工資，在賭場賭輸了，一家怎麼過日子呢？」答案在上下學的路上得到了。

　　不久前，在石灰窯和水池間的一個小山頭上，出現了一個左右透風的茅篷子。這次我又把我的「鼻子」伸進去了。沒想到，在黑糊糊的篷子裡，坐著一個臉上幾乎跟礦工一樣黑的青年婦女。她盤著腳在地上坐著，如一座雕像。懷裡抱著一個初生的嬰兒正在餵奶，身旁還站著一個兩三歲的小姑娘。對我伸進來的腦袋，她們好像根本沒有覺察到。我想跟她們搭話，可是一點反應也沒有，好似我們來自全然不同的世界，操著全然不同的語言。

　　不！我的四川話說得很標準嘛，昨天跟那個礦工還談得挺投機呢。吃完午飯，母親曾發給我們一人一塊糖，我沒有吃。現在，我將它塞在那個小女孩手裡。她什麼也沒有說，好像不知道糖是可以吃的。那位母親仍然沉默不言。她們母女三人身上穿著的哪裡是衣裳，不過是掛著幾片破布而已。我第一次看見世界上還有窮到如此地步的人。窮困已使她們麻木了，對世界沒有絲毫興趣，也沒有任何反應。

　　此後，我還去訪問過她們幾次，每次都把自己的一塊糖省下來給小女孩兒。但過不久，我上學時，那個茅篷不見了。巡視了一遍，地方不錯，但人已消失無蹤了。是搬到別處去了嗎？她們還活著嗎？石灰窯和煤礦給我上了生活的一課！「資本主義就是採取最慘酷的方式，進行原始資本積累的。」馬克思這句話說得倒不錯。

　　但鋸木灣為什麼叫鋸木灣呢？這個謎好像已被迎刃而解。我們可以想像到，當某一富豪發現這個大山灣的地上地下都有豐富的寶藏，首先就會把這裡的一些原始樹林全都砍掉，一舉三得。林木可以造房，煤炭和石灰更是不能少的。好在不知又過了幾百年，山上又生長出來秀美的樹木，吸引了洋人的注意。每至傍晚時分，它便隨著晚風的搖擺，發出

深沉的召喚著你的松濤。於是，在那位英國富商慷慨地將其莊園讓我們
住了幾年後，鋸木灣的隱祕，在我的想像中終於顯現了。

　　一九六〇年代初，土法煉鋼造成的全國饑荒也波及到這個遙遠的山
地。原來的難民，包括我們在內，都各歸故鄉去了。儘管我們住的那一
大片林地，依然到處保存著梅姓界碑，但樹木卻被砍伐殆盡，只剩下光
禿禿的山頂和山腰。

　　一九九八年，我首次回到鋸木灣，想不到已面貌全非。代替那片
美麗林地的是飛機撒種長出來的不成形灌木，連林中小徑都消失了。我
很想看看山頂上那棵黃桷樹（亦即黃葛樹，四川人有時叫它黃郭樹，是
一種大葉榕）是否還健在。在當地「嚮導」的指引下，好容易才找到那
「面貌全非」的故居。我簡直懷疑，這裡真的曾經是我們童年時的天堂
嗎？我忍不住悄悄流下眼淚，心裡哭喊著：

　　鋸木灣啊，你要是能說話，一定會告訴我們，梅界怎麼保護了你的
美髮；洋人走後，你又怎麼被剃成個光頭；而今，從天上撒下的種子，
又怎麼把你變成了一個醜小鴨！

# 舉家歡慶爸爸四十大壽
## 跑了鴨，傷了嘴

　　一九四五年五月，歐洲戰爭已結束，直至七月三十一日爸爸四十歲壽辰之後，東線戰爭及整個戰局，也因廣島和長崎在八月六日和九日，先後遭到美國原子彈轟炸後基本告終。八月十九日，蘇聯的參戰，使令人可恥的滿洲里，即東三省，回歸祖國懷抱。媽媽決定給爸爸過一個隆重的生日。花園裡到處掛著中國傳統的大燈籠。

　　從早上起，媽媽指揮調動著傭人和孩子們，把必要的桌椅搬到七月的炎日無法穿透的濃蔭覆蓋的草坪上，到晚上熱氣消退，客人入座時，便能享受那徐徐吹來的微風。

　　廚房裡，中菜西餐應有盡有，只差那隻兩個星期前就買來、餵得肥肥的鴨子。牠還關在大門旁專為養雞鴨而設的「禽獸之家」，躲在竹林深處的淺池裡，享受被宰割前的一點陰涼。這次的餿主意是大弟弟出的——我畢竟已十三歲了。雖然，在艱難的戰爭時期，吃鴨就像吃最上等的山珍海味，但這是我們爸爸的生日呀！

　　弟弟的意思是，可憐的鴨子，在把牠送入烤爐去滿足美食家的欲望前，應該先帶牠到山後那棵老黃桷樹下面的水池去游個痛快。這個主意我也很贊成。那個水池因久不見雨而變得滿是黃泥，我們游泳嫌它太小了，但對這隻羽毛閃著藍綠色寶石光彩的胖鴨子來說，應當是一次絕妙的運動。

　　在弟弟的催促下，我好不容易把那隻鴨子抓住，抱在懷裡。幾分鐘之後，我們已到了黃桷樹。池裡的水還是那麼少，那麼泥濘。我一邊輕輕地把牠放到水裡，一邊叫弟弟在池那邊守著，免得牠跑出來溜之大

吉。話音未落，弟弟還來不及設防，那隻狡猾的鴨子——看來牠根本顧不得戲水，自由才是牠所渴望的——已飛快地擺動肥胖的身體，從池塘的另一邊跑出來，轉身就向山後的梯田跑走了。

　　兩個受騙的孩子，心裡滿有把握地緊趕上去：「看你能跑多遠！」我跑在前頭，手指頭已碰上牠光滑的尾巴，心裡想：「傻鴨子，有福不享，往哪兒跑？」我往前一撲，誰知這鬼東西，竟沒有忘記牠的祖先是飛禽類，展開那對美麗的翅膀，輕而易舉地飛到下面一級的梯田上。

　　我跟弟弟急了，連忙追上去。可恨的是，梯田有高有低，每到梯田的邊緣，那鴨子便傲然飛起來，得意地降落在更下一級的梯田上。我們雖然奮不顧身地追捕，但梯田高低差距大的地方，只好繞著田埂跑。「爸爸的生日禮物」離我們越來越遠，四十度的太陽也越升越高。幾分鐘之後，那白吃了兩星期飯的聰明小鴨，已從我們的視野中消失，飛到公路對面長滿了亂草的山野中。

　　看來繼續追趕已無濟於事，而頭上的太陽也更毒了。我們累得滿頭大汗，垂頭喪氣，不知道回家去怎麼向母親大人交代。為了捉鴨子，我們來回折騰了好些時候，又渴，又餓，又疲倦。

　　兩人窮逛了一陣，我突然發現農田中長了一大片可以立即充饑的番茄。那些番茄雖然還沒有紅得可以上市，但也勉強能填填肚子。兩人飽餐番茄，而且沒有遇到莊稼人和惡狗的襲擊，這真是不幸中的大幸，那就乾脆躺在樹蔭下打個盹吧。我們醒來時太陽已經西斜，趕緊順著原路往家跑。唉，這天過得太掃興了！

　　經過黃桷樹旁，看見一條小公牛犢拴在一個樁子上，在那裡啃青草吃。鬥牛士的形象不能使弟弟安靜，他的興致來了！「你幫我拉著小牛角，我爬上去，你再把樁上的繩子解開，讓我騎著牠跑一圈。」我照他的話做了。

　　誰知那小牛犢脾氣可強得厲害，兩條後腿不斷地跳著蹬著，任你有多大本事都不讓你騎上去。弟弟做了幾十次的嘗試，最後終於爬上小牛

背上。我已解開拴著的繩子，說時遲，那時快，弟弟正打算騎著被制服的小牛在田野上奔馳，誰知小牛一個屁股向後翹，把弟弟扔得老高，跌下來，嘴皮被一塊小石頭刮出血來了。唉，今天怎麼這麼晦氣，跑了鴨子，蝕把米，還傷了嘴皮。

快回家想法交代。我們首先跑到洗澡間把血洗乾淨，我給弟弟抹上了些牙膏（這是掩飾百病的好辦法，連爸爸這個有經驗的留學博士也曾被弄得莫名其妙，我已經把他騙過去好幾次）。接著，換上衣裳去找媽媽請罪。

那時，客人早已入座。誰知媽媽不但沒有大發雷霆，反而將兩個頑皮孩子怎麼把爸爸的生日鴨子放走了一事，告訴大家，引得客人們哈哈大笑！我跟弟弟互相做了個鬼臉。至於弟弟的嘴皮，還是引起了媽媽的注意，但她一直在照顧客人也就顧不上弟弟了。不過，傷口終於還是被我的狗皮膏藥治癒了。

這次參加盛典的，還有遠道而來的客人。爸爸的緬甸華僑護士就是其中一位。她在我們家住了一夜，次日我送她到黃桷埡口，坐上滑竿下山，再乘輪渡回到城裡。

這位名叫Mary的護士小姐人長得並不好看，矮矮胖胖的，說國語帶著強烈的潮州腔。我們一面走一面聊，原來她是一位天主教徒，也知道我們受過洗禮但沒有去教堂。這種偏僻的地方也沒有教堂。這位護士小姐看見我這孩子挺靠得住，便向我洩露了一個祕密。她說：「妳父親太好色，我給他當護士，他竟想法引誘我跟他睡覺！我是一個天主教徒，他是一個有婦之夫，這實在太不像話。我不但斷然拒絕了他的要求，並且告訴他，你妻子是天主教徒，不在教堂舉行婚禮，教會不會承認你們的婚姻合法。」

聽了她這番話，我一方面為自己有這樣一個父親而感到慚愧，同時也感激她對我父母的關懷。臨走前，她說：「抗日戰爭結束後，如果我還替你父親工作，我會催促他去辦這件事。」她沒有說空話，果然，

我的父母一九四七在山海趙主教路附近的一個小教堂舉行了結婚儀式。
但……已經晚了！

　　破鏡不能重圓，宗教儀式也無法挽救感情破裂的婚姻！兩個大人、
四個孩子走出教堂，就像是從殯儀館裡走出來一樣。爸爸四十歲的生日
是我們最後一次闔家歡度的生日宴會。善良的Mary功「成」身退後，我
再也沒有看見她了。

# 八年的等待
## 全家葬身魚腹

　　不久以後，在大後方度過八年歲月的難民同胞們，像堤壩的河水開了閘似地，扶老攜幼湧向自己的老家。

　　民生公司的輪船有限，只有少數的幸運兒才能弄到一張票。爸爸的病人中間，有不少達官貴人，所以留下我們先走一步。

　　當時出現許多「接收大員」，把日本人奪去的財產據為己有。這些貪官，假借公家的名義，人人都想捷足先登。

　　也有不少普通老百姓，歸心如箭，闔家租了個大木筏子，帶著不多的行李，順著揚子江的激流向東而去。消息傳來，百分之七十的人家，在途中因遇到礁石，木船全部被巨浪擊破而沉沒。可憐的人們，八年裡，他們躲過日本鬼子的殘殺，卻沒能躲過三峽的險流。

　　爸爸走後不久給我們來信說，樂家路的房子已被先下手的「接收大員」賣掉，他決定隨著重慶認識的許多病人，主要是上海的企業家，去滬行醫。再說，上海有幾所天主教學校水平很高，對教友也很照顧。重慶方面，他已拜託其先父的至友，當地的大戶人家童家（也是天主教徒）和民生公司老闆，給母親弄到四張票。先由英國軍用飛機把我和姐姐送到上海，免得耽誤學期開始。等上海的住房有了著落，媽媽才坐船帶著兩個弟弟後來一步。

　　在當時的情況下，爸爸的安排還是比較妥善的。夏家雖然還在鋸木灣，爸爸的走卻是一個有力的徵兆，說明他們留下的時間也不會長了。回南京樂家路的美夢早已粉碎，不如去上海。上海是我的出生地，也是世界有名的冒險家樂園，但我們更喜歡的是，鋸木灣大自然的樂園。我

們雖然領受了天主教洗禮，但這個宗教對我們而言相當陌生。究竟，今後將何去何從？

一九四五年九月日本投降後，緊接著毛澤東從解放區來重慶，在新建的政協禮堂與國民黨商討國事。普通的老百姓對這次蔣毛會晤，抱著很大的希望。然而，經過三天緊張的談判，雙方都沒有在任何原則問題上讓步。老百姓用一句四川話來總結這次會晤的結果：「講一毛（糟）一啦！」

這一切意味著，光復後的中國，已孕育著一場不可避免的內戰風波。

# 我已是個小大人！

　　小時候在重慶，不管我們姐妹兄弟走到哪兒，後面一些不相識的野孩子，就會跟著叫罵：「雜種！雜種！」對此，我們首先感到無比氣憤，因為從小就懂得所謂雜種，就是野狗或野貓交配生下的崽子，是動物中之最下等。

　　稍長大了，雖然不像阿Q那樣用精神勝利法自慰，連怒目而視也覺得太無聊，乾脆置之不理。

　　現在想起來，叫雜種總比叫假洋鬼子好聽。更確切的稱呼應該是叫混血兒，但混血兒不是譚名，不能直呼。

　　人們一聽到混血這個詞，就會產生不同的聯想：聰明、好看，與動物正好向反。混血兒大家都知道，小時候專會淘氣，不愛念書。生下來得天獨厚，這是遺傳學告訴他們的。但是帶有這種優勢出生的「混血兒」，在中國都不能成大業。這是什麼道理呢？其實很簡單，是民族主義在作祟。混血就不是你大漢族，就是外人。我倒想知道，如果在戰爭年代我們住在德國，希特勒會怎樣對待像我們這樣的人？是先送去做勞役，還是直接送進瓦斯爐？

　　但人類，也包括中國人，在兩次大戰後，變得聰明了。一九六二年梵蒂岡第二屆會議決定宗教改革，美國黑人解放，男女平權思想的提倡，在整個世界民主化的大潮流下，民族主義的氣燄被打下去不少。一九四五年兩顆原子彈的爆炸，使人類覺醒了。這個世界原來是如此脆弱，幾個核彈就會把它全部毀滅。

也就在那個時期，在祖國大西南的深山密林中，眾人稱之為妹妹的譚家二小姐，開始覺醒了，她已離開孩提時代，意識到自己是個小女人，就像美國小說《小婦人》（Little Women）中的喬（Joe），開始對異性感興趣。記得在一個風和日麗的早上，我手裡拿著一本書，伴著粉紅色的朝陽，走進花園外的那片小樹林。

林邊綠草如茵，林地裡的花草五彩斑斕，錯落有致。太陽漸漸升起，懶洋洋地照著。我脫掉上衣，趟在軟綿綿的草地上，與世隔絕，一面看書一面曬太陽，享受人間少有的快樂。後來，看著看著，不覺進入了夢鄉。看到一個瀟灑的青年，騎在一匹白色駿馬上，他下了馬，向我走來，溫柔地拉著我的手說：「我是童話中的王子。我在世間的眾姑娘中看中了妳，想娶妳為妻。將來我們會有許多孩子，過著幸福的生活，白頭偕老。」

我突然醒來，覺得太陽曬得有點難受，回憶起剛做的夢，不覺心裡甜絲絲的。真的，不知哪年哪月，我才會遇到我理想中的白馬騎士。他會永遠忠實於我們，而不像我曾經深深地崇慕著的爸爸那樣，對母親三心二意，一個好好的家簡直就被他摧殘殆盡了。

但把話說回來，如果不是戰爭，媽媽仍在南京各大學任教，爸爸也許不會那樣不守本分吧。過去了許多年，在異國他鄉，夢中常常見到媽媽，但也會夢到我小時深深地愛著的爸爸

爸爸離開我們幾個月了。我總覺得異國的媽媽逐漸跟我們掉換了角色，從今以後，我應該是她的保護人，做她的支柱，不要讓她傷心。

才剛下了決心，誰知天不由人。在這地無三尺平的天府之國，出現了自行車，開始代替那人抬人的醜惡的滑竿。每分錢都精打細算的媽媽，剛給我和姐姐各買了一雙過冬的膠底皮鞋，我就到小鎮裡去租了一架破自行車，在南山唯一一條鋪了柏油的馬路上學騎車。這條路離大戶人家——祖父的老世交童家花園不遠，所以大門口才修上柏油路。路窄，坡度大，男自行車車座特高，車太舊，鏈條不斷脫落，又沒人攙

扶。我為了學車，不惜一切，摔了又爬起從頭來。當我突然感覺到如何使身體平衡，騎了一大段才摔下來時，同時發現我的一隻腳比另一短一節。一檢查，發現一隻腳的膠皮鞋跟已掉落，不知滾到哪裡去了。

我連忙把車放在公路邊，下到兩旁的溝渠裡找鞋跟。過了很長時間，毫無結果，我的心沉甸甸的。需要走了，沒有鞋怎麼辦？雖然看熱鬧的閒人替我打氣說：「沒關係，這種鞋底鎮上會給你補上一隻新的。」誰知修理店看了看另一隻說：「這種膠跟只有城裡能配。」我連忙跑到附近婆婆家裡，問她老人家借了一點錢，拔腳就跑，三腳兩步直奔山下海棠溪碼頭，趕上了剛要起程的輪渡。過了江，又飛奔上幾百級的石梯，很快在一家攤戶上，鞋匠給我配了一個新跟釘上，我這才放心了。

修完鞋，一問時間還早。街對面的一道橫幅上寫著「工業展覽館」幾個大字，下面一行是「歡迎諸君免費參觀」。機會難得，我不是個小大人了嗎？便大模大樣地走進高爐與煉鋼廳，很仔細地聽講解員講解，獲得初中課本上得不到的知識。

參觀完後，我很神氣地往回走去，還不到家天已黑下來了。一看，路旁必經的療養院停屍房裡有一點亮光。仔細一瞧，裡面的板床上放著一具罩著白布的屍首。停屍房是我們上學放學必經之處，也是引起我們恐懼感的敏感區——何況，天府之國四川的鬼文化又那麼發達！但現在我已是一個十四歲的大姑娘了，怕什麼？只是得憋著一口氣，快步走過，避免聞到屍體開始腐爛的那股臭味。

小時，為了湊熱鬧，總要邊用手帕捣著鼻子，邊看有錢人家和尚、道士做道場。我們發現，那裸著上身盤腿坐在地上，兩手配合著熱熱鬧鬧的喪樂，高高地掄著鼓錘的和尚，一看見小洋人，薄薄的褲腿間就會有一個肥大的肉棍，應和著鼓的節奏，上下歡快地跳動著。這些可憐的和尚也需要性的滿足啊！而我們也早已知道小孩子不是童話裡說的、由鸛鳥托在布兜兒裡叼來的。

更使我費解的是，喪家有時會專門請來「哭喪婆」，而這些「哭喪婆」竟然有本事忽悲忽喜：只見她們一會兒悽慘地哭叫，一會兒又跟身旁的婆子們聊閒天。當時，國人婚喪喜慶的習俗，拿我這個小「雜種」的眼光來看，實在有些野蠻呢！

# 告別南山、告別童年，飛向冒險家的樂園

　　八年抗戰，在這荒僻的鋸木灣，生活好像停滯，而且遲誤了。但哪裡又是妳的故鄉？妳啊！妳是水上的浮萍，斷了線的風箏。你的家既不在東北松花江上，也不在嘉陵江邊。南京的樂家路只不過是幼年天國的一瞬間。但生活也不能停留在這個與世格絕的山灣裡呀。

　　這些日子，感到行程已近，好似一隻腳已踩進另一個世界。從城裡回來後，童家花園有人傳信說：「三天之後，一輛英國軍用飛機，將把譚家大小姐和二小姐送到上海，請立即準備。」

　　童家，前已提過，是我祖父的世交，重慶的大戶，很巧還是天主教徒。他們在南岸黃桷埡有一個很大的莊園，裡面有幾代人安息的西式大裡石墳墓，鑲著燙金的十字架。附近還有一個天然的龍洞，戰爭期間改製成能容納數百人的防空洞。這一帶是我們假期裡遠征的目的地之一，過年過節也都常來作客。

　　過了兩天後的清晨，冬天的天色還顯得昏暗，花園裡還彌漫著一股朦朧帶潮濕的味兒。老李挑著兩個小箱子，我和姐姐各自手裡拿著一件手提行李，輕裝告別了媽媽、弟弟們和楊媽。夏家的孩子們還在睡夢中，也就不去打擾啦。

　　走出大門，我們就拐向左方，抄去江邊的近路。我們小心吃力地一步步向山下走去。走了一段，頭頂上已是陡峭的岩石。我跟姐姐不約而同地停下，轉身想再看一眼那棵送給我們多少喜悅的黃桷樹。它仍傲然屹立在霧氣繚繞的山頭，在向我們告別。

　　我向左邊的那個峽谷（那個沒有動工的「游泳池」）也掃了一眼，

心中暗暗地歎了一口氣。再向右邊極目遠望，那座好似一隻吃力地爬上山頂的黑狗熊岩石，也還隱約可見。高坡低谷，起伏迂迴。真是樹隨山勢走，林依坡谷生。不一會兒，鋸木灣已消失在群山之中。

越往下走，山路變得越加陡峭，霧也越來越濃。它好似緊緊地追隨著我們，一點兒也不放鬆，要把我們的過去全部吞食掉。一種難忍的失落感攫住了我的心，難道我們將永遠離開這雄渾宏偉的大自然？八年，我們童年的一大半是在這些山間度過的，真是：「橫看成嶺側成峰，遠近高低各不同，不識『南山』真面目，只緣身在此山中。」如今卻只能暗暗地含淚向群山道別了。

別了，南山！別了，鋸木灣！別了，那高聳入雲的金雞納樹！別了，那漫山遍野的杜鵑花和那夏日變換無窮的火燒雲！別了，那入春之後鋪滿梯田的金黃菜花！還有你，曾經給我們帶來很多歡樂和悲哀的文峰塔，你會永遠佇立在廣益操場的山巔，做一個公平的見證人。

別了，大門前那棵枝葉茂盛的桂花樹！我們曾整天在你的樹蔭下看書、說笑。特別是在中秋佳節，千里花香、皓月高懸夜空時，你曾陶醉了多少有情人！

記得有一個夜晚，月光像碎銀般灑滿了幽靜的小徑，萬籟俱寂，使人感到如醉如癡。我們幾姐妹都不想睡，雪梅放聲高歌，相信她迷人的歌聲，會喚起對面山上小情人心中的共鳴。

我踏著斑駁的樹影，漫步走著走著，好似進入虛無飄渺中，沒想到竟走出林外。只見眼前是一片開朗的空地，月光如洗，更加皎潔，她像磁石似地把我的心緊緊扣住。在這個寧靜的月夜中周圍變得撲朔迷離，我的靈魂已超然塵世之外，化解在宇宙的無窮中，靜靜地享受這世外的寧靜。

我一面回憶，一面向下走，每走一段路，回首四顧，不覺濃霧已把回路擋住。我被蒼天驅趕著，向前！向前！它告訴我：「妳已沒有回路啦！」

到了城裡，在童家公館住了一夜，次日清晨，我們被帶到從江中露出的機場。這說明水位已退下。兩個年輕的空軍，從一架中型的英國軍用飛機走出，向我們表示歡迎。飛機起飛後，馬上迅速上升，幾分鐘後，它已在靠近群山的烏雲中翻騰。嘩！一下，兩人都忍不住把早餐全部吐出，兩位飛行員漂亮的軍服被吐得全身都是。我們拚命地道歉，但有禮貌的英國人叫我們不必擔心。過一會兒，兩個人都熟睡了，也不顧飛機會不會撞到高聳雲端的山峰上。

　　醒來時，我們已安全到達上海隆華機場。外面是令人厭煩的毛毛雨，爸爸用一輛吉普車來接我們。穿過鬧市區，五彩繽紛的霓虹燈到處閃動著，但我們實在無心去欣賞大上海這燈火通明的夜景。

　　到了爸爸給安排的趙太太的公寓。趙太太已離滬回瑞士，房子暫時空著。隔壁住著已故的國民黨情報機關頭頭戴笠的夫人周師母。

　　趙太太和趙先生是我們在南京時的好朋友，趙先生常在外面忙公務，趙太太有一段時間住在我們新房子閣樓裡，她和氣親切，笑起來特別溫柔，同媽媽親如姐妹。上海淪陷後，趙太太一直沒有撤退。趙先生卻不時出現在大後方──我們重慶的家裡。他是山東人，講話很風趣，一點沒架子。戰爭快結束的當兒，傳來噩耗，趙先生被暗殺在他家門口。有識之士認為，這是和戴笠的案子有關係，認為趙先生是國民黨派到上海去的暗探，也說不定負有與偽政府媾和的特殊使命。

　　以後，我們再也沒有看見趙太太啦！趙先生的死因，也被歷史埋葬，如沉大海。

# 第六章

上海

失樂園


* 記得那美妙的一瞬間

* 開明悟，懂得教理

* 折翅的小鳥走上了聖殿

* 最後一次見到瑞芳

* 從聖母院到聖心院

* 能在父母之間割愛嗎？

* 楊媽呢？她怎麼不翼而飛了？

* 沒有錢就請吃閉門羹

* 美麗善良的香港巨星楊羅拉

* 上海解放

# 記得那美妙的一瞬間

　　奇怪，我很少生病，今天卻發著燒躺在床上。半個世紀前的一點往事，竟然浮現在我的腦海中。

　　那是在一九四六年二、三月之交。光復後，先從重慶返回上海的父親，把晚些日子才來的我和姐姐，安排在徐家匯聖母院啟明中學。我們好似一對小鳥，從林間誤飛入了中世紀的修道院裡。當那貼著一條條清規戒律的，門房裡的那扇大鐵門，在我們身後緩緩關上，我懷著沉重的心情，頭腦裡不斷地重複：一、不許帶零食；二、周日上午十時後做畢功課方能歸家；三、晚六時前到校。凡遲到一分鐘者，週三取消月考資格、下週週末留校，以示懲罰。犯規不重者，罰以背誦禱告經文（例如：五十遍「聖母誦」、三十遍「在天之父」等等）。

　　接著，周身穿著黑袍白漿帽的一位嬤嬤打開第二道鐵門，帶著姐姐先進去，卻把我留在園裡等交鋼琴費。

　　經過跟爸爸的一場有眼淚參與的抗爭，我總算把他說服了。八年抗戰，我們最缺少的就是一架鋼琴和一把小提琴。這許多年，我們譚家幾個孩子的音樂天資，就這樣隨著時間過去而付諸東流了。所幸，大弟稍後開始學習小提琴，定居廣州後，還成為了一位職業演奏家。雪梅則學了多年聲樂，只是我們起步都晚了許多。

　　第二道鐵門關上後，我彷彿來到了一片綠茵滿地的淨土。偶爾能看到幾座灰色的長方平房。沒有一個人影，聽不到一點鳥鳴聲。神祕、陰深，連那令人喜愛的春光，也被鎖在鐵門外。此刻這裡沒有一點生命的氣息。

　　忽然，不知從哪兒傳來斷斷續續的琴聲，有如高山流水，在被樹冠遮蓋的上空迴盪。一會兒急促，一會兒緩慢，一會兒歡快，一會兒喜悅，一會兒壯懷。這不同的旋律與曲調，此起彼落，忽近又遠，多麼美啊！我一下子恍然大悟：琴聲是從那些小房子傳出來的，大概是有人在上鋼琴課呢！我彷彿走入了迷宮……漫長的童年，除了學校裡唱詩班的風琴伴奏外，還從未聽見過鋼琴聲！從此以後，我的琴聲，也將會進入修道院的四壁，這是多麼令人興奮啊！

　　記憶的唱盤有時會發生故障，此時，還是讓想像去彌補時間抹掉的細節吧。大概是在一個多星期之後，這件事好像發生在晚自習上。雖然自習時間已快結束，值日嬤嬤仍用她銳利的目光，掃視著室內的每個角落，觀察著每個同學的一舉一動，看看有誰調皮犯規。

　　龐大的自習室裡，燈光相當黯淡，聽了一天上海話課，我已感到十分疲乏，迷迷糊糊好似快入夢鄉。就在這當兒，颼的一聲，後方忽然擲來一個堅硬的摺條，落在我桌上。是給我的嗎？好大膽啊！我小心地打開紙條，一筆瀟灑的字體，傳來一個陌生女孩子的心聲：「傲霜：我叫瑞芳，就在後排坐。我喜歡妳！自習後在門外見。」

　　我們果然成了朋友。瑞芳從小學過英文，豐滿的臉頰上開著兩片玫瑰花，烏黑的眼睛一瞇，送來一個甜蜜的微笑。嘴唇永遠是濕潤的，同那雙烏黑的眼睛一樣明亮。

　　我們說好見面的時間，我此時才意識到瑞芳說的是國語，便立刻想起下午上國文課，修女要我用上海話背「孟子謂齊宣王曰：『王之臣有托其妻子於其友而之楚遊者……』」那段。那段我本來就沒有背熟，我還不會說上海話，只好用四川話敷衍，引起同學們的哄堂大笑。現在想起來倒有些羞愧和尷尬，嬤嬤卻一聲不響，「王顧左右而言它」，很客氣地叫我回去坐下。

　　兩個女孩子成了朋友。一個是在戰爭的烽火中，在大自然的深山野林中，度過了八年的驚弓之鳥。一個是在淪陷區，看來優渥的、重教育

的家庭裡成長的，從小就學會在有限的空間中，自由飛翔的家雀。那時我們都才只十四五歲。

第二天相見時，兩人都很興奮，瑞芳喜歡音樂和打排球。「我現在在彈蕭邦的圓舞曲。」她說，言談之間絲毫沒有傲氣。「是嗎？我真喜歡這個曲子，可惜只能哼，不能彈。」我羞愧地向她承認。

於是我談到自己：我們剛從重慶回來，失去了南京的房子，現在寄居在朋友家。我不久前才開始學貝多芬的小曲〈給愛麗絲〉。自小，我們德國的外祖父，就給我們海運來剛上市的留聲機、唱片。那是在二戰之前，都是兒童歌曲、聖誕曲和大人愛聽的流行歌曲，可惜只有不多的世界著名古典作品。那時我們雖然年紀還小，許多古典樂曲的曲調都記住了，能唱出來。至於排球我是外行，腕力不夠。但是我從小就是一個「運動家」，參加過全校和全市性的比賽。賽跑、跳高、跳遠、體操運動，我都拿手。我毫不客氣地給自己吹牛。

除了鋼琴，學校還開設有繪畫和刺繡兩門，自費選修課。談到繪畫，我告訴瑞芳，我的中國祖父在世時，他的字畫很出名，真蹟價值很高，可惜所剩無幾，這都是鴉片煙之遺毒。我見過姑媽寫意畫作，那是真功夫。我喜歡國畫，也喜歡西洋畫，遺憾的是，到了我們這一代繪畫的遺傳基因都已流失。至於刺繡之類的女紅，在我來說，簡直是深惡而痛絕之，一輩子只給自己織過一件毛背心。

瑞芳看我把自己說得那麼可憐，連忙補充了一句：「繪畫我放棄了，沒有時間。」

我們約好次日聽她彈蕭邦的圓舞曲，果然名不虛傳。她大姐那時正在練蕭邦的〈波羅奈斯舞曲〉，後來我在她的畢業典禮上終於聽到了，那真是如雷灌耳！至於瑞芳，我想將來她一定會趕過姐姐，所謂「強中自有強中手，一山還比一山高」啊！事實上，我們彼此的愛好早已跟我們的靈魂交織在一起了。

# 開明悟，懂得教理

　　但凡音樂也好，新朋友也好，這些好事都彌補不了對自由生活的嚮往。

　　我和姐姐，每天趁著同學們打球或從事女紅之際，總會鑽進體操毯的存放室，商量應付將來的對策。每當我們提起重慶鋸木灣，兩人的眼淚就會奪眶而出，放聲大哭，簡直成了淚人兒；不過，一面哭，一面還分吃著那塊好容易從爸爸的診療所走私出來的糖呢。

　　每次週末見到爸爸，我們都會想方設法向他施加壓力，直到媽媽帶著弟弟第三批來滬，我們才找到了一個可靠的同盟者。

　　戰前外祖父寄來的世界兒童名著，是我們童年時的伴侶。母親則在暑期裡教我們書寫德文，用德文唸童話。至於說《新約聖經》之類的宗教書籍，卻從來沒有在我們家裡出現過。所以，入學幾天後，我們就被一個鼓著大圓眼睛、一口上海腔的杜嬤嬤高聲訓導說：「妳們這麼大，還沒開明悟！」說完最後兩個字後，她的眼睛鼓得更圓了。

　　什麼叫開明悟，我很快弄清楚了：就是要記住《新約》中耶穌顯聖的事蹟，會背最基本的經文，才能領聖餐。此後，杜嬤嬤一星期給我們補習兩次教理。

　　我向來是個好學好動的孩子，很快就把明悟打開了。整天沉浸在白日夢中的姐姐，根本對開明悟不感興趣。杜嬤嬤對我說：「妳告訴姐姐，妳們姐妹早已受了洗禮，現在她都快十五歲了，妳也快十四了，卻對教理仍然一無所知。不開明悟就不能領聖餐，一切都要從頭開始。初領聖餐儀式一年只有一次，千萬不能錯過。」我把這番道理轉告姐姐，

並暗示她，事情會影響到我們的轉學計畫。果然在學期快結束時，我們已把幾個重要的禱告文和《新約》唸熟了。

# 折翅的小鳥走上了聖殿

　　清早，一小隊七八歲的兒童，身穿白紗長裙，頭戴金冠，活像一群小天使，各人手中拿著一個十字架，興高采烈地走進聖母院外的大教堂。這排天使後面，跟著兩個身著普通校服——肉色長袖襯衫、黑色工人裙——的混血大姑娘，有如鶴立雞群。

　　從媽媽的眼神中，不難看出：「我知道妳們穿得不漂亮，這只是走形式，否則年齡差距顯得更大。再說父親的經濟很緊，妳們不是要快些轉學嘛？」其實我們倒沒有什麼意見，只是覺得自己很可笑。

　　至於母親心中對宗教的冷漠，從那時開始，對我而言始終是個謎。直到很多年之後，在對她的身世、家庭、教育和社會背景以及她留下的日記、書信有了進一步的瞭解，才琢磨出其中的緣由。但是，我們從來沒有面對面討論過這個問題。

　　這一天，我們得到特殊優待，允許去參觀聖母院所屬各單位。走出平時六點起床、老遠就傳來孩子們清脆的嗓音、大聲地背誦禱文以便驅走睡神的大教堂，轉過啟明和徐匯（後者專為教徒而設）兩校，便是孤兒院和老人院。

　　我脫了隊，獨自漫遊參觀。這裡人人各行其事，主要是幹手工活，還有一個出版社。我注意到一個面積不大的長形平房，有些窗戶是開著的。當時只有我一個人，在這片聖潔的土地上漫遊，便躲在一旁悄悄地觀察。

　　原來，這是苦修院。只見一個個年輕的修女，躺在釘子床上，為世人禱告，好似剛從十字架上取下的我主耶穌。令我感到驚奇的是，有的

窗外站著修女們的親屬，他們不時互相交談。

　　看到這番情景，我心裡不禁琢磨著：這些年輕的少女，是修道修出的奉獻精神，還是經過哈姆雷特「生存或毀滅」的苦苦思考做出的決定呢？

　　我正思忖著時，教堂的大鐘突然「噹噹噹」響了十二下。不過，一想到那餐桌上吃齋似的素食，早已倒胃啦。再一算，今天好在不是吃葷的週六，否則，那個午餐，每人碗裡唯一的一塊肥豬肉，皮上都是又粗又黑的豬毛，讓人噁心。拚命往外挑，米飯裡也到處是死蟲，只剩下鹹菜還能夠略略心安地吃下去。但一想起下午的露天音樂會，而午覺後，還有一塊家裡給訂的小圓麵包夾果醬，一切不愉快立刻被打消了。

　　小小的校園樹蔭下面，已聚集了同學中的音樂愛好者。彈風琴兼指揮的是一位美國修女。她人十分和善，選的聖歌優美動聽、內容感人，獨唱部常由雪梅擔任，她那時好像已開始學聲樂。

　　那天最後一首唱的是：「啊，靈魂呀！願你永遠不失其真誠，永遠不失去你的勇氣！」這支聖歌的曲調，我全部記得，可惜歌詞只記得那頭一句。從此，它成了我的座右銘，不斷地鼓舞我只能向前。我這個天主教徒，就是靠這句歌詞，和我所深深喜愛的〈聖母頌〉支持著。

# 最後一次見到瑞芳

　　轉校一兩年後，父母也開始分居。媽媽帶著兩個弟弟去青島謀生，我和雪梅獨自留在轉過來的聖心院繼續求學，兩人同級不同組：一個在禮組，一個在義組。

　　上海解放後，同年五月，我和雪梅去青島探訪媽媽和弟弟，趁機在海邊度過一個美好的暑假。我本想留下進聖公女中，但該校處於癱瘓狀況，久久不能開課，直到十一月中旬，才有復甦跡象。我只去上了一天的課，立刻發現此處非我久留之地，教會人士已全部撤走，只剩下山頂大教堂洪亮的銅鐘，按時提醒它的市民：這裡曾是一片聖潔的土地。

　　同年十一月二十一日，生日那天，我辭別了母親，乘京滬鐵路離開了青島，獨自一個人回到上海。中學畢業後，我順利考上大學。那時，每到週日我總要找個教堂做彌撒，某次到一個德國小教堂去。那天，我口袋裡恰巧帶著項家的地址，地方不遠。我多麼想再見見瑞芳啊，匆匆地離開啟明，我們都沒有告別。可惜，她有事出去了。

　　最後一次見到她，是在北京新華社上海分社。她留我坐，但我忙著去採訪。這以後再未見面，實為心中之憾事。那天天氣很熱，瑞芳額頭上直流汗。她看起來並沒有因為我的來訪而感到特別高興。聽誰說她已結婚了——也許因此而使友誼變淡了嗎？我卻沒有忘記修道院裡那美妙的時光！兩人道別後，我心中不由得感到彷彿喪失了一件寶貴的東西……

　　少年往事已變得模糊不清，而我們的友誼，如果可以這樣說，也不過是一擦肩似的短促，甚至早已被忘懷了。

我長大了，蕭邦的圓舞曲已經彈得不錯，可是總沒有瑞芳那十個手指頭那樣靈巧，不出錯。但更引起我心中莫名喜悅的，卻是〈給愛麗絲〉，它使我回憶起聖母院四樓的練琴室。那個破舊的小間，地板都壞了，琴鍵也多年失修，每次練琴時都先得花一段時間找到壞的當中最好的。每一間練琴室都有一扇小窗戶，通向外面的世界。春天送來了青青的豆苗和淡淡的稻花香，這滿眼的春光和田家樂，陪伴著輕快歡樂的貝多芬樂曲，豈不是一種難得的享受嗎！

　　蕭邦我喜歡，但貝多芬無疑是人間最偉大的作曲家。就在〈給愛麗絲〉那簡單天真的曲調中，孕育著心靈深處的多少柔情，多少才智啊。從那時起，我就深深地愛上了這位作曲家的音樂。

# 從聖母院到聖心院

　　從離開聖母院到在北京最後一次看見瑞芳，這中間已相隔了不少年，除了上海解放前幾年，沒有什麼值得回顧的，但從我們的「國」與「家」來說，那個時期卻是一個重要的歷史轉捩點。

　　聖母院和聖心院兩個學校，一個在城西的徐家匯，一個在法租界的霞飛路（今之懷海西路），相隔也不過十多公里，但它們的時距，卻彷彿是從中世紀到二十世紀。

　　聖心院下設有兩個中學校，一個用中文教學叫震旦女中，一個用英語教學叫聖心女中。此外還有一個震旦女子文理學院，主要課程也用英語教學。與它相配的震旦大學用法文講課，著重於理、工、醫等科目，主要招男生，所以叫男震旦。男震旦的校區隔得很遠，跟我們女校可說是井水不犯河水。母親一開始就堅持要我們念震旦女中，掌握祖國的語言。教會的修女中什麼國籍的人都有，共同的語言是英語。除了外語課（英語和法語），全部課程由中國老師擔任，包括英語語法。

　　修道院不失其古色古香，女部校舍則是十多年前用最新、最講究的材料修建的。走廊兩旁的牆壁上，掛著世界繪畫精品的複製件，讓你隨時有機會欣賞。達文西、拉斐爾、米開蘭基羅，文藝復興時代的三傑全都出現在牆頭。當然，在這些世界名畫中以宗教題材為主。走廊地板全部用軟木鋪成，不見其人，只聽見嬤嬤身上掛著的，十字架和金屬鍊條相碰時，發出的叮噹聲。

　　修道院校址在市中心，不但交通方便，進出也自由多了。週末留校的同學，男朋友可以來電話。最惱人的是制服穿旗袍，按季節改變，

冬季全黑，夏季淺藍，長袖長襪。校方大概忘了滿清時代早已過去，而這種打扮，在她們想像中，可以保留中國國粹，也減少貧富間的區別。好在這個嬤嬤們的國際大家庭，不是教會中之遺老，每逢週末，住讀生返校後，還給我們開一個小舞會。在嬤嬤的監視下，已經聽煩了的三步曲，除了鍛鍊我們的節奏感，對強壯我們的筋骨也不無好處。反正沒有異性參加，修女們也減少了許多麻煩。但久而久之，當你的舞伴總是那朝夕相處的女同學時，那感覺就太乏味啦！

轉到震旦之後，生活確實自由多了。但很快地，我已開始意識到我所喪失的、要比得到的多得多。從林間誤飛入修道院的一對小鳥，也曾有過一個家啊！而如今我們兩姐妹，好像過繼給一門遠親，關在四壁中，過著有高度組織性的生活。

父親在趙主教路租下來的小公寓，不多時候就被退掉了。大弟時霖本在聖方濟英語學校就讀。當年的八百米小英雄（見譚雪梅《混血情》一書，一九九七年出版），長到十四歲已不願過集體生活，不願聽人管教。遇到週末回家，父母和兩位姐姐躺下睡覺，他便打開涼臺窗戶溜之大吉。有時一走兩三天不見回家。山雨欲來風滿樓，原來此君去投奔無家可歸的小瘟三、小流氓的大本營，跟他們稱兄道弟去了。

父親管不住時霖，也無心管。夫婦相敬為齊家之本，父親既一心要把母親休掉，一個家已分崩離析，哪裡還談得到家風、家教！男孩子總是以父親為榜樣，像時霖這種性格的男孩子是很容易走極端的。因此，乾脆讓他跟著母親和小弟弟去青島可能保險些。然而，他的好戲還在後面哩。

# 能在父母之間割愛嗎？

　　還記得，當爸爸打電話去修院約我們到南京路見面時，上海的天氣已經入冬了。見面後，先談到目前經濟情況如何如何不好，社會秩序如何如何不安，人心如何如何動盪，因此他把房子退了，母親與他「暫時」分居帶著兩個男孩去青島了。再者，他的開銷多麼多麼大，如此等等細說了一遍，然後拿出一些鈔票分給我和姐姐，作為購置過冬衣物用，鋼琴費就不提了。

　　父親「慷慨」解囊拿出的那點錢，只夠姐妹兩一人買一件半身的呢大衣。上海氣候潮濕，我們身上的舊大衣哪裡頂得住從海上吹來的、凜冽的寒風。回首瞭望，爸爸的身影已經消失在熙來攘往的人群中。為了避風，吃點東西，我們鑽進附近一家小籠包子店，一人吃了幾個包子便趕回學校去。

　　一路上，我的心情異常複雜矛盾：是傷心？是留戀？還是憤慨？能在父母之間割愛嗎？他畢竟是生我養我的親父親，而幼年時，我還是他所寵愛的女兒哩。怎麼就這樣倉卒地分手了？思前想後，百感交集，欲哭無淚。姐姐好像也在深思，但也許她的思潮完全在另一人身上。

　　夜間不眠，腦裡萬種思緒。好好一個「金童玉女」成雙的中德混血家庭，經過八年的等待和希望，終於被國共間的糾紛、父親的喜新厭舊和政治野心拆散了。父母兒女，天各一方。從此以後，我們再不會跟父親一起過聖誕節，一起去南溫泉旅遊；再不會因時霖的淘氣，和楊媽歪著嘴說四川話，而轟堂大笑；再不會因為我在園裡突然發現一棵剛掛滿青皮果子的廣柑樹而同歡喜，因為廣柑剛一橙黃就被野孩們全部摘光、我的

祕密化為烏有而同感傷心和掃興。結實纍纍的廣柑原本是想留給爸爸、媽媽、姐姐、弟弟們欣賞的，好讓他們也為我的發現而大吃一驚的呀……唉！這一切、一切家庭生活中大大小小的樂趣，都永遠不會再有了。

抗戰那許多年裡，母親每天一早起床，給有胃病的爸爸煮燕麥粥，把好的細食都留給她的這位中國丈夫，處處都護著她的這位留德醫學博士。而此時我們的醫學博士卻把她丟下來，搞了個十七八歲的女孩，另起爐灶。事實上，如果舊夫人依然在位，爸爸憑著自己的聰明能幹，媽媽的外語教學，家境應該會好起來的，也不至於在「文革」時，和新夫人在家院裡跪著受批判（見董竹君《我的一世紀》，一九九七年），結果精美的四合院被沒收，換成一套簡陋的公寓房子。共產黨對國際友人還是比較尊重的。爸爸你恐怕失算啦！

不，背棄了我們全家的父親是很有眼光的。他先在上海跟一些農民黨人鬼混（請恕我出言不遜），以示他過去這個地主家庭出身的大少爺，對階級敵人的友好。再通過這座友好的橋樑，走到國民黨革命委員會的彼岸，搖身一變，已是北京市政協委員。他知道共產黨需要這種人，不然，怎麼擺出多黨制的招牌呢？

在大氣候的幫助下，他把妻子和兩個兒子推到青島德國人（母親在德國醫院工作）的懷抱中，兩個女兒就過繼給天主教教會免費讀書。不要忘了，我譚守仁和夫人，第一次一九二八年，雖然是在柏林中國大使館舉行結婚儀式，第二次卻是在教堂裡結成正統夫妻！而此時，共產黨已打下天下，我們的爸爸便成了毛主席的好學生，不破不立。他學得很到家。

不給爸爸帶來任何麻煩的姐姐和我，乖乖地穿上平生沒有穿過的旗袍，在第二個天主教學校，從早到晚，跟著孃孃排隊、禱告、吃飯、上課、散心、睡覺，過著修女般的生活。此時，我們親愛的父親，卻輾轉活動於滬京港三個城市間，留下診療所做根據地，也不知道算是從政還是從醫，但看來他已不能「守仁」了（我父親名叫譚守仁）。

# 楊媽呢？她怎麼不翼而飛了？

　　楊媽，我們的老女僕，一年到頭身上總是穿著布衫，冬天加上一件毛衣；寬大的布褲下面塞在緊緊裹著小腳的灰色縉帶裡，再穿上一條窄棉褲；頭上是農村婦女用來套假髮、整齊地緊繃在腦門上的黑緞帶；腦門後梳成一個髮結，用髮網和髮針固定起來。楊媽的臉上卻有些不知何來的缺陷：嘴向一旁歪著，一隻眼睛雖然睜著，但瞳孔顯然受到破壞，照理這隻眼睛是看不見的，但我們從來沒有去問過她。

　　我只知道楊媽是溫州人，背井離鄉去南京做雇工，好像是被她丈夫休了。比較年輕時，一直在英使館職員家做女傭人，因此也學會了一些洋涇濱英語。可能是她原來的東家回國，轉手到我們家。

　　楊媽何時來我們家，而何時又離去，對我來說是一直是個謎。我的雙親如今都已過世，這個謎更難以解開了，剩下的只是一些推測。大弟好像曾去她老家探訪過她，他也許可以提供一些線索。我對時霖關心楊媽的這種人道做法，由衷地感到欽佩。

　　記憶中，我一出生好像家裡就有這樣一個楊媽。她外表的特點，正像她有對小腳一樣，對我來說是再自然不過的。世間的人們不一個有一個樣嘛，後來才知道什麼是漂亮，什麼是醜。

　　無可否認，像楊媽——我們家裡的一個成員——這樣一個人，其實和我們每個人都一樣，有她的心，有她的靈魂。你看得見靈魂是醜是美嗎？當代捷克著名作家米蘭·昆德拉在他的著作《告別時的華爾滋》一書中曾經寫道：「說實話，我堅信美學的原則來自魔鬼，而不是來自天主。在天堂，醜與美是沒有區分的。」

　　我們從來沒有拿楊媽開過玩笑，得罪過她。相反地，當我們調皮、不聽話時，她會以家長的身分責備我們，甚至罵我們。總而言之，除了爸爸媽媽姐姐弟弟，我們家就還有一個楊媽。後來我才知道，我們孩子們過去都是從媽媽肚子裡來的，而每一個成人也有他的過去。楊媽的過去是離南京不太遠的溫州鄉下，鄉下風很大，把她的嘴吹歪了，這是她告訴我們的。

　　楊媽在我們家裡的功能，主要是看管我們孩子們，幫助媽媽料理家務。抗戰期間，我們全家逃難遷居四川，她也理所當然地跟在我們身邊。

　　無論住在哪裡，家裡起床最早的總是楊媽。過了一段時間，我已意識到，我們是主人，她是僕人。但她從來不住在專門為僕人準備的屋子。到了晚上該睡覺時，就在我們臥房近處或樓梯下面的牆腳處，捲開她的鋪蓋過夜。媽媽叫她睡到空床上，但她說什麼也不願意。奇怪的是，這麼多年，我從來沒有看見過楊媽生病，這大概是打地鋪鍛鍊出來的。

　　每天晚上睡覺以前，她在廚房打一盆熱水，把裹腳布小心地拆下來，然後把那一對變了形的小腳泡在熱水裡。這好像是她一天裡最大的享受。有時還用剪子修腳趾甲，修掉硬化的皮膚，然後換上乾淨的裹腳布，日復一日，從未中斷過。

　　她在我們家所掙的微薄工資，一開始就由爸爸保存著，反正也沒有用處。我從來沒有看見楊媽有過休息日，她根本沒有自己的私生活。拿大弟弟的話說，楊媽的工資，爸爸實際上是據為己有，是對她——我們大家所心疼的楊媽變相的剝削。

　　一九四六年初，我和姐姐去上海，馬上被關進修道院。父母搬進趙主教路新住宅，雇了一個小姑娘叫荷花，買菜做飯，兩三間房間的家務事也就由媽媽包辦了。

　　但是，楊媽後來卻不見了。楊媽哪裡去了？誰也沒有問起，我們家裡的這第七個成員，好像被時間拋棄了。好好一個楊媽就這樣不翼而飛了？真的，楊媽哪兒去了？我也沒聽說過父母們要把她打發回去。也

許這是她自己的願望，死在老家？她老家還有人嗎？在我們家十幾年，也沒有來過一封信，他們還會要她嗎？總而言之，楊媽無聲無息地消失了。就好像我們那個家不復存在了，楊媽也不復存在了！

　　當時占據著我們腦子的是，如何擺脫集體生活，奔向自由。正像蘇格蘭詩人羅伯特・彭斯所歌頌的：

> 我的心在高原上，我的心不在這兒；
> 我的心在高原上，追逐著鹿兒；
> 追逐著野鹿，跟蹤著獐兒；
> 我的心在高原上，不論我到了哪兒。
> 再會了高原，再會了北國！
> 英雄的故鄉，可敬的祖國；
> 不論我漂泊到哪兒，不論我漫遊到哪兒，
> 我永遠愛著高原上的山丘。

　　對啊！在那些群山中是有我們楊媽的呀，但如今安在哉？

　　那一夜，楊媽妳應該還記得吧？從妳打地鋪的樓梯上面，隱隱約約傳來睡在客房裡妹妹的呼叫聲：「楊媽！楊媽！」半晌，呼聲沒有停止。樓梯咯吱咯吱地響了。躲在被窩裡，滿身大汗的我，終於鬆了一口氣。我露出頭來不好意思地輕聲說：「阿，阿！」（小便的意思）我直著耳朵聽，「嗚！嗚！」的叫聲越來越近，就在床背後的窗戶外面！睡得迷糊糊的我被這叫聲吵醒時，肯定這是鬼來了。

　　四川的鬼文化流傳如此廣，聽了這麼多鬼故事，就算不信有鬼，半夜三更聽見這可怕的叫聲，也會信以為真。出了一身汗，恐懼也更加厲害了。楊媽拿著尿罐進屋，我連忙起床，坐在尿罐上對楊媽說：「楊媽，外面有鬼，聽見嗎？在嗚嗚地叫，我怕！妳別走！」楊媽坐在椅子上，直著耳朵聽。「妹妹，妳真是胡鬧，這是貓頭鷹在叫！」「真

的？」「那可不是真的。撒完尿了嗎？快躺下睡，別胡思亂想啦！」

可憐的楊媽端著我撒的一泡尿，抬起小腳，一拐一拐地走出屋，倒在馬桶裡，又邁著蹣跚的步子，在黑暗裡摸下樓去。楊媽走了我才悟到自己多麼愚蠢，多麼自私和無知。十三歲的大姑娘還不上廁所撒尿，怕鬼！（真的怕）找個藉口把可憐的老人家半夜叫上來了。但楊媽沒有一句怨言，她知道妹妹沒見過貓頭鷹，確實以為是鬼，才出了這樣一個洋相。

第二天，這件事沒人提到。楊媽還是每日一清早起床，我們醒來下樓吃早飯時，她的被子已早收起來了。記得我還是一個三四歲的小孩時，有時夜裡睡不著覺，楊媽就抱著我唱起一隻歌詞十分簡單的催眠曲：「我的小寶寶快睡覺，噢，噢，噢，噢，噢……」然後低八度音：「噢，噢，噢，噢，噢，噢，噢，噢，噢，噢！」周而復始，一面輕輕地拍著我的身體，直到我慢慢地進入睡鄉。

到我年長一些，才跟媽媽學會了布拉姆斯的著名〈搖籃曲〉：「晚安了，睡吧，安琪兒保護著你，玫瑰花兒覆蓋著你，明兒早上，如果上天有此願望，你會重新被叫醒。明兒早上，如果上天有此願望，你會重新被叫醒！」

然而，在媽媽還在教書的那段時期，最常抱著我，用那中國南方農村裡流行的催眠曲，輕輕地拍著我，催我入睡的，還是那對我們無限忠誠的楊媽！

# 沒有錢就請吃閉門羹

　　我們在上海念書那段時間，家裡很不景氣，穿的吃的都夠不上中
產階級的標準，近於赤貧。學費、住宿全部免費，伙食與啟明相比好像
強一點，至少沒有帶毛的豬肉皮。本來吃魚應該在週五耶穌被釘死那
一天，可東海裡盛產最廉價的帶魚（據說因為多年來大量打撈而逐漸減
少，現在已成為上海人桌上之珍品），不論是不是守齋日，餐餐皆有。
再配上最便宜的蘿蔔和小白菜，輪換以炒豆腐、稀飯、乾飯，就是一天
三頓的伙食了。

　　姐姐同班的好友楊貝梯家境比較富裕，看見我們兩個可憐巴巴，
沒有家裡補貼伙食，口袋裡又沒有分文的零用錢，遇到炎熱的夏天，貝
梯有時慷慨解囊，給我們一人兩塊錢。這點錢只夠一人各買兩個小甜麵
包。午餐時間較長，熱天裡，我們就跑到大門外的食品商店「進餐」。
這時，往往因口渴就只買一個麵包，剩下的一塊錢買一根水果冰棍。如
果想買一根用牛奶可可做的奶油冰棍，要花一塊九毛，小麵包就吃不成，
要空著肚子了。所以我們一般都捨不得把那兩塊錢用在奶油冰棍上。

　　記得有一次，我下定決心給自己吃點高級的、相當於霜淇淋的奶油
冰棍，放棄那容易充饑的麵包。冰棍剛到手，打開包裝紙，正要往嘴裡
送，誰知從對面跑來一個小癟三，說時慢，那時快，他閃電般把冰棍從
我手裡搶去全部塞在嘴裡，吃完轉過頭來，咧開嘴向我頑皮而幸災樂禍
地笑了一笑，意思是：「冰棍沒吃成吧！」弄得我哭笑不得，心裡暗暗
地罵。這些上海小癟三真壞，他們還會在你坐上三輪車時，從背後來個
不提防，把你正在吃得津津有味的霜淇淋或別的甜食奪了就跑，明知你

對付不了！發生了類似「搶劫事故」之後，我就盡量避免在街頭或三輪車上吃零食，免得在光天化日之下遭搶。

我們學校在霞飛路與普石路之間，法國俱樂部和出售高級法國服裝的整條街，只相隔十分鐘路程。再向西去就是杜美路和靜安寺，也是典型的法租界。霞飛路雖然路面不寬，中間還有電車道，兩旁有許多講究的服裝店，路口處往往有個賣花的攤子，花瓶裡插著各色鮮花。尤其吸引人的是一種在田壟間生長的小藍花兒，四川沒有，俄羅斯田野則常能見到。但那些鮮豔的野花都是一年生，不像四川的茶花、杜鵑、玫瑰、海棠、梅、菊等是多年生的，「如江上之清風，山間之明月，取之不盡，看之不竭」。

上海除了南京路大公司還大眾化些，霞飛路出售奢侈品的商店，單從價格來說，就是為有錢人開的。我曾有過一次經驗，冒冒失失地走進去，看著那些漂亮的紗綢襯衫，便順手指著一件，問售貨員價錢。那個年輕人用睥睨的眼神盯了我一眼，然後，用十分瞧不起的口氣說：「你明明買不起，何必問呢？」這時我才體會到，在他的眼裡，我分明是一個沒有錢的姑娘，竟厚著臉皮到他這種商店來，簡直是一點羞恥之心都沒有。當時，我紅著臉反問他：「沒有錢連問都不能問嗎？」他立刻擺出一副聰敏人的精明架子說：「小姐，我不是說不能問。但你問也沒用，不是多餘的嗎？」一想，他說的也有道理。我想，媽媽在的話，她一定會溫柔地對我說：「妹妹妳又把妳的鼻子伸進去了。不值得為這種事難過，把妳的頭高高地抬起來吧。」想到媽媽我鼻子一酸，眼淚差點兒掉下來了。我們何時才能再見？

# 美麗善良的香港巨星楊羅拉

　　上海，我的出生地，在我的眼中已變成一個醜惡的城市——光怪陸離，萬惡叢生，一個冒險家的樂園。那時的聖心院真好似一艘永不沉的航空母艦，在它的甲板上我們暫時過著安全的日子——狀元不出門，萬事皆不知。但是暑假即將來臨，兩個月在修道院裡關得住嗎？

　　天無絕人之路，好在這時候出現了一個美貌、善良、好心的朋友。她就是楊瑛，又名Lola（羅拉），母親是法國人，我們的老朋友（我曾經在第一章第九節中提到）。她迷人的嗓子，從小就吸引了多少音樂愛好者，日後甚至遠赴重洋，在義大利求教於聲樂大師。早在一九四五年，抗日戰爭結束前夕，她和歷史上的那位同姓姐妹楊貴妃一樣，「天生麗質難自棄，養在深閨人未識」。當時，陪都的有錢人決定舉行一個美女選拔賽，消解一下戰爭在世界範圍內結束前暫時的沉靜。楊瑛被選為五月皇后。

　　好心的楊瑛約我共度暑假。她那個大客廳，最吸引我的自然是那架三角大鋼琴。我可以複習舊的曲子，自學新的。因為聲音好，彈什麼都入耳。楊瑛看見我和姐姐長相好，但穿得太寒磣，於是把她的法國朋友們講究的舊衣服，讓裁縫改一改，我和姐姐各人一套，兩個灰姑娘才有資格去赴那位法國太太的公子們出席的舞會。後來，楊瑛的百萬家產有出無進，在沉重的債務壓力下，她不得不把公寓和汽車先後賣掉，遷入錦江飯店。

　　有錢人有有錢人的煩惱，窮人就更不用說了。當時貧富不均的現象之嚴重，莫過於上海。記得楊瑛還住在大西路時，某天天氣特別熱，學

校裡幾乎一個住讀生也沒有，連雪梅也不知去向。我一個人悶得慌，想去看看楊瑛。口袋裡的錢不夠坐車，再說交通也不方便，乾脆繞近道走去。過了可口可樂廠，就是一條東西方向岔開的路，中間有一排民房和一個髒水池。

我還沒走到該向西轉的方向，就聽見一大群人大聲地哭喊：「救命！」又有人插嘴說：「他要死，說什麼也不會上來。」這群人可能是當地的住戶。這口池子不大，看來也不深（否則那人不會折騰那麼久），但老遠就能聞到薰天臭氣，髒得早已變成黑漿。那是一汪死水，看來只有下雨時才會帶來一點清水，但恐怕也無助於減少污黑和臭氣。我過馬路看去，一個女人大哭著拚命叫：「救命！，把他用竹竿拉出來！」池裡的男人偶爾冒出頭來模糊地說著什麼，意思是不願活下去了。

看見這幅慘景，我對上海這個城市更加感到厭惡，心想：「窮人的生活竟如此可憐而又可怕！」我肚裡空空的，更覺得噁心，就趕緊往大西路走。不巧楊瑛不在家，只見到帶她兒子的阿姨。我嘴裡渴得厲害，但一見到她那對勢利眼，便轉身往回走。回去時，盡量避開那個池子，哭叫聲已經停止。謝天謝地，那個男人好像被打撈起來了。

楊瑛仍然慷慨地邀請我寒假裡同住解悶，這總比在修道院度日要強。姐姐也到同學家度假，我們分道揚鑣，各奔前程，但有時也會在老朋友楊瑛家裡相見。那段時間，由於楊瑛社交廣，在她那裡來來往往的各色人物很多，其中也包括別墅裡有游泳池的印度公主。

我很欣賞那個不大的游泳池。有一次游畢出水，忽然靈機一動，站在石砌的池邊，背對著水，雙手平舉，猛地向上跳躍，身體向後翻騰一百八十度，雙腳並攏，伸直雙手，跳入水中，幾乎不見水花。我又試了一次，又成功了。這完全是無師自通。要是向上彈跳不夠高，起步不夠堅決，腦袋摔在池邊石頭上，腦漿豈不噴得滿池都是，染污了有錢太太小姐們的時髦游泳衣，豈不是太拆爛污嗎！

　　誰知這個沒有引人注意的絕招，配合我後來學到的其他規定動作，在一九五二年廣州舉行的全國第一屆游泳大賽上，給我贏得了女子跳水的桂冠，我成了中國歷史上第一名女子跳水冠軍。許多事就是這樣在偶然中產生的。

　　楊瑛無論上哪兒去，總是帶著我，雖然我們的年齡差距不大，但有了我她好像放心得多，免得引起人們的蜚短流長。我不想得罪她的好心，但更想回到修道院。然而，我對楊瑛卻是永遠懷抱著感激心情的。據說她曾在香港影壇活動一個時期，之後，許多年來一直在辦一個福利性質的兒童合唱團，親自擔任指揮，專門培養有音樂天賦的貧苦兒童；此外，還從事六種歌唱語言的訓練和測試，靠教歌曲、語言為生和消遣時光。香港回歸前，楊羅拉獲得英女王的最高獎賞，實現了平生的理想。我很為她高興，希望有朝一日彼此能夠相見。

　　果然，我們在二〇〇七年，探訪大弟弟（在廣州）和我丈夫在新加坡的近親，順便到香港去看還顯得很年輕的楊羅拉。她和過去一樣美麗善良。

# 上海解放

　　統計數字告訴我們，抗戰八年，物價平均上漲一萬倍。一九四八年通貨膨脹產生的新生兒金元券代替了法「幣」，一時社會出現搶購實物風，人人心驚膽戰，上海社會籠罩在恐怖氣氛中。

　　一九四九年一月北京和平解放後，解放軍勢如破竹南下。五月十七日夜晚，嬤嬤們一個個驚慌失色，甚至允許我們在十二點之後，到屋頂上去觀看。只見虹口方向半個天都染成紅色，砲聲不斷地響著，到黎明一切戰鬥行動才停止。

　　清晨，我出去繞了一圈。每條街、每個弄堂都能見到一位服裝簡陋但整齊乾淨，垮著槍、揹著鋪蓋的解放軍戰士。他們遵守著「三大紀律、八大注意」，不拿群眾一針一線，給我留下了一個異常良好的印象。

　　次日，我們匆匆準備好了行裝、書本和過冬的衣服，全都留在嬤嬤指定的存放室，姐妹倆坐上去青島的列車，沿途享受著即將見到久別的親人和離別了十幾年的大海的快樂預感！

# 第七章　久違了，青島！

* 青島、大海，久別了的母親和弟弟
* 混血兒們海濱取樂
* 驚濤駭浪中的激情
* 我可愛的男朋友多利亞
* 十九世紀初英國浪漫小說中的人物
* 濟南
* 大明湖之秋
* 孤男寡女一人一被

# 青島、大海，久別了的母親和弟弟

　　我們一到青島，就住進媽媽預先在一位瑞典傳教士那兒租好的房間。誰知這兩隻從上海飛來的蝴蝶，一下子就把青島混血兒的蜂窩搗亂了：行李還沒放好，馬上有五六個少年過來跟我們「面會」——他們早已從弟弟那兒得知有兩個漂亮的姐姐要來青島度假。瑞典人安靜的庭院，立刻變得熱鬧非凡。兩位一本正經的上帝使者，看見這群哄鬧的男女青年吃驚不小，立刻找到媽媽那兒表示要退約。

　　這兩位千金可不是她們想像中一本正經的大姑娘，恐怕少不了會有那招風引蝶惹禍的事。我卻早看中她們家那座依山而起的石花園，從小愛花的我，為了不得不搬離開這裡而感到遺憾。媽媽為大家著想，很乾脆地解了約，另找離海邊更近的房子。

　　這是一座沒有花園的兩層樓房，租給我們的樓上是一間頂多十平米的小屋。打開大門對面的客廳門一看，還有一個十米見方的水門汀涼臺，涼臺上有個大桌子。啊！它竟面對著在早晨陽光下燦爛閃耀著的大海！蔚藍的青天聯結著金光四射的海水，天連水水連天，交相輝映，哪裡去找更理想的住房！

　　房東是一位中國老太太，女兒英文說得很流利，母女倆對自己的私生活看得不是那麼隱密。再說，屋裡空間小小的，只夠放兩張床、兩個小茶几、一個小書架和一個小衣櫃，絕對允許不了青島「混血人」蜂擁而進的。於是，我們便找到了一個理想的消夏「別墅」。

　　夏季早上，一輪紅日從東方徐徐升起，那時我們還在甜蜜的夢鄉，早已忘記修道院的六點鐘鈴響。每天早晨，我們被邀去醫院同德國醫務

人員——院長和護士長進早餐。回來後烈日早已當頭，哪裡也不想去，寧肯待在涼臺上，面對著無邊無際的大海，安閒地欣賞從德國醫院圖書館借來的古典音樂唱片。

　　舒曼、蕭邦、布拉姆斯、莫札特的〈小夜曲〉、貝多芬的小提琴協奏曲和〈英雄〉、〈田園〉、無比寧靜的〈月光曲〉，幾乎成了我們每天的必聽，而且百聽而不厭。尤其是貝多芬的〈第九交響曲〉，當樂隊最後的旋律靜止下來的那一剎那，歌頌歡樂的大合唱驟然而起，打破寂靜，向世人宣布：歡樂的時刻到來了，四海之內皆兄弟！我內心時常為席勒〈歡樂頌〉的詩句感動不已。

　　貝多芬與席勒，這兩位天才的作品加在一起，豈不是天上人間所僅有嗎？正像上帝為了拯救世人，讓他的兒子釘死在苦行柱上的考驗一樣，偉大的作曲家貝多芬在他創作的極盛時期喪失了聽力，不啻也是上天對作曲家天賦最嚴重的考驗嗎？然而，在無聲的世界裡，他不斷創作出供世世代代人們享受的不朽之作。

　　這又使我聯想到十一世紀初蘇東坡被流放時寫的一闋詞，〈浣溪沙〉中的幾句：「誰道人生無再少？門前流水尚能西。休將白髮唱黃雞！」詩詞中的真意，不也和貝多芬對生命的熱愛和堅持彷彿嗎？對這兩個各自聳立在世界東西之隅的藝術巨人，我一直懷著無限愛慕之心。

# 混血兒們海濱取樂

青島是個由德國人所設計的漂亮山城，有許多紅屋頂的小洋房，從海邊逐漸升向山頂。那裡有一個高大宏偉插入雲霄的石造教堂。每過半小時，鐘樓裡傳來洪亮而深沉的鐘聲，在美麗的島城上空蕩漾。

海邊有一個人們喜歡漫步的棧橋，一直伸展到市區附近的海灣中間。再轉幾個彎，就是所謂的德國浴場和美國浴場。美國浴場沙岸上坡處，蓋了幾排過去外國人消夏的別墅。寬闊的海岸全是細沙，漲潮和退潮相隔好幾個小時。各種色彩的魚類在跳躍飛騰戲水，大大小小的蚌和海龜在清澈見底的水中自在地活動著，空氣中充滿了海草的氣味兒。站在沙灘上向東望去，眼前即是浩瀚的太平洋啦！

一到下午，沙灘便成了人種博物館，中、英、美、德、俄、希臘、日、猶太、瑞士，各種血統都有，但純種為少，混血為多，真可說是混血兒們的大本營。游泳、打排球、奔跑、嬉戲，和說笑，一個個十七八歲的青少年，簡直是健美的化身。

但我更喜歡岩石崢嶸的德國浴場。浴場所在的海岸在一個不大的海灣裡，右岸沿山坡而上長著高大的雲松。潮水上來時，有如千軍萬馬，海在召喚，海在咆哮。這時，你會感覺到，希臘神話中的愛神阿芙羅迪特正在從泡沫中走出，而你只想拜倒在她的石榴裙下。

# 驚濤駭浪中的激情

　　一天晚上，我們在美國浴場給一個瑞士男孩過生日。天氣突然變了，一陣暴風驟雨從天邊捲來。我們這幫小青年決定轉移陣地到德國浴場。誰知在這個較小的空間裡，海以更大的衝力，發狂似地向陸地猛烈衝擊，閃電加上雷聲，海浪被掀起十幾米高，然後帶著爆炸聲落到滿是卵石子的岸上，噴出萬點閃閃發亮的明珠，然後沙沙地向後退去。不過一會兒，雷聲更加響亮，還夾帶著雨點。

　　我全身都被淋濕了，海卻還在怒吼，還在咆哮，似乎在召喚著我，我感到自己再過一秒鐘就會被它全部吞噬了。正在我打算向後退縮的剎那，一雙鐵夾似的手臂把我擁抱到他的懷裡，瘋狂地吻我。我放開了全部理智，有意識地接受大自然的挑戰，我感到全身蘇軟，眼看就要掉入一個可怕的深淵。突然，我好像從夢中驚醒一般，用全身的力量掙脫了這個男性，向岸上其他熟人躲雨的地方跑去。天啊！一失足幾乎成千古恨。當然，使我差點失去理智的，也是這先前喝的生日美酒！那雙鐵膀子的主人，是不久前才加入到我們群體的一位退伍空軍。這人以後我再沒見到，萍水相逢，也許已不在人間。

# 我可愛的男朋友多利亞

次日，海好像已被馴服，風平浪靜。在炎日當頭的時候，門鈴突然響了，來人是我的「男朋友」，一個名叫多利亞的俄中混血兒。他常常接受帆船俱樂部一位成員的委託，替他整修帆船，而後者也允許他，在辦工時間不用船時，隨時張帆出海遊玩。

這一天，他騎著自行車接我去玩兒，迎著海風駛進大海遠遊。這以前，多利亞和那一大幫外國混血孩子在美國學校念書。如今樹倒猴孫散，將來他們的命運如何還很難說。這些「小鬼們」在海邊長大，從小跟著船主出海，他們的操作和駕駛能力都不亞於帆船主人。我們到達俱樂部時，船已拴在岸邊樁上等候著我們。不一會兒，帆已掛在桅杆上迎風駛往大海。那是我一生中一個很幸福的時刻，躺在甲板上看頭上的藍天和白雲。風大了，幫著多利亞牽繩掌舵；熱了，跳到涼快的海中游開來。多利亞總是提醒我：「夠了，這一帶深海區到處埋伏著鯊魚，等待著牠的犧牲品。」當太陽落入地平線時，海天射出萬丈光芒，絢爛的晚霞叫人神迷心馳。是時候了，該往回駛。

多利亞是個安靜美貌、體格健壯、性格可愛的小伙子，一個善解人意的年輕人。跟他做朋友很自由，無須害怕他會做出任何越軌的事。他只把他的愛留在給我拍的，我騎在馬上的相片背景上。那張照片，印著他戴著寬邊帽，一隻手托著下巴，正在沉思的形象。我不能想像，自己會把全部身心獻給他。因為，他只不過是我人生道路上一個短暫的、可愛的伴侶。

# 十九世紀初英國浪漫小說中的人物

　　俱樂部有時會舉行盛大的宴會，我和姐姐也曾被邀請過。有一次在跳舞時認識了一個英國人，長得挺瀟灑。跳完舞，他約我到伸入海裡的吊橋去散步。他彬彬有禮，完全是一派紳士風度。我立刻把我最喜歡的，十八世紀和十九世紀初，英國小說裡那些熟悉的男主人翁的形象，嫁接到他身上。散完步，他又小心翼翼地挽著我，把我送回宴會廳原位。當時，我心裡非常激動，看樣子他對我也有幾分愛意。這位先生叫麥克・莫倫。

　　過了一段時間，經過母親的允許（我那時還是中學生），他請我到他家去作客。我對他沒有任何瞭解（他好像在青島某個公司當老闆），但可以想像他一定有許多同床共枕的女伴。因此，在他家我一直留意與他保持距離，不願和那些女子一樣放縱情欲。我需要愛情，但我更需要的是求學，把自己造就成一個人才。幸好，麥克也沒有任何失禮之處。我們談了一會兒，喝了一杯紅酒，好像心有靈犀一點通：時間不早了，他開車送我回去。

　　夏去秋來，該上學了，當然我也想留在母親的身邊，跟養著一隻猴子的弟弟們多待一些時間。我們已經說好上青島聖公中學，但自從教會人員撤走以後，聖公只空有其名。改組階段，久久開不了課，一直拖到十一月份。這段時間青島竟下了一場大雪，要不是有相片作證，現在簡直不敢相信。

　　開學後，上了一天課，我就打定主意，我不能久留在青島聖公中學混日子。我立刻下定決心一個人離開青島，返回上海繼續我的學業。姐姐

很高興，媽媽給我們租下的涼臺朝海的小居室，今後可以由她一人獨住。

　　主意定了，我就去告訴母親。母親說：「我對你的想法很贊成，但實在無法贊助。」我告訴媽媽，除了火車票和幾十塊錢（幣制已不清楚了），不用她的分文。我到市場美軍剩餘物資攤，買了幾件在我看來還時髦的帆布夾克，到了上海，可以暫時賣掉充饑，以後再想辦法度日，我是不會沉淪的。

　　次日，火車開動的時間母親值夜班，我就在多利亞的送別之下，離開了青島。

# 濟南
## 追求知識道路上的第一站

　　列車到達濟南時，天已全黑了。我的隨身行李並不多，旅行袋主要用來墊腦袋。但走出德國人用紅磚蓋的車站，便進入一個只能見到土屋，沒有燈火照明的小巷。少數本地人手裡拿著火把，在車站附近招攬願意過夜的旅客。

　　因為沒買到坐票，我整天都靠在兩節車廂間的鐵板上，身體隨著列車移動的方向搖搖擺擺，往往是上身和下身向不同的方向扭動。我心裡暗暗地隨著車輪的節拍，重複孟子的名言：「天將降大任於斯人也，必先苦起心志，勞其筋骨，餓其體膚，空乏其身，行拂亂其所為。」

　　下車後，我感到非常疲倦，覺得必須找個客店過夜。去上海的火車第二天下午才開車，有的是時間。但糟糕的是，我感覺到自己到了《水滸傳》的世界。小客店雖然不多，但家家都一個樣子，這是一個好的徵兆。

　　我隨便挑了一家，心裡還在嘀咕：「這會不會是一個做人肉饅頭的黑店啊！」但這時我需要的是一碗熱湯麵和一壺熱水洗腳，把凍僵了的腳和哆嗦的全身暖一暖。我知道這種小店很便宜，衛生條件也最差，所以已決定合衣上床，睡前把門鎖插上，做好一切防備。

　　湯麵拿來了，但並不覺得香，肚子裡舒服一點兒罷了。洗完腳，順著歪歪倒倒的樓梯上樓。我叫夥計給我留下油燈，才放心點兒。躺到硬邦邦的床上，一百零八條好漢的遭遇還沒有離開我，母夜叉孟州道賣人肉，武都頭十字坡遇張青，一幕一幕在我眼前出現。在這兵荒馬亂的時候，什麼事不會有？

我偷偷環顧四周，見壁上沒有繃上人皮，樑上也沒有吊著人腿，才轉念想到明天遊大明湖的事。那是小學國語裡的一課，描寫得多麼美啊！只不記得作者是老舍呢，還是《老殘遊記》裡的一篇。想著想著就迷迷糊糊地睡著了。

# 大明湖之秋

　　我曾關照夥計八點把我叫醒，這一覺果然睡到早上夥計敲門。我醒來覺得一切都很正常，就是髒得厲害。下樓吃了兩個熱饅頭，便請夥計叫輛黃包車去實現我的「冬遊」計畫。「小姐您上哪兒啊？」他大吃一驚，「什麼大明湖，那裡有什麼可看的？」

　　課本裡的大明湖，我印象很深：

> 湖寬水淨，顯著明美，抬頭向南看，半黃的千佛山就在面前……湖光山色，聯成一幅秋圖，明朗，素淨，柳梢上似乎吹著點兒不大能覺出來的微風。

　　當時印象是那麼深，希望有一天能看到老舍筆下的大明湖。這次好像是老天爺特地為我安排了充裕的時間，可以痛痛快快地一遊。

　　黃包車叫來了，車夫問我：「去哪。」我說：「大明湖。」他回說：「哪裡有什麼大明湖！」我說：「你不知道？一定有！」他跟夥計交談了幾句，這才對卻有大明湖不再存在猶疑。但接著那車夫又碎言碎語地叨叨著：「那個地方沒看頭，連水都沒有。」我不聽他勸說，坐上車就命令：「去大明湖，反正會給錢。」

　　這一天已是十一月二十二日，我生日的第二天，北方的初冬時節，天空一片惱人的灰色，連雲都沒有，拉得越遠，越沒有一點湖的影子，而土路也變得高低不平。最後，他停下來指著野草叢生的一片荒原說：「這就是大明湖。」我還以為他偷懶，再仔細一瞧，遠遠近近好像有些

破舊不堪的建築物，不知是廟宇還是樓閣，陷在滿是泥沙的沼澤地裡，好像有點水池的樣子，但也早凍上冰。

我失望地叫他往回拉，一路上有聲有色地給他介紹大明湖應該是個什麼樣子。「小姐，這都是什麼時候的大明湖啦！」的確，老舍當年的大明湖現在連影子都沒有了。我失望地回到小店，拿好行李，一看時間也快五點了，就很無聊地告別了店主。「好，好，以後再來，大明湖修好了再來。」

當時在去上海的途中，我腦子裡一直帶著一個很大的問號：「這難道都是我的想像力在作祟？」

最近，在家翻閱《現代散文鑑賞辭典》，無意中翻到老舍的散文，其中有一篇散文，白紙黑字寫著〈大明湖之春〉。我大喜若狂，連忙找到那一篇，仔細閱讀起來。作者寫到：

> 北方的春天本來就不長，還往往被狂風給七手八腳的刮了走。濟南的桃李丁香與海棠什麼的，差不多年年被黃風吹得一乾二淨，地暗天昏，落花和黃沙捲在一處，再睜眼時春已過去了！
> ……
> 一聽到「大明湖」三個字，便聯想到春光明媚和湖光山色等等，而心中浮現出一幅美景來。事實上，可是，它既不大，又不明，也不湖。

剛看到這裡，我立刻回憶起半個多世紀前，我在濟南尋找大明湖的那一段。我當時的印象和老舍這篇文章中的描寫簡直是一模一樣。只不過一個出自大作家之手，一個是普通人的觀察。但乍讀那篇文章，令我不解的是，老舍說：

　　記得我描寫過一段大明湖的秋景，……，只是在秋天大明湖才有
些美呀。

　　我到濟南是在初冬之際，秋天也剛過去，怎麼和老舍筆下的春色卻
相去不遠呢？原來謎底在那篇文章的最後幾句話：

　　對不起，題目是大明湖之春，我卻說了大明湖之秋，可誰叫亢德
先生出錯了題呢！

# 孤男寡女一人一床被

　　一九八八年八月我曾去濟南旅遊，看到一個真正美麗的大明湖，這才是小學課本裡、吸引我坐洋車去尋找的那個大明湖啊！

　　火車在上海虹口車站停下來，已是清晨兩點。交通車還沒有開，我叫了一輛三輪，根據我記憶中的住址，來到了Kingsley住的那家院子。

　　解放前，凡是在教會學校念過書，經常和洋人打交道的華人，都有一個外國名字。當然這些名字的來源，也可能因為受了洗禮，入了基督教起的教名。

　　Kingsley就是Kingsley，我從來沒有請教過他的貴姓大名。他是百分之百的中國血統，在我們熟悉的混血兒中，他對我姐姐雪梅是愛得不得了。這自然是單相思。

　　Kingsley雖然長著一對金魚眼睛，臉上因為缺少性生活（男性女性都常有的）而出現了不少疙瘩，人倒不錯，在沒有父母的上海，對我們總是很關照。

　　這天半夜三更，我的敲門聲把他吵醒了。他大吃一驚，我把來意說了，並求他留我住一夜，鋪個地鋪。

　　他說：「怎麼讓妳睡地上？還是睡我的大鐵床。」

　　我問他：「那你睡哪兒呢？」

　　他說：「我也睡鐵床，一人一床被，互不侵犯。」

　　我想這倒也是個辦法，便讓他轉過頭去，換了睡衣躺下，心中對這位朋友十分感激。

次日早上，太陽已升起，忽然覺得誰的腳在我被窩裡攪動，我立刻醒來，坐了起來大發脾氣：「我們不是有約在先，誰也不許侵犯誰的領地，我不睡啦！」Kingsley立刻向我陪不是，叫我繼續睡，他起來做早餐。

餐畢，我便趕乘電車，直奔霞飛路聖心院去也。

# 第八章

上海，我又重回你的懷抱！

# 升學的願望能實現嗎？

　　到了聖心院，已十點左右。彌撒早已過去，嬤嬤們也用完早餐，各行其職。我心裡開始有些緊張。在學習期間，我的功課雖然優秀，卻沒有表現出虔誠教徒的樣子，有時還犯點校規。然而，今天我只有這條路了，不得不下定決心向門房窗口走去。

　　「我有些急事，要見會長嬤嬤，請通知一下。」那位值班修女指著對面半開著的門，讓我進去等一等。過了大約十多分鐘，從走廊的另一頭，傳來金屬鍊條和一大串鑰匙與沉重的布裙撞擊摩擦的聲音——這對我來說是很熟悉的。聲音越來越近，我的心臟幾乎就要從胸口裡跳出來。但當門被推開，我一看見會長嬤嬤帶著慈祥笑容的臉時，心情立刻就放輕鬆了。

　　也許，我的來訪對她來說會有些唐突吧。因此，我決定開門見山，簡單地把自己近半年的遭遇說一遍：我的家已解散，父親從政後毫無音訊，母親帶著兩個弟弟在青島一個德國醫院謀生，姐姐決定在那兒上聖公中學，不回上海了。但聖公已被接管，教學全部癱瘓，我深感不能留下混時間，否則中學想畢業肯定有問題，更談不上考大學，將來勢必也難以謀生。我得到母親的同意，離開青島回上海母校。但她的境況拮据，收入只能勉強擔負自己和三個孩子的生活，所幸德國醫院另外補助了她們的伙食。至於父親，則好像忘了他還有一個妻子和四個孩子；現在，他只想到為自己的前程奔走，在亂世中混水摸魚，還找了個年輕護士瞎搞。因此，我只能獨自謀生了。我情願在修院裡幹些勞工，來抵償我的學費和住宿費。

　　我說著說著，眼淚卻不自覺地流了下來。會長嬤嬤一再勸我不要傷心，她說：「共黨來了。我們的境況雖然也不好，但還能幫助妳。妳不要難過，放心去上課吧，就跟過去一模一樣。妳已經耽誤了兩個多月，要趕上去。妳姐姐不回來，當然令人非常遺憾，但每個人都要自己做出選擇的呀。」

　　這番話說得我更加淚如雨下。她親了親我滿臉是淚的臉，叫我先到廚房去吃些早點。除了深深地感謝她，我心裡想，雖然我也是個教徒，但會長嬤嬤得天獨厚，主耶穌大概隨時在她身邊，她的精神境界是那麼高，我確實要好好學習。

　　這次談話以後，我很少看見會長嬤嬤。她很忙，只在教堂裡看見她跪著禱告的背影，肯定為了教會的前途而憂心忡忡。這個教會，這些學校，是她用畢生的精力辦起來的。

　　院裡有將近十種國籍的修女，還有當地入院不久的年輕中國修女。在外國修女中有幾位（瑞典人、蘇格蘭人）是博學多才的教授。中學裡有一位南非長大的英國嬤嬤，教高二、高三英美文學和歐洲史。法語是第二外語，由一位藍眼睛的年輕法國修女擔任。上課時，她常教我們法文歌曲，深得同學們的喜愛。一位美國修女管我們的膳食和住宿，還有一位加拿大嬤嬤帶我們散心。

　　後來，文理學院的資深教授首先撤離上海，我親眼看見她們等待著汽車輕裝而去。我離開上海則是在一九五一年夏，那時，會長嬤嬤應該還在崗位上。我是否跟她告別才走，現在絲毫沒有印象了。如果我有意不辭而別，應該是不願讓她因為我去北京轉燕大（等於是投奔共黨），而使她難過。無論如何，沒有最後見一面是我終身的遺憾，而且深感慚愧。

# 臺北，半世紀之後的一段插曲

　　將近半個世紀過去了，大約是在一九九四年，我在莫斯科大學工作，應臺灣方面邀請，參加世界華語教學研討會。時間正值聖誕節前夕，我和丈夫被安排在臺大對面的某招待所。

　　聖誕節即將到來，我非常想跟丈夫去望一次聖誕彌撒，心裡暗暗想，也許能找回母校的影兒。沒有進教堂已快半個世紀了，但我始終沒忘記我是個天主教徒！

　　我們到處打電話，沒想到臺大校園對面街上就有一個天主教堂。二十四日晚，我們走進那座聖堂時心中感慨萬分，真好像一隻迷失多年的羔羊，又回到母親的懷抱。

　　我還記得，一九八八年，我首次從蘇聯回到大陸，去上海幾天，立刻趕到普石路聖心院舊址。當地的老百姓說，現在這個地方是中國社科院上海分院。聖心院是十九世紀的建築物，用整塊整塊沙岩建成，隨著歲月的消逝更顯得古色古香。舊有的聖心院本部現在加高了一層樓，原來二樓屋頂上的鐘樓和十字架已不翼而飛。現有一百多個研究部門擠在這座非驢非馬的樓房裡辦公。好好的聖心院應該作為文物保護，現在卻弄得四不像。我心裡想：這是中國文明史上的好事，還是對文明的摧毀和破壞呢？

　　嬤嬤們按說應該撤到日本或臺灣，有個落腳地，將來再另起爐灶。教育事業是主交給她們的天職，絕不會輕易放棄，這是我當時的猜測。所以，這次一定要找到她們的蹤跡，也許還能見到故人。

　　一九九四年聖誕夜我去望彌撒，注意到教堂裡有一位歐洲人模樣的神父，便在彌撒結束後，找他打聽臺灣是否有聖心會的學校，我年輕時曾經在上海聖心院念中學，畢業後還念了一年大學。他聽說我們是從前蘇聯來的，顯得很吃驚，立刻告訴我們聖心院這裡肯定是有的。他答應給我打聽地址和電話，叫我留下招待所的電話。那天我非常興奮。

　　回到招待所次日，就有人來電話找我。對方是一個女子，說得一口道地的北京話。我向她介紹自己，以及這次的來意。她滿腔熱情地邀請我們夫婦倆訪問聖心中學。問起會長嬤嬤，我得到的是她老人家已在幾年前去世的噩耗，遺體就葬在學校墓地。我的心不覺沉了下去，多麼想再見到她一面啊！在說定的那一天，我買了一大束淡紫色的石竹花，去拜訪我的母校，謁見會長嬤嬤的陵墓。

　　震旦中學已改名聖心女中，坐落在淡江河畔。進校門後，汽車繞著幽靜的樹林往山上開，直開到嬤嬤住的山頂後院才停下。我首先問清了會長嬤嬤安息的墳地在哪兒，馬上跑去把那束花和一把從俄羅斯帶來的、有彩畫的木製調羹放到她的墳前，默默地向上天禱告，表示我的感恩和懷念，願上帝永遠降福於她。

　　那位說北京話的女士，原來不僅是一位嬤嬤，還是聖心院的會長。我發現所有神職人員都穿著普通人的服裝，只圍著一身乾淨的圍裙。第二屆梵蒂岡會議（一九六二至一九六六年）對天主教做了大量改革，在有條件的國家，現在都是由所在國的教徒擔任領導工作。從上海聖心會來這裡的修女只剩下一位，她當年很年輕，在值班室接電話，管我們管得很嚴，她還記得我和姐姐。

　　走進聖堂一看，我大吃一驚。內部的裝潢完全不是歐式的，反而有點像日本佛教的寺廟，裝飾得樸素精美。做禱告也採取打坐的方式，堂內有不少榻榻米。整個聖堂給人一種清靜無為、富有審美感的印象。是的，這個世界在變，宗教與人的關係也在改變，這是上天給當時教皇的啟示。保守主義總是不會得人心的。嬤嬤們的生活更接近於凡人，這也

是天主教能從創立以至於今，在各種宗教中獨樹一幟，在東正教為國教的俄羅斯知識分子中，也具有那麼大吸引力的緣由。

聖心會會長在得知我是上海震旦女中最後一屆畢業生時，立刻約我星期六來校，跟數百名高班同學見面。為此，學校把週六最後兩節課取消了。我應該算是她們的學姐啦，我把自己從一九五〇年代以來，在共產黨統治下的生活經歷，以及一九八〇年代早期，怎樣參加群眾大會，把在俄國暴政統治了將近八十年的共黨「請」下臺，以及我個人生活中的大事，略談了一下。

包括談及我到蘇聯後的那些年，因為保留國籍的緣故，以致被特別「保護」，有如被關在一座無形的監獄裡一樣，哪怕它的占地面積世界第一。那時，我處處受監視，時時受監視，升職受限制，家裡的電話二十四小時不斷受監聽。犯了點兒交通規則，就會被「請去」，以此為藉口羅織罪名。人說我愛國，不願放棄國籍，豈知這個小小的軟皮證竟是我保護人身自由的擋箭牌！

兩小時的時間很快地過去了。會後，我去參觀小學上課，孩子們猜了三次，終沒猜到我是從哪個國家來的。半個世紀發生了多少事件，但我對母校的感情有增無減。在學校走廊的相片框裡，我看到我們那個一九五〇年畢業班的照片，看見了五十年前的自己。

今天我在共黨已不當權的莫大，早已達至最高學位，成為資深教授，手下帶著碩士生和研究生，發表了七十多篇論文、幾部專著和教科書，還曾指導過十名臺灣碩士生。

來臺灣之前，政大校長張京育曾帶領俄文係主任莊鴻美和副校長來舍下進餐，並於此日訪問漢語教研室。事後我收到張校長用漂亮的柳體字寫的手書，表示謝意。我們九四年去臺灣，他已進入政府高層部門任職。後來，我和丈夫很高興應邀在臺灣某高級西餐廳與張夫人進餐，記得座間還談到了簡體字問題。在我們的印象中，臺灣知識分子都懂得禮儀之道，連官員們都一口「之呼者也」。

　　飲水思源，要是沒有當年的母校，要是沒有和藹可親的會長嬤嬤，支持我不願輟學的願望，免費收留我完成中學和大一的課程，我豈能有今天的學術地位？對會長嬤嬤的聖心我永遠感激不盡。我將為聖心教會和聖心學校的繁榮昌盛而禱告上天。

　　臨行前，臺北聖心女中校長，送我一塊穿在項鍊上的圓形金質首飾，一面刻有「仁愛聖潔」天主教聖心女中校訓的字樣，另一面是世界地圖的輪廓和一個小十字架，框在聖心裡的花紋。我將把它作為對聖心院和母校的紀念，永遠珍藏起來。

# 回歸天主教

　　我的回歸天主教也影響了女兒和孫女。女兒和女婿是在天主教堂舉行結婚儀式的。

　　我丈夫近年來當教研室主任，堅持改革，受到保守分子的非議，甚至把他罷官。冷箭中傷，一蹶不振。其後又患有心臟病，對人生失去興趣，甚至想到輕生。我知道只有上天會保護他，他對天主教也早抱有好感，就由那位一九七九年歲末，在回莫斯科的列車裡相識的，教俄語的埃德莫做教父。我們倆也在不久後，雙雙在天主教的靈壇前，接受宗教結婚儀式。

　　自此我們遵守教規，每日禱告，週日若不去城外，一定望彌撒。宗教信仰使我們得救昇華。

　　在蘇共政權垂死掙扎，終於倒下去時，我還認識了來蘇訪問的臺灣《中國時報》專欄女作家龍應臺，感到十分榮幸。

　　接下來，我的敘述將穿過半世紀時光的隧道，回到我從青島，經濟南，到上海震旦女中高三宿舍。

# 母校，我又回到你身邊了！

　　宿舍裡還是原來的床位，衣櫃也還是同姐姐共用的那個，只是她的床位空空的，我這才意識到身邊沒有一個親人了。

　　從修道院通過女中的走廊下樓去食堂，還不到一樓大廳，在那寬大的樓梯旁，樹立著一道直上頂樓的牆壁。從樓梯拐彎處，直上頂樓，全部用玻璃裝修，使人感到明亮而壯觀。

　　當我四顧熟悉的母校正在出神時，一樓牆壁上，兩幅鑲在玻璃框架裡的巨幅畫像，突然進入我的眼簾。天呀！我大吃一驚。怎麼在這片聖潔的土地上，竟會出現史達林和毛澤東的巨像？世界顯然已經變了，而我還在睡夢中！

　　當時我立刻感覺到這兩個人的畫像並排掛著，顯得很不調和。一個是嘴唇被八字大鬍子遮蓋，身穿最高統帥軍服的高加索人，社會主義陣營的領袖史達林。當時，他雙手已沾滿了同志和同胞們的鮮血，頭上卻戴著從法西斯手下解放歐洲的桂冠。另一個身著灰色中山裝，嘴角長著一顆大痣，這大概是東方紅的象徵。在一九四九年底，我還只知道毛澤東是中國共產黨的領袖，至於他的「豐功偉績」，歷史還沒有揭示，我也就無從知道。

　　我停下來看了又看，覺得這兩幅巨像掛在這裡有些殺風景，不但遮光，人物形象中好像缺少了點什麼。當我回想到樓上，每個走廊裡可以看到的世界名畫中的人物，才悟到：兩個人缺少的都是一點人性。本來嘛，人家是領袖，你還要他們有人性？

我又回到學習生活的常軌上。只聽說換了校長，把和藹可親的王神父，換上一個身材矮小，白鬚觸目的小老頭子，大概是什麼著名人士。課堂和同學都照舊。

聽一位教友說，我們同班一位姓沈的同學原來是地下黨員。這位同學後來也在燕大和我同班讀新聞系。北大畢業後，她好像一直在《光明日報》工作。奇怪的是，在她身上就能使人感到人性，能看到使人願意接觸的品德。那麼問題就不在那時候，這些事我還弄不清楚。

著名京劇演員周信芳的女兒也跟我同班。她家就住在震旦女中大門對面，普石路上，我曾經去過，倒不是出於自己對京劇的愛好。她的長相有點歐洲人的的模樣，據說她外祖母是美國人。周信芳、老舍、傅聰和許多優秀的文藝界人士，不都成了劊子手下的犧牲品嗎？但這都是以後的事。可以說，在一九四九年開國大典舉行不久，一切都差不多「如舊」。只是，彷彿有一道陰影，「共產黨宣言」的陰影，隱約在空中迴盪，也在我心中迴盪。

鋼琴早不學了，但不學不等於放棄。一有空檔，我就會到修道院二樓聖心小堂對面那排鋼琴室繼續練，還自學了一些新曲子。但都不如科班出身的白俄老師教導時那樣得心應手。記得我是在學會蕭邦的〈第九號夜曲〉後，跟老師告別的。她雖然把學費降到最低限度，我仍沒有錢付，老太太感到很遺憾。

當時我有一位可謂深交的同學，叫Grace，姓張。為了上外文課方便，每人都起了一個英文名字，其實我們之間用的還是中文姓名。可惜的是，相關記憶已是一塊空白，相片上留下的一段話也叫我感到十分生疏，多麼遺憾。

我在成長的過程中，在每個學校裡都交了一兩個好友。那麼珍貴的友情，像一粒粒珍珠似地散落在天南地北。Grace張，我的好友，在一張送我的照片上，還寫著：「送給親愛的妹妹。」顯然是跟著我姐姐這樣叫，多麼親切！

　　現在就姑且叫她張麗珍吧！下意識這樣告訴我。高三那一年，我們朝夕相處。中學畢業後，她跟家人去了菲律賓。是她告訴我，她曾在霞飛路（現在的淮海中路）一位白俄老師那裡，學過吉普賽舞。

　　我對舞蹈很感興趣，尤其是這個民族的舞蹈，但也跟學鋼琴一樣，苦於囊中無分文。最近我託菲律賓一位華語教學雜誌的領導人，在報上登寫一個尋人通告，可惜登了很久，而我的女友，卻永遠消失在相隔著我們的空間。

# 山重水複疑無路，柳暗花明又一村

　　這時，老天爺卻來解救我了。雖然我不算是個虔誠的教徒，但週日的彌撒很少放過。沒想到低班的一個葡萄牙小姑娘，託我們班上同學介紹我給她補習英語。我心裡喜出望外，卻虛心地表示我的英語水平並不高。不過說實話，初中的教學還是對付得過來，就答應了。我們上了一陣子課之後，那個小姑娘把我請到她家去玩兒。原來是，醉翁之意不在酒——這點稍後再說。

　　說老實話，當時我在上海，一到週末覺得特別孤獨。別的同學都回家去度週末，唯有我無處可去。

　　這是在一九四八年，跑馬廳還常舉行馬賽。那是個美國水兵出入的場所。就在那年聖誕節，我被葡萄牙女孩邀請到她家，認識她哥哥Teddy。後來，我們一起在跑馬廳度過了一個愉快的新年晚會。

　　Teddy一家都是天主教徒。他在某外國公司當僱員，家裡還有一個哥哥和兩個姐姐，都早已工作了。除了父母之間說葡語，共同語言是英語。這一大家子人，是從澳門過來的。外表看肯定有中國人的血統，但沒有人會中文，只會少量上海方言，對付生活需要。

　　Teddy為人很熱情，在那個新年舞會上，他一見傾心，帶我到他們家裡跟大家認識。這家人從父母到兄弟姐妹都非常可愛，看見我出身不凡，再加上單身一個人在這個上海灘上，幾乎把我看成自己的女兒。

　　Teddy有一部摩托車，因此行動很方便，每逢週末就往學校打電話。但遺憾的是，我不能用同樣的感情報答他的滿腔熱情，也不想隨便利用他的感情。在一次來電話時，我叫還在上海的姐姐去替我解圍，結果姐

姐被請去。他既然轉移了目標，我就可以繼續保持和這家人的友誼。姐姐去青島之後，Teddy已找到另一個女孩子，我們並沒有不歡而散。有趣的是，我還在他們家跟一個愛爾蘭神父學會了打麻將。

Teddy的大哥對我很友好，可惜他的外貌像個小老頭。他借給我許多英美古典小說看，後來乾脆把一大箱書送給我。中學畢業後，我考上震旦文理學院英美文學系，有了這些書，真是近水樓臺，不必經常跑圖書館。直到一九五七年，我生了孩子要去莫斯科時才忍痛割愛，把它們留在北京。跟了我許多年的這箱書，換放我喜歡的古董瓷器。這也是從媽媽那兒傳襲來的嗜好，這些當時無人問津的古玩，都是我用每月的大部分薪金（四十九元，後來增加到五十三元），除去伙食費，在北京的古董店裡，一件件精心挑選來的。但捨棄了一箱子好書，不免感到是對文學的背叛，更覺得對不起那位葡萄牙朋友的一份好心。

Teddy這家葡姓Almeida，離學校很近，孃孃們比較放心，而且她們知道我好學心強，絕不會在外面亂找男朋友。除了這家人，我們四川的老鄰居夏家也是我間或拜訪的人家。

夏家住在靜安寺，弄堂裡經常出現賣臭豆腐的小販，臭氣撲鼻，雖然吃起來很香。但正如上海人常說的：「臭氣遠颺，香飄千里。」夏太太和夏先生兩位老人，對臭豆腐沒有興趣，只好成為美食家的犧牲品。谷雷已在滬江大學住讀，剩下谷雲還在上中學。到他們家裡，夏太太就會請我吃一頓豐富的午飯，只要趕上時間，那真是自己人。

記得我那時連件像樣的毛衣都沒有。也不知道是教學掙了點錢，還是爸爸或媽媽偶爾託人給捎來一點錢，夏太太是織毛衣的能手，表示願意為我織一件毛衣。經過精打細算，買了不到一磅我最喜歡的淺綠顏色的毛線。不到一個星期，一件漂亮的毛衣已穿在我身上。

許多年之後（一九八九年），我跟丈夫應邀旅遊德國時，特地到南德的弗萊堡拜訪了他兩老，對夏太太當年的友情和照顧表示衷心的感激。老太太高興地笑了笑說：「你還記得？」這對夫婦白頭偕老，但我

們探訪後不久，也相繼去世了。

　　谷雲是學化學的，婚後有一個孩子。不幸的是，她的丈夫像許多不幸的中國知識分子一樣，「文革」時受到迫害，跳樓自盡了。所幸，她後來和父母回到母親的祖國，找到一個脾氣很好的德國混血為伴。她在離德國不遠的、世界著名的瑞士製藥廠工作多年，不久前退休，從城裡的公寓房子，搬到法德邊界有花園的別墅定居下來，生活很幸福。

　　她哥哥谷雷跟一位上海小姐結婚去美國。谷雷就是當年我姐姐的「小情人」，在石頭下交換「情書」。谷雷長得挺英俊，是小說《飄》裡希禮似的人物，在愛情上很被動。

　　至於我，沒想到獨自一人在上海念書的那兩年裡，竟引起一家富豪大公子的興趣。原來他就是讓我補習英語的女孩子的哥哥。在Almeida家過聖誕節時，他見到我，大概有好感，但無由結交，竟想出了給妹妹補習英語為藉口，跟我進一步認識。那時候，上海有時還放映美國電影，都是文學名著搬上銀幕，拍得悅目賞心。這也是託男朋友們的福，才得以享受到的。

　　有了不多的財源，我便開始實現自己的理想，學習吉普賽舞和西班牙舞。我的老師是白俄人，革命前是大劇院的舞蹈演員，流浪到上海已年華老去，因此日子當然大不如前。但是，她教學很認真，還讓我去學一陣芭蕾舞，把四肢練得柔和些。我跟她學了一個吉普賽舞和一個西班牙舞。買了她的一套西班牙舞裙，和拿在手裡用手指撥打舞拍的圓形木片。

　　這位老師，想不到竟在一九五九年，我來蘇聯後，首次上大劇院看芭蕾舞時，偶然間碰上了。那時，遣返的白俄還不許去莫斯科；想來她大概因為是過去的名演員，才獲得如此厚待。休息時，人很擠，再加上媽媽帶在身邊，我們擦肩而過，她對我微微一笑，說明認出來了。

　　唉，離開上海多少年，沒想到竟在大劇院再見到。在她來說，再看到大劇院的演出，大概是她終身的宿願。幾度的滄海桑田，她已是一位滿頭銀絲的老者，心裡該有多少感慨啊！

# 選擇的時刻來了

　　上海已進入潮濕而炎熱的夏天。總結這一年的生活，除了音樂、舞蹈這些愉快的活動占去一部分時間以外，我還一點一點把錢省下來，去一個英語打字速寫班學習。

　　這又是幹嘛呢？求學始終是我的目的，學會一門手藝是為了不時之需做好準備。一個人的生活，隨時都可能急轉直下，到那時候去靠誰？雖然，我還未滿二十一歲，但是目睹時代諸多變遷，什麼是穩定的呢？「莫斯科不相信眼淚！」（著名的蘇聯電影名稱）

　　其實自從回上海以後，我一直在為將來的出路和生計著想。豈止我一個人如此？班上同學、朋友們，誰都在為未來的生活發愁。當然也有那隨時準備投入或已投入新生活的信男善女，包括像我親愛的爸爸那樣，不很年輕的老國民黨員。

　　我畢竟是個混血兒，有些與眾不同。人家問我：「妳為什麼不向教會申請去美國留學？」這是個辦法，但捫心自問：妳難道是那麼一個捨己為主，甚至為了教會而寧願殉道的教友嗎？換句話說，去國外可以，但做修女妳願意嗎？

　　很慚愧，但說實話做修女不是我的天職。

　　畢業考試快到了，唯一使我擔心的是物理這個科目。原因是我根本沒學過物理。啟明和震旦化學、物理不在同一個時候學，結果化學學了兩次，全班第一名，物理卻一竅不通。

怎麼辦？考試前，夜裡在廁所開夜車啃物理課本。考完試，人已迷迷糊糊，站不住腳。所幸的是這個關卡過去了，我總算成績優良，拿到畢業證書。

# 在瓦礫中的德國不能容納我

　　畢業考前夕，可能是通過夏家得知西德有一艘海船，將在不久後開到上海，把還留在這兒的德籍人士遣返西德。只要外祖父同意，一家人都能去。問題是母親還被幾個孩子牽絆著，遂希望我一人回德國求學。但我也知道，外祖父同意的話，還有一個後外祖母，她絕對不歡迎。戰爭期間，他們的老家卡塞爾城幾乎被炸成一片廢墟。戰後（一九五○年）經濟「尚未」復甦，一句話，心有餘而力不足，這是外祖父的答覆。

　　許多年之後，在德國的弟弟把外祖父的房子賣了，我寄給外祖父的那封「求救」信，外祖父沒有撕毀，始終保留著。最後竟回到我的手中──這不又增加了一篇關於後母的童話？一九八九年我們去德國，那座房子的新房主，很客氣地讓我們進去參觀。好寬大的一座樓房！到了三樓，我指著一間不大的屋子，開玩笑地向丈夫介紹：「這間就是我的臥房兼書房。」

　　歷史不會重演，外祖父是外祖父，後母仍然是後母，這條路當時被堵住了。好友楊瑛用她那美麗的女高音，召喚我去香港。沒有錢，做女祕書。念大學呢？難道寄人籬下？此非我所欲也！

　　整個夏天，我都在猶豫不決中度過。三十六計走為上策，走不成就只好按兵不動。母校畢業成績好，可以不通過入學考試上文理學院。震旦也屬名校，理科非我所欲，就學文吧，學我所喜愛的英美文學。

# 按兵不動，攻讀女震旦英美文學系

　　開學不久，天氣轉寒，大概是蒙古高原的寒流襲擊上海。冬季這裡一般不生暖氣。但這一年又潮又冷，冷氣好似滲透了骨髓。我從集體宿舍，搬到大學生住的，考究的兩套間宿舍。

　　文學系住讀生只我一個人，其他三個床位都是空蕩蕩地空著。我選了四門功課：英美文學史、寫作、心理學和邏輯學。英美文學是《名利場》的譯者楊教授擔任，寫作課也由她教。心理學是一位蘇格蘭修女講，第一學期先學生理學，從人體耳朵的結構開始。邏輯課則由耶穌會王神父任教，選修的人很多。

　　早上一清早起床，趕到食堂喝兩碗熱粥暖暖肚子。然後，馬上去廚房打一暖壺開水，拿到宿舍灌滿了熱水袋，就鑽到床上看書。有些必讀的書箱子裡沒有，便三步併成兩步跑到圖書館去借。圖書館對面的鋼琴室無人問津，最好的鋼琴可以由你隨便挑。我哪裡捨得走呢，坐下來便彈開了，直到十個指頭全都凍僵了才回到宿舍。

　　整個冬天，除了上課，就是成天在床上取暖看書，每天換兩趟熱水，等待春天的到來。

# 難兄難弟

同時期學英美文學的還有一個女孩子，可能是後來插班進來的。她性格爽朗，沒有那小家子氣，我們一認識就成了好朋友。課餘飯後總在一起，驅走了我的寂寞。學校裡都管我們叫難兄難弟，因為我們互相也這樣叫，結果真名已忘記了。

難兄比我高，不一定比我大，她父母親好像早離婚，母親又在不久前得乳癌去世。她孤苦伶仃一人在這個世界上，很招人憐愛。我的難兄拉得一手好提琴，整天手裡都捧著這個樂器，好像是她的命根子。一空下來，找個沒人的角落，便一個勁地練小提琴。天氣轉暖了，常到屋頂空處去練琴，但總是避著別人。

有一次，我跟她到她家去取什麼東西。走進公寓的客廳和臥房，她說這裡一切都和母親生前在世一樣，沒有任何變動。我很同情她，但現在想起來，我的感情太膚淺。我只為自己的未來操心，卻沒看到我眼前這顆純真的心。她需要更多的溫暖，但沒有從我這裡得到。但願她還有些親人在上海。孃孃們知道她的境遇，對她都很關心。

難兄，如果妳還在世，我多麼希望能聽見妳的聲音啊！

記得那時，我們每天在學院和聖母院那長長的走廊裡來回奔走，也不知道忙些什麼。那時候的聖心院和學校，使人聯想到即將下沉的「鐵達尼號」巨輪。人們像從地窖裡鑽出來的老鼠似的，在甲板上亂跑，眼看著這個撞上冰山的巨人一點一點地下沉。

# 失戀者的苦惱

　　等待已久的春天到了。那位新認識的男朋友知道我喜歡騎馬，請我到西郊龍華機場附近騎馬。

　　騎在那高頭大馬上，在空曠的田野上奔馳，隨時感到你會被牠摔下來，但還是要玩命似的，抓緊繮繩，勇往直前。我的這股野性，男孩子看見應該會望而生畏吧？男朋友也騎在一匹馬上，很斯文地跟在後面。

　　過夠了癮，男朋友請我到咖啡館去坐，喝杯咖啡。說實話，我非常感激他，給我這個機會獲得如此的享受。

　　座間，他告訴我，他已經考進了聖約翰大學醫學院學醫，這是上海的貴族學校。他一再告誡我，上海不是一個我可以久留的地方。共產黨來了，很快會有很大變化。他父母打算送他到英國繼續求學。他坦率地向我表示他的感情，願意跟我結婚同去。

　　很遺憾地，我的回答使他失望了。臨別時，他的聲音變得悽慘沙啞，但仍振作起來，祝願我幸福。

# 第九章

北京在召喚

* 考進燕大新聞系
* 初生之犢不畏虎，什刹海初露鋒芒
* 全國女子跳水冠軍，手到擒來
* 燕大換裝成北大，假作真時真亦假
* 北大的學習生活
* 湖光塔影燕園秋
* 終身憾事

# 考進燕大新聞系

　　回到學校，看見爸爸從北京的來信，催我北上。他熱情地召喚我，到新中國的首都去實現我小時的夢想——學新聞。可以考燕京大學新聞系，插班念二年級，將來做一個新中國的新聞記者。

　　我左思右想：不錯，燕大是全國有名的高校，但這都是過去的事了。現在妳要面對著共產黨統治的新中國，失去個人自由，隨時要服從黨的號召，妳受得了嗎？當然受不了。

　　但我又往回想：舊中國給人民帶來的是窮困和落後，妳要是一個有良心的中國人——妳母親不是從小讓妳學中文嗎？做一個中國人，妳也應該為祖國服務啊！

　　如此等等，心裡就想開了。

　　一放假，我就整理行裝。東西不多，只有那一大箱書和少量的衣物。告別了那所剩無幾的嬤嬤們，她們為自己的無能為力而感到遺憾，她們也將為我禱告上天。

　　到了北京的次日，便赴考場。場內都是和我一樣的插班生。考題是一篇英語作文，和有關中國歷史文學的測試。作文我得了很高的分數，這也很自然；但關於中國的那門測試，就幾乎不及格了。

　　說實話，去上海以後，除了在啟明學了些《孟子》，震旦根本不重視國語課，連高中用的世界史教材都是英語讀本，由英國人教。教國語的一個小老頭兒，牙不好，講話含糊其詞。寫作文非用小字筆，這不是成心難我嗎？我本想以不交作文表示抗議，但最後還是咬緊牙關寫了一篇，才賞了我六十分。

這次很幸運，燕京大學竟然考進去了。

　　好在新聞系讀了一年，為了防止資產階級新聞學的感染，併入中文系。開始有系統地學習中國古典文學史和現代文學。

　　可惜，王瑤先生的山西口音有些令人費解，不過他的中國古典文學史我還是深感興趣的。吳組緗先生的現代文學課，也還講得不錯。

　　讀了燕大後，我這才把學了英文、忘了中文的情況扭轉過來了。我那時看的外國文學，也從英文原本轉為了蘇俄文學譯本。二者相形之下，有時覺得俄國文學更有深度呢。

　　然而，多年後到了蘇聯，我又反過來對中國古典文學大感興趣，好像又回到童年時期一般。就這樣，我幾十年來輪番神遊在文學世界中，其樂無窮。

# 初生之犢不畏虎，什剎海初露鋒芒

　　到了北京，夏天的熱氣還很猛烈。開學前，我整天泡在全市唯一的什剎海游泳池裡，一邊聽著擴音機裡不斷傳來的，戰爭年代的蘇聯歌曲，先是〈共青團員之歌〉：

> 再見吧，媽媽！
> 別難過，別悲傷，
> 祝福我們一路平安吧！

　　快調過了一會兒，跟著就是一個慢調，〈海港之夜〉：

> 再見吧，可愛的城市，
> 我們明天就要遠航。
> 在黎明的早上，在船尾的甲板上，蔚藍色的手帕
> 在飄蕩

　　這些滿腔熱情，辭別母親和女友，奔向前線的士兵們，有幾個戰後回到了家鄉？動人的音樂旋律，在人聲鼎沸的游泳池上空迴盪，在人們心裡，不覺留下了生離死別的悲哀氣氛。這和游泳池裡的一片歡騰聲，形成強烈的對比。

　　游泳池裡擠滿了人，空氣裡充滿了氯化石灰的氣味兒。跳板沒有清閒過，男孩子們像青蛙一樣，撲通撲通地從一米或三米高的跳板上跳下

去。然而，三米高的跳板，卻只有一位「女同志」敢上去，那就是我。

　　不久後，我跟著我新認識的好友王守信──我們都管他叫猴兒，練會了燕式、曲體向後騰翻等動作，再加上我新學會的高難度的向前直體後騰翻一百八十度，和在上海無師自通的那個「絕招」（面對跳板直體向後翻騰一百八十度），引起了同學們和游泳愛好者的注意和好評。

　　大家共同推舉我作為唯一的女跳水運動員，參加本市和華北地區（在天津舉行）的游泳比賽，並挑戰一九五二年八月，在廣州越秀山游泳池舉行的，全國第一屆游泳比賽大會。

# 全國女子跳水冠軍，手到擒來

　　女子跳水，在中國五千年的文化中是空前的，沒有先例的。一切是那麼理所當然，彷彿我一上了跳板，冠軍的桂冠自然就落到了我手裡一樣，而且是按國際標準湊了八個動作。比賽結束後，我也得到了「國手」的稱號。

　　之後，我在廣州街道上，常常需要接受中學生們和其他游泳愛好者們的要求：簽名留言。

　　說實話，做了全國冠軍，我並不覺得得意和自滿。因為我對自己的要求，和這個稱號遠遠不符，更何況我並沒有做職業運動員的雄心大志！不過，這份榮譽好像給了我一些特權。

　　各項游泳比賽結束後，我和其他優秀選手同時獲得國手稱號。這樣，北大就有了一名國手，而我也享受到了特權：因為希望我將來還能為國為校增光，對我在政治上的要求也不那樣高了。但體委也知道，國內沒有夠格的教練，還不能參加國際比賽，於是他們便開始大動腦筋……

# 燕大換裝成北大，假作真時真亦假

　　燕大新聞系在全國的名聲最高。上海復旦大學新聞系雖也有名，但在全國排名榜上，還次於燕大而名列第二。

　　這樣一個名校，老天爺卻不允許它存在下去。燕大和輔仁這兩個歷史悠久的教會學校，都註定要從新中國高校的名單上被劃掉。自此以後，燕大便結束了它同世界名校美國哈佛大學傳統的「姐妹學校」關係。

　　北大看中了燕大引人入勝的校園和校舍，便放棄了城裡破舊的，富於革命傳統的紅樓，像一名接收大員似的，乾脆就搬到燕大校園。還在南大地外面，新闢了一大片土地做校舍，容納那些前燕大和輔仁的可憐蟲，繼續求學。教職員工的新宿舍都是一排排兵營式的。模仿舊樓的新教室樓，跟舊樓相形之下，只是一個可笑的翻版。北大就這樣，把全國風景最優美的燕京大學，連皮帶肉地吃掉了。

　　燕京當初的校長，是美國最後一位駐華大使司徒雷登。他工作和生活的院子，是唯一一座面臨未名湖的建築群，依山傍水，頗富於詩意。司徒雷登離華後，這個古色古香的院落再沒有人問津，也許深怕已故的老校長會來借屍還魂吧。一直到上世紀末，慶祝北大百年校慶時，才把它修整一新，作為被邀各國校長的會議廳。

　　我插入燕大不過一年，緊接著全國高校院系調整開始了。各大學都依照蘇聯大學的模式，分為綜合性大學和專業性院校。而北京就剩下兩所綜合性大學。北大是文理科，清華是工科。在北大和清華的邊沿地帶建設新院校。北京西郊最早的八大學院，便像雨後春筍般，在短期內平

地而起。對當時新中國的建設事業，這種調整，應該說是迫在眉睫、不可怠慢的。

　　但我畢竟在女體育館前的燕大女生宿舍住了整整一年，面對變遷，心裡不免感到唏噓。

　　一九九八年，北大百年校慶時我也應邀出席了。當時，百周年大慶的露天舞臺就設在這兩排女生宿舍中間的草坪上。觀眾席則設在過去的音樂系姐妹樓前面。

　　今昔相比，北大在半個世紀中，好像只給自己添了一個顯得壯觀的新圖書館。

# 北大的學習生活

　　那時，中文系新聞專業三年級至少有四十多個學生，分成五六個學習小組。這是集體生活的開端。小組開會，我自然不能逃避，但其他集體活動，我卻盡量不參加。

　　課後，我到男體育館跟剛從蘇聯回來的幾個中國同學——學鋼鐵的沈林如、莫斯科體育學院畢業的黃健（後來國家隊有名的田徑教練）等人，練自由體操。

　　他們不會中文，從小就在莫斯科近郊的國際兒童院長大。畢業後，又各自到蘇聯其他院校上大學。這個兒童院是供共產國際成員的子女生活和學習的地方。他們的父母都是為了共產主義，在本國和全世界的勝利，出生入死的共產黨員。

　　中國解放後，這些中國學生才尋找到他們在黨和政府部門充當要職的父母，諸如國家主席劉少奇、解放軍總司令朱德、全國婦聯主席蔡暢、副總理李富春、林伯渠等。這些人的後代，被送到蘇聯早的都不會說漢語。到了一九五〇年代初，東歐留學生陸續來華學漢語，組成留學生漢語培訓班，這些兒童院的畢業生，也加入班裡，開始學祖國的語言。

　　我們差不多天天都在大體育館相見。我不但跟他們學會了自由體操、跳馬、高低槓的基本功，他們帶土話的俄文口語，每天聽在耳邊，久而久之，簡單的對話和一些體育裡的套語，也學過來了。我的頂頭「教練」，就是那個學鋼鐵的沈林如，一個熱情的小伙子，我們叫他沃瓦。

　　四年級我們班上開設了俄語課。那時，全國掀起了學蘇聯、學俄語的熱潮。我去上了兩堂課，俄語語法的變格變位使我大傷腦筋。我心裡

想：「何必去背這些呢？我反正已將俄語對話學以致用，俄語課乾脆不去上啦。」

這當然是一個不可原諒的錯誤。從此以後，我說俄語，除了動詞變位還可以對付，至於其他詞類，名詞、形容詞等等變格，都聽其自然，一概不求甚解。英語裡沒有這些，德語名詞代詞只有四格，變錯了還常受媽媽批評。但我仍將學習置之度外，有多餘的時間不如看俄國小說，和世界小說名著。

我們學習小組有一個天津來的小伙子，是我的書友，叫盧學志。托爾斯泰、屠格涅夫、杜斯妥也夫斯基和歐美小說名著，他看完了一本必然介紹給我看，只有《卡拉馬助夫兄弟們》我看不下來。我因搞體育外出三個月集訓，這位忠實的朋友就會講義氣地伸出援手，把他的筆記無私地向我提供，使我順利地把沒有考的幾門課很快補上。

記得我所喜歡的國際關係史，是一位資深教授講的，一上課，就有上百人聽。這位王教授，見我對答如流，還把我誇了一番：「譚傲霜，你不但體育上為北大增光，還是一名好學的學生！」誰知道，如果沒有盧學志的熱情相助，我的學習生活是絕不會那樣順利的，也不會有機會看那麼些世界小說名著。

# 湖光塔影燕園秋

　　燕大校址是過去的王府，校園和所有的建築都使我神往。中國古典的庭園，是經過精心設計改建的，湖光塔影，小橋流水，美不勝收，冬天的雪景更是叫人心曠神怡。唉，我不禁又要像東坡那樣驚歎：「只緣身在此園中。」

　　考上燕大後，學期還沒開始，我已被安置在現在中文系系辦公室所在的女生宿舍。

　　那時，我們全家人都到了北京。大團圓嗎？也是也不是。一家之主，我們的父親，急不可耐地在等待著，以法律的形式把這個家徹底摧毀。不毀不立。而他早已立起了一個新家庭──在一個四合院的角落，等於在光天化日之下，這叫既成事實。

　　姐姐在東煤場中央樂團，離我常常光顧的什刹海游泳池很近。大弟弟在頤和園附近，革大校址內的外語學院法文系。小弟弟跟著媽媽被爸爸「安排」在西總部胡同一個做生意的病人的辦事處。

　　雖然，母親已得到爸爸另有小家庭的風聲，但內心深處也許還希望他回心轉意吧。不，這只是我自己的想法。當然，她知道四個孩子永遠不會背叛她，但收到法院轉來的離婚申請書之後，一切已不容置疑。看看她那憔悴的面容！可知她已對生活感到多麼厭倦。

　　她在青島，曾經幾度走向大海，等待猛浪把她吞食掉。這是她在信中說的。她也知道，她的孩子們雖然各在天南地北，心卻是同母親連在一起的。而小弟弟也才十歲，還需要她的照顧呢。

　　母親呀！妳這個支柱可千萬不能倒下去。

從母親去世後留下的日記中，我們看到母親以她奮鬥的精神，在被丈夫拋棄後，又毅然地走上脫離多年的教學崗位。同時，我們也為父親的作為感到慚愧：他為了盡快擺脫母親，利用「大好形勢」，竭盡所能地，在政治事業上施展其誣衊手段。

　　北京的氣候漸漸轉寒，可憐的媽媽借蜂窩煤爐取暖，結果中毒，被送進醫院急救。但上天保佑了她。後經我們朋友的介紹，她到輔仁大學教德語。她感到兒女們不但在保護她，也很需要她的母愛。媽媽終於振作起來了。

　　就在那一年，我已在燕大美麗的校園裡住下。我多麼想同媽媽共用這中國庭園建築藝術的傑作，多次跟西語系主任陳家庚的夫人提及媽媽，並加以推薦。一九五二年，大學院系調整，媽媽終於被調到燕園中的北大。

　　燕京大學本是個貴族大學，同美國的哈佛是姐妹學校。幾年前我去波士頓講學，還看見一座建築上有「燕京圖書館」的牌子（到現在我還是燕京同學會的一員）。

　　當時燕大的學生都是上海香港有錢人家的子女，我的家庭處境相形見拙，這成了好強的我心裡一個醜惡的疙瘩。好面子的我，這中國人的劣根性，竟促使我對母親犯下了一件，我一輩子都不能原諒自己的罪過。現在每每想起來，總是熱淚盈眶。親愛的媽媽，你的不孝之女，將永遠為此深深地感到慚愧。

# 終身憾事

那是在十一月末，父母離婚後不久的一個寒冷的上午。從西校門傳達室來電話，說有客人找我。我從宿舍跑到西校園，一路上心裡琢磨著：「這樣冷的天，誰會來找我？」

到了西校門生著爐子的門房，看見我的來客原來是我母親。她穿著那身單薄的帶格子的舊大衣，手裡拿著一小盆鮮花，立刻抱著我吻了吻說：「祝妳生日快樂！」

我這才想起今天是十一月二十一日。我滿了二十歲。在離家的許多年裡，我已忘記了自己的生日。媽媽可從來沒有忘記過。每年逢我的生日，她都會來信祝賀。

今天，她老遠從市內，乘公共汽車一個多小時，來給我祝賀生日。看她，鼻子凍得紅紅的（外國人的大鼻子），鼻涕還不時流下來，說明在倉卒中忘了帶手絹。

我應該緊緊地抱住她，用我年輕的身體溫暖她，哈著熱氣溫暖她凍僵了的手指和臉，說些感激安慰的話去溫暖她的心。但是，我卻背著做女兒的天良，生怕有什麼同學看見我這個穿著不漂亮、可憐巴巴的洋人母親而瞧不起我。我匆匆地謝了謝她，催她快點回去。好在在這個寒冷的日子裡，沒有更多的來客，何況午飯的時間快到了。

可以想像到，當時我母親的心裡，一定比外面更寒冷！

媽媽，妳在天之靈，要是能聽見我的聲音，請原諒我。我愛妳，生我養我的母親！我對不起妳，飽經折磨的母親！而妳是那麼堅強地站起來了。

這使我聯想到英國十八世紀古典作家，好像是奧立弗・哥德史密斯的一篇短篇，描寫主人公年輕時，在一家書店以賣書為業。一天，白髮蒼蒼的父親從老遠來看他。他們已經離別了很久。他看見老父不但沒有說幾句親熱話，或把他請到書店裡坐，而是就在廣場上，匆匆地把老人打發回去了。不久後，傳來父親逝世的消息。原來那就是他們最後一次的相見！以後，他為此事一直受到良心的責備。

　　啊，現在我多麼能體會這種心情呀！一直到我活在人間的最後一天，我會一直記住二十歲生日那一天，也會因為自己對不起母親而感到應受上天的懲罰。

　　多少次在夢中，媽媽在鋸木灣老家而我要去拜訪她，擁抱她。我給她打電話，但記不起號碼，想起了號碼又打不過去。我聽見媽媽的聲音在呼喚我，但很遙遠很遙遠，我心裡著急，像熱鍋上的螞蟻，出了一身冷汗驚醒了。夢醒後很久很久，我還在想著我的媽媽。

　　在夢中我和媽媽常常相見，只偶然一兩次夢見她和爸爸破鏡重圓，我們生活在一個大家庭裡。

　　老天爺保佑，不久以後，北京院系調整，各校文理系都併到北大，而北大校址遷到西郊，擠走了燕大。由於教職員宿舍不夠用，便在南大地外面的中關村，趕建了一排排兵營式的平房做教職員宿舍。媽媽也分到一套，水門汀地，三個小間，還帶一個更小的廚房和放東西的半間。我們因此而有了一個家。媽媽用她奇特的才能，把它布置得像個娃娃屋，裡面還有一個壁爐。

　　這下子我也沾光了，可以不住在十六人一間，上下床位的新學生宿舍，而能保有一些個人生活。我把每月十二元錢的公家伙食費，從會計科領出，跟媽媽和小弟一起在教授食堂吃飯。我們三人，在那個娃娃屋各住一間。

　　小弟時霆在北大附小念書。大弟時霖以他那從小就我行我素的性格，在學校竟敢批評資本論，因此在法語系即將畢業時被開除了。背上

扛著旅行袋，開始他的高爾基式的人生旅途。

　　可憐的大姐雪梅，那時恐怕正在學習《論黨員的修養》，否則，愛上一個共產黨員話劇導演，上級說什麼也不會批准他同這位浪漫小姐的婚事。

　　剛一開春，母親便在門前的小小園地裡動手開墾。我自然是她的贊助者和幫手，不到秋天，一個小巧玲瓏、帶有葡萄棚的花園平地而生。

　　更開心的是，我居然有了一輛進口自行車，可以在北大寬廣的校園裡到處飛奔。就這樣，一個「理想」的大學生活開始了！

# 第十章

從事體育運動的煩惱

* 雯明的顧慮
* 從不能入團到不要入團
* 學習聯共黨史心得
* 越秀山集訓
* 大弟步高爾基之後塵

# 雪明的顧慮

很奇怪，有一天我過去在燕大的室友兼好友王雪明（我們的友誼中斷三十年後又在一九八〇年代恢復），突然來找我談話。

當時，雪明已經是團小組長。同組的向景潔，我們管他叫大向，那時大概已經入黨。這一對來自四川的男女正在交往，而且有情人終成眷屬。後來大向分配到北大，在朗潤園住，成了我母親的近鄰。

雪明找我談話的目的，原來是要我明確和盧學志的關係。意思說要我表態，是否願意做他的「對象」。

親愛的雪明，我想，妳真是一世聰明，一時糊塗呀。男女之間難道不能存在友誼嗎？我的男朋友，除了盧學志，還有王元敬（同組）、城裡的猴兒、蘇聯來的沃瓦。而我的女朋友也不止你雪明一個。有何「對象」可談呢？

值得一提的是，向景潔畢業後分配為北大系主任。後來，林彪出事後，他的女兒竟也來北大就讀，就像其他高幹子女一樣。誰料到，林彪女兒後來的作為，卻給大向和其他老師帶來了一個大災禍。

# 從不能入團到不要入團

　　雪明很可愛，她純粹是出於對我的關心。這以前，她還極力爭取我做團員。好在我的歷史上有一個不大不小的污點，這下入團有了問題。

　　原來一九四八到四九年，我曾在震旦女中加入聖母軍。當時是一位教友積極分子，動員我進去的。理由是初小的孩子們喜歡跟我玩兒，我就應該藉這個機會向她們灌輸天主教的教義，以便對付即將到來的赤色恐怖。

　　赤色恐怖誰不怕？慚愧得很，天主教的教義，對我來說，就像馬列主義、毛澤東思想一樣，從來沒有好好兒學過，怎麼能為人師表呢？

　　有了歷史上的這個污點，我也不知道應該發揮多麼大的政治積極性，才能把它洗清。老實說，我倒不在乎。但班裡只有我一個人沒入團，著急的不是我，而是他們。

　　我決定為我的學習小組，做點好事。一個星期抽些時間，在操場上帶動他們練身體。這樣，對他們組裡的這位特殊分子——全國冠軍，母親在西語系任教，姐姐參加過抗美援朝，就沒有什麼可說的。何況，我還把我穿著吉普賽人的戲裝，坦胸露背的大幅照片，拿出來展覽，表示對過去資產階級思想的批判。我的醜惡的過去，就這樣暴露在光天化日之下，這還不夠嗎？

　　結果，大家都為我的壯舉感到滿意。學習小組還推薦我參加蘇聯話劇《黏土是怎麼煉成的》，飾演主人公工程師的愛人。因為我的長相合適。至於共青團員，學校裡人人都是，也不缺我這個活寶。

雪明大概決定把這個歷史任務從記憶中抹掉，這樣，我們兩人的日子都輕鬆一些。不過，我自己從沒有因為沒能獲得中國共產黨「忠實的助手」——共青團員的光榮稱號，而感到後悔。相反地，倒因為終未能入成，而彷彿保住了自己的童貞一般，感到非常慶幸。

# 學習聯共黨史心得

　　你別看我不關心政治，學了兩年的聯共黨史，我卻一次沒缺過席。一個厚皮大本子裡，工工整整寫滿了許多小字。蘇共黨內的鬥爭和清黨活動，尤其令人驚心動魄。

　　聽這門課時的鄰坐夥伴，往往是愛好運動的王元敬。他寫得一手漂亮的柳體鋼筆字，坐在我身旁。我沒聽清楚的地方，每每回頭看他的筆記本，有意無意中，把他那筆劃特別漂亮的書寫特色學了過來。這種偷竊大概不算犯法。

　　在學習老大哥的黨史之同時，我心裡總有一個問號：為什麼學校不給安排中共黨史？難道中國共產黨歷史上，沒有那驚天地泣鬼神的篇章嗎？

　　後來，才悟到了其中的道理。家醜不要外揚。何況什麼陳獨秀、張國燾、李立三，一左，一右，一中，黨史不就是那些嗎？他們犯的錯誤，都被我們親愛的毛主席指出並糾正過來了。現在「三反五反」也過去了，地主資產階級已不復存在，大家放手建設新中國不就得了。

　　記得我念大學時，青年學生中最流行的革命小說是尼古拉・奧斯特洛夫斯基的《鋼鐵是怎樣煉成的》。保爾・柯察金的英雄事蹟，早在黃繼光等本國的英雄人物之前，就舉世聞名。這本書幾幾乎乎成了中小學必讀教材。

　　一九八〇年代，蘇聯解體前夕，出現了另一部傳世名著《阿爾巴特大街的兒女們》，在中國轟動一時。它的作者是多產的雷巴科夫，這本書在中國出版了許多版本。

如果前者助長了青年們的革命熱情，推動了中國的社會主義建設，帶來的是幼稚的激情，後者卻出現在改革開放的八〇年代。《阿爾巴特大街的兒女們》通過住在同一條街上的同齡人成長的過程，無情地批判了黨內鬥爭的殘酷性，描述了共產主義意識形態如何曲扭人們的靈魂：誰為了黨性和地位出賣了友情，而誰卻把友誼看得比主義還重。這兩本書，像有著雙面的鏡子一般，給人們照映出了已不存在的蘇聯共產主義的兩個時代。

　　我去中國時，曾接受譯者委託，把這本書的若干譯本親自交給雷巴科夫。這才知道，原來譯者也曾經因為寫作而受到迫害，後來才平反。

# 越秀山集訓

　　暑假大熱天裡，同學們都被分配到市內的新聞單位實習。而我在早春時節，已被調到祖國南方廣州越秀山練跳水。這真是一個再「理想」不過的地方。三米跳板已不復存在，只剩下一塊硬邦邦的一米跳板。體委領導大概弄不清，游泳和跳水有何區別。游泳池裡的水，看來在一年前「全運會」後，一次也沒有換過。細菌們成群結隊地，向我肚子上，被蚊子咬出血的疙瘩進攻，以致紅腫化膿，必須到醫院動手術。

　　我當然不能下水，就在山頂集體宿舍看乒乓球世界冠軍（莊則東的前身）練球。他打球跟我一樣是直握著的，站得離球檯遠遠的。有時沒事幹，就爬到印度甘地夫人送給周總理的大象上，在山上繞圈子。要不手裡拿著一本羅曼・羅蘭的《約翰．克利斯朵夫》英語版（還是從那個神奇的書箱裡取出的），找個陰涼的地方看書。

　　隊裡除了我之外都是回回，來自天津穆家村，以家長穆成寬為教練的穆家一家人都到清真館吃飯，就只我一個人在普通飯館吃飯。吃完飯，懶洋洋地在市區裡瞎逛，等肚上的膿瘡成熟。

　　這一天，空中忽然傳來舒曼的鋼琴協奏曲，我大吃一驚，而且歡喜若狂。唉，真想不到，這已是一九五三年了！我順著音樂的方向走了一小段，看見一個木牌上寫著「音樂沙龍」幾個字，倒覺得很新鮮。沒想到，這西方古典音樂──資產階級的遺毒，竟然會在祖國南方要塞的天空裡隨意蕩漾，毒害我們青年純潔的心靈。我敲門想進去，坐下好好兒享受一番，可是門關死了。怎麼辦？還是快點另找一個地方。山坡上的

那個亭子好像沒有人，否則被回家吃飯的小學生發現了，還會找你簽名留念呢。

隔了兩天，進醫院，肚子上那一刀，放出不少膿和血。大夫說得要安靜休養幾天。但那司機同志已去接清真館的穆家人，大概早忘了還有一個今天挨了一刀的病號了。我只好忍著疼痛，獨自一人，在大街上徘徊，掙扎著爬上山去。

游泳池已成了細菌的天下，跳板硬邦邦的，早已失去彈性。奇怪的是，我在一年前竟從與它相似的三米跳板上，表演了八個動作。香港那些滿腦袋資產階級思想的記者們，竟把我的出現，作為頭號新聞，登載在《大公報》上，還配上一幅巨相。

說句心裡話，我那時的水平實在低得可憐，只有那個「第一」不是假的。在我祖國的體育史上，開創了女子跳水的先河，也不是假的。中國女子跳水，此後在國際上一路領先，更不是假的。我的歷史任務已經完成，該回去了，回到我的母校，回到我的家，回到母親身旁。對了，臨走前該去市場買些荔枝、波蘿（鳳梨）孝敬母親老人家。

那時，領導已有計畫：所有國手很快要送到匈牙利培訓兩年，包括我在內。

火車的鋼輪噠噠地轉動，北大的水塔和中關園排列整齊的矮房子，已歷歷在目。一路上，我一直在憂鬱中度過。生活又給我出難題了：明年要舉行全國體育運動大會，按說，我應該參加體操和跳水。但送我出國練跳水就等於改行搞體育，我內心的牴觸太大了，這是絕對不行的。我學的是新聞，我有我的專業，體育對我而言只是業餘愛好，豈能扭轉乾坤，倒行逆施。我雖自覺有理，但仍寢食不安。

當我在廣州向領導表示不願意去時，周圍的「同志們」已責備我：「不服從祖國需要，不愛國。」這次去廣州集訓，對我來說是毫無意義的，不但沒有練跳水，還誤了我練體操的時間。

　　還有一年就要畢業了，我絕不能放棄北大的學習，甚至美麗古老的布達佩斯城，都不能引起我的興趣。

　　到家以後，我整個時間都鑽在書本裡，把耽誤的功課一門門補上。我離校的理由很充分，沒有一位老師拒絕我補考的要求。先把學習上的大前提肯定下來，再做頑強的抵抗。我需要有道義上的支援，否則不愛國的大帽子戴上，恐怕很難取下。

　　那些日子，我的心裡不時有一片陰霾飄過，莫名地擔心著。

# 大弟步高爾基之後塵

我一隻腳從北京西郊半道上的小站下車，另一隻腳已忙不迭地踏進了中關園。斯時，大弟早已浪子歸家。

一年前，大弟離校以後，打算步高爾基後塵，去陝甘寧偏僻的省份體驗生活。不巧正遇到農村轟轟烈烈的土地改革，批判改造地主、懲治富農欲置之於死地。

正當幹部們忙得團團轉時，警衛們卻發現一個相貌不凡、舉止自在、揹著帆布背包的年輕人在農村瞎逛。這可不得了！一定是裡通外國、帝國主義、資產階級、封建主義的走狗。這時候跑到農村來，自有他不可告人的目的。不用說，得將這條大魚馬上抓起來，送監獄。

不久，媽媽接到一封急電，大弟打來的，發出呼救的聲音。媽媽也給土改領導一封急電：「老母病重在家，請看在上帝面上……不，請看在毛主席面上，將愚子釋放回北大，老母若有個三長兩短，死不瞑目，當為終身遺恨。」這封急電很快生了效。

不過，話說回來，土改是共產黨農村政策的關鍵，又怎麼容得你這個半外不中的小子留下來吃白飯、絆腳礙事呢？

大弟回到北大，母親堅持德國人的生活原則：不勞者不食。還真跟共產黨的信念不謀而合哩。三間小房，都被先來者占去了。可憐的大弟蜷曲著身體，躺在那半間的木板上，開始過苦修士的生活。但他也的確沒閒著，到附近一個木料車間當工人，做小提琴。每天一身破襯衫，洗得乾乾淨淨。工餘時間，夜以繼日地苦練小提琴。

　　記得那是在一年以前，大弟還沒有以作家身分長途跋涉的時候，有一天我騎著我那匹機動的小藍馬，在燕園的大路和小徑上穿梭飛馳。還沒有開學嘛，我思忖著：「今天晚上沒事，何不去找小沈沃瓦聊天呢？」

　　過去的燕大女生宿舍，如今已被留學生和這批兒童院不會說中國話的中國人占去了。老實說，我心裡又有意見了。

　　沒想到，當我敲門進去時，雙層床的上鋪上竟坐著一個金髮藍眼的陌生人。

# 第十一章

一個意料不到的結局

* 我所認識的第一個蘇聯人
* 有婦之夫
* 堅持留在北大完成學業
* 從友情到愛情

# 我所認識的第一個蘇聯人

「你大概是北歐人？」我用中文直接問他。

經沃瓦介紹，原來這位頭髮有點鬈曲，面帶笑容的陌生人，是我們蘇聯老大哥。我把他自上而下仔細地打量了一番，好像在動物園裡發現了一個新品種。

「久仰，久仰。」他中文名叫瓦良。

瓦良對我近乎失禮的坦率倒很欣賞，但我們之間沒有共同的語言。他剛從蘇聯來，在學校裡學的德語早忘光了，只剩下「舉手」、「希特勒垮臺」這些蘇聯孩子玩兒戰爭遊戲的話。而我的俄語會話，也還停滯在練體操的水平上。

經沃瓦翻譯，原來瓦良想邀請我有空到他宿舍去玩兒。

北大那時已有了十多個從東歐各國包括蒙古來的留學生，但蘇聯留學生就瓦良一個人。按慣例，每個單身的留學生都由一個中國學生作伴，同住一間宿舍。當然有資格跟外國人同住的，一定是共青團員。除了幫助學習以外，要隨時向組織打小報告──兄弟國家的大學生，說不定也裡通外國，還是警惕為妙。

幾天後，我找到了瓦良的宿舍，敲門而入。屋裡只有他一個人。由於語言不通，我們的交流很有限。他書桌上放著一部《俄漢大辭典》。靠著這本工具書，我們開始簡單地對話。

時間不早，我該走了。忽然，辭典上出現了幾個零散漢字，拼在一起竟是：「我可以吻妳嗎？」我大吃一驚，轉而哈哈大笑，從辭典裡找出「不可以」三個字。

剛要告別，瓦良的室友回來了。他給我們介紹。「這是傲霜，這是
倪家深，我們叫他米莎。」學俄語的中國學生，都冠以俄文小名。一看
米莎就是一個老實的小伙子。

我匆匆辭別，心裡覺得很新鮮。這以前，我並不是沒有跟男人接過
吻，但這種突然的、文質彬彬的方式還是第一次。臨行前，瓦良叫我以
後常來。

第二次訪問，《俄漢大辭典》給我的資訊是：「傲霜，我很喜歡妳。」
緊接著是雙手把我擁抱過去。但我好容易才掙脫，沒有告辭就走了。

# 有婦之夫

　　不出兩三天，同學們開始關心地警告我：「妳知道這個蘇聯人是誰嗎？」我心裡一緊，等待著什麼駭人聽聞的消息。「他是有婦之夫，還有一個兒子。他妻子的母親是蔡暢，父親是李富春，妳可不能跟他接近。」

　　很慚愧，蔡暢和李富春的大名，我還是首次聽到。經介紹，如雷灌耳，但更重要的是前面的資訊。說實話，這位蘇聯人跟那些東歐留學生不一樣，特別是東德來的，他們看見我就像見了牛鬼蛇神，立刻轉過頭去。而這一位，你看他已有了一身包袱，竟敢向我表白他的心意。這一點，我很佩服，究竟是老大哥。

　　我當天晚上就到宿舍去找他，米莎大概還在圖書館看書沒回來。借助於我會的少量俄文詞彙，和辭典的幫助，我向他直率地表明，今後不再跟他來往，我不能做這種不道德的事。說完，只加上了一個俄語的「再見」。他好像懵著了，但對我的申辯無言以對。

　　走出留學生宿舍，我推著車從南大門出去，踏著遍地是塵土的胡同小道往北走。看著天上的月亮，一會兒被烏雲遮住，一會兒又從烏雲裡鑽出來，心裡不知為何，好不淒涼。

　　此後，我又回到日常生活的軌道上，課後去大操場練高低槓。我必須練會一套動作，迎接即將舉行的全市比賽。最後那個比較驚險的動作，要由男同學或體育老師給我保鑣。那時，我才二十一二歲，體形處於最佳狀態。夕陽照到東大地的高低槓上，我勇敢俐落地完成著一個又一個動作，然後站在低槓上，雙手握緊高槓，稍停，緊接著往上躍起，

伸直的雙腿左右分開，跨過高槓，飛騰近兩米多，落地時稍微下蹲，雙腳並齊，全身直立，像蜻蜓點水似的，一動不動地打住。

當我做第二次嘗試時，看見在不遠不近的一棵大樹下，有個人在密切地觀察我的每個動作。金黃色的鬈髮，淺藍色的線衫，白短褲。下意識告訴我這是瓦良。他在替我捏把汗呢，還是柔情未斷⋯⋯

接下來的日子，瓦良差不多每天都會出現。我只當沒看見，繼續鍛鍊，迎接全市比賽。

這次比賽，又是一個四項和總分第一。然後，又去呼和浩特參賽，結果我在內蒙只有個別項目獲得第一。勝敗乃兵家常事，虛榮心者之為虛，不妨置諸度外吧！

難得的是，有機會體驗草原上蒙族同胞的生活。我穿著他們的民族服裝，在馬上照了一張相片。拿著韁繩的，是一個身材高大強壯的蒙古人，臉被草原上的陽光曬得黑黑的，顯得十分英俊。至於對呼和浩特的體育愛好者來說，我之於他們仍舊是全國跳水冠軍，那塊金牌還沒有貶值，國手的稱號也還挺響亮。

# 堅持留在北大完成學業

　　從廣州回來當天晚上，因車有毛病推去修理，我就徒步到燕園留學生宿舍去找沃瓦，想把體委領導的決定告訴他，出點悶氣。沒想到一進宿舍，那裡不止他一個人，瓦良也在座。我就乾脆向他們兩個人訴苦，把我絕望的心情暴露出來。我和瓦良分手已將近一年，而他已離開北大，到復興門外某軍事研究所工作。

　　聽見我的故事，瓦良感到十分氣憤。他說：「在蘇聯，體育運動是業餘的，每個人都有選擇的自由。你想搞體育，可以進體育學院專修體育，不會從高校隨便調人出去。」

　　蘇聯不是我們學習的榜樣嗎？蘇聯老大哥的意見，我熱烈表示贊同。他們兩人都勸我完成學業，走上工作崗位，不去理會體委的號召。第一次聽見這樣不同的意見，立刻感覺到心裡流進了一股熱呼呼的暖流。

　　因為沒車，天已經晚了，瓦良讓我坐在他車後，抱緊他的腰圍，經過小湖邊上上下下曲折險峻的石子路，騎出東大門、成府，一直把我送到中關園。一路上，我感到眼前的這個蘇聯人，是我唯一可靠的精神支柱，對他的感情也油然而生。

　　這以後他來時，我們常在月夜裡，朗潤園荷花池旁相會，在土地廟裡避開閒人的眼光，擁抱接吻。我發現瓦良這人性格坦率，對我充滿了深情。但校園畢竟不是做愛的地方，而且，我始終沒有忘記他是一個有妻子的人，我不能隨意失去自己的童貞，否則，後果是難以想像的。

　　我向體委領導明確表示不去匈牙利，而共產黨領導是不習慣有人向他們說「不」的。因此，次年的北京市游泳比賽，我在患病一週多還未

痊癒的情況下，雖然跳水得了第一名，卻不被允許前往華北地區參賽。為
此我還向體委最高領導容高棠上書，表示抗議，但自然沒有得到答覆。

# 從友情到愛情

　　瓦良的妻子李特特在蘇聯是學農的，在華北農業研究所工作。他們夫妻除了假日很少在一起。緊接著她又被領導派去開墾北大荒，一去就是一兩年。

　　當天氣還沒有轉寒之前，我和瓦良一星期有好幾次，在西直門外白石橋河邊見面。那裡有一個荒蕪的寺院，野草叢生，很少能見到人。而且地在復興門外，他工作的研究所和北大之間。我們各有自行車，就找到這個安全的地方幽會。當時，我對他的感情很複雜，不能說沒有愛情，但總覺得更多的是友誼。

　　「小人兒」時霆已經十五歲了。這孩子對花草特有興趣，已經學會培植出新的菊花品種。大家都說將來一定學植物，做一個生物家。但這條路已被他的階級出身截斷了。小弟也喜歡運動，所以常在「妹娃」二姐和她的蘇聯老大哥一起出遊時作陪。他知道現在她已不會像小時那樣，讓他受騙，把他扔下來。瓦良也很喜歡這個沉默寡言的男孩子。

　　有一次，我們上頤和園排隊划船，被後來的幾個遊人搶先把船帶走，坐上去就要划開了。瓦良講不過他們，頓時跳下水去，差點把船翻了個面，使我們兩人都大吃一驚。

　　瓦良性格中有一種來自出身的粗線條，往往使我感到牴觸。但我們的友情又是難分難解的，雖然我的內心深處，清楚覺得我們的關係沒有前途。

　　因此，我甚至接受《漢俄大辭典》主編劉世容，從蘇聯回國的兩個叔伯兒子──一個學醫，一個學航空（都是中俄混血），通過我母親

邀請我參加的，他們的舞會。這家人在舊俄時代，就在格魯吉亞開墾茶園，和俄國的關係根深柢固。他們兩人都還是光棍兒，對我也大有興趣，但……在他們的血液中，卻缺少了一點浪漫的火星和熱情。

我已感覺到不能離開瓦良。畢業後我的前途茫茫，而我們的結合將是一個痛苦的歷程，但也許這是命中註定。十一月二十一日是我的生日，我把瓦良和沃瓦請到成府飯店吃一頓，算是過生日。此後，很長一段時間他一直沒來過，也沒有他的消息。

突然，我感到生活裡出現了一大片虛空，什麼都無法填滿它。他是變心了嗎？不可能。或是家裡出了什麼意外？也毫無跡象。他工作處的電話我沒有，打過去也太危險。一個多星期後，才有了他的消息。原來是病了，劇烈的頭疼，發燒。

這個頭痛，從之後在蘇聯診斷出的腦瘤看來，是和瘤症有關。他一生的不治之症，在那時其實已經冰山一角地顯現了。

一月二十八日這一天是瓦良的生日，他比我大五歲。為了熱鬧一些，請了不少兒童院的朋友，我也是來賓之一，混在他們當中，就不那麼顯眼了。

瓦良在研究所的身分是工程師，不是專家。他既然是中共上層人物的女婿，在工作中不能享有特權。暑假就不一樣了，和家人去北戴河避暑，來往的自然是清一色的黨中央要人，包括最高領導。

生日晚會一直進行到深夜，客人們都留下過夜，除了有汽車的一對專家和夫人。這個生日，使我和瓦良之間已經很薄的障礙消失了。從此，瓦良成了我的情人。

天冷了，早已不能在郊外幽會，乾脆就把自行車騎到研究所，瓦良工作的地方。由他向門房介紹，來訪者是北大波蘭留學生。此後，車騎到大門口，我只一腳跨下來，象徵性地停一停，就繼續向宿舍方向騎。冬天天黑得早，所裡的幹部在食堂吃晚飯，我也就無阻礙地把我那輛男車騎到樓下靠著，趁沒有人，趕緊上樓走進瓦良的宿舍。

他經常從食堂把飯帶到宿舍裡吃，免得我經過這長途跋涉（從北大騎到復興門外），空著肚子過夜。如果是週末，我們有時就關在屋裡一兩天不出門。

# 第十二章

## 參加政治運動

* 不服從組織分配，卻交上了好運
* 半世紀後，訪我的恩人紐友稀
* 做一個新聞記者，一生的宿願實現了
* 「肅反」運動反到我頭上來了
* 千鈞一髮，逃之夭夭
* 好戲還在後頭
* 軟禁，隔離，反省
* 我們國家有憲法嗎？

# 不服從組織分配，卻交上了好運

　　我的整個四年級，可以說是在同瓦良的交往中度過的。

　　學期末了，在大連舉行全國十三城市大學生體操比賽。這是我第一次看見還有蘇聯駐軍的旅順港。比賽是在大連蘇軍俱樂部舉行的。我已經很久不鍛鍊，勉強拿到了一個跳馬冠軍。

　　大連是個俄國風味和日本風味合璧的城市。滿洲國時，建築了不少矮小的日本式房屋，市中心卻聳立著著名的琦士林食品公司大樓。

　　來此以前，老舍先生曾去北大給我們演講，強調服從國家分配，到國家需要你們的地方，去發揮你們的才智，是如何如何的重要和必要。聽個子不高，聲音洪亮的老舍先生講話，看見活生生的老舍，在我自然是一生的光榮。

　　可悲的是，老舍先生生活在新中國，一心為新中國的人民服務，卻成了這個國家、這個社會的犧牲品。他的命運最終也被分配了。他沒有選擇自由的餘地，只有死路一條，以示抗議。這是我們國家的恥辱，是「文革」發起人犯下的滔天罪行。

　　老舍先生，您如果現在還在世，一定會因為我當時沒聽您的話，沒有服從國家分配而支持我的。誰是國家？誰能代表國家來決定一個人的命運？這一點我已深有體會。而且，憲法上也沒規定，大學生畢業要服從「組織」分配呀。

　　從大連回來，應屆畢業生的分配名單已公布，我被分配到天津。也好，天津離北京不遠，有必要還能在週末坐火車回來。我和瓦良的關係已發展到那個地步，他已決定跟妻子離婚，並已向法院提出離婚申請。

在這種情況下，我們必須時時在一起，暫時的分離，很容易演變成永遠的離別。

然而，我還是沒有理由不去天津的。因為，也許會被分配到《天津日報》或《大公報》啊。做記者既然是我的宿願，那麼就應該毅然地去實現它。

我推著自行車，車上捆著我那個書箱和一床鋪蓋，多餘的衣物塞在箱子裡，打在背包裡。午飯後，從前門車站搭上去天津的火車，四個小時就到了。我手裡拿著那份分配證明，先到指定的某招待所停留下來，把行李交代好，看看時間還早，便騎車趕到分配部門。

辦公室裡只剩下一個人，我說明來由，遞上分配證。「啊，譚傲霜，好像是分配到一個中學教體育。今天晚了，明天來報到吧。」「什麼！」我大吃一驚，好像迎頭挨了一棒，怒火中燒。心裡憤憤不平，但沒說出口來。

教體育！我念了四年大學，學的是新聞，這不是開玩笑嗎！我絕不能聽任命運擺布。我轉過身去，二話不說便騎車直奔招待所。取了箱子和其餘行李，看看錶才五點多，急忙騎車趕到車站，買了一張回票，把行李託運，跳上馬上要開出的京津線火車。

四小時很快地過去了。記得那天是週五。一到北京，我立刻打電話給瓦良。

次日早上，雖然是週六，黨委辦公室還照常工作。我已下定決心，只去我願意去的地方工作。那時的黨委書記是紐友稀，早年也在燕大新聞系畢業，是劉少奇一派的地下黨員出身。看見他，我直截了當地把我的所做所為講了一遍，而且質問他，國家培養我做一個新聞工作者，為此我連國外都沒有去，分配我到天津教體育，這不是開玩笑，有意對我進行報復？再說，我既不是黨員，又不是團員，談不到服從組織分配。最後幾句話我埋在心裡，還沒說出來。他看見我很激動，理直氣壯，而且對我的做法大概覺得很不平常，立刻明快乾脆地說：「別著急，我給

你寫封介紹信,到僑委中國新聞社去,好嗎?」完全是商量的口氣,「在雍和宮附近王大人胡同。」我說:「太好了,真感謝你!」

紐友稀用毛筆在一張公文紙上,大筆揮揮,寫了介紹信,蓋了公章,交給我,轉身就去幹他的事了。

我忽然感覺到,自己真是天字第一號幸運兒。紐友稀這種人才是真正的共產黨員,只有他們才懂得人民的疾苦和需要。他分配我在北京工作,在中國新聞社,僑委下面的。

那時的僑委主任是何香凝,廖成志的母親,革命烈士廖忠凱的遺孀,以畫虎著稱。這些人物都是孫中山先生的忠實戰友,他們的喜好與中國古老的文化一脈相承,使我感到十分親近。

看來,我和瓦良的關係也將繼續發展下去。雖然命蹇時乖,但總覺得會有出頭的日子。無論如何,遇到紐友稀,可謂不幸中之大幸。

# 半世紀後，訪我的恩人紐友稀

　　一九九八年，我與丈夫高辟天應高教部邀請，去北大做研究學者，時間比較充裕。

　　過去開會，我曾屢次從雪明那兒打聽紐友希的消息。他是一個難得的好人，我的救星，現在還在北大。「文革」時，他受衝擊很大；這不難想像到，大概是因為劉少奇受牽連的。而劉少奇的悲慘命運更是人盡皆知了，他死後連葬身之地都沒有呢。

　　當我見到紐友希時，他已是一個殘廢的老人。在他遭到厄運時，妻子遠走高飛，留下一個可愛的但精神不十分正常的女兒，兩人相依為命。

　　我打電話說明想去看他。他還記得我，記得我母親。他女兒給我們準備了一頓豐盛的午餐。他們還住在半個世紀前的二公寓，我母親也曾在那裡住過。我提到當年的事，向他表達難忘的感激之情，而他只是微微一笑。

　　在人生的道路上，我曾遇到過一些好人，大向，雪明，侯仁之，他們都是我北大的精英朋友，一輩子難忘。

　　在紐友希家午餐時，曾經照相留念，不巧就在次日遊故宮時，姐姐一家人於一九九八年在巴黎合送我們的一架高級日本相機，在擠公車時被小偷扒走了，這樣，幾張具有歷史意義的照片也就付諸東流。

# 做一個新聞記者，一生的宿願實現了

　　一到中新社，就被分配到記者組。原來這裡還有幾個舊燕大和新北大的先後同學。

　　我的寫字檯就在組長（姓黃，名字想不起來了，已故）對面，他是福建人，華僑，聰明，沉著，寡言。我寫新聞通訊，多虧他的關心和培養，立刻引起了我對新聞寫作的興趣。沒過多久，一個月竟向外發出十二篇通訊，在組內是創紀錄的。

　　我的工作領域是文教。記得第一次採訪還沒有跟新中國建交的，一個英國皇家學院（等於科學院）代表團。代表團訪問結束，舉行記者招待會。組長給我的任務是，把有關這個招待會的資訊寫成通訊，說明新中國的對外關係在擴大。這些稿件會經由中新社，發到東南亞各國華語報刊，由它們選擇刊登。

　　那次招待會，我早去了十多分鐘，立刻被一大堆記者圍起來開始採訪。原來我被認作代表團成員了。經過解釋，才弄清我是中新社新來的女記者。過去我上各地參加比賽時，也往往在車站上被保安人員攔住，經團長說明才放行。這也是混血兒的命運，哀哉！

　　在我頂頭上司幫助下，我過去雖然未參加實習，很快就摸到了寫報導的規則，連資產階級新聞報導的趣味性我也絕對重視，讓人看了想看下去。我撰寫的一篇〈新中國的女法官〉，在月終總結時，被評為國外報刊採用率最高的稿件。

　　採訪時我不需要搭公共交通工具，我的小藍馬會把我帶到天涯海角。

　　我和瓦良繼續在市內的咖啡館和茶館相會，為《中蘇友好報》撰寫

一些有中國特色的材料，包括稻子栽種的過程這類科學性質的稿件。記
得這篇文章，後來還被史達林和毛澤東談判的翻譯費德林院士在所撰寫
的《中國之行》一書中引用過。

# 「肅反」運動反到我頭上來了

安靜的生活，在新中國畢竟不會持久，政治運動已變成週期性。一九五五年夏天開始的「肅反」運動，緊接著新中國建立的步伐大張旗鼓地開展起來了。

過去在北大念書，我只間接參加過政治運動。新聞系的學生，要在校刊上，對反資產階級思想、反帝國主義文化侵略的運動過程，詳加報導。我眼看著第一流的教授和高級知識分子，被「群眾」整鬥後，一個個加上莫須有的罪名，被調離開科學院，不能不為我們國家的未來憂心如焚。

記得在批鬥世界著名語言學家陸志韋的大會上，我被派去做紀錄。當我看見陸先生親生的女兒，被迫上臺揭露批判她的生父時，對共產黨這種大義滅親的禽獸行為，心中無比憤恨。

「肅反」牽涉到的，是全國各階層的人士。特別是僑委，這裡有許多從國外來的愛國僑胞。他們的「歷史」問題，每每成為被鬥的導火線。

我們先學習文件，下班以後不許外出，留在辦公室開會學習。第一次會議，因為我外出採訪，沒有得到通知，就只當不知道，溜之大吉。問題是我已和瓦良有約在先，他在一個咖啡館裡等我。

誰知我剛登上自行車，就發現背後有人跟蹤，是同組的同事，平時顯得挺文明。現在我哪能讓他發現我們隱蔽的場所。瓦良的身分與眾不同，那不是自投火坑嗎！

北京雖然已進入秋天，天氣還很熱。我一邊拚命踩動車輪，一邊回頭望去，看看我們的差距已越來越大。我畢竟是個運動員啊，幾次拐彎

抹角，很快，他的影子已在我的視野之外了。

　　甩掉了這個尾巴，我遲到一些時候來到咖啡館，並把發生的事敘述了一下。毛澤東發動「肅反」的風聲，也已傳到了他工作的研究所。那天我沒有回新聞社，老遠騎車回到北大家裡。

　　次日來上班，對我的逃跑行為，大家沉默不言，大概怕丟臉。由於我不參加學習，自然受到批評，有人還在新聞社大門上掛了一幅諷刺我的漫畫。

# 千鈞一髮，逃之夭夭

　　週末，和往常一樣，傍晚時分，我已到了復興門外的軍事研究所。毫無疑問，這是一個高度保密的機構。這時我的真面目已被所裡的領導推算出來了：經常騎車來蘇聯同志宿舍過夜的，並不是什麼波蘭留學生。一個高幹的女婿有了外遇，而對象又是東歐留學生，對研究所而言本來就是一個辣手問題。怎麼辦？乾脆來個不聞不問。

　　但在運動期間我也常「回家」（天氣冷了，奈何！），這就引起了不必要的嫌疑。好在瓦良有先見之明，很早以前就把屋裡那個小衣櫃靠牆的兩塊木板，拆下一塊，然後把櫃子推到牆角。一有危險跡象，我立刻從衣櫃裡鑽到牆角，再把木板插上，那就天衣無縫啦。能上哪兒去找人？這是平時的安排。

　　再說，瓦良已給他在北大荒的妻子和當地法院寫信，要求並申請離婚。

　　運動來了，情況急轉直下，人人必須保持警惕，在每個人身上都能找到反革命的蹤跡，沒有也要給你製造出來。

　　這天，瓦良的領導已對他的「波蘭女友」細加訊問一番，他還是拿原來的「口供」照說一遍。當我的自行車像平時一樣，穿過大門，駛向宿舍，他已在樓上等著，告訴我今晚會有非常事件。

　　我們的自行車，一紅一藍，平時總是挨著放在樓下靠牆的地方。他已經把它們分開放，我的放到較遠的一個出口處，他的留在二層樓原來的出口處。吃完飯，躺下睡覺，我還沒有意識到情況嚴重的程度，真是初生之犢不畏虎。

　　清晨五時左右，我做了一個夢，夢見研究所的人蜂擁而入把我抓走了，嚇得我出了一身冷汗。就在我驚醒的當兒，聽見「咚咚咚」的敲門聲。這個夢，大概是在敲門聲開始時做起的。

　　著名的奧地利心理分析家佛洛伊德曾經對做夢這個現象做過研究：一個人坐在靠椅上聽見掛鐘開始響了，這時他睡著了，夢見一個很長很可怕的故事，當他驚醒時鬧鐘還在響。

　　我想，故事中的鏡頭，大概是以光速變化著的吧，這是人的大腦結構的特點。

　　瓦良叫我千萬要鎮靜，穿好衣服，躲到櫃子後面，等來人出去後再見機行事。屋裡一切都布置妥當，瓦良把鎖住的門打開，睡眼朦朧、聲音睏倦地問來者：「有何貴幹？」他們推門而入，問道：「那個女孩子在哪兒？」「哦！你們說的那個波蘭學生，她早已經回學校了！」來人一時不知如何對答，只好表示抱歉，退出屋外。他們心裡大概這樣計算著：「反正今天妳有翅膀也飛不出去。」五六個人就在走廊樓梯處守株待兔等著，堵住下樓的出路，商量對策。

　　瓦良再次囑咐我，絕對鎮靜。我的車現在停在走廊另一個出口的門外牆邊。他已檢查過車胎，一切沒問題。一等他開門，我立即朝相反的方向跑。他們肯定會來追我，把我抓住。這時，瓦良將伸開雙手迎向他們，堵住他們的去路，跟他們說三道四打哈哈。我一騎上車後，就朝著與大門相反的方向，即通隔壁研究所的一條兩旁是磚牆的窄路騎過去。窄路的盡頭沒有門警，可以直接騎到大街上，然後拚命向西北方向騎：「我會追上你！」

　　我知道研究所到處是插著尖玻璃的高牆，再有本事也跳不過去，這是唯一的出路。就放大膽子，照瓦良的安排，找到我的小藍馬，跳上去，急速穿過那個通道。果然一路上沒有受到阻攔。我一身大汗，環顧四周，已是復興門外大街。我順著熟悉的馬路望北騎，不幾分鐘，聽見後面鈴響，瓦良的紅馬已出現在嚴冬的晨霧中。我們沒有放低速度，再

騎了一大段，才慢下來。一身的毛衣早已被汗浸透了，這才放鬆地騎到北大中關園，躲開一切可能出現的危境，來到家裡。

我換了一身衣服。這是個週日，姐姐也來作客了。瓦良沒忘記帶照相機，我們在門口光禿禿的葡萄藤旁，照了一張相片留念。

# 好戲還在後頭

　　週一回到單位，到處都呈現著緊張氣氛，上面派軍委直接參與和領導運動，保證狠打狠抓，不放過一個反革命。開會，互相批判，挖老根，從上鬥到下。

　　我住在大樓後面的一排平房宿舍裡，和北大同班不同組的屈月英一間屋。我平時很少跟她說話。禍從口出！她是從香港到北京來念書的。此時要表現得更加積極，這也是一種保身哲學。

　　「文革」時期，她的下場很慘。沒想到她這樣一個積極分子，婚後竟被流放到大西北，加上了一個荒誕至極的隱瞞性別罪。她多年不能同家人團聚，折騰了好久，才被平反。

　　中國的殺人魔王布下的恢恢天網，疏而不漏。要是我還在中國，恐怕也早已被塞進這個可怕的絞肉機中。我在一九五五年所經歷的「肅反」運動，還只是一個小小開端。

　　半夜三更，對面大樓辦公室的許多窗戶，電燈亮如白晝，從窗戶眼裡透出人們高聲的叫喊聲，有的尖聲叫，有的粗聲吼，有的啞聲喊，有的大聲喝，厲聲逼，緊聲追……這些不同的聲部整夜連環陣似地進入我充滿了恐怖的睡夢中。

　　大概已是凌晨四五點鐘吧。突然，樓側階梯的木板上，摔下什麼沉重的東西，發出有如爆炸般的劈啪聲，我被驚醒了。「有人跳樓！」不知是誰在叫。大家都從宿舍裡伸出腦袋，但沒有一個人向出事地點走去。

　　早餐後宣布，現在馬上要在王大人胡同對面的僑委大禮堂召集緊急會議，討論發生的事件，批判跳樓者以死向黨對抗的反動行為。

新聞社正常的工作早已停止。人人都在學文件，鬥人或被鬥。下午，兩個身穿軍服雄糾糾的漢子到宿舍來找我。他們把屈月英叫出去，然後跟我談話。這兩個人用軍人的大粗嗓子嚴厲地警告我，我的作為他們全部掌握，而且有相片作證。不管他們的口氣多麼咄咄逼人，我仍以平靜的語調一概否認。他們臨行時，警告我還是老實些，否則要自討苦吃。

# 軟禁，隔離，反省

　　當天，駐進僑委的一個土氣十足的軍委女幹部把我叫去，向我宣布，暫且不能讓我離開單位。接著，給我一份提綱，上面共有六條。要我根據這六條，寫一份檢討材料，大意是新中國青年應如何正確對待戀愛問題。雖然有六條，但沒有一條涉及到我和瓦良的關係。採訪工作暫時停止，可以在寫材料（檢討）的同時，做些編寫工作。我心裡很清楚，我已被軟禁起來。

　　怎麼把這個消息通知瓦良呢？新聞社宿舍後面是一大片賣油的土房子，其中一家有傳呼電話。我們的集體食堂在胡同對面的王府大院裡。早飯和午飯間有一段工間操，不到十分鐘。人多，都擠在胡同裡做操。我就利用這點時間，溜到油鋪去打傳呼。這樣就建立了我們兩人的聯絡線路，協調共同的行動，只有一個原則立場：否認一切！

# 我們國家有憲法嗎？

記得是一年前的暑期，瓦良去鞍山（沃瓦的工作單位）看沃瓦，他們從那兒給我寫了一封信，但新聞社傳達室沒有給我，就說沒有信。我火了，給他們上了一堂民主的大課。

我告訴他們：「我國憲法上明文規定，每個公民都享有居住、通信和集會結社的自由。任意扣留我的信件是無視憲法的行為。你們要對後果負責。」當時傳達室的工友睜大了眼睛，無言以對。從此，他就對我刮目相待了。

這使我聯想起那次騎車逃避學習的事，引發了我次日上榜受批評。但榜上卻漏掉那位男同事騎車追趕未遂的情節。中國人啊，還是愛面子！

「肅反」運動展開時，北大靠公路的二公寓已建成。媽媽因有四個孩子，分到一套四間的房子。她雖然失掉了那個心愛的小花園，但有暖氣和自來水，在生活上要舒適得多。

有一次，瓦良在週末來我家與母親認識。他也跟著我們管我母親叫「姆綈」（母親的暱稱）。第二次來訪，就在我們家搭起的行軍床上睡。次日，他走了，母親嚴詞告誡我，在瓦良離婚前，她不能容忍我們來她這裡過夜。不久後，我被軟禁，媽媽的顧慮也就多餘了。

運動一直拖延到次年春天才宣告結束。我們僑委領導在大會上說：「糾偏以後，運動一直是在健康地發展著的，成績很大。」軍委的漢子們也早已歸隊。

這時總編輯吳江把我叫去談話，他問我：「材料寫好了沒有？」我回說：「沒有，沒什麼可寫的。我對社會主義青年的戀愛觀，沒有什麼

冒犯的地方，何必往自己身上貼上莫須有的罪名。」奇怪的是，總編居
然同意我的看法，叫我回到原崗位，努力工作。

# 第十三章

生米煮成熟飯

* 辭職！破天荒之舉！
* 同志們都很關心妳
* 此地無銀三百兩
* 老北京見過世面
* 我們的北房快坍方！
* 鞍山之行

# 辭職！破天荒之舉！

過些日子，我覺得身體很不適，發現有嘔吐現象，一想：是不是懷孕了？嚴重的妊娠中毒，使我難以正常工作，就給領導寫了一份辭職申請書。理由如下：

我是一個工作積極的新中國好青年，運動中被錯打成壞分子，押在機關，失去自由近半年之久。這是對我的問題犯的錯誤，是對我人格的侮辱，以致使我在精神上和肉體上受到創傷，不能繼續留在原崗位工作，特此相告。

我沒有等到答覆，就給自己炒魷魚，捲好鋪蓋回老家。

見到媽媽我當然沒有隱瞞懷孕和辭職的事。這時，瓦良的妻子因他要求離婚後，把兒子判給他，而表示拒絕。官司打到中級法院。為了不連累媽媽，我就託媽媽的保姆，住在海淀的吳媽，在一個四合院裡給我租間小屋，暫時做我的避難所，並給了她一定的報酬。

一個月過去了，我還在媽媽家裡住著。房子找到了，但是天冷，北風呼呼地吹進沒有糊窗紙的窗戶裡。這個只有一個冷炕，地上連石灰都沒鋪的小屋子，還需要我親自整修一番。

# 同志們都很關心妳

　　一天，媽媽公寓的鈴響了。開門一看，四五個女同志，我都不認識，手裡拿著裝滿了各色水果的網兜，很客氣地跟我打招呼，問我身體怎麼樣，說同志們都很關心我，想念我，希望我早日恢復健康。說老實話，我竟十分感動，感謝她們遠道而來。

　　其中有一位，向我遞過來一張信封，說這是我上個月的月薪。我連忙表示拒絕接受。我沒工作怎麼能拿工資？水果我收了，並對她們的好意表示感激。工資請退回單位。

　　她們看我很堅決，也就不再堅持了；後來又問我辭職後想調到哪個單位。我說現在身體還沒恢復，我跟《友好報》有過稿件聯繫，希望調到《中蘇友好報》做編輯。她們表示將盡量爭取給我調工作。

　　這個「代表團」走後，我心理踏實得多了，也隱隱地意識到，我為自己爭取人權的鬥爭，已贏得了一個可觀的回合。

　　過了幾天，我便搬到海淀破落的四合院，去迎接下一個挑戰。

# 此地無銀三百兩

我盡量把那間土房整理得不會太顯眼。瓦良也是在天黑之後，才來光臨。但肚裡的嬰兒卻在不斷地成長，穿什麼衣服都鼓得圓圓的。

白天，春天的太陽已把她的溫暖帶到這四合院裡。我騎自行車到不遠的農民家裡，買新鮮的雞蛋。一路上，鄰近的孩子們唱著歌謠：「蘇聯老大哥，住在莫斯科；蘇聯老大姐，住在對門口。」

在這窮鄉僻壤的郊區農村裡，紙也包不住火。住進來的第三天，我正在房門旁的破藤椅上曬太陽，又胖又壯的女房東，雙手兜著粗布做的圍裙走過來，用她那粗嗓門兒向我宣布：

「房子不租了，請妳快搬走。」

「為什麼？」

「不知道，派出所來過人，不讓租。預交的房費不退！」

簡單明瞭，又是一個違憲行為。

但是，母親那兒也不能待，太顯眼了。

我跟瓦良商量，乾脆到城裡想辦法。這麼大一個北京城，光每天的人口流動量就很驚人，什麼樣的人沒有？但還是找那些老北京可靠些。我們在市中心，四周蓋著高樓大廈的一個四合院門前，停下來了。

# 老北京見過世面

　　一個六十來歲的老者，手裡端著水煙筒蹲在門前，一面吸煙，一面觀察街上來往開動的車輛和行人。我穿著寬大的連衣裙，走向前，很有禮貌地向那位老者打招呼。

　　「老先生（沒有叫同志）麻煩您了，您好像是本地老居民。這一帶有房間出租嗎？（先說得少一點兒）租一個月準備高考。」

　　……

　　「我北京話說得好？哪裡，怎麼能跟您老北京比！我這是普通話，母親是德國血統……」

　　「啊！Guten Morgen！我年輕時候還會幾句德語，全忘了！」然後才言歸正傳：

　　「您要租大間，我沒有，院北有間小的，就是破爛一點兒，您不嫌的話，住下來吧！隨便給多少。」

　　我心中大喜，卻不露聲色。

　　「那怎麼行，咱們還是說好個價錢，你我都不吃虧。」

　　「貴姓啊？」我問。

　　「敝姓王！」

　　「我姓譚，譚嗣同那個譚。」

　　他沒有反應。

　　「言，西，早，那個譚。」

　　他明白了。

　　「我叫譚傲霜，就管我叫譚傲霜。」我又進了一步，「王先生，我

有一個蘇聯朋友，北大留學生，他有時來看我，您不會見怪吧？」

「哪兒的話，」我已把房租交給他，「您的客人，我管得著？放心好了。」

很幸運地，我們就這樣在這位王先生家住下。

我白天看書，在廚房裡做飯。瓦良晚上來過夜，清早騎車直奔復興門外。

我們跟主人的關係很好。他是個樂天派，不問政治，每天都要喝上兩盅。他們一家人，妻子、一個大兒子都很和氣。我們有時還在一起打麻將。究竟是老北京，見過世面，不像那海淀鄉下的驚弓之鳥。

我發現王老常常進我們屋裡，去看屋裡的天花板。天花板上有幾處很長的裂縫。原來房主擔心多年失修的瓦房會塌下來。何況他已經看到了我的大肚子，只是心照不宣，但也因此更加擔心。

# 我們的北房快塌了！

　　大約一個多月以後，天花板上的洋灰，不斷地落下來。房主覺得事情很嚴重，早晚會塌下來，這不等於給還沒來得及成立的小家庭準備墳墓？只能立刻搬出，讓主人做大修。

　　這已是仲夏時節，我拿到了轉業介紹信，按說應該開始工作。但總不能頂著個肚子去上班，這點新領導也很清楚。

　　就在那個時候，瓦良的官司打輸了，孩子判給母親，並宣布合法離婚。

　　既然我們的關係已進入合法的第一階段，一算孩子也快出世了，那就乾脆趁孩子還沒生下來，到鞍山沃瓦那兒去旅遊一個星期。回來就不必租房子了。因為，按照我們跟媽媽的君子協定，現在我們完全可以住到她那兒去了。

# 鞍山之行

　　沃瓦熱情地接待我們，有朋自遠方來不亦悅呼！

　　鞍鋼是日本人建立起來的工業基地。工程師住的不是那矮小的榻榻米，而是西式兩層的磚房。這個龐大的聯合廠被接管下來以後，請了不少蘇聯專家，沃瓦也不次於他們。只是，他是本地調來的，在語言上更無障礙，不用雇翻譯，給國家省了不少錢。沃瓦的漢語雖然大有進步，但是洋腔很重，大概難改，究竟不是在中國長大的。

　　沃瓦也是在兒童院長大的，在鞍鋼做工程師，退休時已是總工程師。他人很可愛，而且一直想念著我。來一次莫斯科總要來電話或見個面。他後來跟一個山東女人結了婚。沃瓦對周圍的人一直都很和善，全身都是運動細胞，就跟他的舌頭一樣，見著朋友就動個沒個完。沃瓦很熱情，朋友有求必應。

　　沃瓦很喜歡我，但看見我和瓦良相愛從未嫉妒過，反而促成我們的關係。我從未見過他愁眉苦臉，可說是典型的樂天派。我非常喜歡他這種談笑風生的人，簡直是歎為觀止！

　　時間過得很快，我們兩個未婚夫妻辭別了好友，逍遙自在地回到北京。經檢查，胎兒一切正常。我還在頤和園的昆明湖裡遊了一次泳，給肚子裡的嬰兒受了洗禮。難怪他長大了那麼嗜水！

# 第十四章

開始背負十字架

* 兩個人的「波蘇戰爭」
* 難產
* 痛苦的歷程
* 一個致命的診斷
* 到一個「有人性的社會主義國家」去

# 兩個人的「波蘇戰爭」

　　「十一」國慶到了，這是個休息日。我們住在北大南邊的二公寓。傍晚，吃完晚飯，趁涼快出去遛達，不覺走到留學生宿舍，趁機去看看我們的好友，波蘭人顧哲。他和學文學的妻子古絲塔當時共住一個宿舍。

　　古絲塔後來找了個美國記者遠走高飛了。顧哲也不甘示弱，在中國一待就是十年，最後娶了一個蘇聯女士，來蘇聯長住下去。

　　蘇聯人和波蘭人相見，三句話不離政治。這倒不是因為兩國在歷史上累積下的問題太多。這個波蘭人雖然是黨員，對老大哥卻大有意見。所以，有時爭執到白熱化。

　　令人莫解的是，瓦良早已在思想意識上，不但反對個人崇拜，而且在匈牙利事件上，以及後來的「布拉格之春」上，都十分反對蘇聯的做法。

　　而顧哲，據說因為在國內是一位「忠臣赤子」，不得已只好流亡中國波蘭使館，後來乾脆投奔老大哥。那時，他確實認為波蘭總是吃蘇聯的虧。他俄文說得很好，和瓦良兩個人一觸即發，常常沒完沒了地爭論開來了。

# 難產

　　沒過一會兒，我突然覺得肚子裡有了動靜。但不是像平時那樣，一隻小手一會兒在這裡鼓出來，一會兒又在那裡鼓出來，而是好像已經不耐煩靜躺在媽媽的身體裡了。此刻他簡直是在那兒翻騰著。

　　我一說，顧哲的臉立刻變了色，馬上把我們送出門，生怕他那個宿舍會變成我的產房。

　　當時時間是半夜子時，公共汽車早已交班了，只好等到早上六點，才叫了一輛三輪，把我，連同我給孩子做的小衣服，拉到城裡北京醫院。

　　記得我還在小衣服上繡上了花，這真是偉大的母愛，促使我這個一向不喜歡女紅的少女，竟給我未來的初生兒準備了一些自己縫製的衣物。

　　到了醫院，經檢查，大夫說子宮收縮疲軟，一時還不會出生。同時發現嬰兒胎位不正，頭部後仰，不能通過陰道。

　　然而，我的子宮卻不間斷地在收縮，可憐的孩子卡在子宮口出不來，給我帶來莫大的痛苦。我在產床上躺了四個日日夜夜，時間好似在不斷的疼痛中停止了。在我的意識中已不存在晝夜之分，好似永遠也得不到解脫。

　　隔床的產婦們經過痛苦的呻吟，繼而轉為難忍的叫喊，孩子終於出生，一切歸於平靜。而我還在無休止地低聲呻吟著，折磨著，頭上的汗也一大顆一大顆不斷地冒出來。我覺得自己彷彿已是個隔世人。

　　我和我可憐的小寶寶，像在地震時，被千斤的鋼板壓著，找不到出口。那時，我竟然忘記自己是個教徒，而沒有禱告仁慈的主，給我力量，去抵制瓦良拒絕剖腹的沒有依據的判斷。

# 痛苦的歷程

十月四日上午，孩子卡在子宮口已經四天了，大夫們圍繞在我的產床邊議論紛紛：「情況不好，必須剖腹，否則母親和嬰兒的生命都會有危險。」

剖腹的方案早已提出，但一再被瓦良推翻。理由是做過一次，下一產又不能自己生。當時我父親也在場，他雖然同意大夫們的主張，但哪裡強得過這位未來的女婿。

瓦良缺乏醫學知識，忠言逆耳。我過於信任他，對他的強頭脾氣缺乏認識，更不知道動產鉗可能給嬰兒帶來的可怕後果。但我不能推卸自己的責任，幾天幾夜被折磨的肉體，使我失去了判斷的能力。而如今，我只能請求上天饒恕我，饒恕我對自己的兒子犯下的罪行。

產科主任在老大哥的高壓下，選擇了最不良的下策：動產鉗！如今每每回憶起一九五六年的那個十月初，覺得自己當時就是一個不折不扣的劊子手。

我糟蹋了兒子的一生，作為母親，我的罪過是永遠難赦的。隨著年月的逝去，我的罪過感依然有增無減。如今希望早已成泡影，一切已無法挽回。我滿懷誠意禱告我主耶穌，讓我的兒子有一天，像迷途的羔羊一般走到你身邊。

經過四個晝夜，十月四日晚間七時，給我上了麻醉後，孩子被用產鉗鉗出。

# 一個致命的診斷

　　當我從麻醉中逐漸甦醒過來，朦朧中，耳邊聽見醫生們的低聲竊語：孩子頭位太後，大夫動產鉗時摔倒了，眼部和頭部大概受傷……聽著聽著，我昏睡了過去。夜裡噩夢纏身，隱約感到凶多吉少。

　　次日，大夫查病房，向我宣布，嬰兒右眼被夾傷，可能失明，頭腦也受傷害，需要靜養數日，暫時不能送來餵奶。這個消息有如晴天一個霹靂，我已意識到我的小兒子將有一隻眼睛失明。剛一出身就成殘廢！我抱枕痛哭，哭了一整天。

　　我住單人房，沒有人阻止我把內心深處的悲哀，一點一點地全部傾吐出來。西餐廚師特為我做了飯館裡也沒有的美食。但是我止不住流淚，沒有一點食欲。他輕輕地走進來，把食盤放在床邊，又輕輕地走出去。這個普通人也懂得，我心中莫大的痛苦，是世界上任何美食、金銀和珠寶都解除不了的。

　　傍晚，瓦良來了，他安慰我說去蘇聯後，在奧德薩有第一流的眼科研究所。但在我們出院後，當我懷裡抱著腦袋被拉長，像個小老頭兒、食欲不振的孩子去眼科診療所檢查後，大夫做出了可怕的診斷：「右眼視神經損傷壞死。」

　　孩子生下後很不安靜，日夜哭叫。我深悔當初不該同意動產鉗，但沒有一個人，包括我的醫生爸爸，能負起責任來，反對瓦良的主張，保住嬰兒的健康。

　　古人言：「庸醫殺人。」而不聽醫言，堅持己見，就等於殺害自己親生的孩子。

瓦良性格中的自以為是和強頭脾氣，以後不知給我們家庭和他自己帶來了多少悲慘的苦果。

　　從此，我的兒子就成了我肩上的十字架，我一直要背負他到我生命的盡頭。因為我愛他，我是他的母親。

# 到一個「有人性的社會主義國家」去

　　我身體稍一恢復，就搬到《中蘇友好報》宿舍，請了個保姆照顧孩子。白天去編輯部工作，按時回來餵奶。瓦良已向蘇使館申請，希望我們在使館辦結婚登記手續。這是在一九五六年九十月之交。

　　一天晚上，短播裡傳來，匈牙利事件爆發的消息。它立即吸引了瓦良的密切注意。我還記得，不過三年以前，史達林逝世，瓦良作為北大唯一的蘇聯留學生，曾登臺宣讀祭文，事後傷心痛哭，如喪考妣。

　　時移事易。當蘇聯坦克開始踐踏爭取自由的匈牙利人民的資訊，傳到遙遠的中國，他感到憤不可言，怒不可遏。我暗自為他的轉變感到欣喜。

　　這使我想起一九六八年的「布拉格之春」，他剛動完第二次手術，雙目已失明，我們在城外租了一間小屋，給他養病。我跟女兒去莫斯科換煤氣罐。剛一回來，他以十分振奮的心情，把這個令人鼓舞的消息告訴我。我們日夜守著城外干擾較少的短播頻道，希望聽到好消息，但結果卻是一樣的悲慘。這件事之後，在許多蘇聯人的心目中，已宣判了帝國的末日。

　　不久，使館簽發的結婚登記證和我的出國簽證，一起到手了。瓦良的單位還慷慨地給我們買了單間的軟席臥鋪──這一切當然不會沒有上面的指示。瓦良前妻的父母雖身居要職，但沒有對女兒婚姻的挫折，採取干涉、打擊和懲罰手段。這說明共產黨中也有懂得和遵守法治的，不濫用職權，不假公濟私。我不但始終對已故的老人抱著好感，對我曾給瓦良的前妻李特特，帶來的精神和心裡上的創傷，也深感悔恨。作為一個教徒，我曾為之而向上天表示懺悔。

離別母親和姐姐弟弟們，我第一個像當年媽媽那樣遠走高飛，雖然我的翅膀還沒有長硬。沿著那同樣的西伯利亞大鐵路西去，我們的逃避和等待也是一樣的嗎？等待著我的那個北國，在政治上已有所開放。

　　列車越往西去，離我的那個歐洲的祖國也越近了。也許有一天，我能看到她，然而，然而現在，在人生的途程上，我的奮鬥卻才剛剛開始。

　　久別了祖國，久別了北京，久別了媽媽爸爸！在我遠離你們走向天涯海角之際，坐在列車餐廳裡，看著窗外的貝加爾湖，白茫茫的一片，無邊無際，回憶起八年抗戰夾雜著辛酸眼淚的幸福童年，回憶起面臨著破碎的家庭艱苦學習的歲月，回憶起我和媽媽以及小弟弟，三人在中關園小花園葡萄藤下度過的兩年幸福的大學生活，看著我親愛的母親逐漸擺脫了被棄的苦痛，在我們深深愛著的北大燕園，找到了她的新生活。

　　我的冥想伸開了翅膀，在想像的空間飛翔，飛翔！忽然，被衝進餐廳的車長半開玩笑的聲音打斷了：「快去！妳的小寶寶醒了，在那兒唱開來了，快去給他餵奶！」我立刻起身，隨著列車的顛簸，向我可愛而又可憐的孩子奔去。

　　我們的長途列車，還要走幾天幾夜，才能達到目的地──莫斯科。這個長途跋涉，使我遠遠地避開了即將掀起的「大鳴大放」、「反右派」鬥爭，以及繼之而來的驚天動地的「文革」。

　　然而，祖國多少優秀兒女，竟被無情地捲入了大獨裁者為爭權奪利而設下的絞肉機中。

　　蘇聯給我提供了一個占地面積最大的避難所。已沒有運動，沒有整人，沒有鬥爭。但我個人生活中的苦難卻很快就要開始了。隨著時間的流逝，個人生活中的不幸，將和整個制度的不治之症交織在一起，剪不斷，理還亂！

　　那又是一個新的故事，一個新生活的開端。

# 第十五章

莫斯科——北京：人民在前進，前進，前進

* 大獨裁者魂歸西天
* 列車到達終點站
* 「勝利牌」轎車直奔圖拉市
* 來自俄羅斯農村的人們
* 貪污兒衣叫支持社會主義國家？
* 文化巨人托爾斯泰的故居也在此！

# 大獨裁者魂歸西天

　　列車在莫斯科近郊的田野間，緩慢地行駛著。再過幾分鐘，便會到達終點。擴音機裡傳來歡樂的歌曲：「莫斯科—北京，人民在前進，前進，前進……」歌詞以「史達林和毛澤東在聽我們」的雄偉曲調結尾。

　　好在第一位大獨裁者，幾年前已魂歸西天，而他的所作所為，暫且只以批判個人崇拜形式，從二十大的門縫裡透露出來。直到五年後，召開二十二大時，才將二十大的文件公諸於世。它的內容將在全世界，特別是在社會主義國家，引起巨大反響。

　　這不僅使那位在中國的學生兄弟不寒而戰，繼史達林之後，領導社會主義陣營，稱霸世界的美夢，看來是做不成了。更重要的是不能讓這股反個人崇拜風，颳到自己身邊……

　　在那此時此刻，我們的主席竟然憂心忡忡地仰首長歎，要問蒼天大地啊！誰主沉浮呢？誰主沉浮呢？

　　世人不知情者，謠傳毛主席在廬山，對馬克思思想深思熟慮，將其向前推進，以符合中國的現實。不難想像，主席在休養與修身之餘，曾遍讀祖國古代兵法精品。那麼他現在是要以前車之鑑，順著全世界反專制、反獨裁的潮流而行——江山打下不易，取得民心更難，還是我行我素，死抓住個人獨裁的寶座，與全國人民為敵，而遺臭萬年？於是主席便面臨著一個嚴重的選擇。

　　別忙！我們的領袖頭腦並不簡單。諸位看官請動動腦子，史達林又不是從棺材裡跳出來，向政治局的委員們做自我批判的；再者，那赫禿頭，你以為他沒有他不可告人的陰謀嗎！史達林在世時，他不是像條看

家狗似的，隨時在主子面前搖擺著尾巴嗎？你們可要警惕睡在身邊的赫魯雪夫啊！我毛澤東的名言「不破不立」是放諸四海而皆準的。不信等著瞧，那矮個子禿頭，不會有好下場。只有懦夫，才會把權力下放給什麼議會，讓老百姓去選舉，得不到上半的選票就請滾蛋。這不是又回到資產階級的老路？我們共產黨幹了一輩子，不正是要把資產階級打跑，哪怕你是黨內的走資派。老子天下第一，我說了就算！你們這首歌頌領袖的曲子，顯然有毛病，應該是你們聽毛澤東。而不是毛聽你們。這不是倒行逆施嗎？

其實，主席退居廬山是出於策略性的考慮，且看他下一步棋怎麼走。重要人物，上自劉少奇主席，下至彭德懷，連鄧小平都沒有放過。這使人會想起法國十八世紀，雅各賓黨在全國掀起的恐怖風。其實上斷頭臺，還要乾脆得多，他不會牽連這麼多人，也不會像這位東方的懦夫那樣借刀殺人，對社會上的元老名人壓打成奴隸還不如。

# 列車到達終點站

「親愛的乘客，列車已經到達，蘇維埃社會主義聯盟共和國首都莫斯科。請諸位旅客準備下車，帶好你們的行李。」

我的思緒被一位女廣播員愉快的嗓音打斷了。當列車停住時，早已在月臺上等待著接客的男男女女、老老幼幼一下子蜂擁而入。進入我們車室的是瓦良的父親，和一個住在莫斯科的叔伯妹妹加麗雅。她那時還在某一個建築學院學習。穿著一身漂亮的紫泥料子衣裙，裙子帶褶，顯得很時髦。

加麗雅先緊緊抱著瓦良，同他親吻，又熱烈地同我擁抱，好像我們是多年的深交。然後把小兒子瓦尼亞（隨著祖父得名）從我懷裡抱過來，高舉著搖晃。「好一個熱情的姑娘！」我心裡想。不覺由衷地喜歡她了。而且，這種友情一直維持到現在。

瓦良的父親個子不高，但很壯實，面帶笑容。一看就是一個領導幹部，一個忠實的老布爾什維克。他對兒子的歸國、新娶的媳婦，以及與他同名的小孫子，顯然是喜形於色。

走出車廂，進入市區，我發現周圍的建築物，有些不倫不類，缺乏某種整體觀。原來我們的所在地，是莫斯科眾多車站中最大的。包括北車站——從中國來的列車的終點站，還有列寧格勒車站，通向古都聖彼得堡，那時還叫列寧格勒站。此外，通往韃靼民族自治州首府卡贊的車站也位於廣場上，它是三者中最有民族風味的。

北車站在舊俄時代就有。列寧格勒車站附近的高樓，是莫斯科市區中五幢史達林時代建築的高樓之一。鐵幕還存在時，西方來蘇的旅客，

都戲稱之為結婚蛋糕式的建築物。真的，除了接近於摩天樓高度以外，其他就是一個上窄下寬的大方盒子，毫無特色與風格。

　　周圍，除了埋著頭急急忙忙邁步的行人，和站不穩腳，眼看就要摔倒的醉漢以外，連一個做小買賣的攤子都見不到，沒有一點鬧市的氣氛。我心裡已涼了一半，好在來接我們的「勝利牌」轎車已停在車站邊待發。這個車原是德國製造的，後來全廠被搬到蘇聯。

　　瓦良的老家，距離莫斯科大約四個小時的車程。

# 「勝利牌」轎車直奔圖拉市
## 莫斯科保衛戰的前哨陣地

　　開出郊區，就是上下坡輪番起伏的公路。兩旁是白皚皚的森林。我們正朝著莫斯科以南的方向，瓦良住的圖拉市，以驚人的高速奔馳著。

　　圖拉在我眼光中，像是一個被世人忘卻，還在冬眠中的小城市。市區裡只有三三兩兩的行人和一條電車路。電車不時發出警告行人的鈴聲，使我更感到一片淒涼。

　　經丈夫解釋，這個城市在沙皇時代曾是全國重要的武器生產地。圖拉的茶炊也馳名全國。別看它小，市內還有按俄羅斯中世紀傳統建造的克里姆林宮，當時人們憑藉這類城堡來防禦入侵的敵人。

　　更沒想到的是，這座小城市竟在「二戰」期間起了難以估價的作用。在全市工人武裝隊和紅軍的聯合抵抗下，他們死守著這條通向首都的要道，成為德軍無法攻破的堡壘。

　　當時，地居莫斯科以北，靠囚犯（主要是政治犯）挖掘的莫斯科－伏爾加運河，已宣布進入最高戒備狀態。德軍一旦決定從北部攻下首都，運河的幾十道閘門將同時打開，把十幾平方哩肥沃的土地淹在水裡，將德軍全軍覆沒。可見當時為了保衛首都，準備付出的犧牲多麼大！

　　我們現在住的別墅，就在離運河不遠的一個村落裡。在沒買汽車之前，每次當電氣火車快要接近古都季米托夫時，可以看到，在一個高高的土丘上，有一個手持武器向天空伸去的士兵的銅像。當時德軍至此止步。史達林逝世後，這是為了紀念為建築運河而葬身於此的囚犯建築的。運河對面高聳著一座十字架，則象徵著犧牲於此的政治犯，而首都保衛戰竟也成了「二戰」的第一個轉捩點。

　　我的公公，那坐在司機旁的六十來歲的俄羅斯人，一直擔任圖拉市一個有全國意義的巨大鋼鐵廠的黨委書記。他也是莫斯科保衛戰的元老，退休以後，寫了一本回憶錄《從圖拉到皇山市》。當德軍被迫後退，他領導工人武裝隊追擊敵人，直到大軍到了德國東部地區皇山（後改名卡利林格勒併入蘇聯版圖），才同正規部隊會師。

　　公公是一個十足的布爾什維克，鐵面無私。他出生於良贊州一個貧農家庭，至死忠於黨的事業。家裡九口人，雖然他算不上是老大，因為上面還有一個姐姐，但自小就是個有領袖思維的人物，受過小學教育。大弟廖瓦，就是來接我們的加麗雅的生父，從小受到正規的軍事教育。戰爭爆發，便走遍沙場，屢次受傷。勝利後不久，患癌症而故去，不像他嫂子的小弟弟米托范那樣，在戰爭爆發的頭幾天，就馬革裹屍，留下四個姐姐在世享受勝利的「果實」。

　　據說廖瓦是個心地十分善良的人，這可以從他的照片上看出來。他下面還有一個米海伊，因戰爭爆發時未滿齡，在軍工廠為前方的勝利鑄造軍火。

　　我公公，叫伊萬‧帕爾維奇‧伊薩耶夫，是貧農出生，入黨後被吸收到黨校受訓。和未婚妻，即瓦良的母親，同住在一個大村子裡。一九三○年代農村集體化時，因未婚妻（即女方）有房子，還有一塊地，被劃為中下農。未婚夫來抄家時，瓦良的外祖母放出一隻惡犬來，以示抗議。誰知我們的布爾什維克，毫不猶豫，當眾開槍解決了牠。正如「二戰」守城的當兒，某一位領導幹部私自扛走一袋公家的麵粉，作為指揮員的伊萬‧帕爾維奇，不是把他送到軍事法庭處理，而是就地槍斃，以一警百。

　　婆婆是個善良的女性，但只上過四年級學。成了高幹的妻子後，也擺出婆婆的架子來，竟忘了她的媳婦初來乍到一個十分陌生的環境，有些事還用她那舊眼光相待。對她，我很難做出評價。她的兩個孩子，一男一女，成績優良。一個農村出生的婦女，一下子成了一個小城市高層

領導的妻子，難免會產生出一些與自己天生素質不同的作派來。

　　丈夫故去前，公公婆婆他們兩口子常把我們的孩子帶到農村或圖拉去照顧，分擔了我很多困難。

# 來自俄羅斯農村的人們

　　在俄羅斯，正像中國過去農村一樣，女人就是一架生孩子的機器。因此瓦良父母雙方，伯叔嬸姨侄子外甥……應有盡有，十分齊全。由於城市裡房屋奇缺，一個五六人的家庭就不得不擠在一間屋子裡。

　　瓦良在莫斯科無線電學院學習的五年中，假期裡要是不回去，就是在這些長輩和年幼的親人留下的一點空間裡度過的。人多地少，除了黑麵包、土豆（馬鈴薯）酸菜湯，還是黑麵包、土豆酸菜湯，連牛奶、黃油都是奢侈品。但人與人的關係總是充滿了真情，隨時願意相助。

　　實際上，像他們這樣清苦的生活，在戰後的年代中，豈是僅此一家呢？因為，國家的收入全部用於發展重工業和軍事工業，輕工業和民房建築工業一直是不被重視的部門。

　　兒子帶著新嫁娘和孫子，千里迢迢來歸，這當然是一個和睦的大家庭中的大喜事啦！母親的姐妹們、外甥們，都不辭遠道，從莫斯科和鄉村趕來相迎。每來一位親人，男人也罷，女人也罷，都會把我一股勁緊緊地擁抱，左右臉蛋上狠狠地親它好幾下。這是俄羅斯人的風俗。知識分子也如此，不過是文質彬彬、輕輕地來一兩下。

　　母親有了幫手，很快地把用白菜或米飯、雞蛋作餡的麵餅烤好了。桌上早擺好了在農村自己家園裡種植的菜鮮和自燻自醃的豬腿和酸黃瓜。蘇聯香檳酒、四十度的伏特加，還有葡萄酒和紅酒等酒類，也都琳琅滿目。主人一番簡短的歡迎詞剛一落音，香檳酒的塞子被壓緊後放開來的水氣推到天花板上，放炮似的響個不停。

當桌旁的親人們已有七分醉意，餐桌立即被推到一邊。那些較為年輕的男女賓客，便依次進入舞圈婆娑起舞。有些上了年紀的老太太老大爺也不甘示弱，混在年輕人中間，伸開雙手，手舞足蹈。其他在座的，跟隨領唱者，按著舞拍放聲歌唱。

我發現，來自農村的俄羅斯人，遇到婚禮喜宴或招待親人，領唱者往往用的是一種類似京劇中的假嗓子。這種唱法，比唱者自然嗓音高七調。我後來才知道，並不是所有的民歌都有這個特點。凡屬抒情歌曲，絕不用這種唱腔。

他們邊唱邊舞，還要把我拉進去，共享這天倫之樂。在這番熱鬧中，我感到無比孤獨。這是另一個世界，我所不熟悉的世界。我很希望看見加麗雅，問起丈夫，說她上課不能來。

為了不得罪那些熱情的親人，我乾脆在他們的叫好聲中，一股腦往嘴裡倒了一大半杯伏特加酒，給自己壯壯膽，提提興，進入這個陌生的角色。酒不醉人，人自醉，於是我模仿著其他親人，放開舞步。但發現我學過的舞種中，只有吉普賽舞，在節奏上和俄羅斯舞有親緣關係。入鄉隨俗，於是我便舞動起我的雙腳和全身，不斷贏來醉醺醺的「好樣的」叫好聲。但我已感到醉眼朦朧，路途中的疲乏也催著我入睡。

一清早醒來，丈夫已把兒子送來餵奶。我發現他一個勁地哭，卻沒有一點食欲。婆婆已在廚房為他用牛奶煮小米粥，硬用調羹往下灌，瓦尼亞一再拒絕，後來才勉強吃了點奶。

接連幾天，情況沒有好轉，而且出現了嚴重的拉稀現象，我堅持送醫院治療。說老實話，出生農村的婆婆，自小就沒有講衛生的習慣，作為小輩的我，又不能請她在做飯以前先洗一洗手。反正我們也不會長此住下去，不必放在心上。要緊的是兒子的症狀很像是痢疾，那就不是小事。我堅持立刻住院，把孩子裹在溫暖的襁褓中，就抱著他，按照婆婆的指示，冒著嚴寒趕到市內唯一一所兒童醫院。

# 貪污兒衣叫支持社會主義國家？

　　走進醫院，立刻去登記，弄來自己的排號。眾多的年輕媽媽們，早已抱著自己的小寶寶，排好隊，等待護士按號呼喚姓名。醫院走廊裡擠滿了人，溫度相對也比戶外高許多。空氣中充滿了二氧化碳。我的孩子被裹得太緊，便放聲大哭，以示抗議。我只好把他放在走廊裡為嬰兒準備的小桌子，解開了衣服給他餵奶。走廊裡人雖然多，我向護士報號時，在場的媽媽們已留意到我這個「異己分子」，因此便讓出一個座位給我餵奶。

　　孩子很不安靜，拒絕吃奶，我把他搖睡了幾分鐘，又醒來大哭。可以感到小傢伙全身不適，一看，尿布裡又是一大灘沒有消化的食物。就這樣，和孩子掙扎了兩個多小時後，我已感到高度疲乏。

　　把孩子抱進初診室後，護士立刻給我送來一個布疊。我把那疊洗得很乾淨的「衣物」接過來，打算給孩子換上。但一看，天呀！這哪裡是衣服？袖子在哪兒？褲腳在哪兒？我感到十分為難。聽見兒子可憐的哭叫聲，而我竟無法給他完成換衣服這簡單的操作，心中忽然怒火沖天。

　　我用十分蹩腳的俄語對護士說：「這哪裡是嬰兒穿的，我們中國雖然窮，醫院裡從來沒見過這種近乎乞丐穿的衣服，何況我的兒子還只是一個不滿四個月的幼兒！妳會給自己的孩子穿這種衣服嗎？」護士看見我如此發怒，嚇得只說了一句：「這和我有什麼關係。」才開始幫忙。

　　護士很俐落地按照窟窿的大小長短，再加上那幾根帶子，勉強把破布衫穿到孩子身上。「新裝」穿上後，孩子已認不出原來樣貌了。可惜我沒帶照相機。人們常說孩子是我們的未來，是我們的花朵，這張社會主

義蘇聯孩子的幸福生活拍出來了，不知應屬哪種花──玫瑰還是薔薇？

　　次日，醫生查房，讓孩子服了一些安眠藥和其他藥品，顯然已有效地使他安靜下來了。後來，另一位護士走到病床前對我說：「主任大夫請妳到她辦公室去。」我心裡有數，昨天的那頓牢騷肯定已向主任大夫彙報。我蒙著頭，準備聽教訓。昨天已經發作了一番，如今又是寄人籬下，何況事關孩子的健康，還是表現得謙虛點好。

　　我走進主任辦公室，她高高坐在辦公椅上，表情嚴酷，目光犀利，警覺地打量著我，也沒有請我坐下，便說開了：「我聽說……」（我注意到她並沒有否認嬰兒不應穿這身破爛）緊接著開始替自己（自己的國家蘇聯）辯護。「妳知道嗎？我們每年要用多少金錢去支援每一個社會主義國家。妳們中國也是其中之一。這種支援是十分寶貴的。為了使妳們早日建成社會主義，我們寧肯犧牲自己的利益。妳昨天對護士說那些話，不感到慚愧嗎？」

　　我看她說謊時，竟也拿出一副理直氣壯的神氣，真想跟她展開一場辯論。但理智告訴我，好漢不吃眼前虧，何況作為一個外國人，也不想向這樣一個貪污國家給嬰兒撥出的少量金錢的女人再說什麼了。是她應該感到可恥！因此就用較為緩和的口氣說：「您知道嗎，我當時很累。而且不知道怎樣給孩子穿衣服，心裡著急，所以才多說了幾句，並沒有什麼惡意。」這樣才把事情平息下去。

　　我繼而問她我兒子的病狀。她說：「不像是痢疾，拉肚子，不太嚴重，還要住院幾天。」

　　我向她道謝後，便走出辦公室。心裡想：這個女人怎麼如此狠心！國家再窮，也不會不按期更新已無使用價值的嬰兒服的呀！她，一個婦科醫生，怎麼伸得出手去貪污提供給嬰兒的必需品的呢？哎！這樣一個國家難道需要你支援嗎？我隱隱感覺到，貪污之風，在大獨裁者離世才不過幾年，已颳到這個小城市裡來了。

# 文化巨人托爾斯泰的故居也在此！

　　一提到圖拉，很少有人知道，十九世紀末偉大的俄羅斯作家托爾斯泰的莊園與故居，就在城南不遠的青田村。這也是這個小城市最引人的地方，也是世界文化最燦爛的一個角落。然而，用「名勝古蹟」一詞來形容這位世界文化巨人的故居，似乎不那麼貼切。

　　托爾斯泰在莫斯科市內還有一座帶花園的故居，而且在每間屋子裡，每個書架上，每個壁爐旁，都能找到與他的作品和生平有關的某一件逸事。雖說如此，但離圖拉不遠的青田村，卻會更加完整地告訴你，那在這裡生活、寫作、辦學、使農民子弟接受文化、跟普通勞動者聊天、與東正教抗爭，甚至被驅除於教外的大文豪是怎麼樣的一個人。

　　離自己大去一個多星期前，托爾斯泰決定出走，過隱居的生活，實現他一生對世界大同的理想。現在，根據他的遺志，他安靜地躺在毫無修飾的綠色土塚裡，同林中的鳥語為伴。

　　我曾親身造訪過這個被稱為「青田村」的莊園。在故居裡神遊，看見托爾斯泰創作《復活》和《安娜卡列尼娜》時的那間小小居室，使我聯想到魯迅故居的「老虎尾巴」。在圖書室和走廊兩壁的書架上，你可以找到東方哲人的著作。中國老莊哲學的譯本、「四書」、《易經》等中國古籍，顯然也進入托翁的視野，引起他的興趣。樓上全家人進餐的那個講究的客廳，是托爾斯泰夫人接待來客的處所。客廳裡擺著一架鋼琴。

　　據說，托翁並不喜歡貝多芬。這是因為兩個巨人難以容納在同一個精神空間裡嗎？其實不然，托爾斯泰著名的中篇小說《克萊采奏鳴曲》就是借用貝多芬的奏鳴曲命名的。不過，對於托爾斯泰而言，貝多芬的

音樂太富於激情，是晚年的托翁難以接受的；所以，他才諷刺地以此樂曲題名，作為夫妻感情失和，妻子受到性欲誘惑而失節的寫照嗎？

# 第十六章

## 莫斯科舉行世界青年聯歡節

* 莫斯科電臺謀事
* 我也怕痛，但必須忍著
* 總書記在鏡子裡看見了自己的肖像
* 退休的公公帶著奶奶在莫斯科近郊看孩子
* 醉漢失足，縫紉機砸在我腳趾上
* 何處去過冬？
* 臭蟲與酒鬼
* 悲劇的開始
* 半夜羊癲瘋發作
* 流產，是凶是吉？
* 丈夫的疑心
* 診斷失真，剖腹為要

# 莫斯科電臺謀事

五月，兩老宅旁公墓林間的黃鶯已在歌唱，說明天氣已漸轉暖。門前商店裡的食品還是那幾樣：麵包、黃油、牛奶，但運氣好時則能排隊買到雞蛋或罐頭牛肉。

丈夫每隔一兩個星期回來一趟，帶給我《蘇聯婦女》雜誌的稿件。那位猶太總編在我去莫斯科尋找工作時，表示歡迎我為他們翻譯文藝稿件。這是月刊，時間上不急迫，對我這個有孩子的媽媽來說自然方便，蕭洛霍夫的《未被開墾的處女地》下集，就是這樣慢慢翻譯出來的。

但房子雜誌社不能提供。在莫斯科，可以提供房子給外國人住的只有廣播電臺一家。廣播稿件的時間性很強，早八點到晚七點，計件制，隨時來稿隨時翻，有時還加班加點，孩子交給誰管？丈夫去中國之前，在莫斯科郊區一個廣播中心工作，那時是單身漢集體宿舍，不能住家。這次回來以後，為了找工作而住在親戚家裡，也非長久之計。

我在婆婆家住的那段時間，又懷上孕，整天無精打采，做什麼都不來勁，精神恍惚，行動懶散。起初我自己也不知道，像在雲間飄著的一縷孤魂，引起公婆的非議時也無言以對，只是心中感到冤枉。我希望早日搬到莫斯科，去電臺華語部謀事，成立小家庭。怕的是解讀俄語語法有困難（誰叫我當初掉以輕心？）。但畢竟新聞題材我是行家，翻不出也能創作出，問題不大。三個月試用期一結束，我已取得在電臺的醫院做流產的權利。

當時人工流產在蘇聯已是婦女生活中司空見慣的事，因為沒有好的避孕藥，避孕套夫婦又不愛用。人工流產像工廠裡的作業線：今天進

去，明天出來。但一九五〇年代，打胎還沒有上麻藥一說，否則，不是給公費醫療增加一大筆額外開銷嗎？但這樣卻嚇走不少怕疼的姑娘們，她們寧肯生也不打。妳不要孩子，要是運氣好，給妳送孤兒院。國家在「二戰」中，每四個人犧牲了一個。但靠孤兒來增長人口究竟不是長遠之計。

今年遇到「世界青年聯歡節」，從來沒有見過外國人（特別是黑人）的蘇聯姑娘，盡情聯歡的結果，次年人口劇增，一個個混血兒應運而生。如何處理？父母有條件也罷，更多的是年輕的姑娘分娩後走人，只好收養到為數不多的孤兒院。

這還算人道。記得在抗日戰爭時期，四川療養院的山坡上到處是嬰兒塚。此外，上海的弄堂裡，早上還沒掃街時，也常常見到包得緊緊的棄嬰，其殘忍程度真是難以形容，也不能用「窮」字一言以畢之。

在俄羅斯，蘇維埃政權時代雖然提倡無神論，但東正教在民間流傳已千年之久，在這個問題上，人們的人道主義意識還是根深柢固的。

# 我也怕痛，但必須忍著

　　我也怕痛，但必須忍著，以免大夫失去鎮靜。從當時的醫學來說，打胎還不算微不足道的手術。好在主任醫生是位男大夫，見我從中國來，便無邊無際聊開了。

　　他對毛澤東這個人物興趣特別大，在最疼的當兒，還要我對他做分析。說什麼呢？說毛澤東不怕打核大戰，他說早打比晚打好。當大夫感覺到我的言談時而停頓下來時，就知道我確實疼得難忍了。

　　這位俊美的外科大夫立刻拿出俄羅斯大夫們（尤其是牙科大夫）慣於對病人使用的，一套親暱的詞彙和相應的語氣，諸如：「我的好孩子，好乖乖，再稍微忍一忍，一會兒就完了。」「妳別動，我會非常非常小心！」這類言語雖然不能止疼，但有它奇妙的心理療效，立刻會使你感到大夫親如母親。真的，痛的感覺減少了很多。

　　這種語言心理療法的字眼，只有在俄語裡才那麼豐富，而且完全出自內心的呼喊。這也許是俄羅斯人心眼好，富於同情心的緣故。

# 總書記在鏡子裡看見了自己的肖像

　　跨出醫院兩天，我就繼續工作。關於聯歡節的新聞稿件自然比平時大大增加。我也因蘇聯政府把鐵幕稍稍打開一個縫，看作是蘇聯青年莫大的幸福。可以說，沒有那個矮個子禿頭兒，哪裡來的民主和自由！

　　可你也不要把赫魯雪夫神化了。這個農村出生的共產黨員，在聯合國發言時，失禮到脫鞋嚇唬美帝國主義，而且吹牛要在十年內趕上英國。因此，知識分子對他的態度是既喜之又嘲之。

　　例如，這位總書記，最不能容忍藝術中的那些抽象派作品。據說，有一次他去參觀抽象派畫展，越看越沒勁兒，便指著一幅鴨蛋形，左右佩以兩個短把的肖像問：

　　「這個帶把兒的屁股（粗話指面孔）是誰人的？」

　　隨從的導覽員遲疑了一會兒，然後十分靦腆地說：

　　「尼基塔・謝爾蓋耶維奇，您看的是面鏡子！」

　　這個笑話在它發生所在的年代中算是精品，總是會引起哄堂大笑。

　　總書記欣賞完現代藝術館，便下令館中所有的作品一律禁止展出。現代畫家也不甘示弱，勃列日涅夫上臺後，他們就在莫斯科西南區林邊找了片空地，組織了一個現代畫展覽。

　　不幸的是，新總書記獲悉後大怒，變本加厲，命令出動十幾臺推土機將之拆毀。不到十五分鐘，吸引了大批市民的抽象畫展，連帶畫架子，就被夷為平地了。

　　消息傳出後，人們無不為之譁然，對新總書記步赫老之後塵仇恨現代藝術的行動，越發感到難忍。

一九六四年，勃列日涅夫發動宮廷政變，政權轉手，那時赫魯雪夫正在黑海海濱度假。這次政變本來就在人們的意料之內，因為這是此君獨斷獨行必然會有的後果。實際上，赫魯雪夫在一九六二年策畫的「古巴飛彈危機」，差一點兒就把世界推到戰爭邊緣上了。此前幾年（一九五四年），他也曾在紀念「俄烏合併三百年」時，一高興就把克里米亞半島白白送給烏克蘭。他的好運沒有持續太久，就那樣不聲不響地被保守派逼下臺了。

　　政變以後，國門又關得天衣無縫，人們嘴上的螺絲釘也被擰得緊緊的。於是，老百姓不禁回顧過去而感歎道：「想當年，赫魯雪夫當政時，怎麼好，怎麼好……」

# 退休的公公帶著奶奶在莫斯科近郊看孩子

　　我們的折衷方案是，由兩老帶著瓦尼亞，在離市區半小時電氣火車路程的真理站附近農村，租一個大間，供全家住下「避暑」。這樣，我和瓦良就能鬆手去上班。

　　我們最大的希望還寄託在廣播電臺──我已經向事務處提出房子問題。當時沒空房子。據說，列寧大街以東正在修築一片全新的住宅區，一九五八年竣工。到時也許會有我的一份，但問題是怎樣把這個冬天打發過去。

　　這裡附帶說明一下，開頭提到的「避暑」這個詞，無論從涵義來說，還是從建築材料的功能來說，其實並不貼切。

　　蘇聯地處北緯六十度左右的寒帶，北自北冰洋，南至黑海，溫差很大。住在莫斯科的居民，夏天到城外「達恰」去住，主要是為了享受溫暖的陽光，而非為了「避暑」。

　　此外，許多人暑假裡沒事兒還種點兒菜蔬，好彌補漫長冬天消耗殆盡的維生素。因為，冬季時，商店裡不但菜蔬缺貨而且價錢昂貴，大人小孩兒都缺少維生素。

　　許多主婦把分配到的「達恰」那六百平方米土地（一般市民的指標）種上黃瓜、番茄等菜蔬，做成罐頭，留帶冬天時吃。這不是一箭雙雕嗎？有了這小塊地，可以蓋上一座小木洋房，整個夏天，退休的老人們就沒得閒了：看孩子，種菜，或是種種花。當然，有的「達恰」是八百平方米，這要看單位底子怎麼樣。

至於高官顯貴，那又是另一回事了。一幢幢講究的別墅，也有兩層樓的，自來水、暖氣應有盡有。磚製的小洋房，可供你一年四季享用（比如說，從事創作或做研究工作）。中央委員、科學家、作家、作曲家的別墅，都坐落在一望無際的樹林裡，周圍用圍牆和鐵絲網密封起來：「閒人莫入！」

農民有一千五百平米的自留地，他們住的都是傳統的圓木搭成的農舍，家家都有養牲口的矮棚。一棟農房裡，只有一大間房冬天生爐子。這個神奇的俄式爐子又高又大，除了取暖、做飯、烤麵包，爐子上面還可以睡覺（像暖炕），把爐灰掏出來還可以洗澡擦身。剛出生的牛犢，也可能安置在爐子背後。在農村，夏天除了蔬菜水果外，必要種上一大片土豆（馬鈴薯），這是一年四季的主食。

蘇聯時代，大半的職工可以買到特別優惠的休養券。到克里米亞或高加索海岸邊的療養院或休養所洗海水澡，然後把身體曬得黑黑的，顯得很時髦。因此種種原因，「避暑」一詞，已失去了它原來的涵義。這是有意識地找太陽，而不是避開它。

我們當初租的是一間廉價的農舍。房主人只見過一次，也許老人已離去，是他們的後代。那農舍和車站之間，還隔著一片田野和黑漆漆的樹林。我每天早出晚歸，有時會受到公公的責備，說我不管家裡的事！我心裡委屈，往往跑到林邊的田野裡，獨自一人盡情地痛哭。

叫我向誰發洩心中的怨氣呢？豈知我負擔著一家三口人的生活費（丈夫沒找到固定工作），整天忙著譯稿，暑期人少事多呀！再說我曾是新聞記者，當然必須把每篇稿件潤色到播出去不給電臺丟臉才行。這就不能開快車，否則會像當地老華人那樣逐字逐句直譯出來，中文不像中文，俄文不像俄文。但「欲速則不達，不速則少拿」，我每天都會遇到這個矛盾。

再說，我們新上臺的赫魯雪夫，熱中於出訪各國，於是稿件中的人物、日期、生產率等詞條和數字便眾多紛紜，層出不窮，稍一失誤，被

監聽抓到錯，對不起，你的大名就會出現在次日的「白條」上，發到各部。這對我這個自尊心很強的「粗心人」不啻是個威脅，或打擊。

於是我又面臨著一個矛盾：是仔細翻呢，還是求快？我雖然是一個專業記者而不是翻譯機器，也需要有一定的時間供我推敲。我每天都在又要快、又要好、又要不錯的矛盾中度日，心情異常緊張。

不過，我從不懈怠，總會等到責任編輯說：「沒有新稿件了，妳先回去吧。」那時我才急急忙忙趕著電氣火車回城外。

# 醉漢失足，縫紉機砸在我腳趾上

　　有一天，從電氣火車車廂走上月臺，天色已很黑了，最晚的一班車剛到站。車站上行人，你擠我，我擠你，都想早些趕回家。我前面走著一個肩上扛著手搖縫紉機的醉漢。他步伐不穩，左右晃動，我正感到膽戰心驚，想擠得遠一點兒，沒想到那幾十公斤重的傢伙忽的掉下來，正好砸到我右腳的大拇趾上，不給我一點兒後退的餘地。

　　我感到難忍的劇痛，不由得蹲身坐到地上去。乘客們見事不妙，立刻讓開。有一個青年，看見我那可憐模樣，對我說：「離站不遠有個醫院，我可以送妳去。妳的腳骨肯定被砸斷了。」我沒有哭，可疼得眼眶裡的淚水只顧往外流。便在這位好心人攙扶下，一步一跳地走到醫院。醫生發現我是外國人，便趕緊給我照X光，上好石膏。

　　那個青年問我住在哪兒，要不要送我回去。我告訴他，我丈夫會在樹林邊等我，多謝他熱情相助，一生難忘。他就很放心地把我送到樹林邊。

　　次日，我拄著拐棍，在瓦良的幫助下，照常上班不誤。當我坐在車裡時，往事不知不覺浮上心頭。想起離開上海不久，我曾去滬江大學跟谷雷告別。學校有個二十五米長的游泳池，還有一個一米高的跳板。這立刻引起我的注意，非試不可。誰知那板子硬邦邦的，板上的麻布很濕，我試了好幾次都沒有彈性。最後在快滑到水裡去時，我的右腳被反彈上去才掉到水裡。我感到疼得無法游上岸。原來右腳的腳脖子抻壞了。立刻紅腫，連涼鞋也穿不上。那時，我做夢也想不到，有朝一日，我竟會成為全國跳水冠軍，而被列入名人榜。後來到了北京，才在東煤

場一個理髮館的師傅那兒，按摩復元。我可憐的四肢都夠倒楣，不是抻過，就是斷過。這次我完全被動，還是要出事。

　　最後一次腳傷是五十歲以後的事了。那時，每天清晨起床後，我就同丈夫（第二任）到宅旁的樹林裡跑步，風雨無阻。我一面跑，一面隨著腳步的節拍，複習背誦唐詩和古文，聊以自慰。這個跑步習慣，到了冰封大地時也不例外。有一次，快到家時，誰知竟在結冰的人行道上滑摔了，又是上石膏帶拐棍。

　　稍好時，我參加的語言所自然語言邏輯分析研討班，有一個出色的報告，我非聽不可。便帶著拐棍，開著車，到了研究所。當報告人見我拄著拐棍開車來聽她的報告，非常感動。好學的性格與好動的性格總是成正比，但好動引起的不幸，絕對不會妨礙我的好學。

# 何處去過冬？

天氣漸冷，深秋的樹林一片黛綠，一片金黃，百鳥南飛。舉首望秋空，何處去過冬？

公婆帶著小瓦尼亞直奔老家圖拉，至少可以享受家裡的暖氣。我們跟主人結帳後，像兩個斷魂人不知何去何從。先到車站附近的居民那兒打聽，有沒有人願意出租房間，只要一小間，哪怕半間也行，但要和另一半間隔開，而且當然要有取暖設備（爐子）。找到了！說好價錢，一看，確實只有半間。夠放一張小床，我們試了一夜。不行，兩個人，伸不開腳。旁邊薄薄的隔板後面，有人通宵打鼾，還帶著那伏特加酒與大蒜的臭味，實在難忍。次日我們就把它退掉了。我只好從班上打電話給親人求救。

好在莫斯科親人社交廣，很快就介紹到離市中心地鐵只有幾步路的，一個集體宿舍式的大樓。這個大樓顯得又舊又老式，我看起碼跟蘇維埃政權同齡。樓裡沒有獨戶套房，廚房、廁所、澡房都是公用。我們趁天還沒全黑，找到了那一家人，按鈴進去。原來主人是一男一女——老頭兒、老太太，看上去都挺和氣。出租的單間房是長方形，除了沙發床，還能容納少許家具。

老太太立刻把我請到另一間她住的屋裡，小聲地說，唯一的條件，房租全部給她。丈夫是個嗜酒之徒，給了他那不多的租金，不到兩三天就會喝光。我對她的顧慮很表同情。我腳上的石膏還沒取下，因此對好酒之徒，敬而遠之，怎麼會讓他欺負老太太！

# 臭蟲與酒鬼

　　租到市內鬧區的房子，已是不幸中之大幸，起碼可以安靜地度過這個冬天。到了開春，如果電臺的房子蓋好了，就可以搬進自己的居室。但小傢伙還得留在圖拉，等他稍大些才能進新區裡的幼稚園。好在我們都還年輕，對未來抱著無限希望和信心。

　　夜裡，剛想心安理得地睡它一場好覺，沒想到臭蟲早已嚴陣以待，以驚人的速度，從老房子四面八方，掛了幾十年的牆紙後面鑽出來，厚顏無恥地向你進攻。必須開著燈，隨時警惕著，因此我們兩人都無法入睡。

　　過不久，從過道處，傳來鐵茶壺叮噹的響聲。據丈夫的解釋，醉鬼們癮上來了，要是沒有酒喝，只好把那茶沏得濃濃的。

　　第二天，我才注意到，老頭兒夜裡不睡覺。老太太的屋子和我們這間屋之間，有一個不大的過道，放著一張雙層床。老頭兒白天睡在上層，一聲不響，晚上卻像隻耗子似的出來活動。

　　搬進新居以後，瓦良經常感到頭疼，而且疼得有時真想向牆上撞。我讓他到醫院好好檢查一下。幾天之後，他帶回來的消息使我大為震驚：醫生發現他大腦裡有一個拳頭大小的腫瘤，要儘快割除，好在是良性。

　　瓦良說，在中國時，有段時間他沒去北大看我，就是因為劇烈的頭疼。往事不堪回首，記得那時我已快畢業，日日夜夜等待著他的消息。雙方又沒有電話聯繫。原來那已是腦裡的腫瘤在折磨他，可憐的瓦良。沒有他我覺得異常孤獨。那時我雖然住在母親那裡，我們也還沒有結婚，但我已感覺到自己是潑出去的水。我無法向母親透露，我和瓦良彼

此的深情。母親在北大是副教授，我不想為了我個人複雜的戀愛問題，
給母親增加不必要的憂慮和煩惱。

# 悲劇的開始

　　此刻,我必須到電臺請事務處開介紹信,讓瓦良能到全蘇第一流的布爾登科腦外科研究所去動手術。

　　下班,坐在無軌電車上,我心裡充滿了憂鬱。萬一出事了,我孤零零一個人,帶著一個不很健康的孩子,被拋棄在這個陌生的世間,舉目無親,怎麼生活下去?瓦良的存在,一直聯繫著我的過去和現在。要是有個三長兩短,生活便立刻失去了意義……

　　在我眼前,冬日的莫斯科,滿是一片無止盡的灰暗。

　　這是我們來蘇聯整整一年後的事。瓦良被送去復診,並做好動手術前的一切準備。開顱取瘤手術,是由一位著名的教授,和他來自阿塞拜疆的助手做的。

　　瓦良小時成績優良,卻是一個頑皮好動、十分勇敢的男孩。事後我曾向主治大夫諮詢過,腫瘤的起因很可能是:小時候逗馬玩兒時被馬踢了一腳,據推測,此後頭部大腦發生淤血現象;後來上學,從電車上跳下時被汽車撞了一下,又是頭部大腦受傷;淤血積在腦裡多年,到了中國,因天氣炎熱,使大腦受傷部位的腦細胞快速增長,以致壓迫到腦神經,引起疼痛。

　　手術進行得頗為順利。但是,大夫告訴我,腫瘤很大,手術進行的時間很長,不能刮乾淨,否則對病人生命有危險,因此有可能復發。這意味著,我們的生活,從今以後,將在提心吊膽中度過。

# 半夜羊癲瘋發作

　　好在這時候電臺已宣布給我一套單間住宅。瓦良復原的情況還不錯，並且在附近聲響研究所上半職，以待痊癒。

　　週末我們乘電氣火車去圖拉，看半年多不見的小兒子。

　　半夜，大家早已入睡，睡在我身旁的瓦良忽然大叫一聲，從床上滾到地上，滿臉是血，不省人事。這一驚，使在朦朧中的我幾乎失去知覺，心想這下完了。稍過一些時侯，他才開始氣喘，然後醒過來了。我趕快給他擦洗乾淨。

　　事後，我才知道這是後遺症羊癲瘋（亦即癲癇）。發作時，必須把一根小調羹插在嘴裡，免得抽筋時舌頭被牙齒咬破出血。老人們畢竟見過世面，不像我那樣受驚不小。此後，一年總要犯一兩次。

# 流產，是凶是吉？

　　暑期，瓦良的朋友開車把我們帶到良贊州，他父母老家的村裡。母親的二妹子紐拉姨還住在原來的磚房裡，她依然在集體農莊做擠奶員。老奶奶也還健在，家裡養著一頭乳牛。

　　紐拉姨每天清晨四點起床去牛奶場，幹了一天，到結帳時，只能拿到麵粉、牛奶等實物報酬。反正村裡的小店裡，除了一天定時送來黑麵包，其餘可買的，只有火柴和洋油燈用的洋油。

　　我們從莫斯科帶來了一大車食品──為此，我在市中心商店花不少時間排長隊。婆婆帶著小瓦尼亞坐火車，早些時候已到了。孩子看見媽媽爸爸高興得不得了，而我已帶著四五個月的身孕──我們是多麼想把這個胎兒留住啊！

　　看見孩子，我興奮過度，抱著他拚命地跳，逗得他格格地笑。

　　哎，不好了！我肚裡的胎兒，受不住這樣劇烈的活動，竟流產了。我被送到鄉村醫院，好在那位婦科大夫很有經驗，立刻把我「修理」了一番。這真是「人留，天不留」，恐怕是天意。

# 丈夫的疑心

　　回到莫斯科，我以為這一年來一連串的不幸有了個終結，過年可以照舊回圖拉看孩子和雙親。

　　那時廣播電臺，已從市中心遷到較遠的新樓，發展了許多新的編輯部。就在這時侯，我發現瓦良對我有一種莫名其妙的妒忌，深怕我會在外面找男朋友。

　　奇怪，他怎麼不想一想：我擔負著一家的生活，每天早出晚歸，有時還在洗澡間開夜車趕工，再加上他的殘廢，兒子都無法留在身旁，怎麼還有精力搞男人？何況，我絕不會做這種傷天害理的事。

　　可憐的是，瓦良的心理病症使他整日躁動不安，總覺得有人在算計他。這種被害妄想，日夜折磨著他，一刻不休。他每天打電話到編輯部來檢查我的行蹤，給我增加了不少精神負擔。

# 診斷失真，剖腹為要

　　天暖了，我在附近市場買了一把小蘿蔔，貪嘴地把它吃下去了。那些日子，特別是懷孕時，我夜裡做夢還夢見在中國時那些菜蔬豐富的市場呢。

　　唉，多麼想吃點中國的菜蔬和小吃！誰知倒楣的事老是發生在我身上：沒洗過的小蘿蔔，用手帕擦一擦，吃下去肚裡，後來竟生了蟲，大大干擾著我內臟的正常運轉，因此常常鬧胃疼。

　　這雖然已是一九五八年，但「青年聯歡節」的尾聲——墮胎潮後遺症，還在人們的意識中縈繞。

　　肚子疼，應該是內科的毛病，查不出就轉婦科。初診懷疑是體外受精，用一根粗大的鋼針，二話不說扎到腹中，取出胎液，就用老鼠做實驗，結果是陽性反應。「這個外國人原來是體外受精，要立刻送產科醫院動手術。」

　　我想回去通知一下、換換衣服什麼的，家裡又沒電話。「您瘋了！子宮一出血就會導致死亡。」有這麼嚴重？我才二十七歲，風華正茂，我死了，家裡那一攤誰管？何況，我還沒有成就什麼大事，年紀輕輕便離開人間？

　　老天爺又要我衝鋒陷陣了，把我破了腹才心安理得。我身為醫生的女兒，對婦科和外科卻是十足外行。只好聽任長著一雙像猩猩似的長毛大手的主任大夫擺布。我已十分疲倦了，再沒有精力跟這麼多公開和隱蔽的對手較量。

等到藥效退去，人快醒來時，我發現自己被一群白衣天使圍繞著。我還以為魂不守舍來到了仙境。仔細一瞧，我面前不是那個手上長著長毛的主任大夫嗎？他用一種神聖的口氣，慢吞吞地宣布：「很抱歉，我們的診斷失誤啦，妳子宮裡好好地長著一個女孩子。我們暫時把肚子縫合，等妳身體復原後，再決定如何處理。」

　　說實話，聽見這番宣判，我氣得怒火燒心。你們這些白衣天使，中國的也好，蘇聯的也罷，怎麼能把人的生命當兒戲？該做人工剖腹的不做，糟蹋了我兒子一輩子；不該做時，偏偏把妳的肚子剖開來，給一大批醫科學生欣賞。簡直是開玩笑！

　　麻醉劑折騰得我嘔吐不止，別說笑，連咳一聲嗽，都會使傷口感到刺心的痛。真倒楣，為什麼來蘇聯以後，壞事都出在我身上？但轉念往回想，這已經是一九五八年「大鳴大放」，看見《人民日報》那些奇奇怪怪的報導，我心裡已明白了一半：「大鳴大放」，這是一個大騙局，為的是要把那些有右派想法的人釣上鉤。要是妳現在在中國，還不知道下落如何呢！

　　看來我又要上那人工流產的鐵床了。但這次嬰兒的乾坤，卻被她父親扭轉過來了。「我求求妳，千萬不要打胎。我們家裡應該有這個小女孩兒，我會幫助妳。」當我躺在病床上，一面嘔吐一面思慮的當兒，瓦良的小便條像雪片似的，不斷從護士人員的盒子裡飛到我手裡。

　　瓦良的幫助當然很成問題，但大形勢看好。有工作，有房子，還有兩個可以幫忙的老人家。何況，我們已經預先知道是女兒，一定是我的好幫手，能頂兩個男孩。於是，等傷口痊癒後，我便大搖大擺地離開醫院了。

# 第十七章

母親，一個偉大的女性

* 一九五九年女兒順利來到人間
* 我的女兒瑪琳
* 人生幾何，對酒當歌
* 本是同根生，相煎何太急
* 永別啦，我的母親！
* 德國人竟在中國的土壤落下根
* 壞心不得好報

# 一九五九年女兒順利來到人間

　　根據蘇聯當時的法律，產婦在生產前後，均有一個月的免費產假。考慮到我頭產的沉痛教訓，這次是在全蘇婦產科研究所生的。當時研究所因為大修，很快就要關門，我已是最後一個產婦，要沒有那封介紹信，我也會被拒之門外。這次生孩子，不再是四天的馬拉松，只折騰了一天，女兒就順利來到人間。

　　當我提心吊膽地躺在產床上候產時，守護我的兩位大夫使我感到無比厭煩。從我躺下去到嬰兒出世，她們幾乎是無間斷地聊個沒完沒了。我們好像隔離在兩個不同的世界。她們所談的那些同事間的是是非非，買進口貨在哪個商店買，張家的長，李家的短等等，跟我目前生孩子的事好像一點關係也沒有。迷茫中，我覺得我這個產婦完全被冷落了。

　　子宮有節奏地收縮，使我有節奏地感到疼痛。當我問起是否快了，兩位大夫用輕蔑的眼光瞥了我一眼：「妳又不是頭一次生孩子，怎麼如此不耐煩（意思是不客氣地打斷我們的談話）。」「到時候會告訴妳！」第二位用粗暴的口氣補充了一句。

　　兩年多前受的苦，很清楚地回到我的記憶中，而且聯想到那時大夫們和實習生不停地圍著我轉。有個年輕的實習生不時走來，打開我身上的被單，用套著橡皮套的中指在我的陰道裡伸縮不停，這種動作很明顯地與檢查無關。

　　記得在上海乘公共交通工具時，曾經有幾次，遇到過身後的男乘客，用他那膨脹了的傢伙有節奏地頂妳的臀部。當時我感到非常反感，

拚命地躲開。後來我發現這種模擬性的動作會引起一個人的性感，儘管如此，我並沒有因此而予以合作。

奇怪的是，在蘇聯，就算是在很擠的車輛裡，我也從來沒有經歷過這種情況。這顯然是東西方人在性問題上的一個區別。俄羅斯人的性感容易用正常的途徑得到滿足，無須偷偷摸摸，更不會利用接觸女人陰道的醫療檢查去得到滿足。這肯定是「男女之大防」、「男女授受不親」之類的儒家思想的餘孽。

對將近三年前產房的回憶，牽引起我的不是性感，而是恐懼。萬一……不會的，不然，這兩位身高體壯的女大夫，早就會圍著我轉了。感謝老天爺，一切都很順利。就在傍晚六七點鐘開始分娩，前前後後不到半小時。我的小女兒「哇哇」地叫了幾聲，就很客氣地進入了人間。助產士看見這樣一個腦袋圓圓，面部光滑，沒有一點被擠得發紫痕跡的女嬰，不覺讚賞道：「好一個漂亮的小姑娘！」她被送去「打扮」，我也被推到普通病房。

當護士把一個用淺藍色緞帶、打著蝴蝶結的襁褓送到我床邊來餵奶時，我真切地感覺到我面前躺著的是一個美麗的小公主。這不禁使我想起她可憐的小哥哥出世時，因為頭部被拉長，倒像白雪公主中七個小老頭兒之一……我立刻打斷思緒，請護士給我一張紙、一枝筆。等她吃完奶，放在床邊，護士還沒有抱走以前，我就把她可愛的臉兒，盡我之所能描摹下來。經過幾次餵奶，一幅嬰兒圖已告完成。

# 我的女兒瑪琳

　　我感到十分幸福和自豪，剖腹產的痛苦早已被忘卻。那時兒子瓦尼亞已搬到莫斯科新居，產假時我在家裡，由我照管。我們住四樓一間二十平米的房間，小廚房、洗澡間帶廁所，對我們而言這已算福氣了。有許多莫斯科居民當時還住在低於一樓的地窖裡。當然，兩個孩子住也嫌擠一些，好在托兒所就在院裡，以後慢慢來吧。

　　你先學會送禮，再開口就不難了。加了一個孩子加一間房，這本來是我應得的一份，但人們早已被貪污的惡習腐化了，奈何！即便是送了禮，求爺爺告奶奶，踏破事務科的門檻，有時也無濟於事。

　　瓦良很疼愛他的小女兒，要不是他堅持，可憐的小傢伙也會步其他兄弟姐妹的後塵。但我最終同意的理由是，我這次百分之百地懷著一個千金。

　　樓下有一個叫瑪琳娜的小女孩兒，是我兒子的玩伴，她的名字很有音樂感，同時，也跟我母親的德文名字瑪利亞諧音。我們就給新生的女兒起名叫瑪琳娜，也算是對德國姥姥的紀念。她長大去北大進修時，我讓她簡稱瑪琳，譚瑪琳，跟我姓。使人們能追蹤到她皇帝後裔的血緣。

　　我可愛的小女兒對我是個莫大的安慰，她從來不哭叫，不像小哥哥那樣，好像在娘胎裡就冥冥地領會到，她媽媽的日子過得多麼不容易。夜裡睡覺時，唯一的要求是拉著媽媽伸出的一隻手。這一接觸就能使她小小的心靈感到安寧。我可憐的女兒，好像已預知到生活等待著她的是困難和不幸。但她比媽媽更堅強。

從小，我就向她灌輸打鐵要趁熱，將來要想做研究工作，從大學開始就應該進入自己感興趣的領域，按部就班地登上科學的寶座。不要像媽媽那樣繞許多圈子，才走上康莊大道。

她很喜歡中國古代史，中學畢業後，為了不讓媽媽去巴結討好領導進莫大亞非學院，她乾脆去考莫大歷史系夜校部。亞非學院本校教師子女入學一般都享有優惠，但外籍父母的子女不許入克格勃掌握的亞非學院。這是常規慣例，除非有特殊關係。那時我已與學校領導處於對抗的關係，也不想例外。

瑪琳讀夜校，白天要在考古隊整理出土文物。對她患有十二指腸炎的身體而言，半工半讀本來就很難支持，何況她還要爭取轉正！在這段期間，她曾兩次在去食堂途中暈倒，有一次是我親眼看見的。但是依靠那難得的毅力，她終於達到了目的。

瑪琳出生前很久，我已給母親辦邀請手續，希望她能來莫斯科跟她的孫兒孫女們見見面。手續一直拖到產假已過半期，我心裡著急，像熱鍋裡的螞蟻，就給蘇聯外交部去了一封急函，誰知這一槍竟打響了。不幾天，我接到回函，表示准許某某譚瑪麗來蘇探親一個月。果然，不出一個星期，媽媽已如期到達莫斯科。

# 人生幾何，對酒當歌

　　兩年多未見，我們母女倆都安然無恙。媽媽雖已六十過頭，還顯得高大神氣。夏天是莫斯科一年裡最好的季節。小瓦尼亞跟著托兒所去城外休養了。我們把女兒餵奶的時間調整好，輪流領著姥姥參觀莫斯科的名勝古蹟。女婿對丈母娘特別關心，盡量讓老太太在這段時間過得愉快。這是她二十八年前離開德國以來第一次出國探親。

　　國民經濟展覽會出口處，那象徵著蘇聯十六個民族共和國的噴泉，尤其吸引了她的注意。每個噴泉，都由一個身著不同民族共和國女人衣飾的金色雕像來代表，莊重華麗，又不失線條的柔和，加之嘩啦啦的泉水聲，有如世外奇觀。母親離開德國將近三十年。德國的古建築物很多，雖然大戰期間，許多古城市被炸成一片瓦礫，但修復工作也進行得很快。莫斯科大型古老建築物不多，只有大劇院和其他蘇維埃時代尖頂方盒式建築物。老式民房，風格一般趨向歐洲，和她已經習慣的中國建築風貌，當然有天壤之別。遺憾的是我們沒去列寧格勒，但我還是帶她看了一場芭蕾舞劇，不記得是《卡門》，還是《巴黎公社》，大大地滿足了她的藝術享受。

　　週末到了。我們坐電氣火車朝北，到了一個大站下來。很遺憾，唯一一路公共汽車正碰到午休時間。為了抓緊時間，不使媽媽、身衰體弱的丈夫和小女兒受累，我決定由我抱著小寶寶，步行穿過黑幽幽的森林，一小時後才到達目的地。我雙手已全部麻木，但我絲毫也不在乎。這樣一個團圓的機會，不知何年何月才會再有。人生幾何，對酒當歌！

　　還未滿三歲的小瓦尼亞，看見不相識的姥姥和爸爸、媽媽、妹妹，一家人來看他，高興得格格直笑。幼稚園阿姨盡量通融，讓他多跟姥姥親熱一下。直到汽車快開車時，姥姥才離開她滿臉是淚的小外孫。

　　一九五九年這一別，他們下次重逢已在一九七四年，整整十五年之後。但在這個期間裡，姥姥聽說小外孫上小學，喜歡音樂，我又沒錢買鋼琴，就立即慷慨解囊，把她用寫教科書的稿費買的，這一輩子唯一的，一件講究的貂皮大衣，託人帶到莫斯科，讓我賣了買一架鋼琴。這架鋼琴，也曾陪伴著我，看著琴譜，回憶起多年前學的曲調，對自己是生活中難得的享受，又使孩子們受到音樂的薰陶。

# 本是同根生，相煎何太急

母親和她的外孫下一次相見已是一九七四年了。母親在巴黎等飛機去上海轉北京，斯時正逢我去法國把已滿十六歲的瓦尼亞接回蘇聯，我們在姐姐家一個不甚愉快的氣氛中相見。

姐姐和她那位一見鍾情、陶醉得難分難解，而後又輕易離異的美男子阿蘭，開著車急急忙忙把我們送到車站。途中瓦尼亞因一些幼稚的表現而遭到美男子的斥責，姐姐也趁機拿我出氣，責備我把兒子留在巴黎一年。

不錯，我兒子確實在巴黎待了一年，但並沒有住在她家裡，最後幾個星期才被他們開車帶到阿蘭的老家，法國南方的休養地卡昂。等我到了法國，她們才趕回來交人。對此，我非常感激雪梅和阿蘭，這段假期給瓦尼亞留下了許多美好的回憶。

再說，讓瓦尼亞留在法國，是瓦良背著我暗地裡跟兒子商量好的主意。一年前，我帶著瑪琳來巴黎拜訪姐姐，並藉此機會參加當時舉行的世界東方學大會。試想，我買的是三張來回票，果真想把他留下，何必多此一舉？

據瓦尼亞後來坦白，父親是這樣考慮的：至此，瓦尼亞的身分是中國母親的兒子，他兩個月時照的相片還貼在我的中國護照上。瓦良深怕孩子滿了十六歲，因父親是蘇聯人，就必須拿蘇聯護照，從此再沒有機會離開蘇聯。他並沒有把他的想法直說，只是向我提條件，必須要兒子同去，否則他不會簽名認可瑪琳之行，雖然瓦尼亞當時並不在姐姐的邀請名單之列。為了我們能夠成行，我只好又為兒子辦出國手續。

　　這一切，此刻，卻引起了我對瓦良思想意識轉變過程的思考。記得在一九五三年早春時節的三月裡，一天，北京天氣特別陰暗，身上的棉制服還不想脫下來，天地間灰茫茫的一片，沒有絲毫春光明媚的跡象。清早，當北大學生宿舍剛才甦醒，大學生一個個蓬頭亂髮，翻著領子，縮著脖子，手裡拿著飯盒，從四面八方快步地往大食堂走去。這當兒，從裝設在電線杆上的擴音機裡，突然傳出十一個分壓抑、充滿沉痛感的男低音。它劃破了清晨的寂靜：「世界共產主義思想偉大的導師、社會主義陣營的領袖史達林同志於昨日凌晨不治而逝。」這個噩耗，像一聲響雷，在人們耳邊和心中震盪。

　　當時，瓦良還在北大，我們之間已暫停往來。校方宣布，下午將在兼禮堂用的大食堂舉行哀悼大會。學校裡人人膀子上纏著黑布帶，是發給我們的。我去找沃瓦，問他瓦良怎麼樣。沃瓦說他一直守在收音機旁，剛得到消息時，傷心得哭了。現在被召到蘇聯大使館。他作為北大唯一的蘇聯留學生，將在追悼會上發言。

　　那時，我心裡暗自想道，希望他不至於痛哭流涕，如喪考妣。這種嘲諷反映了我當時的心態。不知為什麼，我感到鬆了一口氣，也沒有去參加那隆重的追悼會。

　　當然，我當時絕沒想到，在差不多四十個春秋之後，我竟在蘇聯加入了「爭自由、爭民主、反對專制」的隊伍，用自己的雙手，在象徵著新時代曙光的莫斯科白宮周圍，建築起街壘，準備同世界上最兇狠的專制制度，「邪惡的帝國」做拚死的一戰。那時，我竟撿起了放下了多年的武器——新聞記者的那枝筆，通過莫斯科廣播電臺，向全世界宣布，罪惡的帝國，已在世界最大的國土解體，並用日記體，描述了那震撼人心的七個日日夜夜。

　　從長遠來看，一九五三年到一九五六年，即大獨裁者魂歸西天和匈牙利事件爆發之間，只相隔三個年頭，使我感到驚奇的是，瓦良的同情已百分之百地轉向匈牙利人民一邊。

記得他父親，老共產黨員伊萬，帕爾維奇在世時，每次來莫斯科看他，順便幫我照顧孩子，父子之間總要爆發一場政治性的爭吵。瓦良埋怨他父親是只看《真理報》社論，只相信官方言論的政治老古董，也不把眼睛睜開看看這個黨犯下的滔天罪行。老頭兒聽了，氣得二話不說，拿起箱子便不告而辭。剩下老太太一個人留下傷心地勸兒子，對爸爸別那麼不留情，他一輩子迷信他那個黨，怎麼會改變？

我也勸過瓦良，但父子倆在一起，只要談及到政治，就立刻會頂撞起來。其實瓦良對父親不是沒有感情，在內心深處，他非常尊敬自己的父親。老人也很愛自己的兒子。瓦良的氣憤，是因為父親在政治上的盲目性，恨鐵不成鋼。奇怪的是，瓦良長年在家裡，「狀元不出門，天下事皆知」，這是無師自通呢，還是託福於美國之音？

因著此一思想意識轉變過程，可知，瓦良對於應如何安排兒子的未來早已胸有成竹。但他一直埋在心裡，不知是不信任我，還是怕得不到我的支持。

一九七三年我們來到巴黎，雪梅正在法國南部跟那位美男子糾纏不休。她給我們留下鑰匙和食品，不久以後又回到巴黎，把瑪琳和瓦尼亞各自安排到朋友家，又很快地去找男朋友阿蘭。我看她神思恍惚，六神無主，顯得很可憐。但我可以理解她。

我藉這個機會，和一個一同開會的英國漢學家，出遊了幾天。回蘇聯前，很想去看看她留下的兩個法國丈夫的孩子，於是邀他們同去盧森堡公園逛逛。看見他們，我不禁為這兩個眼神憂鬱的十三四歲的孩子感到心疼。聯想到我的孩子們，由於社會制度和父親的病，也早已失去一個溫暖的家。

瓦良嚴禁兒子接受精神治療，怕斷送他的前程。實際上，恰恰相反，蘇聯解體後，再也沒有把思想異議者，關進精神病院。而瓦尼亞本人，由於堅決拒絕接受任何治療，因此也失去國家提供撫恤金的可能，時移事易，無形中他已加入啃老族的隊伍。他如今成天迷醉於電腦和邏

輯問題，生活在一個清寒的象牙寶塔中——也成為了我肩上的第一個十字架！

　　當年，即一九七三年，雪梅在巴黎的朋友都主張，我應借兩個孩子都在身邊的機會，留下不走，反正我已決定與瓦良離婚。但我不同意這種做法。既然已向他宣布要離，就應照章辦事，高風亮節，好聚好散。這種逃跑式的「離婚」在法國雖然有不少先例，但是，我覺得良心上有牴觸。

　　那時，我雖然已認識現在的丈夫，關於我們的結合，雙方都說等我回蘇聯再做決定，因此我真要想留下，他那方面並不會有任何約束。

# 永別啦，我的母親！

　　我次年去巴黎的任務，是把沒有護照的瓦尼亞，接回莫斯科。我那時想在返回的途中，路過德國短留數日。誰知德國駐法使館人員很不講理，看見我護照上，還是一兩個月的小瓦尼亞，不由我分說，便以文件不合格，拒簽過境簽證。我一氣之下，就直接去見大使。

　　大使見我一肚子氣，竟把領事與希特勒政權下的官僚相比，很有禮貌地勸我消消氣，親自關照那位官員給我辦過境簽證。謝天謝地，我們不至於因此而被扣在巴黎，以致去德國見媽媽的想法也成泡影。

　　原來媽媽次日週六就要來法國，轉機上海回北京。我因辦簽證沒時間完成採買任務，只好在那個星期六法國商店下午兩點就關門的情況下，一早就到大商店南奔北跑地買東買西。

　　這時我已與瓦良離婚，把九年來在電臺掙來的三間房住宅，留給瓦良和孩子們，自己在外面租一個小間。瓦尼亞當初堅決要在法國留下，但又住不下去，還給留他的朋友製造了許多麻煩，他們不斷來電報要我把他接回去。這就暴露了，我向當局提出他留法的藉口不能成立，因此給我在大學裡製造了許多問題，險些被解職。真是一言難盡！

　　離婚後，允許我分期付款買合作社房子，照說應該酬謝區委書記。跟瓦良打官司，拒絕他的無理要求，則需要酬謝一個免費服務的美國朋友的律師。瓦良的表妹一年前去休假，把房子讓我住，更需要酬謝她的好意。

　　當日，我一直在極度緊張狀態中奔跑，腦子裡只有一個媽媽。把東西買齊了，商店也關門了。跑到姐姐家，先被她冷嘲熱諷地訓斥了一頓：「社會主義國家來的，把採買商品看得比母親還重！」姐姐這樣

傷害我，我無法用三言兩語駁斥她，何況在她的情人面前，乾脆忍下那口氣，小聲地用德文告訴母親我的苦衷。吃了點飯，我跟媽媽聊了一會兒，姐姐他們就催著要送我們去車站。

去車站的途中，因為瓦尼亞要停一會兒，下車買張比特爾小蟲樂隊的流行歌曲，而使美男子大發脾氣。說實話，我對瓦尼亞的表現也很反感，但不想多說。這孩子的行為是很難預測的，因此打算坐上火車再說。雪梅則趁機發我的牢騷。他們深怕誤了火車又要添麻煩。我的解釋和她的責備，都是在人們口角時的高音聲階上進行著，可能還夾著敲鑼打鼓的伴奏哩。

可憐的母親不懂我們說什麼，一下子望望我，一下子望望雪梅，心裡莫名其妙。但可以從她眼神中看到，她多麼傷心。同一個母親生的兩個女兒，不知為什麼像仇人那樣互相廝殺。我求雪梅看在媽媽的面上別說啦。歸根結柢，瓦尼亞一年前的去留問題，我是很矛盾的。在眾口同聲讓他留下，雪梅又在從卡昂來的電話中拍了板認可的情況下，我一人反對，硬拉他走，將來怎麼跟他相處？

我到現在還不能忘記，在巴黎跟母親離別前的最後幾分鐘。她那驚慌失措的眼神，使我心裡跟刀刺似的疼痛。誰知這就是我們母女間的最後一面！那時我還未滿四十三呢，人生多麼短促啊！就在一擦肩的工夫裡，我們竟永別了！我心中的悔恨是難以用語言形容的，它的深度只能與海洋比擬。

媽媽我對不起妳！我沒有對妳盡到孝義，沒有做到我想做的。而如今，上帝用同樣的遭遇來懲罰我了：我的女兒瑪琳和她的第二任丈夫方揚華攜同妻子和第一個丈夫的女兒、我的外孫女瑪麗安娜，連同瑪琳和方揚華在這裡生的佐婭、在美國生的索菲亞和兒子班傑明也遠走高飛了。從此，我身邊只留下一個不得志、從反共變成親共的瓦尼亞。他承襲了阿Q的精神勝利法，他的一切不幸都是父母造成的，誰讓他們主張民主，支持新政權？那又是天方夜譚裡的另一個故事了。

# 德國人竟在中國的土壤落下根

　　一九七四年，中德恢復邦交後，媽媽帶著小弟弟、弟妹和他們的兒子小尉（大弟的兒子自然叫大尉），假道莫斯科去德國謁見外祖父的墓。

　　在一個寒冷的冬日的夜晚，我去莫斯科北車站接他們。看見母親，我大吃一驚！那個身材高大、精神充沛的女人，竟然變成我幾乎認不出的小老太太，被弟弟和弟妹左攙右扶地走出車廂，頭髮花白，身上只剩下一把骨頭。

　　那時，我剛和瓦良離婚，租了一間便宜的小屋。弟弟他們來了，我跟房東說好，暫時也把她的一間大間租下來，給弟弟他們住，媽媽跟我同床睡，一直等到跟我的美國朋友亨利借了錢，買到車票，才把他們送走。

　　記得我和小弟去市中心，國際旅行社買票。站排站到售票處，可是究竟要去哪兒，要買哪兒的票，我們還莫名其妙。我想，既然姨母不回信，就是變相的拒絕，不歡迎他們去。我看著牆上掛著的那幅東西德列車圖，想了半天，又跟那位善良的售票員商量半天，最後選擇的終點站是漢諾威。原因是這個城市離東德最近，因此車票也最便宜，而且是弟弟在西德有熟人的兩個城市之一。自此漢諾威便成了小弟和他家人的第二故鄉。

　　從他們來到走，這中間大約有十天的樣子。我帶媽媽去看了大劇院的芭蕾，是我的好友李時通過關係好不容易買的票。弟弟他們看了一場，當時國內絕對看不到的，西方片《愛情的故事》。在母親的建議下，他們還一起去看了我的前夫瓦良，使他大為感動。為了慶賀離別多年後的重逢，我做了一頓中國飯給大家吃，也請了好友李時。

夜裡，母親躺在被窩裡，周身冰涼。我抱著她，用我身上的熱氣去溫暖她，我心裡是如此沉重，滿腔的眼淚，泣不成聲，淚水沟湧而出，像決了堤似的，止也止不住。我可憐的母親，我身在異國他鄉，卻很少給她寫信。只有在心情稍微舒暢的時候，才動筆。我不想讓媽媽知道，我背上的十字架多麼重。

記得我在一封信裡表示，等我在這裡的生活穩定下來後，將盡力給她弄一間房子，就在我身旁，讓她好好兒伺候她，報答母親生我養我愛我，使我認識她祖國的語言文化的恩情。這個想法是我良好的意願，不知何時才能兌現。她接到那封信，心中大喜，誰知命途多舛，我親愛的媽媽，沒有完成拯救大弟出幹校脫離專制制度的任務，便與世長辭了。

到德國才半年多，媽媽就急急忙忙從巴黎趕回北大，她在朗潤園的五間屋公寓房子，已被一位「文革」的有功之臣占去了，只好回到中關園已破爛不堪的軍營式宿舍。舉目無親，軍委當局派了一個會說幾句英語的阿姨陪伴。媽媽出門沒人攙扶，摔斷了腿，接著又患氣管炎，而在一九七五年春節前後終於倒下去了。

媽媽患腦血栓，被送進協和醫院後，大弟才終於被放出。我看倒不是憐憫之心人皆有之，而是醫院缺少護理人員。大弟與弟妹綺霞，和小弟的兩個哥兒們，晝夜輪流值班，護理媽媽兩個月之久。在冥冥中的她，雖然沒有醒來過，但我深信下意識會告訴她，時霖那些日子一直在她身邊，她的目的是達到了。

時霖呀！為了拯救你，見到你，媽媽付出了生命的代價。傲霜因為蘇中關係、家庭關係而無法脫身。在下意識中，她無時無刻不在禱告上蒼，希望發生奇蹟，奇蹟卻沒有發生！

這個偉大的女性逝世後，骨灰就留在她所熱愛的中華大地之上。她在北大培養的學生已桃李滿天下，這也是她對中國的諸多貢獻之一。

在母親許多年來朝夕步行往返的，朗潤園和西校門西語系的途中，在未名湖左傍的一排小山上，生長著一棵青松。這棵樹是女兒瑪琳和她

的丈夫種下的，媽媽已經把她的根，落在我們母校的土地裡！

　　不久前，北師大古文研究所的一位研究員，通過妻子來電話說，北京不久出版的，德國哲學家斯賓諾莎的漢語本中，還提到譯者的老師譚瑪麗給他的幫助。這本書已帶到莫斯科，陳放在我身旁的書架上，跟媽媽和別人合寫的基礎德語放在一起。

# 壞心不得好報

　　小弟弟和弟妹他們本來就打算在德國定居下來，而媽媽已不習慣生活在離別四十五年的祖國。繁華的街市使她感到無法容身。她老人家一心要回去，為了大弟弟，也為了自己，卻未曾考慮：身旁沒有個親人，行嗎？因此她在去老家卡塞爾給自己父親掃墓後，便馬不停蹄地趕回北京。

　　媽媽給妹子去的那封信裡，表示希望兩姐妹（雖然不是親媽生的）至少能在離世前見見面。那位梅迪姨既然沒有回信，見面的事也就如石沉大海。

　　據梅迪姨的一位親戚說，媽媽去公墓時，妹子曾出現在公墓的另一角，但未曾向前邁一步伸出她的手來。這個心眼狹隘的女人，一輩子靠我們外祖的存款吃利息過日子，深怕她姐姐和她的孩子們會占去外祖的遺產。這不就是叫「以小人之心，度君子之腹」嗎？實際上，關於遺產問題，我母親是絕不會表現得那樣無情無義的。

　　這個妹子雖然是後母所生，卻不願意和由同一個父親養大的姐姐相見，重述離別快五十年的舊情，這實在是違背了最起碼的人性啊！她的如此狠心，應該會激怒老天爺，使她受到良心責備，而無法心安理得地度日吧。次年，她竟在自己的家門旁，被電車撞死了。

# 第十八章

我來幫你們建設社會主義

* 赫魯雪夫時代，一座死寂的城市
* 世間竟有如此天真的美（蘇）共黨員
* 慶祝亨利五十大壽
* 羅大胖子
* 天字第一號特工，理察・佐格
* 星星之火可以燎原
* 社會主義國家的工作作風
* 印度教徒新夫人有貓陪嫁
* 亨利需要一個家
* 亨利畢竟是在西方社會長大的
* 羅大胖子的遭遇
* 一生操勞，半輩子孤獨
* 用房子換妻子？

# 赫魯雪夫時代，一座死寂的城市

　　一九六〇年代初，一個美共同情者的，美國人亨利・利其蒙德，看見這個世界好像已處於「轉運時機」：史達林個人崇拜受批判，新的總書記披上自由主義的外衣神氣活現地去各國訪問，並在聯合國講臺上，冒天下之大不韙，脫下皮鞋，理直氣壯地對美國佬高呼：「我們將把你們葬送！」

　　那時候，蘇聯這個社會主義的首都，還是一個七點鐘就打烊的死寂城市，哪裡見得到一個外國人？儘管蘇聯地處歐亞之交，處處都能看到成吉斯汗留下的歐亞血統的後代，但他們多半群居在各自的自治共和國，首都畢竟少見。再說，那些來自西方的外國佬，自有他們一股特別的氣質，和我們本地人截然兩樣——問題不在長相。

　　許多蘇聯少女天生麗質難自棄，卻偏偏要穿得像紅燈區的美人兒。唉！物以稀為貴嘛。難得弄來的衣裝，本來是夜禮服，偏偏要在大白天穿出來賣弄風情。說老實話，我們的蘇聯姑娘，長得漂亮的不乏其人。十七八歲的女孩子，能像吸鐵石似的把所有人吸住，更別說其中的異性了。我走過的西方國家那裡的女孩，相形之下，顯然遜色多了。但女人一結了婚，養了孩子，好景不常在，昨日還是花枝招展，今日卻已「春去也」。

　　真正的蘇聯人，我們的主人公亨利當時還根本沒見到。亨利在市內駕駛的，主要是一輛最新型的伏爾加牌轎車。真正的蘇聯市民，是那些頂著寒風等公車、坐地鐵上下班的人。搭車時，只見車廂裡一片沉寂，乘客手裡拿著一份《真理報》，木雞似的盯著那些令他們厭惡的文字。

這些人的脈搏顯然不是跟著政治局的口號：「我們要建成社會主義，無產階級萬歲」一同跳動的。那時，連《星火》雜誌都開始發表批判時局的文章了。

當然，你也不要小看我們的蘇聯老大哥啊！把鐮刀鐵錘紅旗首先插到希特勒國會大廈上的，不就是他們嘛！也正是他們創造了一種新的文學品種，同專制制度默默拚鬥。那可比阿Q的精神勝利法強多了。是它，淋漓盡致地發揮了俄語幽默感的偉大潛力，去嘲諷時局和愚蠢的施政者。

每天晚上，跟家人交換，不知從哪兒撿來的政治笑話，哈！哈！哈！這豈非人生之一大樂趣嘛！就連那些步步登著一貫制階梯的野心家們，也不例外。至於說，十年「超英趕美」的口號，更不用說，早已成了老掉牙的無稽之談。

# 世間竟有如此天真的美（蘇）共黨員

就在此時，一九六〇年代初，我的好友亨利眼見時機成熟，決定動身前往莫斯科。事實上，青年時代的「經濟大蕭條」危機，給這位美國勞動者帶來的苦難至今還記憶猶新。

亨利出生於一個鞋匠家庭，從小就得為自己打拚。在他拿到博士學位並進了美國某大公司任職後，他開始想到：自己的勞動應該為誰服務？

他無疑是一個共產主義同情者，但美國對此黨卻有禁令，奈何！於是亨利動腦子啦，鐵幕既已打開，去蘇再沒有障礙，這樣，美國的新科技成就，伸手就能為社會主義服務了。何況，技術在他自己手裡！

亨利不加思索就主動辭了職，賣掉小洋房，繞道歐洲，把多年儲存的薪金和房款，存到世界上最最保險的瑞士銀行。然後，攜帶妻子和兒女——兩個中學年齡的孩子，來到社會主義的蘇聯。亨利為人老實，夫婦倆相約，雙方之任一方，可以在不徵求對方同意之下提取存款。

我認識亨利是通過他妻子諾瑪。當時我們都在廣播電臺工作，其人操俄語舌音濃重，原籍何地不言自明。據她說，亨利一踏上這片世界最大的國土，便毅然決然捨其美籍護照，換取蘇聯護照，破斧沉舟，誓無反顧，一往直前。

黨中央領導們也一本正經地，隆重接待這位不遠萬里投奔光明的貴賓。中央給的房子，是剛建成的，列寧大街上的大間高級公寓樓。平米至少不少於美國那座小洋房，至於工程質量，那可以不去理會它。

亨利和我兩人首次認識後，就一直各忙各的，很少見面。

# 慶祝亨利五十大壽

　　我和亨利之間友誼的轉捩點，應該是亨利的五十歲大壽。

　　諾瑪很愛交際，特別是社會名流，不知怎麼認識了這麼多！我當然不在其內。

　　我的知名度完全是由於我父母的來歷，再加上英文還能說得過去。應該承認的是，人們感到興趣的，實際上是我那華人的外貌，和那歐洲人的文化背景。

　　亨利雖然是壽星，但由於性情好靜，又具有謙虛的美德，難得開口。當天，她老婆就像一隻花蝴蝶似的，在賓客中飛來飛去，不停地敬酒敬菜，盡量在客人面前獻殷勤。

　　在美國某小城市住慣了的諾瑪，恐怕是第一次在這麼多蘇聯社會名人中周旋，顯得異常興奮。

# 羅大胖子

那天晚上，賓客如雲，人人都為亨利的健康乾杯，熱鬧非凡。

在一九六〇年代初，我還只是一個普通翻譯員。雖然，北大中文系畢業，這樣的學歷，在廣播電臺算是獨一無二的。但是，因為孩子和丈夫身體欠佳，我因此很少參加類似活動，所以總覺得自己被人冷落了。

誰知聰明的諾瑪卻想得如此周到，把羅果夫也請來了。

當時，我注意到在座的有一個外貌不凡的俄羅斯人，他腦袋幾乎是光的，後腦勺上披著幾根細長的白髮，很有一些即將成仙的模樣。此人個子不矮，腰圍卻大得出奇，下面兩肢瘦腿好像難以支撐上身的重量。

經過介紹，始知此君並非別人，正是眾所皆知的羅果夫（對不起，他的大名在我，還未曾響雷過耳，這是第一次）。

一九五〇年代，斯人任《蘇中友好雜誌》總編，這與我在國內曾經投過稿，而後又做過編輯工作的《中蘇友好報》，實為親屬機構。不過，在那個時代，頭頭們的事我是根本不去過問的。

那天宴會上，羅果夫用不甚動聽的漢語，自我介紹。原來此君人稱「羅大胖子」，一九三〇年代歐洲戰場尚未開闢，他已活躍於京、滬、漢口、東北等大城市，從事報導，是塔斯社特派記者。說得明白些，就是蘇聯保安部的外勤人員。

據說，此人年輕時學過漢語。別聽他的山東口音刺耳，譯文文筆卻很不錯，魯迅先生主要作品的俄譯本，都出自他之手。做翻譯之餘，他結交的都是集結在亞洲戰爭舞臺上的各國政治要人。蔣介石、毛澤東、周恩來、宋子文、戴笠……等領袖人物，大大小小，他都無所不知，無

所不識。至於說常去解放區的美共名人，安娜・路易士・斯特朗則是他
的貼心好友。

# 天字第一號特工，理察・佐格

　　羅大胖子一面暢談著輝煌的往事，一面把桌上的一瓶紅葡萄酒，往肚裡灌。我想，在這個鼓圓的肚子裡，除了葡萄美酒以外，一定還儲存著許多寶貴的間諜資料吧？

　　羅果夫告訴我，他有幸認識世界知名的，頭號蘇聯特工人員理察・佐格（對這一點我確實是由衷的羨慕）。

　　讀者中有不知者，我可以簡單介紹。佐格父親是德國人，母親是俄羅斯人。佐格當時為幾家德國報紙當記者（這也是掩護身分）。一九四一年，希特勒背信棄義，打算進攻蘇聯，這項機密，包括準確的日子和時間，佐格向史達林做了報告。誰知這位暴君，寧肯相信希特勒，和他講義氣，卻把自己人的情報置若罔聞，毫無意義地犧牲了大批守軍和居民。

　　一九四一年，佐格還活動在日本首都東京，有一個十分得力的間諜網。但是史達林對那個「德國人」並不信任，也不及時進行保護。佐格剛把日本鬼子擬將侵犯蘇聯的資訊發到中央後，緊接著就被捕了。由於沒有證據，雇用佐格的德方報刊曾屢次向日本要人。日方也為了和蘇聯周旋，在十月革命節前夕的宴會上，甚至暗示願意把獄中的佐格同某一日本間諜交換。但莫斯科一直到最後幾分鐘，始終保持沉默，對日方的暗示，毫無興趣。一九四四年勝利在即的當兒，日本冒天下之大不韙，竟把他吊死在監禁了多年的牢獄中。這位才能出眾，高風亮節，冒著生命危險，為蘇聯戰勝法西斯提供無數寶貴情報的特工人員，史達林竟眼睜睜地看著他被置於死地。

　　也許我的血液中流著一半的德意志血，對佐格這樣的人物真是崇拜到五體投地，要是我認識他，一定會一見鍾情。他的外表也長得很帥，怪不得吸引了不少得力的女助手。蘇聯在一九七〇年代就拍攝了一部歌頌他功德的影片，直到最近還出版了兩本以檔案為根據，詳細描寫他生平事蹟的傳記。

　　我簡直忘記了那天是亨利的生日，禮品還一直放在手提包裡。我帶來了一個中國瓷瓶。我們在大過道的一個角落裡坐下，我才想到把瓷瓶拿出來。亨利很欣賞這個禮物，所以我就開心地談到，大學畢業之後，我怎麼用吃飯剩下的少量儲蓄，購買當時很便宜，但有藝術價值的老瓷器。我們談得很高興。

　　我在蘇聯就這樣頭一次享受了一個名人雞尾酒會。

# 星星之火可以燎原

　　不久，為了趕寫論文，我離開待遇較高的廣播電臺，轉到莫大教書，同時從事研究工作。因此見到諾瑪的機會更少了。

　　記得有一次，我曾邀請她們母女，諾瑪和芭芭拉，到不遠的一家電影院，看著名格魯吉亞導演的名作《懺悔》。這是第一部公開揭露克格勃頭子貝里亞殘酷面目的影片。幕剛落下，坐在第一排的我感動得不能自已，不禁鼓起掌來。誰知這微弱的掌聲，頓時從我坐的那個角落，撥動了觀眾的心弦，在那能容納數千人的大廳裡，此起彼伏經久不息。我很激動，這才懂得星星之火可以燎原。

　　那時，莫斯科車不多，我還經常開車外出，沒有那麼多顧慮。看了電影，諾瑪建議我去她家坐一會兒。多年不見，原來兩夫婦已經離婚了。這個消息有如天上一聲霹靂，絕對沒有想到。那時，她兩個孩子都在莫大化學系畢業了。巴芭拉嫁給物理系一個博士畢業生。

　　諾瑪還告訴我一件令人遺憾的事情：某年夏天，巴芭拉夫妻去農村玩兒時，丈夫喝酒無節制，把美國奶奶送的金圓也拿去換美酒。這可闖禍了，被判了五年徒刑。最後，好不容易才爭取到減刑執行。虧得有這位擅於交際的外籍黨員母親，再加上女婿「表現良好」，只坐了三年就獲釋出獄。

# 社會主義國家的工作作風

　　問到諾瑪為什麼要離婚，引起我注意的原因之一，是亨利工作不順心，跟領導關係不好。

　　雖然中央領導重視亨利，把他安排到三個化工部門工作，滿以為美國佬的先進技術，通過這個活管道，可以不斷地流入。這說來容易，做來卻不簡單。

　　原來，亨利手下的實驗人員，特別是婦女（她們又占多數），對他嚴格要求遵守紀律的管理風格十分不滿。在亨利看來，工作就是工作，一切雜事，一切雜念，都應該把它們留在家裡。特別是那在工作時間排隊買進口貨的事，亨利‧雅克維奇是絕對不能容忍的。但看在普通蘇聯人的眼裡，這位美國人也太狠了；還是過去的社會主義好過，起碼多點人情味。

　　雖然，跟亨利有衝突的領導早已被換下去了，但工作人員的老毛病卻是不治之症，周而復始。其後果是，兩三年內實驗室裡有將而無兵。

# 印度教徒新夫人有貓陪嫁

　　報告打到中央，換了新上司，個人關係改善，實驗室裡也還是只有一個亨利。早上，晚上，按時上班。改善生產的建議書，整整齊齊地堆在桌上，數量越來越多。

　　就在這當兒，老婆孩子卻都鬧著要回美國去。但亨利，一個男子漢大丈夫，怎能功敗垂成、中途而退呢？在這個危機時刻，如果出現一個第三者，等於是一條導火線，一觸即發。後來，第三者果然出現了，諾瑪原本的那個家庭終於不能保存住。

　　據諾瑪說，他們已經分了房子，兒子已先行一步回美國去了。母親諾瑪不等女婿出獄，還不放心起程。

　　亨利把老婆休了，找了一個年齡相仿的女士，帶著一個十幾歲的女兒。這位長年打赤腳的女子，卻是一位虔誠的印度教徒，除了女兒外，還帶著十五隻貓族做陪嫁。據說，大小貓兒們整日在兩小間的書架和櫃子上東跳西跑，好不快樂！在我看來，新婦入房後，好像對女兒和貓族更有興趣。

　　據說，一般人三餐會吃的食品中，印度教徒有百分之七十是禁吃的，而且是一丁點兒也不能入口，哪怕座上有佳賓在。

　　我記得有一次被邀作客。亨利坐在櫥房裡，將發出各種不同叫聲的小貓一一做了介紹，包括牠們的毛色與品種，如數家珍。這位男主人，為人溫和，從不發脾氣。十幾隻貓給家裡帶來的麻煩和臭氣，以及由於食品節制所帶來的饑餓，他都忍了。

# 亨利需要一個家

　　亨利需要一個家！

　　我去看亨利時，他會很親熱地叫出這隻貓或那隻貓的名字，介紹牠們的習性。在我看來，亨利的忍耐力，真是跟天使一般啊！

　　然而，貓的數量，除了天然繁殖，也隨著女主人的憐憫心，不斷增加。她簡直是把沒有家的所有野貓都收下來了。這種耐心真是令人佩服。不過，這也意味到：亨利需要一個更大的家！

　　印度教妻子的女兒成人出嫁後，分家另起爐灶，生了一個小寶寶。新夫人這時向亨利提出要求：他這位高薪美國佬，必須按月向女兒女婿小倆口付一筆補助金。

# 亨利畢竟是在西方社會長大的

　　關於補助金的這項要求，可狠狠擊中了亨利的要害。

　　離婚後，聰明的諾瑪在她回美的歸途中，早已把全部存款取出——這也未免太過分了！但仔細想想，諾瑪不是職業婦女，回去已沒有了家，你不得意另找女人，這又是誰的過錯？當然囉！雙方應該留下商量的餘地。

　　現在，這位新夫人竟又伸手要錢。亨利的想法是：「年輕的父母本身有工作，他們年老的爸媽有什麼理由要去培養下一代的寄生思想？」結果，此一原則性問題，最後竟演變成亨利第二次婚姻的破裂。

　　故事到此暫時告終。讀者大概還記得我在亨利五十大壽時認識的羅大胖子吧？關於他的身世還可以繼續講下去。

# 羅大胖子的遭遇
## 寶貴的檔案和回憶錄不翼而飛

　　享用過亨利五十歲生日餐宴後一段時間，為了還請他們一家人，我與丈夫邀請他們來家裡吃一頓中國飯。此外，我決定把羅果夫也請來作陪——實際上我對他的身世頗感興趣。

　　當天，羅老頭滿心歡喜，還拿去了我丈夫書架上一本在西方出版的，關於斯諾（Edgar Snow）的書，裡面附有許多圖片。

　　這以後，我才知道羅果夫過著獨居的生活。獨居加上走動不便，因此，我每去電話時，他總是要我代買一箱保加利亞紅酒。反正有車（外祖父留給我們的遺產買的），他又住得不遠，所以我也總是遵命照辦不誤。

　　公寓裡有間屋，讓老頭兒一人獨住，其他都是公用住房。我進門時，見他一人坐在一張簡陋的小桌前，用兩根食指慢吞吞地打字。我後來觀察到，他打字時，不時會來上一口葡萄酒——因為，美酒既能化食又有助於回憶那轟轟烈烈的往事啊。

　　他屋裡只有兩個書架，和一張沒有鋪毯的行軍床。我忍不住問他：黨中央為什麼不替他請一個打字員？他把手一擺，滿肚子牢騷不提也罷，只深深地長歎一口氣。

　　幾年前聽到他去世的消息。我問起他的回憶錄，住在隔壁的鄰居說，人還沒進停屍房，所有的檔案都不見了。我很為老頭兒感到遺憾：若是收藏在檔案庫也罷，就怕這些珍貴的歷史資料，被一些品質惡劣的「同志」用高價賣給西方有關機構或學者。

　　唉，此君年輕時出生入死為國效勞，晚年竟落得如此淒涼下場！「是以聖人之治，虛其心，實其腹，弱其志，強其骨，常使民無知無

欲，使夫智者不敢為也。」（《老子》第三章）此為我中國國粹之偉大發現，誰知老大哥也有這一手！

那次之後，再度與亨利見面已經過了好多年。他也許還在忙著救國，我卻忙著自救，求他介紹離婚律師。我的婚姻，在共同生活十八年之後，終於宣告破產了。這又是另一個人間悲劇！

扭轉乾坤的一九九一年到來了！然而，在此之前，亨利早已對家庭生活心灰意懶。離婚後，獨自生活雖然難受，但起碼可以我行我素，高舉自由的旗幟！

亨利本屬高薪人員，早可以領養老金，但蘇聯解體後，盧布貶值，全國老百姓一視同仁，一般窮，不繼續幹就要餓肚子。因此，直到將近八十歲，亨利才決定退下來。

走之前，亨利把實驗室的鑰匙老老實實交出。遺憾的是，他的舊辦公桌上還放著一疊疊厚重的工作報告、參考意見，等待領導批示，但多年來卻無人問津。

亨利走後，實驗室旁邊的辦公室空空如也，布滿了蜘蛛網。很難讓人相信，在一九五〇年代，曾經有人在這裡從事科研工作，等待一位美國專家來幫助他們建設人類最公平的社會。

# 一生操勞，半輩子孤獨

　　我跟亨利認識快有半個世紀，我們很少見面，相隔太遠了，但時常在電話裡交談。除了我生日和「三八婦女節」，亨利從來不主動給我打電話。但他答應我，每年住院複診眼睛一定通知我，有時間我就去醫院看他。我也隔很長時間，稍空時，想到他，才去個電話。一聊沒完，向他敘述我的近況，有時也發洩發洩遭受的不公平待遇。問起他怎麼樣，只是簡單的幾句，對生活從來不抱怨。放下話筒前，他也從不忘記問候我丈夫。

　　每年，遇到我生日和聖誕節，總要請他來吃頓中餐，互送禮品，大家高興高興，享受家庭團圓的溫暖。去年（二〇〇五年）聖誕節也不例外，只不過他活動不方便，由我兒子接送。我知道他和自己的兩個孩子斷了關係，只有一個妹妹和妹夫住在美國，不時來個電話。這個妹妹和他女兒一直保持著聯繫。

　　記得某年妹妹和妹夫來看亨利，我還當大師傅把他的幾個朋友都請了來熱鬧熱鬧哩。亨利的前妻和孩子們如今都住在加拿大，只有這個妹妹在美國。妹妹曾經邀他去美國同住，但被婉拒了。聽說他的住宅本來要留給妹妹，結果卻變了卦：原來，他曾委託妹妹取出美聯邦福利部門發給他的一筆福利金，但一直沒收到。想來是因為：亨利女兒被教授丈夫所棄，身邊還帶著一個患著過敏症的小孩；妹妹知道哥哥對兒女的態度，因此自作主張把這筆錢處理了。妹妹對此事卻三緘其口，使得亨利懷恨在心吧。

# 用房子換妻子？

原來，亨利視力完全消失後，再不能靠翻譯來補助養老金之不足，他獨力耕生的性格卻不允許他靠別人接濟，於是組織了一個口語班。

就在他的學生當中，出現了一個芳齡三十二，未婚的女企業家，名叫依拉。在亨利病狀加劇時，她對他無微不至地照顧。於是，他們便定下君子協定：亨利逝世後，房子歸她。

不幸的是，癌細胞繼續侵蝕著亨利的肺部，使他生命垂危。就在他臨死前三天，他們舉行了簡單的結婚儀式。我聽說後，去電話表示祝賀。

亨利說：「妳來，來了再給妳解釋。」

那天，他神智還比較清醒，但我有急事，走不開身。次日，我買了一大束黃菊趕去，他已處在嚴重缺氧、呼吸急促的半昏迷狀態。

又兩天後，我在城外新開闢的猶太公墓與他永別。至於他一心一意要建設的、美好的社會主義，已先他一步被埋葬了。

亨利一生同情一切被侮辱、被傷害的人，他是一個理想主義者，而且堅信他的理想不會破滅。

## 後記　夢中

傲霜　先生，請問，我到了何處？

陰司　這是陰間，我是陰司，妳找哪位亡靈？

傲霜　對不起，麻煩你給找找，不久前入土的美國人亨利。

陰司　不錯，確有此人，此君是四十天前來的，妳有入陰許可證嗎？他是妳什麼人？

傲霜　這是我的許可證，我們算是親人。

陰司　談話不許超過十分鐘，妳等一等。

（陰司離去，稍過一會兒，走來一個身穿深黃色西裝的窟隆。面容很模糊，我仔細一看，不錯，就是亨利。我大喜，迎向前去。）

傲霜　亨利！是我，傲霜。我這次來看你，好不容易！有件事必須跟你談。

亨利　啊！是妳，傲霜，妳也來這裡啦！

傲霜　不是，你不要誤會，我還在人間，不過買通了陰司，來此跟你說幾句話。

亨利　看見妳我真高興，依拉好嗎？

傲霜　四十天追悼後，一直未見。你妹妹好像派律師收回你給她的遺產權，依拉那時打電話要我替她做證人，聽說那場官司打贏了，就沒有再去電話。亨利，你走之後，我才悟到，你心裡覺得孩子們和他們母親對你表現的態度很不公平，因此，這麼多年來，你對他們一直懷恨在心。

亨利　別提這些啦！一切已入土了。

傲霜　不，我不希望你飲恨而去。

亨利　一切都很好，我大去前幾天，還跟一個年輕女人結了婚。

傲霜　不錯，我是從第三者那裡知道的，馬上打電話祝賀你。

亨利　對，當時妳說妳要來，我給妳解釋，但是妳沒能來。

傲霜　很遺憾，那天我有些急事不能來。次日，你就因缺氧處在半昏迷狀態了。我把帶來的一束漂亮的菊花放在你面前，才立刻感到你已失明。我讓你聞聞花的芬芳，但你已在痛苦中掙扎，連氧氣袋也無濟於事。可恨的癌細胞直到急救來了，打了針，你才昏迷過去。

亨利　現在諾瑪他們該滿意了，連美國聯邦福利局的撫恤金也給妹妹扣住了，她也夠殘忍的。

傲霜　亨利，你只看到事情的一面。別忘了，一九五〇年代來蘇聯可是你決定的主意。來了以後，你工作不順心，又有外遇，不能怪她。過去在美國，她雖只是個家庭主婦，但為你生兒養女、伺候你的，不就是她嗎？你堂堂博士，不願回去，實際上是把回路堵掉了，你怎能狠心把唯一的幾個親人置於絕地呢？你女兒現在處境很糟，你妹妹的安排應該是合情合理的。你的新夫人伺候你不過幾天，得到的報償已很驚人；再說她是個女強人，不會沒有生路。你不是一向都同情被侮辱、被傷害的人嗎？難道對自己的親女兒竟如此無情？我一向很尊重你，但這一點你做得不對。我是你的朋友，才直言不諱。如果你不反悔，會永遠受到良心責備的。

亨利　真沒想到妳是來教訓我的！好漢做事好漢當，我一生的過失，全部責任由我來負。謝謝妳，希望妳多加保重！

陰司　時間到了，請離開此間。

傲霜　亨利，不要悲傷，我會到你的墳前，來給你獻花的！

（他好像擺了擺手，消失在黑暗中。）

# 第十九章

世界瀕臨戰爭邊緣

* 蘇聯不給中國核彈
* 赫魯雪夫獨斷獨行，吃了閉門羹
* 柏林牆一夜平地而起
* 東德自由戰士壯舉纍纍
* 勃列日涅夫的天下
* 蘇聯社會主義較之中國有更人性的一面
* 職業婦女的苦衷
* 宇航員上天，現場直播
* 放妻子游泳，可別游走了！

# 蘇聯不給中國核彈

　　一九六〇年代，國際政局大變，世界幾乎瀕於戰爭邊緣。

　　一九五四年，毛澤東大張旗鼓打算解放臺灣，同時伸手向蘇聯要核武器。

　　五七年，莫斯科舉行六十四國共產黨高峰會議。毛澤東在會上說道：「戰爭爆發（指核戰爭）……嚴重的話，死掉一半人，還有一半。但帝國主義消滅了，全世界成了社會主義。」（這些極機密的小道消息，自然不會出現在電視、廣播頻道上，再說參會代表受驚不小，一時還回不過神來。）

　　一九五八年，毛澤東下令砲轟金門，美國艦隊馳入臺灣海峽，眼看戰爭一觸即發。緊接著是莫斯科和北京之間頻繁的外交接觸。葛羅米柯去北京探察情況。

　　次年，劉少奇來蘇，做出風裡雨裡友誼長青的姿態。已經晚了！山雨欲來風滿樓，他回去已自身難保。

　　赫魯雪夫悟到毛急不可耐地要蘇聯的核彈，是為了要統治世界。於是懸崖勒馬，下令拖延核技術轉讓，並抨擊毛關於世界要靠戰爭進入社會主義的斷言。赫魯雪夫的想法，贏得了大多數共產國家領導人的讚許。兩國兩黨的關係，遂日漸走下坡路。雙方撤回專家。

　　我們華語部的文字編輯和廣播員，不久後便停止上班，應召回國。於是兩個兄弟國家之間，通過報紙、廣播等媒介，展開了一場驚天動地的論戰。華語部的反華材料，實際上是《真理報》長篇社論的翻版，以copy的形式，二十四小時不斷地播出。你罵我是右傾修正主義，我咒你

是左傾教條主義，雙方都以真理唯一主宰者的姿態自居，非把對方罵得你死我活，唯我獨尊。

歷史告訴我們，中世紀的宗教戰爭，也是從相信同一個上帝的雙方交鋒起來，演變成死敵。最後，大動干戈，混戰整整三十年，死傷千萬人，才肯甘休。

中蘇兩國的友誼，也在小小的珍寶島上檢驗了它的「堅固性」。這場於一九六〇年代末期，由毛澤東挑起的衝突，是因為兩國在這一段的邊界線當時還沒有確定下來，暫以航道中間為界。但航道取決於水位而會有所變化，因此那個無人居住的小島便時而轉手。

「文革」期間，毛澤東因為急於製造假想敵，以轉移國內的矛盾，竟然以一個團的兵力投向鎮守小島的蘇聯邊防軍。蘇方也不甘示弱，以重火力的火箭砲相迎，使中方受到慘重損失。等蘇方悟到這場衝突的愚蠢性，才從幾乎已不存在的小島上撤走大軍，聽任中國宣布自己是戰勝者，讓五星紅旗在才方寸大卻彈坑如麻的焦土上迎風飄揚。好在蘇共還沒有完全喪失現實感，否則，只好在小島消失後，派軍艦對付兄弟國家的人海戰……

而在此之前的六二年，中國的核彈，終於在幾千萬中國人民的白骨堆上，爆炸成功了。緊接著全國進入戰爭狀態，把整個經濟納入「備戰備荒」的軌道。那時，中國民間流傳著「深挖洞，廣積糧，備戰備荒為人民」的歌謠。在偏僻的西北地區出現了一個又一個的分校、分院、分部……老大哥「蘇修」被視為頭號敵人。嫁給中國留學生的蘇聯婦女拋棄了丈夫，帶著孩子，趕著最後一架班機逃之夭夭。只有極少數的賢妻良母才堅守崗位，決定與她們的愛人同甘苦、共患難。中蘇民間的來往，只有少數人可以訴諸通信形式。

我們的克格勃，也不甘示弱，對我這個不中不西的混血人立即予以緊密監視。但他們始終弄不明白，我為何如此珍惜手中的中國護照，直到本世紀末才願意接受俄羅斯國籍。這個謎底始終揭不開。而我的祖

國，把一切可能的原因排除開了，只能把我認作是一個難得的愛國主義者。如果真是如此，那麼我們的克格勃就更應該提高警惕了。

那時，我的電話已是二十四小時被竊聽，同親人的每封來信也要由投誠過來的中共高級知識分子官員翻譯檢查過。為了加足壓力，在反華高潮時，原本藍卡居留證每兩年延簽一次的規定，也逐步縮短為兩個月。從五七年到八七年，中蘇關係未恢復友好的三十年裡，我始終被「囚」在這個世界上最大的監獄中，為生存自由而奮鬥。

核試爆雖然成功了，但撤回專家，對我們的編輯部卻無疑是個損失。因為，在本地招來的翻譯嚴重缺乏專業訓練，稿件必須經過審查和加工潤稿才行。然而，我們的文字編輯已回國，廣播員也只會說中國話，又哪裡懂得廣播員必須具備特殊的條件，必須受過專門的訓練呢？如果說，過去我們的廣播質量可以同「美國之音」比美，那麼現在已是一落千丈，不能與當年同日而語，連歐洲的大電臺，我們也望塵莫及。嗚呼哀哉！

# 赫魯雪夫獨斷獨行，吃了閉門羹

　　一九六〇年代，古巴的卡斯楚與美國總統甘迺迪彼此已成了不共戴天之敵。這位永遠不疲倦的演說家，總想治一治美國佬。於是就與他親密無間的難兄難弟赫魯雪夫，演出了驚心動魄幾乎導致世界大戰的一幕戲。

　　從地理位置來說，古巴是美國的近鄰，有了彈道導彈，你這國際憲兵（或說警察）不老實的話，我古巴只用一顆短程彈道導彈，就能給你個厲害看。兩位商量好了，不多幾時，「自由之島」上便建築起一座彈道導彈發射場。於是載著蘇聯導彈的海船，便在潛艇的護送下，無聲無息地，一艘接著一艘，從大洋此岸開往古巴。

　　這個冒險行動，實際上就意味著把可能發生的戰爭核心，轉移到從未嚐過戰爭煙火的美利堅眾和國本土。誰知，我們總書記的如意算盤卻被高度警惕的美國潛艇部隊發現了。美國人給不速之客規定了一條不可逾越的界線，逾界則將開火。全世界都摒住呼吸，眼睜睜注視著蘇聯船隻向界線靠近，然後按兵不動。世界核彈大戰的火藥味驚動了兩個列強，於是雙方互相威脅，又互相指責此一事件可能造成的後果。幸好，一場幾乎導致世界大戰的風波，最終通過複雜的外交途徑被撲滅了。

　　理智戰勝了激情，載著火箭的蘇聯船隻乖乖地開了回去，使人類避免了一場可怕的災難。

# 柏林圍牆一夜平地而起

　　一波未平，一波又起。我們的總書記，肚裡的鬼胎也真不少。看來，他天天都在為這半個世界的安全輾轉難眠。導彈送不過去，也要解解氣。至少要把「二戰」的成果固定下來，把西柏林變成一個孤島，不讓東西德人隨時過界，探親訪友，或做些不可告人的事。否則，將是對蘇聯的一個無法鬆懈的威脅。

　　東德是以蘇聯為首的社會主義陣營的前哨陣地，必須要把它用軍事工事和鐵絲網封鎖起來，不讓東柏林居民隨時去到西柏林，以致因看到資本主義世界的繁華景象而弄得魂不守舍。於是乾脆樹起一道牆，把那些好看、好吃、好玩兒的東西，封殺在牆外。正如我們老祖宗所說的：「虛其心，實其腹……常使民無知無欲。」

　　赫魯雪夫的壯舉，與秦始皇修築萬里長城如出一轍，只是青出於藍而勝於藍。此後，社會主義的東柏林和資本主義的西柏林如隔兩世，老死不相往來。而被高牆隔絕的西柏林，這時期不啻一座孤島，一切急用物資只能靠飛機空運過來。

# 東德自由戰士壯舉累累

事實證明，《道德經》的作者的確把知識分子看扁了。幾十年來，鐵幕雖然高聳嚴密，卻不時傳來愛自由勝過生命的勇士們千方百計地從天上、從海上、從陸地上越過總書記的「傑作」，從東柏林逃往西柏林的驚人消息。看來，人們的想像力並不亞於蘇共總書記。

記得當年西德《鏡報》曾經發表以下一則震驚世界、轟動一時的通訊：

有一位學過物理的東德居民，大概生來就是個幸運兒，住在離柏林圍牆很近的一座樓房裡。一天，他忽然心生一計，花了一年的工夫，把遠遠近近布店裡的白布都買到家裡，讓老婆用縫紉機接成一個大球，準備在裡面灌上氫氣，下面再掛上一個特製的大籃子。到了冬季裡的某天，天將霍霍變渾黑的當兒，全家五口人——兩個大人，三個孩子，在附近的小林子，悄悄地坐進籃子裡，按著預先測試好的大氣流向，在氣球灌足了氫氣那一刻霍然騰空而起，順著向西柏林颳著的風向移動。不出十分鐘，五個人和他們的運載工具已安全降落在某一街道上了！當時，他們還不知道自己交了好運，看見行人便追問：「這是西柏林還是東柏林？」

奇怪的是，平時很警惕的東德邊防軍根本沒有發現這個奇異的氣球。要不是西方的媒體已大肆報導，拍手稱快，東德的邊防軍恐怕連做夢都不會想到竟有這麼會動腦筋的德國人吧？聽說，過去他們在站崗的時候，甚少把目光伸向天空去。可憐，這下子不知道將有多少人會因此「熱氣球事件」失去軍銜，或甚至掉腦袋。不過，話說回來，這一家人的脫逃成功，靠的不但是勇氣，還需要運氣哩。

一九八九年，我曾和丈夫高辟天應邀赴西德探親訪友。第一站便是西柏林，我們應該在那裡等待從西德開來的小汽車接我們。火車早到一天，因此需要有一個落腳和過夜的地方。在此以前，我去波恩參加會議時，一位素不相識，在西柏林大學學中文的女士，請我們在她家住兩三天，順便參觀一下西柏林的名勝。

　　很巧，那位女士和她丈夫──一位醫生，就住在柏林牆旁。從她家花園的盡頭，彎下腰去，伸手已可摸到東柏林放哨處的土地。從他們家走出，在伸向柏林牆的一條街上，幾乎每隔幾步路，就有一個墳墓和墓碑，碑上刻著：某年某月某日某一個東德居民，曾試圖偷越柏林牆，未遂被槍殺。當時也有從波羅地海水溫接近於零的地方，身穿皮製保暖服，向西潛水到東海西德境內。

　　次日，朋友帶我們去看柏林牆。牆上畫滿了眾多漫畫和呼籲性的標語，諸如：「戈比（戈巴契夫）快把石門打開！」之類的口號。誰知，一年以後這座牆果然被推翻了。

　　至於圍牆的總工程師赫魯雪夫，早就在他六四年年底度假之際，被政治局集體做出的決定，以主觀主義、唯意志論者的罪名撤銷了總書記的職責。當年的政變一時引得人心惶惶，大家都深恐國家會回到史達林時代。看來黨內領導班子對那個時代也深惡而痛絕之，因此，「沒啥事兒」！不過，提到赫魯雪夫把美好的克里米亞半島劃歸烏克蘭一事，拿阿Q的話來說，卻是「十分媽媽的」。說明這位過去的總書記太沒有遠見了。

# 勃列日涅夫的天下

　　多事的一九六〇年代，以六八年「布拉格之春」被血腥鎮壓而接近尾聲。

　　七〇年代的勃列日涅夫，正如《阿Q正傳》所說：

> 看見死的死了，降的降了，「臣誠惶誠恐死罪死罪」，他於是沒
> 有了敵人，沒有了對手，沒有了朋友，只有自己在上，一個，孤
> 另另，淒涼，寂寞，便反而感到了勝利的悲哀。

　　於是，此君對思想異己者採取了比較溫和的辦法：乾脆把你驅逐到願意收留你的國家。

　　當時，諸如諾貝爾文學獎得主索忍尼辛、詩人布羅茨基和其他反蘇作家，都同樣遭遇到被驅逐、流放的命運。所不同者，有的作家在未被流放國外之前，曾在鐵窗裡，因莫須有的罪名而服刑。例如精通德語的科貝列夫，「二戰」剛結束，身為蘇聯軍官的他，因同情普通的德國人，而被投入甄別集中營。被流放後，他曾在回憶錄裡，揭發並譴責蘇軍在德國占領區，對和平居民犯下的滔天罪行。

　　至於帕斯捷爾納克，他雖因小說《齊瓦哥醫生》而獲得諾貝爾獎，卻由於不願出國而遲遲拿不到獎金。相反地，在他之後，因《靜靜的頓河》獲獎的蕭洛霍夫，不但能往來無阻，還在頒獎儀式上發表了熱情激昂的演說。唉，二人的情況真是不可同日而語啊。據說，頒發這個獎給蕭，是為了表示諾貝爾獎金委員會大公無私。是嗎？

事實上，蕭洛霍夫的先驅者帕斯捷爾納克，曾經苦苦哀求當局不要把他流放國外。因為，他的身世畢竟與別人不一樣。他早年曾與馬雅科夫斯基同是蘇維埃政權的同情者，也是一位進步詩人。所以，年邁的他對祖國這片土地的眷戀之情，其實是可以理解的；儘管他的雙親一直住在牛津，父親是位著名的畫家。

　　另有一說，也完全可能成立。據說，作家當年獲獎時，正熱戀著一位叫依文斯基的女士，後者在某出版社任編輯。赫魯雪夫要放逐帕斯捷爾納克的理由，是因為他的《齊瓦哥醫生》由於在國內長期未能出版，於是作者決定讓它先在國外問世。「家醜不可外揚」，詩人犯了這一條，反蘇的罪名就算成立，當局便能把你請走。合法妻子同行，也是理所當然，但情婦不包括在內。對熱戀中的帕斯捷爾納克，這顯然是不可捨離的。

　　當然對一般異己分子的待遇，不會包括薩哈羅夫那樣的人物。薩哈羅夫乾脆被當局幽禁在一個不算小的城市裡，亦即以舉世聞名的作家高爾基命名的城市。

　　值得一提的是，高爾基這個詞還有「苦」的涵義，如果改成副詞詞尾，就變成婚禮上常用的字眼：「苦啊！苦啊！」以此催逼新婚夫婦，在眾人面前甜甜地吻一下，才算過癮。

　　這個「苦城」，當時「有幸」成為了薩哈羅夫的流放地。由他夫人，堅定的民主戰士波內爾女士，來回輾轉於被囚禁的丈夫和外界之間，傳遞口信。這當然使當局感到十分刺眼。儘管已被幽禁起來，我們輝煌的克格勃，卻仍用各種非法手段，想迫使薩哈羅夫承認錯誤。但看來異己分子名聲越大，當局越不敢亂惹。不要忘記，薩哈羅夫是氫彈之父，稍有不慎，在國際上會立刻引起軒然大波。

　　別說氫彈之父，甚至那些在政治上「不老實」的庶民也早已有一個清單，放在白宮的檔案中。不過，美國動不動便會在大庭廣眾當中，跟你要人，使得蘇聯當局常常感到有些灰頭土臉。

　　蘇聯國內的軍事法庭也沒閒過，隔不久就會開庭審判某一叛國案件，弄得舉國上下風聲鶴唳，草木皆兵。雖說如此，諷刺那年邁貪婪的總書記的政治笑話，仍然像雨後春筍般不斷出現，風行一時。在平民百姓家那六平米大的廚房裡，老老小小都成了這些笑話的傳播者。

# 蘇聯社會主義較之中國有更人性的一面

　　俄羅斯人是個富有幽默感的民族。說笑話的人總是一本正經，說著說著，聽者中突然就爆出哈哈大笑，然後嘎然而止，因為笑話已達到最高潮。笑話的種類，一般可以分成政治、歷史、民族等許多類別。不管什麼笑話，對說者和聽者來說都是一種享受。例如，諷刺總書記的笑話就有這樣一則：

> 勃列日涅夫率領政治局一行五人坐飛機出訪某國，途中發生空難，飛機底層嚴重塌下，好在每人都抓住了一根皮帶吊在機中。這時候機長宣布，由於飛機過重，只能負載四人。此時，總書記一本正經地，像在歷屆黨代會上發言那樣說道：「我向全場聲明，我將鬆手跳下！」話音未落，立刻爆出經久不息的暴風雨般的掌聲。

　　如果俄語不是你的母語，不但解讀笑話不容易，想要像俄國人那樣講一個笑話也幾乎不可能。因為，講笑話必須具備豐富的國情知識，精通語言。我已來蘇聯很久，每聽人家講笑話，聽的人津津有味，忽然爆出哄堂大笑，而我卻仍蒙在鼓裡，糊裡糊塗，聽不出所以然來。這實在不是味兒，對牛彈琴，好不尷尬。

　　對領導人的愚蠢、笨拙、狡點，用笑話的方式加以諷刺，在當時，是反對專制制度最巧妙的武器，既安全又過癮，早已成為一種社會風尚。兩個或幾個朋友相見，一陣寒暄之後，總有一人會若無其事地問對

方：「聽見了這個笑話嗎？」作為開場白。對方也會把自己撿來的新產品兜出來，供大家享受。這種對抗形式，夾雜著其他類型的笑話，一傳十，十傳百，頓時傳遍了「遼闊廣大的祖國」。他的作者絕大多數是知識分子，包括以自嘲為榮的黨內人士。遇到家裡請客，或出門作客，交換幾個新出籠的笑話，真叫其樂無窮。於是笑話以人傳，人以笑話傳，精彩的笑話便家喻戶曉了。

相聲晚會上，常有諷刺演員在大庭廣眾前盡其諷刺之能事。正因為笑話成了人們喜聞樂見的藝術形式，說笑者的安全絕對有保障。史達林時代已一去不復返，向有關機構打小報告檢舉某人的做法，已為人們所深惡痛絕，於是國人的優點特長更可大大發揮了。政治笑話之盛行，早在赫魯雪夫時代已然蔚為風氣。

然而，在多黨制、市場經濟的今天，政治笑話這一體裁似乎已銷聲匿跡，頂多能聽到以市場經濟的產物——俄國新貴為嘲諷對象的笑話，但那已是淡而無味的幽默，而且壽命也極短，未老先衰。可喜的是，最近我又聽到了好幾個精彩的笑話。看來，這個民族的「國粹」之一的幽默感，是不會隨時代而消失的。

再拿音樂來說，甚至在史達林當政的年代中，西方的古典音樂、古典文學藝術，也從未成為被批評打擊的對象。原因是，俄羅斯文化和歐美文化實同出一源，對它的傷害，等於閹割自己的文化傳統。史達林還沒愚蠢到這個地步。但在迫害異己、打擊政敵這方面，只有東方共產國家的領袖們能與之較量。那麼，究竟有多少無辜者被槍殺、流放而死於非命呢？統計數字告訴我們，被鎮壓的人數遠遠超過在「二戰」中犧牲的人數。可悲的是，史達林晚年對其左近都不能容忍，疑心重重，以致在三更半夜開槍錯殺其愛妻。另一說是，她對丈夫已變成一個蓋世魔王而有所非議，遂遭此橫禍。事實真相，至今還被塵封在歷史的黑暗中。

# 職業婦女的苦衷

　　我們華語部的責任翻譯是一位第三國際的老黨員，一九三〇年代，照說也該被打成托派被流放到西伯利亞。我就認識一個叫郭肇堂的第三國際成員，據說還是周恩來的老戰友，有一個波蘭老婆，他們的孩子剛出世，父母雙雙被流放，女兒被完全陌生的人收養，等母親、父親先後被放回來，她已是個三十歲的成人，認不出父母來了。要不是她父親在集中營當上了廚師，恐怕早就在極北地區送了命。

　　我們的責任編輯是否也遭到同樣命運，我無從得知。只知道他原來好像姓陳，還是我們四川人，跟一個烏克蘭女人結了婚。來蘇以後，他的陳姓早已被忘卻，由神聖的第三國際成員的俄文姓斯塔坎諾夫所取代。這個俄文姓的詞根「斯塔坎」是杯子的意思，很容易記住。

　　在辦公室裡，我們兩人位置靠得很近。他好像不願意提過去的事，我也沒有問過。這位老黨員性格和善，從不發脾氣，編輯部裡一直安然無事。斯塔坎諾夫有慢性肺病，他每年有兩個月的假期，到專門治療肺結核症的療養院養病。這是肺病患者都能享受的優惠。按說肺病在蘇聯早已被消滅，這種個別的病例，顯然有它不可告人的緣由。沒想到這位同事，結果卻是因心臟病發作而離開人間。據說，從事同聲傳譯（即同步口譯）的翻譯員壽命很短，而宣傳部門的文字翻譯僅居其後。真是如此嗎？

　　我這位同鄉不辭而別後，編輯部主任任命我為責任翻譯。這個任務看來很簡單。稿子一來，由你斟酌廣播時間的先後和翻譯的快慢，分發

給其他翻譯就完了。責任翻譯的決定從來沒有人質疑或討論過。我雖然同第三國際無關，但因是科班出身，獲得領導的信任。

做了責任翻譯後，我從沒把自己不喜歡的稿件全部推給別的翻譯。比如，音樂節目有大量的名稱：作曲家、演奏家、演唱家的姓名、曲名，繁瑣而乏味。我總希望掌握好「己所不欲勿施於人」的原則，做到公平合理。

誰知，這時部裡又新添了一對夫婦。妻子是道地的北京人，擔任廣播員補缺，學歷不高，她為人粗暴、火氣十足的丈夫則做翻譯。後者是中俄混血。部裡因奇缺人員，這對夫妻是從邊遠地區調來的。他們出現以後，要我——這個從沒當過領導的人——發稿就成了一件頭疼的事。

稿件有長短，有難易，當了頭頭兒，分稿時就得考慮到每個翻譯的素質，否則翻出的文章語無倫次，對工作不利。所以，哪篇稿子給什麼人，就不能放任自流。但是那對夫婦，尤其是男的，根本缺少最起碼的人格——他基於嫉妒，因此就盡量搗亂。我這粗心的毛病抓到他們手裡，夫唱婦隨，隨時捅你一刀。他老婆在讀稿時，發現翻譯把明天寫成後天，上午寫成下午，不像編輯部一般的程序——向監聽反映，及時修改了事，卻像躲在草堆裡的毒蛇暫不做聲，等稿件直播出去才告你一狀。在這種氣氛下，讓人提心吊膽，隨時害怕掉入陷阱，也就更難提高稿件的質量和翻譯的速度了。

# 宇航員上天，現場直播

　　我自從被接受為二級翻譯，由於語法上的障礙，經年累月要在工作上全力以赴。還要經常閱讀中文的報刊，因此沒有更多的時間從事俄語閱讀。

　　身在語言環境中，進步最大的還是口語。好在廣播語言口語性較強，所以在不到五年的工夫裡，便從二級翻譯升到一級翻譯，又從一級升為特級翻譯。

　　從業務來說，我是部裡唯一有新聞專業的資深翻譯，所以一直受重用。蘇聯宇航員上天，即指定由我在直播室，一面觀看電視裡的現場報導，一面用華語直播。

　　這個任務比現場報導更難，需要發揮同聲傳譯的技能，而我又缺乏這方面的訓練，只好兩隻眼睛盯著電視螢幕，一隻耳朵聽俄語的現場報導，一隻耳朵控制我自己近於同聲傳譯的中文現場報導。

　　這顯然是一個高難課題，領導竟把它交給我！我並沒有因此而自豪，只擔心自己不能像一個職業記者兼翻譯去完成它。但又退一步想，如果在中國，是絕不會讓我去完成這樣一個重任的。何況當時蘇聯，還是世界上第一個宇航員上天的國家呢！好在這樣的場合只有過兩次，第二次是女宇航員上天。我實在太沒受訓練了，能差強人意地完成任務，也是值得我光榮的一件事。

　　我在電臺工作的九年中，只有文藝廣播的特寫能引起我的興趣，其他稿件千篇一律，加以時間和計件制的苛求，不能令人滿足。唯一能聊

以自慰的是，常年從事這一工作，對我日後的漢語研究，積下了難得的
知識和經驗，使我能從另一個角度去認識我的母語。

　　在這些漫長的歲月裡，我從未拜訪過我們的駐蘇使館，只是五年一
次去領事處延簽護照，也從未接到過節日邀請信。不難想像，這類信件
早被高度警惕的保安部門扣留，也說不定我們這一流，早就被認為是叛
國分子而不屑一顧。但要我去和那些毛派分子打交道，我還真沒有那個
興趣，寧肯老死不相往來。如果蘇方曾經任意扣留我的信件，那顯然是
違反人權的做法。在中蘇兩國的爭論上，我自有我的看法，可以公開地
表態。

# 放妻子去游泳，可別游走了！

　　記得來蘇不久，我曾提醒瓦良，他在中國對我做出的許諾—讓我到業餘跳水團體去跳水。我去了，在下班後的一個晚上，好容易找到了那個體育館，卻沒找到一個認識的熟人。像一個外星人似的在幽暗的燈光下，上了幾次跳板。跳板雖然很標準，有良好的彈跳力，但缺少的是藍色的天空，熱鬧的人群，鼓勵你下水的炎熱的太陽。我感到十分乏味，換好衣服，走出體育館，天地間漆黑一片。我決定再不來了，而且感覺到蘇聯並沒有業餘體育組織，都是專業團體，培養頂尖運動員。

　　回到家裡已十一點左右。那天我之所以能走開，是因為公婆來了。公公見我回來得晚，小聲地對他兒子用雙關語諷刺道：「你可得把老婆看緊點兒，游泳千萬別連人也游走了！」丈夫聽了無言以對。大概認為父親說得有道理，將來應該以此為戒。

　　誰知瓦良對我已另有打算。我在電臺工作，早出晚歸，他早已有意見，要我離開電臺考莫大研究生，先從函授開始。這一來給我的壓力更大。我在大學學的是一門實用科目，現在要我從零開始搞研究，還要負擔一家人的生活，我有天大的本事也難以勝任。加上丈夫常犯羊癲瘋，精神不好，被迫升為一級殘廢。更糟的是，他從對我懷疑，轉而對樓上鄰居也生疑，說是他們奉克格勃之命整他，因為他的妻子是中國人（多麼奇怪的邏輯）！

　　儘管瓦良是一級殘廢，但並不影響他的性欲。就像中國共產黨每隔一年要來一次整風，我每隔一年也得去做一次流產。好在那時我已經有點兒共產主義化了，忘了做流產就是殺害自己的親子女。我因為妊娠中

毒嚴重，以致影響工作效率，胎兒還不到兩個月，我就急不可待地要去醫院擺脫它。要是我當時是一個虔誠的教徒，那麼生下的寶寶肯定能組織一個幼稚園或足球隊。不過，我丈夫對我的境遇卻視若無睹。

在電臺工作待遇雖然高，允許你去旅遊，在政治上較鬆動時，看在我外國護照的面子，還能去歐洲探親，但唯有中國不許去，有去無回。當然，如果像列寧教導我們：「他不是朋友，就是敵人。」當時，對我的態度是朋友還是敵人，在於我是否願意在工作之餘，再參加保衛蘇維埃政權的活動，憑藉著我的中國護照左右逢源。好在我不屬於一次大戰時瑪特哈利類型的女性，因此不但保住了生命，也保全了人格。

一九七九年，阿富汗戰爭爆發前夕，憑著我的中國護照，生平第一次來到我第二祖國，我母親的故國，我童年夢幻中的聖地。這是在聖誕節之夜，小弟開車把我送到附近的天主教堂。我點燃了一枝蠟燭，拜倒在燈火輝煌，沉浸在布滿鮮花的聖殿前，為我親愛的母親在天之靈，向上蒼禱告永遠保佑她，保佑她的孩子們、孫子們和所有的子孫後代，也保佑她曾經愛過的父親。他雖然背棄了母親，但正如時霖在父親壽終歸地府時所說：「鳥死其鳴亦哀，人死起言亦善。」

三十一號除夕，我本想趕回來辭舊迎新，不巧只買到次日的票。列車在華沙放走了最後一個趕回家過年的波蘭人。車廂裡就剩下我和一個來莫大進修的西德人和兩位列車員。我同那位名叫艾德蒙的西德俄語教師，可以說是一見如故。

等到列車進入邊界站停下換軌時，一隊武裝到牙齒的邊防軍，開始檢查護照。西德護照，打開來連看也沒看一眼，就還給原主。當我這個堂堂社會主義大國的護照拿到他手裡時，卻翻來覆去，幾乎要用放大鏡一頁頁找出不存在的密碼，並且要我把全部行李都拿到相距很遠的海關去檢查。

大箱子好在有我的新相識幫著提到海關，那時，海關大廳就只見到我一個旅客。「史達林和毛怎麼不聽我們了？」我心裡暗自想道。檢查

行李，那仔細的程度，猶如抄家一樣，結果丟了兩條燈絨褲，沒收了小弟搗亂故意塞進我行李的一套美人圖撲克牌，說這是送給蘇聯海關的禮物。

此後，我們在西德的朋友已遍天下。十年來，斷斷續續總有一些從西德來的旅遊團，他們經常隨著那位在德國中學裡教俄語的好友來拜訪我們。一頓膾炙人口的中國晚餐，配上萊茵河的葡萄美酒，一場交心的談話，更增進了我們的友誼。在莫斯科西德學校任教的老師，更是我們座上賓。

有來有往，我們那輛掛外籍車主白牌的小汽車，也不時出現在與外界隔絕、戒備森嚴的外國人居住區。雖然「當局」明知車裡坐著的是那個不聽擺布的外國人和她的蘇聯丈夫，但勃列日涅夫時代，同西方的交往很頻繁，除非訪問的對像是一位官場人士或著名記者，何必為了這四不像的中國人去火中取栗？

然而，在回家途中偶爾也可能遇到下述情形：一輛汽車不遠不近地跟在你後面，到了陰暗無人的馬路上，讓你停車，出示駕駛證。當他們問起我旁邊坐著的是哪一位時，我也很客氣地介紹說：「我丈夫。」接著是一聲：「請吧。」言外之意大概是：「你們的勾當都在我們手掌中，還是老實點。」

# 第二十章

## 在黑海的驚濤駭浪上蕩漾

* 旅遊的第一目的地

* 「立陶宛號」駛向外高加索海岸

* 克里米亞在前方

* 波羅地海之行

* 第一次搬家

* 「被害妄想」最初的徵兆

* 長途跋涉去夏令營看兒子

# 旅遊的第一目的地

　　原先，在小瓦尼亞難產出世時，丈夫就拿蘇聯奧德薩著名眼科研究所來安慰我；雖然我們兩人都不相信奇蹟，但這一行早在計畫之內，只因瓦良的手術和其他因素干擾，以致未曾實現。

　　女兒出生後，夏天被奶奶帶到她心愛的農村老家去了。瑪琳娜是一個又聽話又可愛的小女孩兒，剛開始說話，已學會用鮮花編織花環，戴在頭上，活像一個小公主。她很想跟妞拉奶奶養的那群雞鴨為伴，誰知那些有翅膀的蠢物卻一點兒也不領情。

　　寂寞的小女孩最怕的是，牧羊人揮動著鞭子，把一大群牲口趕過門前，去大草地吃草。瑪琳娜老遠聽見牧羊人的吆喝聲，揮動起他的響鞭，便立刻躲到奶奶那好幾層厚的裙子下面，直到成群的牛蹄聲消失在遠處。

　　這個小女孩兒一站穩了腳，能開始走路，便學會給自己洗衣服，縫釦子，這是很懂女紅家事的奶奶教給她的。可是她多麼想念媽媽爸爸和小哥哥啊！奶奶說，他們去給小哥哥看病，要一個月才能回來，那時就一定接她去莫斯科。

　　正如我們所料，不到十分鐘，奧德薩眼科研究所的名醫，也和他的中國同行一樣宣布：「右眼視神經壞死，此為不治之症。」

# 「立陶宛號」駛向外高加索海岸

　　我們在奧德薩的旅館裡只住了一夜，次日便搭上新建的旅遊船「立陶宛號」起程，駛向克里米亞西端，外高加索格魯吉亞共和國避暑地加格拉停下。遊艇的裝備很齊備，還有一個不大的游泳池。這在過去真是可求而不可得。此後也再沒有同樣的機會，哪怕是遊伏爾加河沿岸名勝，也始終未成行。立陶宛畢竟是個很歐化的波羅地海共和國，它有第一流的船舶工業。

　　遊艇把旅客放上岸，立刻又帶走一批盡興而歸的客人。下船後，我們在格魯吉亞下屬的自治共和國阿布哈斯的一個小鎮上租了一間房間。這是底層有石柱頂著的亞熱帶式的房子。這種建築風格是為了減潮避暑，我們抗日戰爭時，在重慶鋸木灣住的就是這類建築物。在阿布哈斯的停留期是一週。等「立陶宛號」回來時，就要告辭。

　　黑海向我們揭開了它的真面目。當時已是將近十一月，但海水還很溫暖，只是颳大風，把一座座像山似的黑浪推向陸地。灰色的天幕低低地壓著鋪天蓋地的黑浪。浪花翻墨，波濤洶湧，氣魄雄渾。黑海海黑，名不虛傳。

　　我拋開了一切不愉快的念頭，像個少女似的躺在海浪上，隨著巨浪時上時下，有時乾脆打個蚱蜢，鑽進浪峰中，又出現在另一個巨浪頂上，妙趣橫生。周圍是一個個青藍色，活像透明的降落傘，滑溜溜的海蜇伴隨著我，讓我感到有些不寒而慄。

　　小瓦尼亞在海邊看見媽媽享受著浪濤中的遊戲，不勝羨慕，但一個大浪滾來，嚇得他魂不附體。丈夫自從腦部動刀，只能在淺水裡游，我

還要隨時注意他的安全。

　　附近有一個亞熱帶公園，這裡可以看見活生生的鳳凰，在高大的樹枝上棲息著。有一隻體形較小的雌鳥，哀聲地呼喚著牠的伴侶。牠不時像一把大花傘似的從高處降到地面，又向雄鳥飛去。這種公園裡養的奇禽異獸，看見遊人毫無怯意，只顧自己戲春，奈何春去也！正如李白〈蜀道難〉詩中所云：「但見悲鳥號古木，雄飛雌從繞林間。」又如《詩經・大雅・卷阿》曰：「鳳凰鳴矣，于彼高岡；梧桐生矣，于彼朝陽。」傳說鳳凰非梧桐不棲，我沒注意到牠們所棲息的是什麼樹，好像不是梧桐，我所見過的梧桐，遠不如那片林子裡的樹木高大。

　　當我仰首觀看這番奇景時，噯！忽然感到有暗香迎袖，心裡又驚又喜。這豈不是二十年沒聞到的桂花香嗎？我興奮地向香氣奔去，知道它「情疏跡遠只留香」（李清照〈鷓鴣天〉），但香味卻消失得無影無蹤。真是「薰透愁人千里夢，卻無情」啊。我放慢了腳步，香氣又隱隱而來。最後才看到兩棵大樹，守著依山建築起來的木結構餐廳，樹上掛滿了一串串「揉破黃金萬點輕，剪成碧玉葉層層」。這不是李清照〈攤破浣溪沙〉裡的桂花嗎？我高興得如見故友，如步仙境再往上看，滿山奇石崢嶸，變化多姿，空氣裡散發著四川老家帶點潮濕味的異香。

　　次日，我們搭乘公車去蘇呼米自治區植物園，又發現幾棵桂花樹，還有海棠、巴蕉和亞熱帶的許多奇花異草。快走出公園時，竟發現幾棵正在盛開的紅豔豔的「妹妹樹」！我跟公園裡的工人打聽，他也說不出正名，就說都管它叫印度丁香。我東奔西跑，希望在花亭裡買到一小盆桂花樹或印度丁香。丈夫勸我別發瘋，亞熱帶的植物，不會在莫斯科零下十度、二十度的嚴寒中，落根找到它們的第二故鄉。

　　回家後，我又在我們租房子的那家滿是葡萄、李子、桃子、石榴的園子裡，仔細地欣賞了一番。誰知竟發現這一帶家家戶戶都種著橘樹，不過橘子還是綠的。我又不由得想起東坡的「殘橘猶有傲霜枝」下面一聯：「一年好景君須記，最是橙黃橘綠時。」

時間不留人，次日就要收拾衣物，到海邊吊橋等待「立陶宛號」。飯票千萬別忘了，這下可以享受一天三餐定時的飯食。

遊船離開高加索漸遠了，船身被波濤蕩漾著左右搖擺，太陽已西沉到地平線下。我忽然想起住在那家阿布哈斯人家裡時，每天排隊買牛奶。當地的老百姓聽我說俄文有口音，雙方很快交流起來。我問他們大概是格魯吉亞人吧，誰知他們一聽見這幾個字，滿腹仇恨立即爆發出來。「我們是阿布哈斯族，和格魯吉亞完全不是一個民族。」就像是仇人相見分外眼紅。「我們有自己的自治共和國，但是我們要獨立，脫離格魯吉亞。格魯吉亞人沒有一個好的。」我這是頭一次接觸到民族仇恨，心裡覺得很遺憾。

十六個共和國中確實沒有阿布哈斯。史達林是格魯吉亞人，「二戰」後，他把居住在蘇聯的許多大小民族，按照幾種標準分類：曾投敵的遠遷到西伯利亞；有民族糾紛的或以大小為準，小者附於鄰近的大民族，或把有爭論的土地各分一半，就像卡拉巴赫有亞美尼亞人群居地，也有阿塞拜疆人的居住區；在西方有後臺老闆的，例如，歷史上的德國移民，把他們從俄羅斯本土，驅趕到荒僻的哈薩克草原。

實際上，史達林的民族政策已為未來的民族衝突安下定時炸彈。不等蘇聯解體，亞美尼亞人就跟阿塞拜疆人為了領土而發生戰爭。蘇聯解體後，阿布哈斯人乾脆把他們共和國境內的格魯吉亞人驅逐出境，從而引發起一場殘酷的民族衝突。格魯吉亞以兵力與武器上的優勢，使阿布哈斯遭到慘重的犧牲和損失。俄羅斯的和平部隊駐入邊界地區，促成雙方談判。儘管如此，戰火忽起忽滅。由於兩個民族宗教信仰不同，格魯吉亞信奉基督教，阿布哈斯信仰伊斯蘭教，這就等於是火上加油。

然而，在一九六〇年代，那裡還是世外桃源，與二三十年後的戰火連天，可說是判若兩個世界。當時，我心裡連聲讚美：「真是個好地方呀！」從而使我鄉愁繚繞，那個相隔萬里的大西南山區，如今怎麼了？樹木是不是都被饑民砍伐一空，要是在那裡養些鳳凰又該多麼好啊！想

著想著，我已被叫去進晚餐。夜裡在波濤上飄浮蕩漾，明天就到別有洞天的克里米亞半島，又該是一番景象。這一次來克里米亞，純然是浮光掠影，對它的進一步認識，已在幾年之後。

# 克里米亞在前方

我們的行程快要結束,在克里米亞半島南端,雅爾達市下船之後,只在這個小城的市區和周郊轉了一圈。

克里米亞雖然也是亞熱帶,但這裡氣候乾燥,重巒疊嶂,氣勢雄渾,沖天的岩石間只生長著矮小的灌木。家家戶戶門口都有一株漂亮的紫羅蘭藤,開著粉色或淺紫色的花朵。這種多年生草木捲曲繚繞,似乎已代替了門戶的功能。市內到處生長著各色夾竹桃,家家院裡都能見到玫瑰藤和葡萄藤,真是柳暗花明又一村。我又不禁感歎道:「俄羅斯南方簡直太美了!」一面沉醉在它濃郁的花香中,一面不覺墮入遐想。

我想,難怪葉卡婕琳娜二世經過堅忍不拔的戰役,才終於把這個美好的半島,從土耳其人手中奪回來,歸入俄羅斯版圖,何況這裡還有第一流的軍港塞瓦斯托波爾!在它附近的黑索內斯,從考古學家出土文物中,可以看到西元前三世紀古希臘城市的遺蹟。

一九七〇年代,我和現在的丈夫幾乎每年暑期去克里米亞度夏,曾遊訪這些帶有希臘城市專名詞根「波爾」的市鎮。據說當時二世女皇,在開闢一片荒地的海岸時,追溯古希臘的城堡名稱而起名的。這說明她對古希臘文化的嚮往。我們可以想像到荷馬史詩《伊利亞特》和《奧德賽》中的人物,完全可能從地中海揚帆北航,在黑海的希臘殖民地克里米亞留下他們的足跡。

克里米亞半島地勢呈三角形,西岸的菲亞多斯基海岸完全是細沙。這裡是畫家艾瓦佐夫斯基曾經居住的地方,有他的故居博物館。這位藝

術家以畫海馳名，他的某些以海的咆哮為主題的傑作，現在珍藏在莫斯科特列恰科夫繪畫陳列館。我和丈夫曾經參觀過。

半島南岸，以雅爾達為中心，東西海岸布滿了許多休養點和名勝古蹟。入夜之後，燈火輝煌，遠看像一串珍珠，點綴著彎曲的海岸。以西有葉卡婕琳娜女皇的寵臣，伏蘭佐夫伯爵的夏宮，再往西，穆哈拉特卡附近是蘇共中央的別墅──總書記的休養地，用鐵絲網攔住，蘇共最後一位黨書記戈巴契夫夫婦，一九九一年政權轉手時，就被軟禁在那個休養地。「二戰」末期，蘇美英三國首腦雅爾達會議，是在最靠近雅爾達的沙皇大廳舉行的。會議簽訂了歐洲戰爭結束後，蘇聯參加對日作戰的〈雅爾達協定〉。雅城以東，有當時全蘇聯最大的尼基塔植物園和少先隊夏令營。

半島的西南部，在面臨大海的高山上，依山勢的起伏，曲折蜿蜒著一座堅固的城堡，隔海與土耳其相望。它隨時防禦著外來敵人的來侵，顯得分外壯觀。這個叫蘇達克的古堡，還是古羅馬義大利的先民建築的。我們在城堡附近還找到東倒西歪殘缺不全的德國人的墓碑。可見那裡也曾有過德國移民的聚集地。

古希臘之後，克里米亞曾是韃靼人的故鄉。它的先民在島上留下了不少遺蹟。韃靼可汗奢侈的皇宮，建築在北部接近大陸的地方，現在還完整地保存著。在面對海洋的山上，環繞著連綿不斷的石壁，古希臘人為了防禦從海上來的敵人，在群石中建築了許多令人驚心動魄的軍事工事和取水設施。俄羅斯人當家作主後，「二戰」期間，韃靼人曾勾結希特勒與蘇聯為敵。島上有巨型的天然洞穴，德軍登陸時，部分來不及撤走的蘇軍曾躲在這些洞穴中數月之久，與當地的游擊隊聯繫，獲得供養。「二戰」勝利後，由於韃靼人通敵，被史達林流放到西伯利亞。

# 波羅地海之行

　　從一九五八年瓦良第一次動手術之後，年年暑期，差不多都留下女兒，帶著兒子去某個避暑地休養。在某些情況下，是廣播電臺給我的有優惠的休養券，那就要在一個休養所住下，談不上旅遊，同時也出現簽證問題，所以我們極少採取這種形式度假。

　　只帶兒子，是因為他動產鉗後大腦受損，必須要有特殊的照顧。可愛的小妹妹雖然感到父母欠缺她一份關愛，但很快地接受了為什麼只能帶一個孩子的理由。

　　在瓦良動第二次手術之前，我們曾兩度去克里米亞，波羅地海之行已較晚，由於瓦良的身體欠佳，我們連兒子也沒帶。

　　那次旅遊第一個目的地是拉脫維亞。這是一個在各方面都受到德國文化影響的共和國。波羅地海冰涼的海水，不會對你有任何吸引力。最大的收穫還是在一個改裝的基督教教堂裡，聽了我十分熟悉的巴哈的《彌撒曲》。石結構的大教堂具有理想的音響效果，使合唱部分在管風琴的伴奏下，顯得分外雄偉。

　　音樂激起了我的回憶。矗立在青島山頂上的大教堂，規模要比擠在里加市中心的這座教堂宏偉多了。那時，我也曾加入那裡的唱詩班，懷著虔誠的心重複著用不同的音階和音符唱出的樂句：「哈利路亞，哈利路亞！」管風琴和樂曲在大教堂的四壁發出震動心旋的反響。雖然我們不是像里加這樣的職業歌唱家，但氣氛與現在完全兩樣。我們的演唱是宗教儀式彌撒的有機部分，天人合一。那是個什麼時候，現在想起來，如隔兩世。

拉脫維亞之行，應屬走馬觀花。在百貨商店買東西，初次感到女售貨員對俄羅斯人沒有好感，言談十分粗暴。

　　從拉脫維亞首府里加坐火車，不幾個小時的行程，就到了另一個波羅地海共和國立陶宛著名的海邊休養地帕朗格。立陶宛歷來受到波蘭的影響，居民都信奉天主教。鄰近的拉脫維亞就不一樣了，那裡住著基督教的教民。

　　我們在帕朗卡住下後，有一天，也許是個週日，在去海邊時，路過一個小教堂。很一般，談不到壯觀。和我在上海上學時，聽彌撒的那種差不多。我們探頭進去時，教徒正在接受聖餐。我絕不會想到竟在這裡看到過去生活的一個角落。在蘇聯這個廣大的無神論的土地上，竟會出現這樣一個孤島。這個強烈的對比，不禁使我感到是對世人的嘲弄，是一場木偶戲。我心裡突然爆發出歇斯底里的笑聲，當時已自覺很可恥。瓦良見我憋著難忍的笑聲，責備我太不尊重人們和自己過去的信仰。為此我很感激他，也可看出他的為人。

　　這一帶，海水把大量從樹脂演變成的琥珀拋到岸上。人們把它撿來，經過加工，製成首飾和各種裝飾品。這裡家家戶戶都有一座歐式的小洋房。我們在租房子時，主人倒很客氣，一聽說我是中國人，立刻有所警惕，小心地警告我們不要到派出所登記，免得自找麻煩，也給他添麻煩。

　　這個清潔的海邊小城市，很討人喜歡。帕朗格的海岸很美，穿過松林，便是一片沙灘，沙灘上到處是一堆堆不高的沙丘。海水從淺到深，相距七八百米，在淺水裡游了一會兒，爬起來，凍得好像在沸水裡泡過。上了岸，趕緊躺在已被太陽烤得很熱的沙丘上曬太陽，感到熱呼呼的。

　　帕朗卡是年歲較大和有心血管疾病的人心愛的休養地。第三個共和國愛沙利亞，不記得因為什麼原因沒有遊到。在沒有去歐洲之前，這當然是件憾事。我們的旅遊生活到六〇年代中葉也就告終了。

# 第一次搬家

　　女兒出世後，我們第一次搬家，搬到莫斯科西北部較貴族的庫土佐夫大街的一座高層樓裡，一間換成兩間。請了個阿姨接送孩子去托兒所和幼稚園。這兩個地方，分別位在兩座相隔很遠的大樓裡。中間是一道很寬的十條行車道。

　　我清早八點上班前肯定來不及兩頭跑送孩子。丈夫在聲響研究所的工作雖然是半職，卻在南城，只好暫告退休。這樣一來，就有充分的理由，就在搬進較大的新居後不久，要求搬回南城，把那兩間大房換成等值的三間小房。

　　換房子的成功率，一方面看客觀可能性，另一方面看禮品是否夠豐盛。事務科科長，一個退伍軍人，脾氣很好，我們好像心有靈犀一點通，所以他換房子的速度是跟以上兩種因素密切相連的。老實說我絲毫也不欣賞這些高樓大廈，一直很嚮往南城那種小巧玲瓏的居住區。

　　一九六三年，在我們搬回南城前，我已考上莫大研究生函授部。但每週一天的圖書館日無法得到利用。雪梅姐曾跟她第二任丈夫來過一兩天，帶著他們的小兒子雁雁去中國接那多災多難的大女兒曉梅。

　　曉梅的生父，那位給我姐姐灌輸了兩年共產主義思想教育，認為合格，才同她結婚的老黨員導演，在雪梅離去之後，大概完全喪失了「黨性」，在他第二個夫人面前表示對混血美人念念不忘，甚至把她放大的照片擺在家中大哭不止。這種蠢行不能不引發新人的嫉妒心，因而使可憐的曉梅無法見到爸爸。

曉梅才十歲，就曾經從姥姥那兒隻身坐車進城找爸爸，在北京街頭流浪，最後總算靠某一新修的大樓辨別方向找到爸爸家，誰知竟被狠心的後母趕出。而「黨性」堅強的爸爸卻忍心眼睜睜看著自己的親女兒流落街頭！當時，這孩子幼小的心已被生活摧殘到難以復加的地步了。

　　雖然，曉梅前往法國，回到媽媽身旁，但媽媽的第三次離婚和那位丈夫的失倫行為，卻造成了她精神和心靈上難以彌補的創傷。好在我主憐憫她，給她找到一個為人忠厚，深深愛她的丈夫，使她年輕的生命，晴天裡只偶爾顯現出一點烏雲。

　　我之所以提到曉梅童年時的遭遇，是以此為戒，結果卻得罪了我的第二個丈夫。那已是後來的事了。

　　等姐姐他們帶著曉梅，假道莫斯科回去時，我們已遷居到城南的三居室小公寓。記得我曾教會曉梅騎自行車，不到兩年之後，我們倆在雪梅上課時（曉梅不是教徒，無須去學校聽神學課），趁機一塊兒上巴黎鐵塔玩兒並留影。

# 「被害妄想」最初的徵兆

　　我們搬進的新區剛落成，房子也是全新的。五層樓的公寓房圍繞著一個種植著樹木的小院，院中還點綴著一個不大的水池。每個公寓門洞兩旁都有一小片土地，留給居民種植樹木花草。道路和空地都用石塊鋪得整整齊齊，十分賞心悅目。學校就在不到兩百米遠的幽靜街道上。那條左右都是民房的街上，麵包店、食堂、半成品店、兒童商店，都在一溜上，還有一座磚砌的電影院。學校也是磚頭的，和造價低的大型砌塊建築物相形之下，堂皇得多。向右拐的另一條小街上坐落著瓦良工作的研究所。一切都在左近，伸手可得。

　　我們住三樓，在沒有電梯的五層樓建築裡算是比較適宜。春夏之交，我已在女兒的幫助下，在一樓前無人問津的小片土地上開闢了一個美麗的小花園。左邊的鄰居，學著我們的榜樣，也開始綠化他們窗前的空地。

　　新住宅和整個住宅區給我帶來了新的希望。從我們家到瓦良的工作處五分鐘就到了。我暗暗祈望他能逐漸轉為全職，擺脫後遺症和我共同負起家庭的重擔。

　　在電臺工作，辛辛苦苦積下了一筆錢，花費了不少工夫，買了一套講究的南斯拉夫進口的臥房和客廳用的家具。我生平第一次有了一個小巧的梳妝臺。沙發都是我經過多次跑腿買到的，一色紅呢絨面的。我還不惜遠道到城外，給兩個孩子訂做了也是紅面的床和放被子的矮櫃、寫字的矮桌。新住宅裡也有現成的壁櫃，十分方便。不久後，又賣掉媽媽的貂皮大衣買東德進口鋼琴，也擺在小小的客廳裡，和家具是一色的，

漆光的核桃木做的。我離婚以後，這些家具全部留下，鋼琴給了兒子，從此再沒有買過全套的新家具。

誰知好景不常在，瓦良身上的病魔死死地抓住了他，不肯放手。羊癲瘋的發病率不僅更頻繁了，而且不限於早上夜裡發。白天走在大街上，或在地鐵裡，隨時可能發作。發作時必須有人護理，扶他躺下，免得摔傷。他在研究所也曾發病，被同事送回家。經過他動手術的腦外科研究所門診部一位熟悉的神經科大夫會診，要他立即離職辦理一級殘廢手續，並住院全面檢查，看腫瘤是否有所發展。

這一切就像晴天裡的霹靂，我的心一下子沉入深淵，頭上厚厚的烏雲籠罩，再沒有一線陽光。我勸瓦良早日住院復診，不要放任自流。他堅信不能再做手術，否則性命難保。

晚間，我帶著他和孩子們出外散步，心裡一陣陣難忍的疼痛，淚水不住滾落。我為瓦良感到痛苦，也為兩個幼年的孩子感到不平。仰望蒼天，心想：為什麼唯獨讓我受到如次不公的待遇？我暗自呼喚母親：「媽媽，我親愛的媽媽，妳在哪裡？妳可知道妳的女兒又遭到生活的沉重打擊和磨難，不知向誰去訴苦！」我只覺肩上的十字架，變得更加沉重了。

住進新居之後，我們很快就發現這類房子因為造價低，樓層之間的隔板很薄，加上沒有隔音設備，當一樓音樂學院鋼琴系一個女學生彈鋼琴時就像在隔屋。她母親是知識分子，家裡養了四五隻貓，我們的關係一直很好。

樓上住著兩口子，歲數不小了，女的在商店裡當售貨員。我們對面住著一對年輕夫妻和一個五六歲的孩子，樓上的老夫妻就是孩子的姥姥和公公。這孩子不上幼稚園，整天在姥姥家跑來跑去。「咚咚咚」的腳步聲，椅子摔倒，玩具敲打地板的響聲，沒完沒了。我曾上樓請求他們把孩子約束一些，起碼在中午午休時間和晚上不要鬧。我丈夫是一級

殘廢需要休息。誰知那娘兒們竟毫不講理地表示，孩子的行為她無法控制，「你們受不了就搬到別處去」。

　　瓦良對她說的話反應很激烈。我勸他不要往心裡去，「這種人沒有知識，說也沒用」。但瓦良整天一個人在家，一切來自樓上的聲響，都以放大十倍的效果傳到他耳朵裡。

　　每天晚間，他要我打電話給民警，讓他來主持公道。但民警對這樣的「小事」不屑一顧，而瓦良的反應更變本加厲，說他們是有意整他。

　　事情弄到召開居民委員會，瓦良深怕別人懷疑他精神不正常，總把我推在前面，以示客觀。雖然大多數退休者都對瓦良表示同情，但情況沒有根本的改變，兩家人就好像結下了世仇。

# 長徒跋涉去夏令營看兒子

　　一九六三年秋，瓦尼亞入學。按慣例他的學校應該在本居住區，但離我們家更近的四五中卻是莫斯科的名校。它之有名，首先是因為從二年級開始學英文，而且是重點課，分小班上。

　　當時，這樣的學校在市內還算少數。更重要的理由是校長米爾格蘭姆是一位十分得力的教育家，他的出身不甚平凡，父親曾在蘇聯外交部任職，常常涉足國外，三七年被鎮壓。他本人學的是歷史，娶了當時在莫斯科第三國際總部的義大利總書記陶里亞蒂的女兒。這樣的聯姻，使得米爾格蘭姆有機會每年去西方，在義大利生活的丈人家，探親休養，接觸西方社會。他對學生很民主，但要求嚴格。

　　校長米爾格蘭姆在得知我的來歷後，破例接受了我的兒子依凡（瓦尼亞的正名）。

　　兩年後的暑期，我的公婆來探訪我們的新居，送給我們一個小冰箱，慶祝喬遷之喜。這在當時可算是一個豐盛的禮物。

　　我們在松林較多、空氣乾燥的白俄羅斯鐵路沿線租了一個兩屋的獨房「達恰」，讓瓦良有一個擺脫鄰居，暫時休息的機會。

　　那家「達恰」有一個寬大的花園，主人另住一棟房，後門就是一片蒼綠的松林。這次輪到哥哥去電臺的少先隊夏令營，瑪琳娜跟著姥姥公公和媽媽爸爸一起過夏。

　　我已接受姐姐的邀請十月份去巴黎，所以八月份每天坐電氣火車照常上班。

　　兒子頭一次去夏令營我不放心。記得在一個週六，恰好是夏令營為父母開放的唯一一天。如果從「達恰」去，要先坐火車到城裡，再坐電氣火車去另一個方向，下站後，還要步行穿過一個五公里長的樹林，才能到達目的地。這段路程可不容易走，但見孩子的心更切。

　　這時我心生一計，跟房東借了一架女自行車，買了一些水果甜食，帶著自行車坐電氣火車進城，然後騎車到亞爾拉夫斯基車站買票。

　　我在市內騎自行車，這還是頭一次。在這個沒有人騎自行車的鬧市裡，夾在無數的車倆之間，穿梭而行，找尋我需要的車站。買好票，我便扛著自行車上車，在車艙前站著，一直到索福林站下車，然後騎著車，穿過五公里樹林不甚平坦的土路。我不時下車向少見的行人打聽路，才終於找到夏令營。

　　瓦尼亞沒有料想到媽媽會騎著自行車來看他，喜出望外。別的孩子的父母，少數有車的才能來看他們的孩子，沒想到媽媽真有本事。

　　我沒告訴他，你媽媽在大學裡有個諢名，是從蘇聯去的那幫小伙子起的。他們之間每每提到我，就管我叫「亞馬遜」，這是希臘神話中和男兒似的騎著馬、佩帶著弓箭的勇敢的女人。

　　到了夏令營，已是孩子們晚飯時間，兒子為了跟媽媽多待些時候，寧願放棄晚飯。我這次給他帶來了他最愛吃的一種東方甜食，我們臨走時，忘在家裡了。他來了以後，翻箱倒櫃找了好幾天，大失所望。但今天媽媽一個魔術又把它變回來了。

　　天色雖然還不算黑，好在電臺來給夏令營送食品的大卡車司機也要在天黑以前趕回去，就把車放在卡車裡，我也坐在後面直奔市內白俄羅斯車站。接著再帶著自行車，坐上電氣火車回「達恰」。

　　沒想到，我的「壯舉」竟受到公婆和丈夫的大大誇獎。經過這次長徒跋涉，終於見到兒子，我心裡覺得寬鬆多了。

# 第二十一章

莫斯科獨一無二的中國文化精英

* 哭李時
* 一個冬天的晚上
* 年輕的李時
* 兩個孤獨的靈魂成了朋友
* 我們永遠是近鄰
* 疾病開始折磨他

# 哭李時

　　「痛哭吧，為死去的魂靈傾瀉出你內心深處的悲哀。」這是莫札特《安魂曲》裡一個樂章中的字句。

　　大概是命運的浪花，把我們沖到了同一座島嶼上。

　　年輕時，大家各奔前程，很少有時間在一起多說兩句話。但李時從來沒有在我的視野中消失過。當你置身於一個華人不多的異國社會裡，大家的工作性質又比較相像，耳朵裡難免會灌進一些風言風語。

　　諸如，李時這人脾氣怎麼怎麼不好，說話怎麼怎麼刻薄，又怎麼怎麼以清高自居，瞧不起人，如此這般等等。可是在談到某某人，文字功夫怎麼樣，那就從來沒有一個人，敢動一動李時身上的一根汗毛。

　　從一九五〇年代末，到快進入九〇年代的三十年中，李時給莫斯科的華人社會增添了異樣的光彩，這是一顆深藏在泥土和沙粒中的鑽石放射出的光輝。

　　那時候，誰敢提什麼華人社會？寥寥無幾的幾個中國人，辛辛苦苦、沒沒無聞地為一個龐大的宣傳機器嘔心瀝血，埋頭苦幹，還是少提你是中國人為妙！

　　但憑良心說，你能逃過「文革」那場浩劫，也該感到這是上天賜予你的莫大幸運。

# 一個冬天的晚上

　　記得一九七三年，一個冬天的晚上，我去看李時。他和往常一樣，一個人關在家裡，給《蘇聯畫報》中文版趕翻稿子。要把這期譯文交上去，才能得到片刻喘息的時間。平常的工作就是這樣，日復一日，年復一年。

　　我看他忙，就告辭要走。「別，別，別，難得來一次，坐一回兒。」李時建議我們聽音樂。窗外的北風已停止呼嘯。樂曲聲，甜蜜、莊嚴、悲哀地訴說著。李時完全沉浸在美的享受中。他告訴我這是他最喜歡的樂曲之一。

　　當枯燥的譯文折磨著他，實在寫不下去了，而對孩子們和已經離婚的妻子的責任感，又驅使著他幹下去的時候，唯一的安慰就是音樂、文學和幾個知心的朋友：樓上那位在酒精裡度日的潦倒詩人，幾個畫家朋友，偶爾也有文化界的名流，當然還有女人。

　　李時提到那些朋友的時候，總是帶著一些難以遮掩的得意感，特別是女人。但那時他對生活早已有些心灰意冷了。

# 年輕的李時

　　年輕的李時，東北瀋陽人，身材瘦長，鼻樑上架著一副金邊眼鏡，十足的文人風度。他是書香世家子弟，小時受過傳統教育，多才多藝，會作詩填詞，還能寫一手瀟灑的柳體字。

　　李時精通俄語、日語，酷愛俄羅斯文學。還懂得德語，對德國的哲學傳統頗有研究，《費爾‧巴哈和德國古典哲學的終結》這本書的中譯本就出自他的手，不愧是一九五〇年代，國內數一數二的俄羅斯文學翻譯家。

　　他早年留學日本，因接觸馬克思思想而入獄。解放初期，在哈爾濱工大畢業，愛上一個父親日本人、母親俄羅斯人的混血姑娘。漂亮的斯維特蘭娜，一個《北國風情畫》中的人物，吸引了我們這位聰明博學而又浪漫的年輕人。

　　四〇年代末，李時應聘為杭州大學俄語系副教授。斯維特蘭娜給他生了兩個兒子。南國的風光，美滿的家庭生活，理想的工作，西子湖畔度過的那短暫歲月，是他一生中最幸福的時光。

　　但是，夕陽無限好，只是近黃昏。

# 兩個孤獨的靈魂成了朋友

進入了六七〇年代，中蘇兩國的蜜月早已度過。

我搬家以後，在一個偶然的場合下，得知李時就住在附近。當時我的生活正處在低潮，兩個孤獨的靈魂找到了共同的語言，我們成了朋友。

一九七三年冬，我母親帶著弟弟、弟媳婦和小孫子，路過莫斯科去德國給外祖掃墓。當時我剛離婚，在外面租了一間小房間，連多餘的被子都沒有。李時知道我們母女相別已快十五年，短短幾天相聚多麼不容易。連忙給我送來兩床被子，還委託朋友買了幾張不容易到手的大劇院的票，讓老太太一飽眼福。

# 我們永遠是近鄰

　　記得媽媽他們走後不久，日本著名導演黑澤明來蘇聯拍片，隨同他來的日本翻譯是我過去家裡的鄰居好友。夫妻兩人後來還帶著孩子回國定居，暫住黑澤明的海濱別墅。他們的兒子和瓦尼亞一直是同班同學。誰知回國不幾時，晚上補習日語回家，在一個窄巷裡不幸被對面開來的車撞死。

　　我知道過慣單身漢日子的李時，也渴望吃一頓家鄉飯，就約他們到李時家，由我做大師傅。電影大師不懂漢語，但他很推崇中國的古典詩歌，要我給他朗誦一首。我馬上推薦李時，李時推說他不是漢語老師，口齒不清楚。結果，只好由我獻醜。可惜那位日本朋友沒看到李時寫的詩，不知在千里之外的莫斯科，竟認識了一位中國詩人。

　　從那時，我們結下不解之緣。我跟喬瑪結婚以後，搬到離他住不遠的新居。我們家裡大人小孩兒過生日，凡有婚喪節慶，李時都是座上客。

　　我們的共同語言不只建立在對小說《紅樓夢》和唐詩宋詞的愛好上，俄羅斯文學和西歐文學也常是我們的話題。在七〇年代裡，你就能在他的書架上找到索忍尼辛的作品《古拉格群島》。

　　李時很有幽默感，肚子裡裝著許多政治笑話，見面時，他會像許多蘇聯知識分子那樣講給你聽，讓大家在笑聲中，因為有了這一點小小的政治自由而感到滿足。

　　我和李時相處的時候，因為有這樣一個知音，總是感到輕鬆愉快，更加感到知識分子哪裡都是一樣。李時雖然落根在中國文化的黃色土壤中，但他的眼光是朝著藍色的大海的。他所追求的，始終是人類的共同價值，不愧是世界村裡的一個居民。在那個村子裡，我們永遠是近鄰。

# 疾病開始折磨他

　　進入八〇年代以後，李時仍舊一個人過著孤獨的日子，夜裡工作已成了習慣，失眠的痛苦折磨著他。漸漸地，也就很少聽見他的笑聲了，他也很少出去作客。

　　我們有時在電話裡長談，他的語氣裡總是流露出悲觀的調子。蘇中國界開放後，莫斯科的中國人，一個接著一個回國探親。這時傳來噩耗，李時得了腦溢血住院了。我去看他的時候，他前妻斯維特蘭守在他身邊護理他。出院以後還把他接到她家裡住了兩個月。我去看他，他總是不願意。我知道他很好強，不願暴露自己的病態。

　　破鏡不能重圓，稍微能走路，李時又搬回他那套小套房去了，冷清淒涼。我給他找過幾個人照顧他日常生活。他已經不能搞翻譯了，但還繼續承擔文字編輯工作。

　　同李時一塊來的小外甥女，在蘇聯長大了，嫁給這裡的一個華人後裔，換了房子跟舅舅住在一起。這樣離我們的家更遠了。我去看過他一次，他終於找到了一個溫暖的家，我也放心了。

　　沒想到再見到李時，已經是最後一次了，在教堂的靈柩裡，他安靜地躺在鮮花叢中，已經悄無聲息地離開了人間。

## 後記

　　過去了兩年，三年，快四年了，多少次，當我埋頭在書本中，忽然心血來潮，下意識中會像過去那樣，拿起電話機撥李時的號碼，但又立刻悟到李時已不在人間。這時心裡會有一股難以捉摸的空虛感。

回過頭來，從書架上取下帕烏托夫斯基的《金玫瑰》。李時清秀的毛筆字映入我的眼簾：「傲霜夫人辟天先生匡謬，丁卯年。」這是他五〇年代的譯作，八〇年代再版的修訂本。這部遺作是他臨終前幾個月郵寄給我的。

# 第二十二章

忍無可忍

* 訪世界名都巴黎
* 失樂園
* 一個小家庭的悲劇
* 火上加油,禍不單行
* 瓦良動第二次手術
* 家裡有了一條導盲犬
* 求助於區李書記
* 我的出走
* 孩子們上好學校
* 瑪琳娜上一年級
* 莫斯科近郊一座美麗小村莊

# 訪世界名都巴黎

　　我第一次接受雪梅的邀請去巴黎，是在一九六五年秋。記得那年莫斯科的秋天，氣溫一直很高，九月底，我還穿著夏裝，所謂的小陽春。到了巴黎，天氣還不如莫斯科溫和。

　　雪梅和我已認識的第三位丈夫讓（Jean），住在巴黎很貴族的十六區，在首都西南區，塞納河左岸。老式的公寓樓，顯得古色古香。周圍的建築物，風格也很相像，給人一種安靜、協調、美的感覺

　　我來時，雪梅正懷著女兒席維亞，飲食和精神欠佳，所以往往由丈夫陪我去逛名勝古蹟。巧的是讓是一位知名的歷史學家，對他生長的這個城市的每座橋、紀念碑、教堂、紀念塔和街道都如數家珍。平時寡言的姐夫，這時立刻變得十分健談，是一位理想的導遊。經過他的介紹，使我增加了不少可貴的歷史知識。

　　市內的羅浮宮好像是在週末跟姐姐同去的。雖然走馬觀花，但對其規模之宏偉，印象十分深刻。一九七三年去巴黎開會，我曾一個人，又去參觀過一次，比較專注。其他，如羅丹雕塑館、現代藝術館等，也是以後去的。

　　記得一個週日的早上，我們三人乘車去參觀郊區的凡爾賽宮。這個地方從小學讀近代史，是與一次大戰結束，戰勝國即協約國，同戰敗國德國簽訂和約的史事相連的。那時，中國雖也加入協約國，但在賣國求榮的軍伐政府的同意下，把落為德國半殖民地的山東省的特權轉讓給日本，因此爆發了「五四」運動，迫使當時的中國代表團拒絕簽字。

　　走入華麗的凡爾賽宮會議廳，我不覺停下來，反思當時列強重新瓜分世界、弱肉強食的一番醜惡景象。

　　法國自大革命到共和國成立，即路易十八世和奧地利公主瑪麗‧安東尼上斷頭臺，結束了千年的世襲制度。誰知又出來一個野心家拿破崙，東征西討，勢如破竹。他在北征俄國時，首都的人民以火燒莫斯科城相迎。一八一二年庫土佐夫大將，在波爾丁諾戰場以焦土政策大敗拿破崙。

　　拿破崙猖狂的程度，與希特勒相比，有過之而無不如。當他被生擒，又重新釋放，東山再起後，決定經海路拿下英倫三島。誰知被英國著名的獨眼將軍納爾遜打得全軍覆沒。雄心勃勃的拿破崙第二次被生擒後，被關在大西洋南部一個小島的石窟中，終其餘生。

　　古今多少暴君，在他們一生的事蹟中，可說無奇不有。正如在抗日戰爭中，毛澤東跟蔣介石爭奪政權，毛以「攘外必先安內」為藉口，結果還公開感謝日本，說給他幫了大忙，才打下了天下。

　　許多「偉大」的領袖，人民的偶像，在傳記作家的筆下，便顯出他們的另一個面目。直到我們進入資訊高度民主透明的二十一世紀，才把歷代暴君的事蹟，重新加以估價。

　　幾年前，我讀了斯特凡‧茨維格寫的《瑪麗‧安東尼傳》。書中不但對她本人，也對法國大革命的內幕，做了深刻的描寫。作者根據具體的史料，對當時的事件做了新的估價。作家在書中對女主人公始終懷著同情的態度，使人們對大革命的看法也有所改變。作家之有天賦，就在於他的看法不會與世俗同流合污。

　　凡爾賽宮的價值之一，也在於它是法國歷史的一面鏡子，例如，列強正是在它燈火輝煌的大廳裡，簽訂了二十世紀第一次世界大戰中，使世界改觀的許多歷史文件。法國雖然收回了阿爾薩斯和洛林，但「二戰」爆發後，又轉手德國，直到戰爭結束後，才用公平合理的協商方式和公民投票的文明形式，解除了法德兩國之間的世仇，重歸友好。

除了擔當歷史見證人的重任，這座地處歐洲中部的凡爾賽宮本身，便是建築和園林藝術達到頂峰的珍品。

　　我們從那裡回到巴黎，沿途可以看到阿拉伯人居住的矮小的貧民窟。誰會想像到，半個世紀後，在這個以自由民主博愛為旗幟的國度裡，竟會爆發民族仇恨的烽火。

　　印象更深刻的是參觀十六區附近，在山洞裡開鑿的「二戰」犧牲者，反抗運動英雄的紀念館。這個紀念館好像是在戴高樂的創議下建築的。洞裡陳列著具有象徵意義的一排棺材，悲愴的樂曲，時而變幻的燈光，使人們回憶起戰爭給這個世界帶來的巨大不幸。

　　記得離開巴黎前夕，姐姐因為身體不適，讓我到市中心某夫人家代她錄音，稿費全部給了我。從那裡回去時，經過著名的協和廣場。傍晚，周圍的建築物沉侵在一層薄霧中，線條顯得比平時更加柔和，更加優美。我徜徉在一片茫茫中，早已入迷，只覺身不由己，好似變做一尊石像，從此無法抽身。天幕已逐漸落下，而我還長久地長久地侵沉在這個美的天地之間，流連忘返。

# 失樂園

　　訪問巴黎的一個月，除了在雪梅和讓的陪伴下，神遊這座世界名城，時而還想到鐵幕後的丈夫和孩子們，給他們添購了一些新衣物，也悟到我還只不過是個三十四歲的女人。

　　長久以來，生活中的不幸和高度疲勞的工作，使我忘卻了我有時也應該打扮打扮。何況，電臺的工作人員中，有不少從西方請來的專家呢。一句話，我為自己買了剛上市的捲羊皮大衣，配上一雙靴子，和少許的化妝品。畫蛇點睛，立刻變成一個時髦的西方女子。

　　搭火車回家，一坐進車廂，才發現原來前後幾個車室，坐滿了來莫斯科參加水球比賽的比利時運動員。我許多年雖然沒有跟男人做伴，但似乎還沒有失去女性的魅力。語言是一個障礙。他們都是比利時人，會說法語，但懂英語會講的就幾乎沒有一個人。在不到兩天的列車旅途中，我竟對一位搞醫療設備的比利時人發生了好感。沒想到這種感情，卻是兩情相悅的。就這樣，我竟幸福的投入「初戀」的漩渦中。

　　捫心自問，許多年來，忠實地背負著十字架的我，卻忍受著丈夫毫無理由的嫉妒，而在忍無可忍時，家裡會爆發一次小小的爭吵。憐憫之心總是占了上風，何況他是我丈夫，兩個孩子的父親。他帶我來蘇聯，使我避開難逃的劫數。我感激他毅然決然地拋棄了上層共產黨人優裕的生活，愛上了我。如今他雖已變為殘廢，而在我的想像中，我未來的生活也不會沒有他。我已習慣於忍氣吞聲，不做任何反應。有時，要是他太不講理，也就稍稍頂個嘴，為自己辯護。

而如今，在不到兩天的座車裡，突發的一見鍾情，肯定不會有它的續篇。從豆蔻年華，我的肉體未曾接觸過第二個男性，但每天卻聽到丈夫莫須有的懷疑和責備。我感到不平，我全身的性細胞都在為之而反抗，為我多年的遭遇，鼓勵我反其道而行。但在四人一間，擠得滿滿的車室裡，兩個有情人，能夠做到的，僅僅是短短地接一個深情的吻。理智告訴我，甚至在有條件的情況下，我也不會像隻母雞似的，一刻也不離開她腹下的雞蛋。難道我受了這一輩子苦，連這一點享受都不能得到嗎？

# 一個小家庭的悲劇

是的，不但不能得到，妳的所做所為在我們那個小家庭裡，引起雞棚被黃鼠狼襲擊時，群雞咯咯亂叫，羽毛漫天飛騰的狼狽景象。丈夫不斷咄咄逼人地問我：是否找到了情人？和別的男人接過吻、做過愛？誰知愚蠢老實的我，竟一條條地交代了。

我沒學會說謊，特別是在多年共同生活的丈夫面前。誰知我所交代的每個情節，都會引起他瘋狂的憤怒。手打腳踢，絲毫不放鬆。就在孩子們面前，把我可憐的幾管口紅，統統放在煎鍋裡煎了，在瓦良的想像中，我一定是個巫婆，應該放在柴堆上用慢火燒死。

# 火上加油，禍不單行

次日，郵差送來一封給我的信，是英語的。寄信人就是我那曇花一現的情人（朋友），他約我到某賓館去與他相見。這條導火線，簡直把雞棚一把火燒掉了。

倒楣的是禍不單行。原來我在巴黎為我懷孕的姐姐當差時，自己也已在離開莫斯科之前，懷上了孕，這可不得了。我的丈夫瓦良完全失去了理智。當我被他痛打，感到嘔吐難忍時，他也該掐指算一算，哪怕我到巴黎第一天，就急不可耐地跑到蒙瑪特紅燈區去賣身，不到一個月以後，哪裡會像懷孕時感到嘔吐？起碼也還要一個月，才會有初發的反應和徵兆。

瓦良怕我的巴黎時裝會勾引莫斯科的男人，就全部拿去送到拍賣行賣掉。大衣和靴子首當其衝。然後下令把我在上海學舞蹈時，穿著袒胸露背的吉普賽戲裝、照的藝術照片，用剪子加工，以盡其侮蔑之能事，只許留下一個頭部。

接著就向我們的結婚照片開火，付之一炬，還好被兒子搶走了，剩下一點殘骸。這都是序曲。

這時，我有了嘔吐症狀，也不知是打出來的，還是真正懷孕了。如果確是懷孕，那就絕不許做人工流產。「我就要看看這破鞋懷裡養著的是我的孩子，還是妳那野男人搞的！」

好朋友來電話問我此行如何，我話未脫口已泣不成聲。誰知漢學界的朋友，因已對瓦良的一套有所認識，都大吃一驚，深怕我會吃大虧。人人相傳，卻沒有一個人敢來到我家勸勸我那要發瘋的丈夫。

　　為了滿足他的偏執、懷疑狂，他硬是堅持我再生一個無人照管的孩子。我對他的逞兇霸道一般都以沉默相待，等到時間到了，再到產院把情況說了一番。誰知瓦良已預先想盡辦法說服大夫保產。但隨著時間的流逝，他也覺得自己的舉動不會帶來任何結果。

　　然而，他的病情卻在不斷發展，視力退化，聽力卻變得更加敏銳，整天在家豎著耳朵，去聽樓上孩子的跳動，硬說是大人搞的鬼，要把他整瘋。於是鬥爭的矛頭便轉向樓上和對面一家人。每天晚上還是要我給民警打電話，告發這些鄰人。

　　我卻選擇了另一個角色，央求這些街坊們，看在他一個病人的面上，讓孩子不要太鬧。這樣好言相勸，有時竟也起了些作用。

# 瓦良動第二次手術

　　當我注意到，瓦良從第一次動手術以來，不但沒有什麼顯著的好轉，視力反而逐漸退化，便不斷催促他進院檢查。也許腫瘤在繼續發展，影響到身體其他器官。

　　果然，當他終於在我的勸導下住院，而這與第一次動手術已相隔將近十年。大夫發現腫瘤部位有所轉移，而且影響到視神經。頭部頂端，腦門後的顱骨，部分已被腫瘤感染，必須切除，用金屬的人工骨蓋代替。當你取下用皮帶固定的骨蓋時，可以看到大腦血管像心臟似的顫動。

　　手術後他已雙目失明，身體曲扭著，失去原來的平衡狀態。腳部和手部都成彎曲狀，特別是左半部。我們僅有的一點希望，全部成為泡影。從此以後，我的丈夫已變成一個十足的殘廢！

# 家裡有了一條導盲犬

　　瓦良性格很強，絕不向命運屈服示弱。他決定向國家養狗俱樂部申請一個帶盲人的蘇格蘭牧羊犬。此外，還在兒子的幫助下，看了不少地球物理學方面的書籍，在家裡的澡盆裡做實驗。精神可佳！

　　誰知俱樂部那裡的負責人，竟把一個小時候得過瘟病，個子矮小的的狗，給了我們。可想而知，在瓦良身體不能平衡的情況下，牠顯然是無能承擔這項牽引任務的。這樣，每天他都得等著我們三個人，誰先到家，誰就陪他出去散散步，也趁機溜溜狗。

　　手術後，瓦良雖然減少了一些痛苦，使他對生活出現了新的希望，但並沒有減輕他的偏執狂。

　　他開始感覺到克格勃在用放射性物質對他進行放射。問他理由，理由是他的妻子是中國人。他時時伸出手來，問我們手背上是否有被燒傷的痕跡。每天夜裡，必須換一個地方睡，常常是在餐桌下面鋪上被褥躲過一夜。

　　瓦良在音響研究所工作的時間雖然很短，但大家都住在一個小區，彼此很熟悉。特別是一個身材高大，叫依里亞的猶太人，過去是瓦良的工程師助理，參加過「二戰」，與妻子離了婚，常來我們家裡幫幫忙。搬家後，掛掛窗簾，釘上釘子，陪瓦良出去溜。在瓦良的請求下，依里亞把瓦良睡的床，用錫箔紙連接成一個蚊帳似的保護套，目的是防止放射性元素侵入他的機體。

　　瓦良的病情仍在一步步惡化。在他的意識中，克格勃和樓上的鄰居，顯然是站在同一個戰線上的。他跟樓上一家人的「世仇」，與羅米

歐和朱麗葉兩個世家相比，可謂有過之而無不及。

　　怎麼辦？唯一的辦法是繼續流浪，搬到別處去，不然，動起真槍真刀來，可不是開玩笑！

# 求助於區委書記

　　在落入如此困境中時，我只好訪問區委書記，求他幫忙。我的要求是搬走，只要居住面積不少於原來的平方米數，離市區更遠也不在乎。

　　當我把來蘇後的種種不幸，以致無法繼續生活下去，訴說了一番，沒想到那位身居要職的共產黨員，居然滿同情我的遭遇。他很客氣地答應幫我換房。

　　真是感謝他！要知道那還是一九七一年，中蘇關係還未解凍的時期，而我手裡持著的又是中國護照。

　　那些年代，莫斯科正在大規模地修建住房，何況我的要求不高，離市中心遠一些也無所謂。這和一般莫斯科市民，剛從地窖鑽出來就要住市中心恰好相反。我喜歡大自然，我是在大自然中成長的，根本不去考慮附近有沒有商店，交通工具方便不方便，這些很實際的問題。

　　我很喜歡那個有高大樹林的新區，想住朝東或朝南的方向。在樓梯還沒蓋好前，就扶著手腳架，一步步地走上去，直到附近的林木全部收入眼簾，不被對面較矮的樓房遮蓋，才算滿足。那就是最高的十三十四樓。我選的是十三樓，怕最高那層自來水保暖供應容易出毛病。

　　我一直幻想搬家後情況會有所好轉。從我們十三樓上可以看到一片無際的林海，特別是在冬天，當它被一層厚厚的雪鋪蓋著，你的眼前就會出現一個美麗的冬天的童話。

　　這是一棟只有一個進口處的獨樓。我們的住宅靠東南兩個方向，對莫斯科寒冷的冬季是最理想的。每一套住房都有兩座陽臺。一座又長又寬，頂上是封死的，只有正面對著戶外，像個敞廊。另一座小陽臺，在

隔著客房的東屋裡，全部向外開放，適於曬太陽。

　　而這座敞廊，如果請木匠裝上幾扇窗戶，就可以做我理想中的冬季花園。但這要有一筆龐大的開銷，哪裡去找？瓦良已病到這個地步，而我還幼稚地做著白日夢，為我們未來家庭的溫暖動著腦筋，並為此感到異常興奮……

　　但房子能拿到手嗎？我以前住的都是電臺的房子，現在要轉手，電臺會答應嗎？

　　去找區委的想法，是被瓦良逼得走投無路才出現的。我在莫斯科舉目無親，如何是好呢？當我從巴黎回來，發生了那件醜事，瓦良像瘋狗似的整天虐待我，逼得我曾出走一次。

# 我的出走

　　孩子們見我要走，幫著我整理行裝，連瓦尼亞也從樓上追下來，把唯一一件在巴黎買的細絨衣裳給我送下來，深怕父親會把它糟蹋，使我深受感動。小瑪琳娜嚇得六神無主，但她也不願意父親知道我出走的事。

　　我可憐的孩子們，你們跟媽媽為什麼這樣命苦？你們懂得體貼媽媽，但媽媽整天工作給你們的溫暖是如此的少，而你們卻沒有半句怨言。

　　我的出走，預先沒有計畫，是「即興式」的，上天無路，下地無門，只有附近一家朋友會短暫收留我，談不到遠走高飛。

　　儘管如此，對瓦良卻是出乎意外。我走了，兩個孩子和維爾亭娜交配大雄狗後生下的五條小狗，別說他自己，由誰照料？於是三更半夜叫醒了五六歲的小女兒，讓她到處打電話找媽媽。

　　早上起來要給小狗餵食，我們都吃不上肉，還要把那最好的牛肉攪成肉泥餵牠們，長肉不夠標準就賣不出去（我們打算把最壯的一條留下帶路）。

　　瑪琳娜怕上學遲到，精神極度緊張，結果患了十二指腸炎，住院治療。災難就這樣接踵而至，落在我們每個人的頭上。

　　我能出走嗎？一夜輾轉不眠，我不放心孩子們，也可憐那個殘廢了的丈夫。天還沒亮，我已經回到家裡。

# 孩子們上好學校

　　走運的是，前面提到的那位四五中校長，終究被我那三寸不爛的舌頭說服了。現在兩個孩子都在同一個學校，上下學增加了不少方便。

　　瓦尼亞雖然被老師公認是個聰明的孩子，曾獲得全區數學奧林匹克獎，但平時數學總是兩分（不及格）。不過，有眼光的老師還是堅持要他參賽。美術老師曾誇他捏泥人在班上最有新意。

　　但是，這孩子平時不好好聽課，精神極度散漫，我每天回家要逼著他做功課，效果卻不大。有一次，我問他：「乘法表並不難，你那時為什麼背不下來？」他的回答很意外。他說：「這就等於妳給我兩個麻袋。一個麻袋裝滿了火柴，要我一根根地放在另一個空袋裡，然後告訴妳，麻袋裡有幾根火柴。這有多麼枯燥無味呀！」

　　小牧羊狗跟一隻同種的大雄狗交配，幾個月後，半夜三更生了五隻小狗。我們都嚇糊塗了，瓦尼亞這個才十多歲的孩子，像一個有經驗的獸醫，一本正經地給小狗們順利接了產。這說明他並不是天生的癡呆。

　　可憐的孩子出生時腦部受到的傷害，看來一輩子都好不了了。幼年時如果接受心理療法，也許還有些機會，但這些道路都被他父親關於克格勃的神話堵死了。

# 瑪琳娜上一年級

　　蘇聯小學生上學是個十分隆重的典禮。我買了一大把花，讓她送給老師，頭上給她結上白色的尼龍結，好像一隻展翅欲飛的小蝴蝶。那天，我的女兒臉上一直帶著幸福的笑容。

　　但上學不久，那十二指腸炎迫使她住院，又住療養院，丟掉了一學期的功課，影響考試成績。

　　為了不使她太難過，在醫院裡過生日。我給她買了一隻玲瓏小巧的手錶，戴在手上很漂亮。讓她暫時忘記她的病痛。

# 莫斯科近郊一座美麗小村莊

　　瓦良第二次動手術後，我們在莫斯科近郊，一個風景異常優美的莊園附近，租了一間農舍。聽人家說現在房租貴，而且不好找。三月底冰雪還沒完全解凍，我就穿著高筒鞋，踏破賀蘭山闕，好不容易說定了一家。據說對面山上那座莊園，是俄羅斯大詩人萊蒙托夫祖母的家產，雖然有許多地方已破損不堪，但還不失當年貴族之家的風度。

　　我付了定金，心滿意足地覺得了了一件大事。六月中旬，天氣已經轉暖。為了省錢，決定坐公共車班車，領著蘇格蘭小狼狗，興高采烈地挨門逐戶找到了我租的那家。女主人聽見鈴聲開門迎上來，一看見那條狗，臉上立刻變了色。「房子是給人住的，怎麼還帶條狗啊！不租了，連訂金也還給妳。」

　　我攙著瓦良，女兒拿著帶狗的皮帶，像討飯似的，幾乎走遍全村，向人們說明：這不是看家狗，而是帶領盲人的。經過長途跋涉，我們都累了，坐下來歇會兒。瓦良不能走了，乾脆坐在一塊木板上等著我們。好容易我們才在山谷裡的小河邊，找到一家也有狗的人家。他們的狗白天鎖在菜園裡，晚上放出來，這時我們的狗就絕不能到外面亂跑。

　　瓦尼亞去夏令營度假，留下女兒做我的幫手，護理爸爸。吃完飯，兩人把餐具拿到不遠的小河邊沙灘上洗乾淨。這本來是不允許的，破壞環保，但村裡人大都對我們抱同情的態度。

　　小河對面山上有一座不大的教堂，每逢週日，那些善男信女們都要經過小河旁的草地去教堂，沒帶皮帶的維爾亭娜總是乖乖地跟著走。一旦有個老婆子怪聲怪氣地大叫：「你們不許帶狗！」牠便興奮地大叫起

來。叫罵聲四起，直到瓦良揮動他的盲人棒，叫她們快上教堂去禱告，不要那麼不人道，一場糾紛才算解決。遠近就這樣一個教堂，千萬可不能為這點小事得罪當局。

這段時間，我們都過得比較舒適。瓦良整天在戶外，身旁坐著他的盲人狗，手裡拿著不受干擾的收音機受聽「美國之音」。我帶著小女兒去樹林採蘑菇，一面教她小時候媽媽教給我的一支歌：

> 飛來一隻小鳥兒，安靜地在我腳上立住。牠嘴裡銜著一封信，是媽媽帶來的問候。飛吧，親愛的鳥兒，飛回去！給媽媽帶回一封信和一個甜蜜的吻。可惜我不能遠送你，因為我必須在這兒留下。

瑪琳（這是我們後來給她起的中國名字，叫譚瑪琳）很喜歡這首歌。可惜，它竟應驗了我們母女將在多年後離別的遭遇。

就在「布拉格之春」事件發生的那個晚上，我們按照事先約定的時間去公車站接小哥哥。車到時，天已經很晚了，回到家裡，瓦良就把這個消息告訴我。我興奮極了，暗地裡咒罵那些開去布拉格的蘇聯坦克。

這年夏天，也許是因為瓦良剛做了手術，又遠離他的「頭號敵人」，過得相對的安寧。不過，這只是暴風雨前暫時的平靜。

# 第二十三章 決裂（一）

* 精神病患者的悲歌
* 痛苦的歷程沒有止境
* 醫生的最終診斷
* 前途茫茫
* 離開廣播電臺
* 我在莫大的教學和研究
* 永別了，可愛的天比！

# 精神病患者的悲歌

　　第十一個冬天到來了，我們還住在原來的三間。孩子們做完功課都躺下睡了。這是一個寒冷無情的冬天的某日，在凜冽的寒風中，氣溫已降到零下十五度左右，瓦良還沒出去溜過，矮小的牧羊狗也憋得快忍不住了。

　　我們一步步小心地下了樓，走出好久沒有掃過，積得厚厚的雪地。我右手攙扶著已變得像個老頭兒似的瓦良，他高仰著頭，一雙無神的睜大的眼睛，無目的地注視著前方，不難看出這是一個盲人。他右手牽著一個不甚聽命的牧羊狗，緩慢而艱巨地邁著步子。雪被刺骨的寒風吹得像帶有顆粒似的冰塊，在腳下咯吱咯吱地響著。

　　夜深人靜，我們毫無目的地繞著圈子散步。月光如洗，從萬里高的寒空中傾瀉下來。背後熱力站高聳龐大的煙囪冒出銀白色的水汽，時而映出跳動著的火光，染紅了半邊天。我耳邊好似聽見貝多芬的〈月光曲〉，在這深夜無人的雪地上來回蕩漾。

　　我們兩個人心裡各有所思，各有所慮。我們的生活險象環生，但生命還繼續著。但是，它對我們個人又將意味著什麼？

　　從旁觀察，這一男一女和那隻盲人狗，給人們留下了什麼印象？這情景是奇異、壯觀，還是令人不可思議──一個精神病患者的悲歌？扶著這個盲人的又是他什麼人？女兒，孫女？至少不會是妻子吧。

　　在這冰天雪地的夜晚，幾乎沒有行人，只能見到這對奇異的男女和那條狗，在雪地上留下的腳印，聽到踩碎的冰塊發出的咯吱聲。

# 痛苦的歷程沒有止境

這是一個痛苦的歷程。

一九五○年代初戀時，感情就有些動搖，沒有一個堅固的基礎。當時我需要的，是一個在亂世中能夠理解我、支持我的忠實的朋友。第一個孩子的出生，對我們的結合起了不少作用。

來蘇聯後生活從零開始，我所考慮的並不是我們的感情有多麼深厚，多麼融洽。我們來蘇聯的第一年，五七年年終，瓦良已處於生與死的邊緣，感情的問題再沒有出現，它已想當然地融合在有兩個孩子的家庭裡。

第一次手術後，我面對著一個不甚會體貼我的殘廢。病情使他本來就不很溫順的性格變得日益暴躁。倒不是對生活的要求增加了。不，瓦良這一點是從無奢求的，一切禍害都來自他的病魔。

從懷疑到調查，從一般的口角到輕易地動手打人，為了達到他的目的（置鄰居於「死地」），我們必須在民警面前證實所有的聲響，包括他想像中的，確為事實。

他知道一家的生活就靠我一人，他知道我在電臺工作，每天不折不扣八小時。回到家裡就像擠乾了汁的檸檬似的，全部精力用盡了。不，也許他並不知道，他的腦腫瘤折磨著他，不肯放鬆，而他又不是神仙，既然我在他身邊，豈知我便成了被他折磨的對象。怨氣都發在我身上，如果不照他的想法去做，就以絕食對抗。

但若反身自問，把一切推在病魔上公平嗎？

我曾認識一個叫班乃狄克的漢學家，好像在蘇聯駐華使館工作過。我們是在一個偶然的場合下認識的。提到我丈夫回蘇聯後立刻發現腦瘤，在某神經外科研究所做了開顱術。沒想到他也曾有過同樣的遭遇，不同的是他很快就恢復了工作能力。一兩年前，才聽說他去世了。這些年來，他一直在從事翻譯工作。我們只見過幾次面，關於他詳細的病情，無從知道。他主要是並沒有失去視覺，而且性格很安靜。每次見到他，總是一臉蒼白略顯臘黃的膚色，使人感到他在世間的時間不會久了，但他一直活到不久前才病故，翻譯了大量的書籍。

　　我和丈夫同床十八年，養大了兩個孩子，一切都在孩子面前發生。瓦良所提出對鄰居的無理要求，一方面使我感到煩惱難堪，一方面又可憐他的處境。病魔纏身，不能自主。我又身處在一個與中國完全相隔離的國家裡，孤身一人，誰來幫我分擔這一切困難？唯有瓦良的親戚們一致表示同情和支持我，並當面指責他。我知道萬一出了什麼事，他們的同情會在我一邊。

　　公公早已去世，婆婆血壓高，難得來一次莫斯科。瑪琳患十二指腸必須治療護理。瓦尼亞不好好兒學習，校長已跟我說過，要我把他轉到普通學校。家裡的大狗養了一窩小狗，要定時進餐，定時過磅，賣掉了對我們家也是一筆不小的收入。

　　暑假到了，我買了有優惠的休養券，在一個風景優美的人工海岸邊，誰知住進去的頭一個晚上，「克格勃」就跟著來了。我大失所望，這說明新房子也不能拯救我們的命運。搬了家，在體格粗壯的親戚幫助下，把沉重的家具和鋼琴搬到十三樓，沒有雇一個外人。這份人情就用白酒和灌腸報答了。

　　住十三樓也毫無進展。又出現那用錫紙紮成的防放射線帳篷。每天清晨五時，瓦良把我推醒，讓我聽聽樓下是否有一個拎著水桶的女人，是特地來整他的。我說我要睡覺，要去工作，他說他也要睡覺。當我勸他：「不要胡思亂想，這是打掃清潔的女工。」就會「砰」的一下給你

一個耳光，或手腳全來。我從不回手，一直記住他腦骨的狀況，知道在
他那個迫害狂的世界裡，又出現了一個新的人物：清掃女工。憐憫之心
便不由而生。

　　每到晚上睡前，孩子們把廚房抽屜裡的刀叉全藏起來，深怕他傷害
我。他雖雙目失明，但能分辨黑白的人影，在發脾氣扔東西時擊中率
很高。

# 醫生的最終診斷

我已感到忍無可忍，但又沒有任何適當的出路。

我通過朋友，找到一位神經科專治被害妄想的大夫，想辦法把他請到家裡來，跟病者交談，判斷他的病情發展到什麼地步，是否能住院治療？

本來我很緊張，深怕他會不願意跟大夫談。誰知他倒理直氣壯，恨不得把鄰居對他的全部迫害史向大夫傾瀉出來。

# 前途茫茫

　　大夫來了。我去臥室沒有參加他們的談話，只知道瓦良認真地向他傾吐自己對周圍世界的觀察和感受。

　　大約四十分鐘後，我送大夫出門。他告訴我：「妳丈夫患有嚴重而典型的被害妄想症。當然我可以把他收到醫院治療。但過半年回家之後，又會復發，毫無意義。」

　　我的心冷下來了。這豈不是「上天無路，下地無門」嗎？今後叫我如何生活？

　　我的兒子瓦尼亞已快十六歲，他常常看書看到深夜，早上起不來就不去上課。四五中離開現在的家雖然不算很遠，但地鐵還沒修過來，要轉公車。

　　女兒未經我同意，曾跑到城外同學的「達恰」去玩，嚇得我整夜在城外根據線索家家打聽，打電話找她。

　　當時正當一九七三年，我答辯論文一年之後，瓦尼亞秋天滿齡時，必須取得蘇聯國籍。

# 離開廣播電臺

　　一九六六年，我已決定接受莫斯科大學東方學院（後改名為亞非學院）邀請任教，離開工作了將近十年的廣播電臺。這完全出於家庭需要。此外，我的副博士學位，如果採取函授方式，肯定無法答辯。

　　是的，當時瓦良一直在催促我寫論文。在莫大任教，可以給家裡分出更多的時間，而我又可隨時在他眼前，受到監視。

　　我的第一篇學位論文（相當於PHD）初稿寫出，語法由瓦良口頭更改，再給導師過目。

　　一九六五年，我在巴黎期間，正逢戴高樂選總統前夕。我託當時正在巴黎看顧母親的老朋友楊瑛，花錢找了兩個廣州話標準的一男一女，把我寫論文需要的材料全部錄下，就在選總統前一天把它們錄成一個大圓盤，回去就立刻可以做實驗用。當時幫我忙的就是我的第二任姐夫班班羅。

# 我在莫大的教學和研究

我在電臺工作，當時每月至少有三百多盧布的收入，相當於大學教授的薪金。

教學課程所占時間雖然不多，但備課卻令人傷腦筋。莫大請我去任教，正當蘇中關係白熱化，一天二十四小時的論戰沒有停止過。在莫大我沒有答辯論文，每月拿到的講師固定工資還不到兩百盧布。這個差距必須在外面搞文字翻譯補貼。

我的教學課題是上海話口語，難度比教普通話高。問題是，我雖然在上海上過學，住了六年，但漢語方言（上海話）沒有拼音方案就無法開展教學。為了解決這個問題，只好用國際拼音方案轉換。這個不小的工程，用了一學期的時間才完成。後來謝天謝地，不知在哪兒找到了一個土生土長的上海人做廣播員。我立刻被轉到三年級教普通話口語課。

然而，我的副博士學位的答辯，到了一九七二年才完成。博士學位直到上世紀末，一九九五年才拿到。第一個學位為我今後三十多年夜以繼日的教學、教科書寫作，以及科研工作打下了基礎。多年來，我屢次得到國家的資助，從講師、副教授到教授。最後，我發表的規模甚大（近九百頁）的專著，沒想到竟在二○○六年獲得莫斯科大學羅蒙諾索夫獎金。

我之所以獲得如此重賞，是因為終於揭示了漢語作為孤立語，其符號系統運轉的機制，及其虛詞隱現的規律。在此以前，喬瑪（我的第二位丈夫）因對古漢語研究的重大貢獻，獲得漢學方面的「功勳教授」稱號。

我和喬瑪結婚以後，兩人除了假期或部分假期，一直在家從事研究工作，各自發表了八九十篇論文，七八部教科書和語言文化認知學專著，反映漢語的語言世界觀。

　　此外，我還在九〇年代帶了十個碩士生，其中有八位就是我們的臺灣青年。他們勤學肯幹，給我留下了良好的印象，跟其他民族相比，絕不遜色。

# 永別了，可愛的天比！
## 離家去巴黎的前夕

後話暫且不提，回到一九七三年離開巴黎前夕。

我把孩子們安排入睡以後，就到瓦尼亞的小間屋開始工作。我的「情人」（未來的丈夫），在去考古隊之前，交給我一個艱巨的任務，把他用俄文寫的〈《春秋》考〉譯成中文，帶到法國漢學研究所，託在那裡工作的中國人帶到香港出版。

我當時還責備喬瑪，怎麼讓我在一夜的工夫譯完與先秦有關的，好幾頁文章。《春秋》這部著作，我對它的知識很淺，何況還有如何對付術語的問題？功夫不負有心人，幹吧！

我坐在桌前寫，我心愛的牧羊狗天比陪著我。天比就是那一胎五隻最後見世也最可愛的那隻，我捨不得把牠賣掉，留下牠，送到訓練班受訓。奇怪的是，一整夜的工夫，我基本沒有站起來。天比在小屋和隔壁的大屋裡十分不安靜地繞著圈子，然後又坐下躺著。才躺一會兒又起身到我身旁聞一聞，又繞著我走動。牠是我的愛犬，這時心中非常不安。狗能通人性，牠知道女主人這一去就不復返了。我親愛可憐的天比，牠心裡的悲痛要是能說一定會向我表達。要知道我現在沒有時間過去摸摸你，安慰安慰你心中的淒涼。我感到對不起你，我感到背叛了你。熱淚簌簌地滾下無法停止。

〈《春秋》考〉翻完了。我最後的任務是給同床十八年的丈夫寫一封訣別書。那封信不長，我只向他說明：我們繼續生活已失去了意義。也許我離開他之後，對他反而有好處。孩子們已知道我的決定。我不會把他扔下不管，我將盡力關心和幫助他。祝他恢復健康。

寫完信，我跟天比親熱了一會兒，一看錶已是六點鐘。我還沒有打包行李，就把幾件簡單的衣物扔在一個箱子裡，那裡已放著兩個孩子的衣物。那時孩子們的奶奶正住在我們家裡。她已把他們叫醒。不過半小時，就悄悄地跟奶奶辭別。那個時候瓦良還在他的防放射線帳篷下熟睡。我們按照俄羅斯人的習慣坐了一兩分鐘，就去趕公車到地鐵，然後直奔火車站。

# 第二十四章　決裂（二）

* 悄悄地我走了
* 兩袖清風
* 這一次絕不能心軟
* 瓦良向法院提告
* 基督山恩仇記
* 麗婭的抉擇
* 瓦良又一個有中國血統的老婆
* 天比的安樂
* 第三次上手術臺
* 瓦良，願你在天國安息！

# 悄悄地我走了

　　當我離開這搬進去還不到一年的新居時，瓦良還在他的防放射線帳篷裡熟睡。可以想像到，這一覺醒過來，當奶奶給他讀那封訣別書時，他還沒意識到情況的真實性，也沒有把事情看得太嚴重。

　　我們共同生活的十八年中，我從來沒有提過要離婚，一切都還可以扭轉過來吧。但在瓦良內心深處，這不可能不是一個打擊。他應該意識到第三者的存在，或者預計到老婆帶著兩個孩子在身邊，可以藉探親的機會，乾脆逃之夭夭，投入西方懷抱。說起來這種可能性也很大，何況他不是鼓勵兒子這樣去做嘛！

　　說實話，當時兩個孩子都有這個想法，何況周圍的朋友們都竭力主張我留下。但我還是回來了。

# 兩袖清風

　　離開兩個孩子的爸爸，一級殘廢的瓦良，對我來說應該是留下一切，絲毫不取，包括在電臺工作將近十年換來的三間房住宅，過著清苦的日子買下來的進口家具。我在中國一點一點存下的錢買來的，當時不很值錢的真貨古玩，也全部留下。

　　後來我拿走的只有我最心愛的唐三彩小盤子和一個有白色竹葉修飾的大紅碗。第三件是媽媽來莫斯科途中用的小茶壺，做個紀念。

　　說起那個紅碗，這裡面還有一個典故：說來湊巧，我頭一次在巴黎參觀東方藝術館時，立刻注意到陳列品中有一個深紅大碗和我家裡那個一模一樣。碗底下的印章也一樣。問起館內的行家，原來是袁世凱當政時，曾下令官窯燒製一對。大總統死後，家業衰敗，家中珍品一一送到古董店，那一對碗中的一個不知被哪位法國洋人買去，後來又轉手到博物館。

　　我在北京工作那幾年，常跑古玩店。看見這隻紅碗，從我的審美觀來說，它不僅好看，從各方面來說都應有很高的價值，討價半天立刻買下。好在它已不成對，才以低價賣給我。我不喜歡古玩成對，顯得呆板，所以才廉價買到了這一件，從質地和燒製水平來說，都是上品。

　　用賣掉媽媽的貂皮大衣買的鋼琴，我事後留言送給瓦尼亞，他那時彈琴已彈得很不錯。就這樣，我把全部家產留下，兩袖清風，投奔新生活！

# 這次絕對不能心軟

　　我從法國回來，便在加里亞家住下。絕對保密，連瑪琳也不知道。她見到父親後，不願留下，次日便住進寄宿學校。

　　瓦良看見我連孩子的學校也安排好，大概才醒悟到，事情確實不妙。把兒子留在巴黎的好算盤好像成功了。但他哪肯放手，硬逼著女兒到郵局給媽媽往學校打電報，苦苦哀求我回去。

　　看見這些電文，我心若斷腸。但我明知這次絕對不能心軟，否則會斷送我們每個人的前程。

　　我早就預見到，如果我不在他身邊，換一個人，他的被害妄想會好起來的。後來的事態發展，果然證實了我的推論。

# 瓦良向法院提告

　　經過一段時間，瓦良見我已走定，沒有轉機，而我也同時向法院提出離婚。這時，哭哭啼啼招我回去的瓦良，可就變了另一副面孔，開始向我討價還價。我答應給他的三十盧布補助金他嫌少，要我加倍增加到六十盧布。

　　我在離婚申請書中曾說明：他是一級殘廢，每月能拿到一百二十盧布，孩子們的全部生活費由我負擔。人怎麼能像擠牛奶似的貪婪到如此地步呢？他是否考慮過，我的工資全部給他，我和孩子們如何生活？

　　況且為了打官司，我請了一個美國朋友亨利介紹了一位高級律師，人家雖然沒有要我的錢，禮物應該是貴重的。我跟亨利借了一大筆錢，一年後才慢慢還清。

　　我心中暗自佩服我這位殘廢丈夫，他為了自己的利益，竟把算盤打得如此精！結果，他還是吃了敗官司。

　　按照蘇聯法律規定，半年後，就算一方拒絕接受，離婚行為仍自動生效。法律規定，我自願另增的補助金，每月從我工資中抽出，公事公辦。瓦良也可以因此而放心。這應該是他擺脫迫害狂的第一步！

# 基督山恩仇記

　　關於我和瓦良的故事本來可以至此打住，但他遠不是那種性格，一定要演出《基督山恩仇記》的一幕又一幕。老婆是他的私有財產，怎能如此輕易放走？官司吃了敗仗，只是第一個回合。還有教研室，還有黨委，尤其是教研室，都可以是他舞刀弄劍的戰場。

　　當然，有那麼些人，吃飽飯沒事做，看見這兩個拔尖的，心裡就不過意。要是他們當中有一個丈夫是殘廢，還能假惺惺地表示：「挺年輕的，就遭到橫禍，真可憐啊！」

　　人們從同情我的遭遇到向黨委告狀，中間只有一步。到了我轉運的時候，跟喬瑪已結成合法夫婦時，便群起而攻之。「你瞧她多麼得意啊，竟敢拋棄殘廢的丈夫，愛上個比自己小十二歲，才華出眾的有婦之夫！」

　　瓦良的天然同盟軍自然是依拉──那個被天資出眾的丈夫休掉的妻子。

　　俄羅斯人談愛情也好，談離婚也好，尤其是後者，桌上總少不了一瓶伏特加，一瓶不夠再加一瓶。等到那酒精燒掉了全部理智，便開始從動口到動手。牆上那幅中國國畫首當其衝。它變成了依拉的頭號敵人。七手八腳地把丈夫心愛的一幅水墨畫撕成碎片。丈夫為了拯救「國寶」，急忙把妻子推開，這下子使勁太大，可憐的依拉後腦袋摔到椅腳上，碰破了皮，流血不止。這還得了，丈夫把妻子打傷了，快送醫院！

　　輕微的腦震盪卻掀起了一場好大的風波。著名的陰謀家瓦良此時便伸枝展葉了。他通過依拉和教研室的一位資深女黨員和一位也嚐過被休

之苦的女教師搧風點火：「絕不能讓那天資超人的青年教師落到比他大十二歲的女人手裡。這不是糟蹋人才嗎？」於是兩位珍視人才的女教師便趁機出主意，呈書黨委和校長，非把這對戀人趕出亞當樂園，才肯罷休。

好在教研室主任，「二戰」老戰士此刻也在和老伴離婚，對我們是有同情而無責備。瓦良讓兒子留在巴黎的叛國罪，當然也扯到我身上。開教研室會議、黨委會、校長個人談話，從各方面加足壓力，最後的目的是不再改選我丈夫的職務，開除我這個拋棄殘廢、不管孩子、讓兒子投奔資本主義國家的母親。

那位資深黨員竟在我們還未結婚時，對喬瑪說：你離了婚愛跟誰結婚都可以，就是不要跟譚傲霜結婚。」晚了！我們已經結成合法夫婦。記得在一次持續了三小時的會議上，發言的矛頭針對我時，我這個新丈夫竟毫無畏懼地向眾人宣布：「我愛我的妻子，絕不允許任何人傷害她！」

在這樣的困境中，我們並沒有灰心喪氣，不斷地回擊。瓦良雖然組織了那麼多人興風作浪，但他忘記了他的親人們知道我，瞭解我，支援我。在我跟蘇共中央書記勃列日涅夫發了一封萬言書的同時，瓦良的舅父以黨員的身分向莫斯科大學黨委發了一封公函，住在我們鄰近的一位共產國際的朋友也親赴黨委為我們辯護。這場大血戰才以我們的勝利告終。

那期間，為了阻止我們的結合，各層次的大小會議不知開了多少，我們後來整理出來的紀錄檔案就有兩大包。前後經過兩三年之久。

# 麗婭的抉擇

美麗的麗婭從天而降。

聽孩子們說，她是外地來的大學生，沒有住處。我從內心為瓦良感到高興。她一住下就是好幾年，不但負責打掃清潔、購買食品、做飯，也在床上接替了我的職責。

但這位救世主當然不能滿足於一個殘廢，外邊還有情人。這可引起瓦良的嫉妒。從可怒而不可言，發展到可以想像到的衝突。

麗婭也不是沒有眼光，年紀輕輕忙什麼？她也許曾經斟酌到：如果跟瓦良正式成婚，將來最多是一間屋子的繼承人。但何時才能成婚？這聰明的姑娘眼看青春歲月消逝，等待的耐心已沒有了。況且結婚後，瓦良這個極端主義者，是絕對不會允許她有外遇的。

豈知，瓦良早已把她當老婆看，提出哀的美敦書。但這份最後通牒對他不利。常常責備瓦良前妻（據孩子們說）的這位善良的救世主，經過一番衡量，做出離開瓦良的抉擇。

# 瓦良又一個有中國血統的老婆

　　瓦良這人說話很有說服力。據說，他在電話裡訂購去南方休養的火車票，就在電話裡成了交，你說他本事大不大？本事大還不夠，還要有那麼多的和我女兒同齡的天涯淪落人。不僅如此，在這位和我女兒同齡的淪落人上輩的血統中，竟還有炎黃子孫的因子。

　　據說，這高個子的小女人，居住條件很差。跟姐姐和姐夫同睡一間房，姐夫喝醉了就來強姦妹子。滿懷同情心的瓦良，用他那能言善辯的口才，竟把那小姑娘招來，高興地給她取名為「高興」。用做愛代替了強姦，老天爺很快地賜給他們男孩兒一個。緊跟著又是個小女孩兒。

　　我大兒子對父親在住宅中的擴充政策，大有意見，要向法院起訴。鶴蚌相爭，漁翁得利。國家照顧殘廢，給了他們四個人一套三間的新住宅，卻把一個跟妻子形式上離了婚的老頭子換過來。從此，孩子們的三間房被閹割了一間，住進了一個陌生人。好在瑪琳這時已嫁給一個比她大十二歲的考古學家，戶口還留在原處。

　　老頭兒搬了些東西進來，把房門鎖了，還是跟老婆住原先的地方。他的老伴在房管局工作，一待有合適的換房機會，只要雙方同意，三間分成兩套，每套各二間，各得所望。這樣，我的兩個孩子，就換進了一套靠市中心的兩間獨屋住房，在五層頂樓。

# 天比的安樂

　　我的愛犬天比和我相離已有十四個年頭。牠身上長著腫瘤不吃不喝，我經獲瓦良允許，開著車，跟兒子一起把牠帶到獸醫處注射藥物，讓牠安樂死，以免繼續痛苦。

　　死亡總是痛苦的，能說它是安樂死亡嗎？

　　天比從小一直天真爛漫，忠實於牠的女主人。現在已變成一位身體臃腫的老太太，認不出牠舊時的女主人了，可悲可泣！

# 第三次上手術臺

我沒有在瓦良面前失信。

我們離開時，他還不到五十歲。這將近十年來，他繼續奮鬥，竟也建立了一個小家庭。他的好友依里亞隨身相伴，也幾乎成了家庭成員之一。瓦良他們還去了克里米亞海邊度假。

我常叫孩子們去看望父親，總希望他們帶來一點兒關於他健康復原的好消息。

據他們說，八〇年代中期，爸爸的健康逐漸惡化，腦瘤又在作祟。他的妻子跟依里亞私通，把個殘廢捧在一邊。老奶奶身體不好，也擔當不起多少護理工作，情況非常險惡。

我聽到這個消息後，決定時機已到，必須助一臂之力，把瓦良送進醫院。過去兩次動手術，都是靠我的單位寫信；現在單位雖然不管了，還有珍貴的友情。

第二次給瓦良開刀的阿塞拜疆大夫，現在已是腫瘤科主任。我們兩人彼此心裡曾經有過一份不必言宣的情愫在。兩人也有十幾年未見了，我的出現對他來說很突然。

「妳博士學位拿到了嗎？」一見面他就關心這個問題。「快了，我在寫教科書，研究工作沒斷過。」我記得他當年答辯博士時，瓦良正好還在醫院，我送了他一束漂亮的紅玫瑰。

一提到瓦良，他說：「妳們不是早已離婚了嗎？他也有家庭了。」（這些消息都不知道通過什麼管道，送到他耳邊的。）我知道病房很

緊。當我把瓦良目前的悲慘境況詳細說了一遍之後，他直接告訴我，看在我的面上才答應收留瓦良就醫。

第三次手術又切除一個大瘤。瘤是沒有了，但大夫告訴我：「他身體太虛弱（也許常常挨餓）成活率等於零，我們不能繼續留他下來。」

那時，大兒子伊萬雖然平時跟父親關係不十分融洽，但立刻自告奮勇表示願意收留他。瓦良的妻子和依里亞，則一次也沒來醫院參加我們的護理工作。

瓦良搬到孩子們的十三層樓住宅時，只有兒子和母親住在那裡。當時瑪琳要通過副博士論文討論，住在我家裡。她的三歲孩子一直跟著爸爸。我們有一點工夫，就開車到十三樓，給瓦良收拾已化膿的褥瘡。

瓦良只跟我們做極少必要的對話。我心裡想：「你的沉默是對以往的生活還有所回憶呢，還是往事如煙？」我在給他餵食時看見他的臉上只剩下一個面罩，一個掩飾著他悲慘一生的面罩。就算有時痛得難忍，他也不發出一點聲響。

在我和孩子們中間他會感到一絲慰藉嗎？畢竟是從那個曾經給過他幸福的家庭，走向死亡！他的兒女沒有背叛他，他的前妻也實現了她的諾言。

# 瓦良，願你在天國安息！

　　不到十天後的一個清晨，大約五點鐘，孩子們的奶奶來電話，說爸爸剛去世。我連忙開著車，和女兒去看爸爸，身邊帶著照相機。我們給他閉上那早已被病魔閉上的眼睛。我當時想把他臨終後的形象保存下來，為什麼？使我感到驚奇的是，當死神來到，生前一切痛苦頓然消逝，他的臉變得安靜美麗，像一尊古羅馬的雕像。願他在天國得到安息。

　　我的前夫瓦良生於一九二七年，死於一九八六年，享年五十九歲；曾三次結婚，有六個孩子。我們召集了親朋好友，為他舉行了一個追悼會。喬瑪不僅始終在場，也賣了不少力。這一點瓦良也很清楚。他在天之靈，應該能感受到我們對他的熱誠。他畢竟是我兩個孩子的父親，也曾是我的丈夫。他這一輩子都在為活得有意義而掙扎，但疾病戰勝了他。瓦良，安息吧！

　　當會計科不再從我的月薪中扣出那三十盧布時，人們才意識到，這麼多年裡，我始終不渝地沒有停止對他的救濟，不管是獨身也好，再娶也好。曾經責備過我的人，這才悟到他們的指責多麼不公平，也許還會捫心自問，她們若處於我的境地，斯可忍，熟不可忍！

# 第二十五章

身無彩鳳雙飛翼，心有靈犀一點通

* 教研室來了一個陌生人
* 小紙條獻殷勤
* 一生中的巧合
* 去廬何去？
* 三十而立
* 一日銷魂
* 找一個乘龍快婿
* 直觀教學，三姐妹相助
* 齊人有一妻一妾
* 妻妾和睦，家庭幸福？

# 教研室來了一個陌生人

　　一年以前，就在我答辯論文的那個五月裡，導師給我指定的第一答辯人是莫大語文系教授羅結日任夫斯基，是一位漢學家。第二答辯人好像是一位副博士；導師很得意地向我介紹，他是一個年輕有為的學者，姓卡拉別茲揚，小名叫喬瑪，中國名字叫高辟天。中蘇關係破裂時，曾去新加坡南洋大學深造。雖然指定由他擔任答辯人，但因為他還要把從臺灣購買的大量古籍書籍，用集裝箱運回來，怕來不及，就請列寧格勒大學一位從小在中國長大的語言學副博士代替。

　　我和喬瑪雖在一個教研室，他教古漢語，課時不多，我根本不知道有其人。高度緊張的生活，也抽不出時間去注意周圍的人們，因此我們可算是互不相識。何況他答辯論文之後就起程出國進修。

　　我第一次注意到他，是在我的答辯儀式結束的當兒。他原來剛趕回來，因為教研室男老師中算他最年輕，就代表大家給我獻上一大束鮮花。記得那時的他是一臉大鬍子，否則，就不會使我認不出，我平時在樓梯口上，偶然見到的那個相貌奇異的年輕人。他的臉膛上顴骨突出，一雙大眼睛深陷在眼眶裡，腦門高高的，再加上典型的高加索鷹鉤鼻子，整個面部就顯得異常瘦削，甚至有些可怕。高個子，但身材卻不顯得單薄，這次獻花時，已是一臉大鬍子，面部顯得豐滿，像一個年輕的教授。

　　按照慣例，答辯完成後要邀請教研室的老師、導師和答辯人吃一頓。過去在飯館裡吃，後來上級認為這是一種變相賄賂，遂予以禁止，就改在學校餐廳或家裡舉行。從我的經濟條件來說自然選擇了後者。

  為了準備好二十多人的酒席，我在答辯前一天，在小小的廚房裡，忙了一個通宵。光海參（那時很少出口所以比較便宜），就泡了一桶。俄羅斯人，尤其是漢學家，對中國的菜肴十分欣賞，那個時代能吃一頓，算是大有口福。我兒子伊萬（瓦尼亞是他小名）酷愛音樂，同這位遲到的答辯人立刻交上了朋友，因為聽他彈得一手好鋼琴。我當然也暗地裡深感佩服。

  等到宴會已進入尾聲，我去廚房櫃子裡取甜食時，發現背後有個人跟了進來，不是別人，正是我暗中佩服的那位年輕漢學家。

# 小紙條獻殷勤

　　喬瑪趁廚房裡沒人，我登上板凳取蛋糕的當兒，從背後給我遞過一張小條兒。我莫名其妙，又怕出事，連忙把它塞在櫃子上層盤子下面。等客人都走散了，才爬上去，從犄角裡找出那張條子，仔細一看：「這個星期日是我生日，下午六時恭請光臨。喬瑪。」下面是他家的地址。

　　我萬萬沒想到會收到這種形式的邀請，大吃一驚！回憶起幾個星期前，導師給我弄到喬瑪給一位越南研究生寫的檢定書，作為參考的樣本，我只聽到導師說，這是他的大弟子，也搞實驗語音學，用電腦測試分析結果。

　　那時，我曾給瓦良讀了一遍。他聽了以後，對我將來的答辯人的文筆、邏輯思維以及褒貶尺度，大大地誇獎了一番，認為他不來也許是我的運氣。我丈夫瓦良也是一個聰明人，完全能看出對方的水平。這是我和喬瑪未曾相識前，他給我們留下的印象。其實我無須感到慚愧，喬瑪後來曾指出，說我論文內容很豐富，有新意，文字需要加工，還可以發表一篇相關的文章，以突出我的發現。在他的幫助下，我果然這樣做了。

　　此刻這張短短的邀請信，使我心裡感到甜滋滋的，好像大自然沉睡了很久，突然甦醒了，在遠處透過了一線曙光。這絕不是偶然的心血來潮。此時，我不覺想起李清照的〈一剪梅〉：

> 花自飄零水自流，一種鄉思，兩處閒愁，此情無處可消除，才下眉頭，卻上心頭。

　　我不能欺騙瓦良，但拒絕未免太失禮，何況我確實想見到他！怎麼辦？這時，心裡有了主意。星期天我帶著瑪琳去兒童公司買衣服，順便給喬瑪買一束花，兩人一塊兒送到他家裡，就算意思意思。

　　我們被迎入大門時，看見喬瑪穿著一件背心，一副健康的體格，大概正在幫他太太收拾屋子，以備招待客人。他妻子頭上纏上髮捲，看樣子應該是長得不錯。

# 一生中的巧合

　　此後，有一回在學校又碰著了。他說有事相求。他正在給學生編一部文言教材，希望在選第二冊中古漢語材料時，得到我的一些幫助。我們交談了一會，講的都是彼此的來歷。他提到五〇年代末，曾經跟隨父母親去四川。父親應川大邀請任化學系專家。原來他父親是一位有名的學者。史達林時代曾獲最高學術獎（這是我後來聽說的）。一提到四川，我當然立刻告訴他，我是一個道道地地的四川人，只不過有一半的血統屬於德籍的母親。這個巧合，更增加了我們對彼此的興趣和瞭解。回去的路上，我心情未曾平靜過。沒想到世間竟有如此的巧事。

　　一路上，我又回味了一下這位使我如此動心的年輕人。從他的言談中，可以看出他父母親給他的家庭教育。他的聲音很柔和，不折不扣的知識分子。奇怪的是，我並不感覺到他比我年輕許多。頭髮已經有些禿，高加索人的大鼻子高顴骨的臉膛，肯定是從父親那邊繼承的。說話文質彬彬，這說明了他所成長的家庭環境是怎麼樣的。

　　喬瑪對中國古文化的崇敬，肯定是同父母去中國時受到的薰陶。他父親除了在川大任教、帶研究生、寫教材，還應邀去上海、北京等地的大學講學。原來他父親是一位國內外負有盛名的學者。我們在談吐之間，不免流露出彼此之間的愛慕。我雖然答應了他的要求，但一提到我的境遇，他也開始理會到我的困境。

# 去聲何去？

　　次年四月，學校舉行一年一度的羅蒙諾索夫學術演講會。我答辯以後，對音韻學曾發生興趣。從論文中涉及的中古聲調，上溯到上古聲調。這只是在開始擔任現代漢語教學之前，一個暫時的休息。當時我曾對古聲調演變的過程，做了一番研究，看了不少資料。

　　我的論文題目是〈《詩經》聲調系統的演變〉。當時我們教研室沒有人懂得音韻學（我這麼想），我在那篇論文上花了不少功夫，所以毫不畏懼地把論文講述了一番。先把古四聲的來龍去脈簡單地介紹一下：據考據，《詩經》時代只有平聲和入聲，後來有一部分平聲字演變為了上聲。

　　我說完之後，喬瑪突然提出了一個問題。「那麼去聲從哪兒來的？」我一想心裡發了慌，的確去聲是較晚才從陽上演變的。中間的空白是陽上變去，還是部分上聲字逐漸轉入去聲。這個過程是什麼時候開始的，還沒有人加以考證。喬瑪沒有再難我。看來他博古通今，博聞強識，我豈能以自己的淺學相比？

　　他幫我把黑板上的圖表摘下。我本來以為今天兩人會有機會細談，何況家裡已經知道我去參加研討會。但他看似很忙，匆匆離去。我心裡感到無限悵惘。臨走時，喬瑪提醒我五月二十七日是他而立之年，三十大壽，希望我這次一定來。

　　同年暑假我去巴黎時遇到一位老熟人，俄國人，在中國家庭長大的，後來在亞非學院畢業，跟了一個法國姑娘去法國了。他是喬瑪的同時代人，對他和他妻子各方面，都比較熟悉，也給我補充了許多細節。

原來喬瑪大學畢業後，讀研究生時，他在莫大已是個風雲人物——莫大青年學者委員會副主席。我們當時還是師生關係，所以對這一切不聞不問。那位叫雷申克的朋友，請我去薩爾邦大學附近一家咖啡館喝咖啡，從他的言談中，我瞭解到許多不可想像的事物，但在某些方面卻增加了我的信心。這才理解到我們來自兩個多麼不同的世界！

# 三十而立

記得喬瑪三十大壽這一天，是個星期日。我決定一定出席，哪怕是很短的時間。我已不記得找了個什麼藉口，只記得那天在打扮上下了一些功夫，穿得也很有吸引力。我去附近商店買了一個水晶玻璃「沙拉」盆，很講究。誰知手忙腳亂，急著出去，被彈回來的大門把玻璃盆打破了。好在捷克玻璃不太貴，所以又買了一個補上去。

我到時，大客廳裡早已座無虛席。喬瑪在他靠窗的座位旁特地給我加了一個席位。我來時人們已有幾分醉意，幾位男賓很殷勤地給我斟酒上菜，把我視為喬瑪的座上貴賓。我心中十分矛盾。坐在對面席位的是他妻子依拉和他們家裡的一位常客。依拉早已喝醉，語無倫次。她不時提到我的名字，好像對我們的關係早已有所知。

我覺得這樣的示眾不是我的角色，同時又擔心晚回家會出事。所以在提心吊膽中度過了半個小時，就宣布我要回家。左近的客人都是喬瑪的老相識，以女性為主。當我站起來，向左右鄰人告別時，喬瑪連忙跟著起來，說他送我出去。我心裡立刻怦怦跳個不停。他會在我們出門以後，向我求愛嗎？這個問題在我當時是十分重要的。

雖然我對他的愛慕已發展到愛意，但我絕不能把自己的心，隨便交給一個在愛情問題上愛拈花惹草的男人。他對我的家境已瞭解一二，這樣付出的代價太大了。何況我們年齡上的差距也不是一個小問題。那時我已經四十二歲，整整比他大十二歲。誰知他對我們的關係也是很慎重的。

走出家門，走了一小段，進入了一個小園子。周圍靜悄悄，沒有人影。他挽著我，轉而擁抱，熱情地吻了我說：「我愛妳！是真心地愛

妳，妳知道嗎？」當時我感到魂不附體，只是輕輕地回覆了一聲：「我
也愛妳！」但是時間不留情，我必須叫輛車趕回家去。

　　瓦良下意識感到我好像有外遇，好在他把目標認錯了。他一直以為
同我有曖昧關係的是一個年輕的老師，過去是我學生時就經常流露出對
我的情誼；其實這樣的學生不止一個。這樣我就可以十分輕鬆地，一概
加以否認，沒有做賊就不會虛心啦！

　　不！我心裡一直很不踏實。像喬瑪這樣一個獨生子，雖然看不出
是個愛拈花惹草的人，但他周圍的女性不會少，也許是個賈寶玉型的人
物。他能跟我一起挑起我們愛情的重擔，擔負起可能需要做出的犧牲
嗎？幸福和恐懼感同時存在於我的意識中，好在還沒失去理智。

# 一日銷魂

　　不久，喬瑪告訴我，他父母親去了療養院，他邀我去他們家，欣賞母親在四川買的一些古董和小玩意兒，也許會引起我的鄉愁。他帶來一瓶紅葡萄酒，而不是伏特加，可見並沒有把我灌醉的意思。我們談了很久，我向他暴露了我家庭中的一切不幸。其實他也已知道幾分。

　　葡萄酒給我們的擁抱和接吻增加的熱度越來越高。他躺在客廳的沙發床上。我用一個又一個熱情的吻，親遍了他的臉部、雙頰和腦門，而嘴唇尤其是最危險的敏感區。我體內的溫度肯定升到百度以上，欲望之風開始在我倆的頭頂盤旋，酒不醉人人自醉。

　　我已把他認作情人，隨時準備躺在地毯上，同他做愛，為他而銷魂，渴望來一次激情的投入啊！但他卻對此毫無衝動，這使得我不但有些莫解，而且心生恐懼。他其實是一個罕見的情種，難道我把整個心靈的愛都傾倒在他身上，卻沒有能激起他的反應？這立刻使我產生警惕。

　　記得他跟我說過，他有好幾個情人，但都是鬧著玩兒的。我知道六〇年代末，歐州是一個性革命的時代。現代的女人遠不像奧斯汀小說人物那樣被動，甚至帶有某種封建意識。但我起碼不能主動地脫下他的褲子！

　　在男女關係上，我的男朋友歷來不少，但都是適可而止，所以永遠不會變成我的情人。也許我的乳房不像蘇聯姑娘的那麼充滿了肉感，也許……反正這是頭一次。

　　我雖然感到失望，但我更害怕我身體上的某一缺陷，成了我們進一步接近的障礙。也許我完全不是他想像中充滿了性感的女人。想起當年

與瓦良戀愛時他的「猛功」，好像一切都很正常。然而，現在我要的是
一個靈肉結合得最完美的愛情。

# 找一個乘龍快婿

　　這段關於喬瑪妻子的故事，我在巴黎咖啡館裡已從雷申科那裡聽見了一些細節，臨別時他說了一句：「妳有希望，祝福妳！」當時，蘇聯還是一個沒有私有制的社會，乘龍快婿只能在知識界的名人中去物色。第一位是一個英國留學生。第二位就是前途遠大、聰明過人的喬瑪，第三位是考古研究所所長的大公子，也是他們的同學。誰知此人是將來東方研究所所長，又是科學院士，但似乎對女方興趣不大。

　　英國留學生將來做記者。這當然是很令人眼紅的。但依拉的母親是個共產黨員，她絕不會讓女兒嫁給外國人，更重要的是，她不願意為女兒，給自己尋找一個語言不通的新祖國。

　　為什麼喬瑪竟被看中了？這應當歸功於喬瑪那位聰明而擅於弄權的母親。她不只是會施展五花八門的手段，更重要的是，這位賈母式的人物很有見識，她立刻盤算出將來的媳婦應是，一個沒有主見、沒有獨立思考能力，會處處聽她擺布的女性，而且還長得不差。

# 直觀教學，三姐妹相助

在喬瑪眾多的女友中，有一個典型的老知識分子家庭。家裡有三個擅於繪畫的姐妹們。雖然長相很一般，但對藝術的愛好，使她們把我們多才多藝的獨生子視若活佛。原來她們都是中國古代文化的崇敬者，早被這位年輕學者肚子裡裝得滿滿的，五千年華夏文化迷住。三個人都自動願意同這位學者做愛，免得他因沒有夢中遊幻境初試雲雨情，又沒有寶玉上私塾時的那一段豐富的經驗，而在新娘面前丟醜。這可把我們的喬瑪弄得憂心忡忡。自小管在母親身旁，沒有受過男孩子應受的性教育，而父親整天做學問，行以無言之教，其他一切由深知兒子底細的太太操縱。人選適當與否，當然也由她老人家拍板。

我們的賈寶玉下了課，手裡一瓶伏特加，就去三姐妹家去享受他的青春。她們三人中喬瑪哪一個都挑得上。但問題是有個性的現代女性，哪裡會聽候未來婆婆的管教。

喬瑪自幼嬌生慣養，是在書本和音樂中長大的，對體育運動毫無興趣，而且參加考古之後也養成酗酒之習。幾杯下肚，已若騰雲駕霧進入仙境，看來性生活自幼就靠自我服務。這可對將來正常的性交會產生莫大的危害，人之謂陽萎即由此而生。

好在藝術家姐妹把喬瑪當小弟弟看，由於對他的寵愛，竟在他快要進入洞房前，把這方面的基本功夫直觀教學一番，對付即將到來的結婚喜慶。一向厭惡三姐妹的老太太，還不知道若沒有她們相助，她的得意算盤恐怕早已落空。

# 齊人有一妻一妾

　　這句話是喬瑪用毫不在乎、半開玩笑的口氣，直接從他所熟知的古籍中，檢出來奉獻給我的。言語中顯然帶著自嘲的成分。當我的震驚稍減時，他便一本正經地把他的這種家庭關係逐漸向我暴露出來。

　　而在這以前，他曾向我表示，我倆的家庭關係都很複雜。我們各自把那剪不斷理還亂的疙瘩解開來，再從頭開始。他還年輕，我也絲毫不顯得比他老。好在我的孩子們已經大了。他也有一個小兒子，全盤由姥姥照看。

　　他母親為了解脫他們的負擔，還讓那位姥姥提前退休，差額由他們償付，她反正在小學裡，做些不十分重要的事務性工作。這樣就能為在職的妻子減少負擔（她學的是印度語，在外文出版社做卡片整理工作）。這個我可以理解，要我有這樣的公婆，豈不是一份福氣？

　　但這位妾是哪兒來的？她是怎麼在他們這個高級知識分子家裡立住腳的？

# 妻妾合睦，家庭幸福？

喬瑪不十分在意地繼續說：「不過妳放心，我不會讓妳做我的妾。」我聽他這麼一說，氣憤地回答：「你簡直瘋了！是回到中國的封建時代，還是想模仿伊斯蘭教的一夫多妻制？」

下面是從他嘴裡聽到的，一個嚇人聽聞的故事。

喬瑪的妻子畢業後，照理應該開始工作。但因她四年級該去國外實習時，跟校方發生了糾紛沒有去成，到五年級畢業才補了一年的語言實習。根據我的觀察，他妻子人品倒不錯，只不過有些輕率，不管是男女關係也好，學習方面也好，有時令人想到她很不成熟，思維不夠清醒。這大概也是獨養女的通病。父親她從未見過，由母親拉扯大。年輕時雖然長得很標致，但在愛情上，只求對方有錢有地位，這樣來彌補小時家庭的不足。母親曾去當時與蘇聯友好的伊拉克工作，好為女兒置些時髦的新裝。依拉母親是黨員，可以到伊拉克，這就增加了她找女婿的可能性。她和喬馬兩人一直同級，住得也很近，可以說是近水樓臺。剛結婚不到一年，依拉就毫不在乎地前往遙遠的印度，把丈夫扔給自己的母親。這一來，喬瑪不但如魚得水，他父母親也可以不負任何責任，豈不美哉！快哉！

生活方式一切照舊，只須找一位被拋棄的女人，把關係的框架說定，便一切了當。再說還有那位母親做擋箭牌，這下子便可以不問天高地厚了！喬瑪的性格溫柔謙和，對女人倍加尊重，所以本人雖算不了美男子，但卻有吸引女性的風度。依拉走了之後，他很快認識了一個剛被情人拋棄的女孩子。喬瑪的花言巧語早使她陶醉，加上她所幹的文物

修復工作沒有定時的上下班制度，所以很方便談戀愛。而且喬瑪有話在先，如果懷孕了，絕不能留下。

　　依拉和喬瑪婚後租了一小間屋，不久以後，父母買了一套兩間的合作社公寓房，原來團結大樓式的住房就讓給新婚夫婦住。依拉走了，讓喬瑪獨守空樓，這明顯會出問題。第一，他一天三頓飯怎麼解決？老太太建議，他住到附近的岳母家。這個辦法真是天衣無縫：兒子在外面搞女人，責任由媳婦的母親擔當。她不也是自己人了嗎？回來以後，讓她自己跟女兒交代。團結大樓的房子一方面做書房，一方面接待女客。這種安排絕對不會招來閒言閒語，而母親對兒子必要的控制可以通過電話，一天起碼兩次，比我們鼎鼎大名的保安部有過之而無不及。岳母是一個好脾氣的女人，從不過問女婿的私生活，這樣一來豈不是皆大歡喜嗎？

　　有了考古隊更是福上加福，男歡女愛的生活可以永遠繼續下去。可憐的依拉挺著肚子時，丈夫又找到一個「天文學家情人」。孩子出生以後，竟要把妻子休掉，另起爐灶。事發後，她不能抵制來自丈夫的壓力，曾在兒子出世不久，差點在團結大樓裡的公共廁所上吊，結束她被侮辱和被損害的一生。這就是她缺少抗爭的精神所致。這雖然對喬瑪是個意外，但卻答應從此跟搞天文的女士斷絕一切關係。

　　此女我後來見過，是韃靼人的後裔，長得雖不算奇醜，但外表卻像個女巫。喬瑪怎麼會對她傾心到這個地步？原來他跟父母在中國時，曾對中國古代天文學大有興趣，此女把她的天文學知識大肆誇張渲染，自然就迷住我們這位漢學家，而產生了出奇的效果。

　　喬瑪雖然有所醒悟，但依拉肯定是從婆婆那兒得到一個妙計。

　　卻說老情人阿拉，等到喬瑪的妻子從國外回來，本應分手，但我們這位公子哥兒對女人素來同情關懷，本來說好斷交，又說限於朋友的交往，結果拖拖拉拉，藕斷絲連，真是斷腸人一個。正房妻子沒有發言權，在老太太的默許下，知道兒子的隱患，就來個順水推舟，乾脆把他們的關係公開，把她認作家裡的一個成員。除了老太太，其他人在這個

家庭裡都沒有發言權。再說這位小姐還勤奮苦幹，為這家人服務，使人想起中國封建家庭丫環和正室的關係。

　　暑假到了，我們的「寶玉」先去考古隊玩個夠，白天考古，晚上惹草拈花。然後三人行去南方。妻子貪睡，一對情人就到大自然去尋找交媾的場所。家裡有什麼喜慶的日子，阿拉每每必到，不知她心裡是不是這樣想的：只要有耐心，有朝一日，她的優勢也許會顯示出來？而左右逢源的喬瑪，也不必再為這些關係發愁了

　　但我未來的婆婆，終於看出我不是一個她所能輕易駕馭的女性，只好用「保持情人關係就夠了」之類的主意，獻給兒子。但她在我身上沒有這個機緣，她的造化也未能保住這個搖搖欲墜的家庭。

# 第二十六章

愛情像晨霧般消散

* 一個是當機立斷，一個是回來再說
* 從華沙發出的第二封信
* 單刀匹馬上陣吧！
* 一封模稜兩可的信
* 考古隊毫無音信
* 百感交集，夜不成眠
* 巴黎員警幫我，英國漢學家愛我
* 兩個孩子為喬瑪深感不平
* 雪梅陷入愛情危機
* 英國領事館碰壁，彼爾回去又回來
* 跟姐姐的孩子們遊園

# 一個是當機立斷，一個是回來再說

　　我和喬瑪的關係，雖然是以爆炸性的速度發展著，我們彼此相愛，我們要擺脫原來的家庭，有情人必成眷屬，但我們仍舊還是一對「童貞」！當時我不知道他心中的苦衷，因此也暗示過，這種情況在我看來不十分正常。而他，只是開著玩笑向我解釋：「妳吃飯時，是立即把好吃的先吃下去，還是留在最後享受？」這個比喻我暫時接受了。

　　他知道我要去巴黎，而他去羅斯托夫的計畫並沒改變。這豈不是先別扔下好吃的享受？萬一我不回來，就什麼也吃不到；何況，還有第三種可能：回來已沒有可吃的。

　　喬瑪打的如意算盤絕無一失，這是一個二十一世紀的「未婚夫」。他的意思是，我們兩人各自安排自己的前程，等回到莫斯科，再採取行動。「我從南方回來時給妳打電話，一切回來再說！」

# 從華沙發出的第二封信

親愛的喬瑪：

　　昨天夜裡，我在布勒斯特給你發出的信，收到了嗎？

　　今天早上七點鐘，我們抵達華沙。波蘭朋友用汽車迎接我們，熱情地招待我們。在列車停留的五小時中，我們參觀了市容，而且在他們家裡，吃了早飯和中飯。

　　華沙這個城市十分可愛。它有比較完整的建築風格，布局也相當整齊。市內綠茵滿布，教堂很多。戰後復建起來的舊城是中世紀的遺物，明信片上的廣場就是其中一個角落。我們曾坐在廣場的天棚下喝汽水，周圍的每棟房子都別有風味。樓下的商店前掛著不同行業的市招，顯得古色古香。不時傳來手搖風琴哀怨的曲調和附近教堂莊嚴的鐘聲。偶爾還可以看到馬車駛過，這一切把我牽引到一個遠古的時代。不難想像到幾個世紀以前，在趕集的日子裡，這裡一定是車馬水龍，沸騰著攤販叫賣聲的熱鬧場所。而如今，整個舊城好似一個莊嚴穆靜的博物館，勾引起行人無限懷古之情。

　　在華沙逗留的時間雖然很短，走馬觀花地參觀了幾個地方，都給我留下了鮮明的印象。返途中，如果時間允許的話，我們將在這裡停留兩三天，從容不迫地遊覽這次沒有遊到的地方。今天晚上到達柏林

仍然愛著你的傲霜

七月十日途中

# 單刀匹馬上陣吧！

　　我在給兒子辦簽證的同時，首先跟加里亞聯繫租房子的問題。沒想到她很慷慨地建議，我九月份住在她家裡。正逢她要到療養院休息一個月，希望我在這個期間辦完一切需要的手續。其次我要去拜訪一位離市中心不遠的，寄宿學校的女校長，把我的身世和困難陳說一遍，請求她收留我的兩個無家可歸的孩子，並且向她暗示我不會虧待她。

　　這以前我已經跟孩子們交代過。他們自己也看見媽媽忍無可忍的可憐處境，我很坦白地把我和喬瑪的計畫告訴他們了。沒想到兩個孩子都絕對贊成我的做法，二話沒說。何況他們前面是一次愉快的旅行。他們也覺得這樣生活下去，是沒有前途的，而且他們也知道我不會虧待他們的父親。

# 一封模稜兩可的信

　　喬瑪走後我日夜思念，打電話很危險，但可通過郵局叫人。不久喬瑪來了，他的聲音好像來自另外一個世界。他勸我不要傷心，好好利用在巴黎的時間，他會給我寫一封信。這封信我還在莫斯科時便收到了。內容充滿了寓意，解讀起來不容易。大致是說，他現在才悟到，過去的一生，生活在一個紙做的房子裡，但看來他並不忙著離開它。

　　去巴黎途中不過兩天，到了姐姐家，收到她的短信。她大概一時回不來。她的那位情人，負情負義，也是那惹草拈花之流。生活之浪濤，正是如此無情地折騰著雪梅這位千古風流人物。我頭一天去參會，留了一點法郎，兒子不聽妹妹的阻止，已溜之大吉，想在世界名都巴黎過一天逍遙的時光。可憐瑪琳獨守家裡等媽媽，一直等到半夜三更。好在哥哥手裡只有二十法郎，哪裡夠他花天酒地地享受一番。

# 考古隊毫無音信

　　幾天過去了，但喬瑪那邊音信全無。那個考古隊本來就不是一個好地方。白天考古，晚上就變成了一個「窯子」。入夜以後，四十度伏特加，讓你先「烤苦了」，然後找一位暫時或永遠的情人消遣。然而，情人的地位很少會轉正。

　　喬瑪雖然不像一個騙子手，但肯定有他難以告人的苦衷，使他在愛情上大有失敗的可能。再說在那裡，總能找到幾個沒有丈夫的女人，可以尋歡作樂，何必成立家庭？莫斯科是一妻一妾，已養了個兒子，忙什麼？何謂愛情？也許你需要的是一個通向西方的跳板。你母親早已給你安排了。

　　一個溫暖的家庭，有必要去玩兒那愛情的兒戲嗎？說實在的，喬瑪並沒有給我一個絕對的保證。也許他的愛經不起推敲，他把我引進了一個不能兌現的希望中。

# 百感交集，夜不成眠

　　我最可憐的還是我那兩個失去家庭的孩兒。我不能繼續在一個精神失常的丈夫身邊久留，他們今後又怎麼生活下去？

　　記得一天夜裡，夢中看見喬瑪，他緊緊地拉著我的手。我們好像高高地站在一座由石塊堆積成的山上，喬瑪對我說，從此以後我們要開始一個新生活，走到山窮水盡。

　　這個夢會兌現嗎？三十年後它確實兌現了，我們成了一對難分難解的夫婦，但是兩個人的生活中，都還缺少了達到理想的短短一段路程。

　　第一天會議後，我被雪梅的老友約去吃飯。幾個中國人也學會了喝烈酒。白蘭地和蘇打水加冰塊，一杯喝下去已使我神智恍惚，不知魂已斷，空有夢相隨。我今後的途程，已經走過的途程，現在難道要全部打亂？白蘭地給我增加了新愁舊恨，愁腸已斷無由醉，酒未到，先成淚。當第二杯喝下去時，我已醉得嘔吐不止，請一位好友快些送到姐姐家。

# 巴黎警察幫我，英國漢學家愛我

　　兒子丟失在巴黎地鐵，我回來後立即報警。警察立即取了我們三人合拍的相片去找人。一大清早，他們通知我：「大公子找到了，請來認領。」真沒想到巴黎警察工作效率如此高！

　　第二天會上，認識一位從英國愛丁堡來的漢學家，叫威廉，小名彼爾。這人漢語說得相當標準，只不過是慢一點兒，他說英文也是這樣。這是出於謙和的本性。我問他，研究什麼？元朝戲劇，元人四大家都是他的興趣所在。我故意用馬致遠的小令激起他對我的瞭解：

　　「枯藤老樹昏鴉，小河流水人家，古道西風瘦馬，夕陽西下，斷腸人在何處？」

　　「為什麼在何處？」

　　我笑了一笑說：「在天涯，在天涯，天涯又在何處？」

　　他說：「我好像揣測出妳的言外之意。」

　　兩人一談，分外投機。我也不瞞他，乾脆把我這輩子在鐵幕裡背負著的十字架，訴苦似的全部坦白。這之前，他已告訴我，他有五個孩子。我覺得這很好，我們便可以平起平坐地交朋友。

　　我告訴他，我愛上了一個人，經過千辛萬苦已離開丈夫。但令我費解的是，像我這樣多少有些姿色的女人，竟在性生活上引不起他的興趣。

　　我們交談了很久，彼此產生了好感。我往家打電話，瑪琳說哥哥已回家，讓我放心。我叫她別發愁，馬上回來，還帶來一個新相識的英國朋友。

　　喬瑪在性愛上的拘謹令人不解，我不能忍下去，我一定要替自己衝鋒陷陣。我在道義上已經自由了，可以豁出去，找出其中的原因。對彼爾那只是一時動情。我應在他身上做一個試驗，可愛的彼爾也不在乎。只要不假戲真作，這應當是一個辦法。

　　等孩子們都入睡，我們就躺在門口的地毯上幹起來了。這是我平生第二個男人，在這種很不便的做愛條件下，我發現這位男性一點兒耐心也沒有，兩下三下就達到高潮，讓我束手無策，這可不能叫我受用！但我所擔心的事完全是我的遐想。這才悟到，怕不成功的不應該是我，而是我所深深地愛著的喬瑪！

　　我雖然作為一個健康的女性，滿可以在做愛過程中來一個「性力的拚搏、較量，直到最後在酣暢的高潮中同歸於盡」。但是這種理想中的享受，在我曾經遇到過的男人中都未能夠實現。對我來說，精神上的愛情畢竟比性力的拚搏高尚得多，更能使我接受。這可能是道德上的價值觀很早就孕育在我的觀念中。自尊心使我朝著更高的目標前進，而我的伴侶喬瑪，總是以不言之教推動著我。

　　儘管如此，我的一生從家庭、學校，以至路途曲折的婚姻，已編織成一部五色斑斕的歷史。

# 兩個孩子為喬瑪深感不平

　　我跟彼爾在一起感到很輕鬆，彼此都無所求，哪怕他一再對我表現出愛意，我也絕不會讓他的五個小寶寶失去父親。心裡卻在想：何不相逢未嫁時？

　　次日起床時，發現瑪琳和瓦尼亞對我大有意見，而且公開表現他們的氣憤。他們兩個早已把喬瑪認作後父和朋友，現在我竟跟一個英國人亂搞起來！對孩子們的憤怒我能理解，甚至為他們感到驕傲，但不能同情。

　　我告訴瑪琳，我雖然很愛喬瑪，但他的表現卻使我無法理解。現在得到一些經驗，免得誤了大事。他們年紀還太小，我不能做更多的解釋。

# 雪梅陷入愛情危機

　　雪梅隨阿蘭去南方還沒回來，她已關照兩位前夫，盡量把招待工作做好。

　　瑪琳到城外班班羅再娶的威利士夫人和她的兩個小乖乖那兒度假。在讓的親人中，有一個多子女的布爾什維克大家庭，好幾個男孩子把我兒子請去度假。這下子我就可以自己支配自己的時間了。

　　彼爾知道我自小醉心於英國文學與詩歌，多麼想到英國去看看。何況會議已過，還有不少時間。

# 英國領事館碰壁，彼爾回去又回來

　　英國領事館那位老太太的拒簽，是沒有理由的。她說我的簽證是蘇方辦的，要去找他們辦；然而，蘇方又說我不是蘇聯公民，也照樣拒絕。這樣互相推，哪裡都去不了。

　　彼爾說，他要回趟英國，打個招呼，辦點事再來陪我玩兒。

　　彼爾沒有失信，幾天後他已在我身邊。

　　我們決定到法國中部，一個長滿了葡萄的谷地深諾去遊幾天。法國女英雄讓‧達克殉難前就關在離旅館不遠的城堡中。附近有條大河，但水量很少，可以蹚水過河。莫大一個谷地沉浸在八月金黃色的陽光中，就像瓶中的美酒，透明的空氣在蔚然似海的藍天中沒有一點蕩漾，正像我心靈一樣平靜，無須去思考過去與將來，就這一瞬間是真實的，讓它變成永恆吧！

　　彼爾也有同感，讓生活就這樣下去，不要去找它的邊沿。我想起小時學過的一首歌：

　　　　……我難忘你哀怨的眼睛，我知道你那沉默的情意，你牽引我到一個夢中，我卻在別個夢裡忘記你……

　　在我們一同生活的日子裡，我一直堅持生活和旅遊費兩人共同分擔的原則，不能讓他把用來養家的費用花在我身上。最後一個旅遊點是告別讓‧達克高舉法蘭西旗幟的銅像。

# 跟姐姐的孩子們遊園

　　我們決定去看看姐姐的孩子們，預先打了電話說好一起去盧森堡公園。

　　當我找到那些許多年前曾經熟悉的廣場和小街，看見雁雁（兒子）和西維立亞（女兒）時，高興之餘，不覺浮想聯翩。很難相信，現在顯得如此靦腆的孩子們，竟是雪梅的兩個小傢伙。我們去盧森堡公園曬了曬太陽，還照了相片。這時我才發現，我們這種有欠親熱的感覺，是出於雙方都沒有共同的語言。

　　這一天我和彼爾該離別了。孩子們在水邊玩耍，而我們卻坐在林邊的塑膠椅上，談到兩人一見傾心，陷入愛情的漩渦中而不能自拔。這和初見時的想法，相去很遠。

　　雖然，巴黎的朋友們都主張，我應該趁兩個孩子都在身旁的機會留在西方，但我畢竟不能，也不願做一個如此膽怯的逃兵。前景如此黯淡，誰能夠向我指出一條光明大道？我不能連累別人，也不能半途而廢，我偏要看看，我所曾熱愛過的那個男子，和我自己此刻又如何？難道愛情就如此經不住風霜嗎？難道妳偏偏要愛上一個，妳絕不能愛的人嗎？

　　三張票已在手裡，明天起程。

　　晚上跟雪梅的朋友們告別時，兩個孩子都想留下。那位來過莫斯科，住過我們家，好像比較成熟的熱涅，用電話同雪梅商量。看樣子，雪梅那時已六神無主，拿不定主意。既然有人擔保，就讓兒子留下，反正他將要面對換護照的問題。

　　次日臨走前，瓦尼亞來車站送我們，彼爾也在一旁。我傷心已到極點，欲哭又止，這在孩子們面前像話嗎？

# 第二十七章

站在選擇的邊緣

* 開誠布公
* 問題可能不在我
* 我違背了喬瑪對我的請求
* 對喬瑪的的眷戀平地而起
* 時機成熟，但天不助人
* 我倆的蜜月
* 用牽狗帶緊緊地牽住
* 依拉鬧天宮，真相大白

# 開誠布公

瑪琳先回家，過幾天就住進寄宿學校。我就暫時在加里亞那邊住下。

下午喬瑪把我請到他家去。他彈鋼琴，我在一旁聽著。舒伯特的那支鋼琴三部曲在我心的深處迴盪著，搖撼著我的心神，一刻也不讓我回頭。

我當然記得，正是它喚起過我多少激情。但是現在，我們到加里亞家裡。我終於把自己當時的感情克制住了，卻不斷地想念著那個已遠離我的情人。我覺得不能隱瞞喬瑪，他不是很愛我嗎？也無意改變初衷。是我不忠於他的愛情，他沒有在這些問題上與我詳談，學期還未開始。我獨自一個人住在加里亞家裡，喬瑪每天晚上必然來看我。

這段時間，我感到條條道路都被堵塞住。離開蘇聯，我沒有問題，瑪琳也不會被扣住。但這還要取決於她父親是否批准。在當前我還沒有離婚時，女兒就會淪為人質。我永遠不會離開她。何況她說過：「媽媽要不是妳，我是想留在法國的。」我相信我們離婚後，瓦良也不會把她放走。這不僅是對我的報復，他也不能想到自己孤單單沒有一個親人。

我和喬瑪出去溜，左一句右一句都在考慮如何解決這個問題。當時我覺得很奇怪，喬瑪同情我，想辦法讓我帶走女兒，是因為對我的愛已沒有興趣了嗎？那麼他何必天天晚上來？本來我一個人住著，他可以留下。但他的理由是：和阿拉住在姥姥家，姥姥不在莫斯科，不回去，她會等他。雖然，她明明知道喬瑪天天不斷地來看我，那他在期待著什麼呢？期待我們的愛情恢復嗎？那麼為什麼不跟我做愛呢？

我每天晚上，都等待著這個時機。我跟彼爾做愛，也是為了證實自己的確沒有「毛病」。一個月快過去了，加里亞該回來了，他也無動於

衷，一次也沒有表示幫我找房子。好在加里亞母親在藥房工作，很快給我租了一小間，帶一個小廚房，就在我已提到過的，以在巴庫被槍殺的二十六政委命名的街上。只要有耐心，鐵錘也能磨成釘。

我對喬瑪的感情在逐漸恢復，雖然不如半年前那麼瘋狂。值得回味的是，他曾要求我在他未同妻子離婚前，不要跟別的男人做愛。當時我一方面把這句話理解為，他要先把重重困難克服，才把我視為妻子，否則等於欺騙我。但我又反過來想，我不能跟別人做愛，你卻同兩個妻子做愛，這是否有一點太不公平。我也把自己的想法告訴他了，如果前一段時間是要我重新回憶，重新體驗，那麼現在等什麼，做愛又不是結婚，這一點他明明知道。

# 問題可能不在我

我獨自一人住在二十六政委街上，偶然也會把我的困境跟加里亞或好友劉震談到，此外就是整天無所事事，把感情全部寄託在音樂中。喬瑪給我拿來許多古典樂曲，倒能助我開拓那愛情的園地。

有一次，房東來那個大間，與她的情人相見。男人走了以後，我覺得這個女人在性問題上是個老手，不如請教她。就把我的困難，向她洩露出來。也許她能幫助我找到答案。那位女房東一聽我說，馬上看穿事實真相。

她說：「在性問題上，有毛病的不是你，而是他。所以才這樣表現，深怕做愛時失敗了，愛情也會被葬送掉。」

又說：「也許他盼望妳在激情中，能助他一臂之力，打消他這種根深柢固的毛病。」

聽她這麼說，我立刻感到水落石出，豁然開悟。

當然，既然我愛他，我會表現得比較主動，激發他的性欲，問題不大。我又以我幼稚的知識，把事情看得太簡單。我想他的問題不是陽萎，而是同女人交往中，需要對方賣力。在我的生活經驗中，主動的總是男人，現在要換一個角色，我能勝任嗎？

# 我違背了喬瑪對我的請求

離開瓦良已經快一年，在巴黎遇到的彼爾也不能讓我過癮。偏偏在我這個年齡，不知哪來的強烈的性欲。

一天晚上，行人稀少，我漫無心思地坐上電車回去，看見身旁有個戴軍帽顯得挺帥的軍官。我們彼此都向對方靠近，最後不知誰先開口，我已忘了他的名字，只知道是從蘇聯遠東某單位出差來此。我想這是一個好機會，我忍了那麼久，也應該享受一下男女性交上的樂趣，何況軍人不是外面的野男人。

他問我住哪兒，我說離這兒不遠，他問我，妳願意我來作客嗎？他買了一瓶酒，一切都那麼簡單。沒有感情的做愛，我要的就是這個。但一開門讓他進來時，又馬上後悔了。這是個陌生人，我對他毫無興趣，怎麼做愛呢？好在他也沒有拖拉，爬上床就幹起來了。給我的感覺好像他身上那傢伙，只有平時男人的一半長短。不到幾分鐘，一切都煙消雲散。真是行軍式的做愛！

我大失所望，馬上起床，把他請走。他一再堅持留下，我都毫不動搖，他甚至惡毒地罵我是婊子。我心裡想，口徑不夠，婊子就婊子，請你趕快滾開。他是個軍人，我是個外國人，所以還是走了為妙。事先喝的白酒已生效，但天老爺另有安排。

# 對喬瑪的的眷戀平地而起

　　我躺了一夜，左思右想，心裡還是擺脫不了對喬瑪的眷戀。他要是現在在這裡多好啊！這才悟到性不能脫離愛情。我一定要幫他治好他性方面的弱點。同時腦子裡開足馬力，把這一兩個月來，戀愛不做愛的情節翻閱了一遍。把各種索引對照起來，才明白我的這位賈寶玉是愛我的。怕的是出師不利，失去了我的愛，豈不成了終身憾事嗎？

　　我立刻給他家打了個電話。接電話的是依拉。她一聽是我，便跟丈夫口角了一番，但不敢掛電話。我在電話裡只短短的幾句話：「你今天一定來，否則，我們就吹了。」

# 時機成熟，但天不助人

　　喬瑪首先把自己在性上的恐懼感敘說了一番，坦白自己為什麼拖了這麼久。他的確希望有一個他愛的人來幫助他恢復正常的性功能。

　　我們這對失去了性武器的戀人，躺下後折騰了好幾個小時，他才達到高峰。而我自己不但沒有得到滿足，為了同情他、愛他，沒做任何不滿的表現。我安慰他不要失意，我們的性生活會正常化的。

　　後來，我和喬瑪的性關係果然改變了，而且越來越好。只要我有足夠的投入，不但每次能使他達到高潮，而且我也能得到一定的享受，甚至於不斷地達到高潮。

# 我倆的蜜月

　　喬瑪和依拉鬧糾紛之後，一個入院，一個被母親招到她家去住，一場離異就自然而然地變為既成事實。

　　我當然也成了喬瑪家不受歡迎的人。寒假裡，只許白天來訪問我，不許過夜，免得打草驚蛇，這是母親定下的規定。假期過去了，兩個老夫婦因父親的病去療養院一個月。喬瑪當家作主，向我宣布，這就算是我們的蜜月！可以在母親家住得比較舒服，而且也不至於招來不必要的懷疑。但從後來事態的發展看來，應該說是智者千慮必有一失！

　　我住進去才幾天，每晚阿拉的電話沒有停過，言外之意：「為什麼不請我來度假？」

　　一天，我起個大早，準備晚上吃一頓豐美的蜜月晚餐。上課去之前，喬瑪關照我：「今天有個朋友來跟我洗照片，妳最好六點前不回來。」也罷，六點還不是晚餐時間。我倆沒有正式結婚以前，還是少去招那風言風語。

　　對這神祕的來客，我也沒放在心上。下完課去寄宿學校看女兒，也是打發時間的好辦法。一直到六點鐘，我才搭車獨自回喬瑪父母家。他們住的地方離地鐵很近，但出了地鐵必須穿過一個地下通道，才能走到對面他們住的胡同。

　　冬天六點天已黑下來了。穿道的末端有一排石梯，我剛要向上走，忽然看見石梯上端，一男一女挽著手親熱地走下來。底下通道的燈光很暗，我靠著右手邊，在暗處，而他們則毫不在乎地，從階梯的中央往下

走，一面談得津津有味。要不是我早些發現這一高一矮的一對，那簡直要撞個滿懷。他們談得很投機，居然沒注意到就在身旁過去的我。

當然，我心裡立刻明白了洗印照相只是藉口。阿拉是否已經開始扮演她的新角色？這個個子不高的女孩子，原來和我曾經有一面之交。她的專業是修復文物。普希金博物館，有一個專為學齡兒童舉辦的，古典藝術講習班。瑪琳很喜歡藝術，我們去報名，晚了，喬瑪說他有一個熟人，跟那邊關係不錯，可以通融一下。我的這位未婚夫，常在莫大某一系做報告，介紹中國古文化。那天他也請我出席，並且對我說：「幫助瑪琳入講席班的阿拉今天也在，我會找個機會指給妳看，妳可以向她表示一下。我心裡想：金陵十二釵今兒來得不少吧？

會後，我在廁所裡見到她，立即熱情地向她表示謝意。誰知她很敵意地對我說：「我不是幫妳的忙，我是幫喬瑪的忙。」從她無禮的口氣中，就能想到這就是十二金釵之一。

在地下通道相遇更證實了這一點。我心裡像潑了一盆冰涼的水。到父母家時，喬瑪還沒回來。打開冰櫃一看，早先做的「蜜月餐」連骨頭都沒剩。當時，我覺得自己的心已快被撕裂。等喬瑪回來，他很意外，沒想到我已先到了。他見我如此悲傷，也就乾脆把實話告訴我：

「妳瞧，我們真是一個道道地地的中國封建家庭，她就是我家裡公認的一號情人。不過妳放心，我們結合後，她們都不會再出現。這只不過是多年的關係一時解不開。我向妳起誓，我過去的女人都不會扯到我倆的生活中，希望妳稍微忍一忍。」

校方現在對我們很不利。小不忍則亂大謀，妳不是懂得這個道理嗎？要是把他推到依拉那一邊，豈不是自討苦吃嗎？

我只能傷心地暗自流淚，心裡也怨恨喬瑪如此狠心。既然說跟我度蜜月，何必又演出這種藕斷絲連的戲呢？這只會給各方帶來痛苦。

夜間，時間已很晚了，街上只能聽到空空的無軌電車往門德列夫化工學院對面的車庫開去。我當時只想跳到車輪下，結束自己這不幸的一

生，但每一想到我的女兒、我的兒子，他們才十五六歲，母愛總算戰勝
了狂妄的想法。沒有喬瑪，還有他們呢！

# 用牽狗帶緊緊地牽住

　　記得有一次，我們兩人獨自在他家選教材，做完了以後，兩人聊起來。喬瑪不很認真地警告我，他的女性朋友很多：「妳受得了嗎？」我氣憤地回答：「這還用問嗎？這種生活我是不能過的。」他又趕緊安慰了我一句：「沒關係，妳用一根短短的皮帶，像牽狗似的牽住我，緊緊地拉在妳身旁，我就跑不了了。」

　　我看喬瑪確實有誠意，「招待」這位情人也許有些不得已，免得妻妾聯合。一方面要把她留下做同盟軍，另一方面喬瑪心軟，很難把多年的關係一刀兩斷。而更主要的是，不要在她面前突出和我的關係，來個模棱兩可，妳愛怎麼想就怎麼想吧！

# 依拉鬧天宮，真相大白

　　就在這蜜月期間，一天我早上起來較晚，喬瑪也才剛走，去上課了吧。我脫光衣服，剛想進入浴缸，忽然聽見大門上的鑰匙在轉動，門還未開，已是一連串我沒甚聽懂的謾罵。大概看見了我那件很顯眼的法國羊皮大衣掛在衣架上。我立刻意識到是喬瑪的妻子出院後來找丈夫。我靈機一動，馬上把浴室從裡面反鎖上。聽見依拉在兩間屋裡和廚房轉了一遍，便走來開浴室門。

　　誰知它從裡面鎖得緊緊的，再大勁兒也無濟於事。她想在外面跟我答話，騙我出來。我不管她說什麼，像個啞巴似的穿著澡衣在盆邊坐著。一場單人舌戰繼續了近乎四十分鐘。好在我做賊心虛，因緊張也沒細聽她憤怒的說教和謾罵，只知道作戰對方使用了許多恐嚇的言詞，最後也精疲力竭，宣告暫停。

　　我想，她的這次來訪，肯定會加速那個三位一體的家庭解體，從暗鬥轉為明爭。我知道留在父母家不是個辦法，趕緊穿好衣服去女兒那裡。她們已經下課了，我從那邊給喬瑪去電話，他說：「我什麼都知道了，請妳今天暫時住在自己的小屋裡。我將要跟阿拉談，讓她不要再抱希望；同時將與依拉討論離婚手續，看來是兩廂情願，兩個月後就會生效。」

# 第二十八章

執子之手，與子偕老

* 假道莫斯科去西方
* 快把你的兒子接回去
* 到婆婆面前「看相」受訓
* 清規戒律行不通，有情人終成眷屬
* 不要忍辱負重，應該見機行事
* 父親心臟病再發，猝然去世
* 婆婆胸有成竹，要跟兒媳同住
* 老太太終於有了夥伴
* 一把尖刀
* 瑪琳再嫁
* 第一次踏上母親的祖國

# 假道莫斯科去西方

　　媽媽、小弟和海倫他們很走運，下了火車那邊已有中國館子的友人相迎。

　　小弟被安排到十三級中學教漢語和體育，海倫在某大公司樓下的小食部做招待員，攢了錢，幾年後已買下某華人經營不得法的現成餐廳。只苦了媽媽整天一人在家，不敢出門，也無處可去。因此，她歸心如箭。北大大概早成了她的歸宿。

　　母親每天都在想念，那使人感到賞心悅目的綠樹成蔭、湖光塔影和古老傳統建築的北大校園。工作，吃飯，住家，都不遠。從朗潤園四樓靠西的窗戶極目遠望，近處經過改建的圓明園遺址和遠處的西山都歷歷在目。

　　現在，她住的德國福利公寓雖然也不錯，但時霖他們來了她才能放心。大弟的文言文功夫很深，書信往來只用文言，此外也精通英德法語，不怕找不到工作。這樣的人才哪兒去找？共產黨還把他關在五七幹校，這不是糟蹋人才嗎？媽媽的夢想和實際差得太遠了，因為，她的十三公寓早已被一位領導非法侵占。此外，若不是她已病到不省人事，需要人護理，當局也不會馬上把時霖放出的。

# 快把妳的兒子接回去

　　莫大開學才不過一個月，我突然接到朋友——那位留人留得最切的存在主義者的急電。

　　「快把兒子接回去！他不好好學習，整天跟你們的雷申克亂跑，現在被一家東正教修道院暫時收容。」

　　每過兩三天我就會收到內容相似，但口氣越來越急迫的電報。經打聽，莫大不到暑假開始不放我走。何況，兒子還沒有自己的護照。這就意味著我必須向有關部門求救，把我牽扯到有來有往的遊戲中。我就知道瓦良不會給我出好主意。他明知兒子的病態，何必拉人下水？

　　十二月七號我的藍卡到期，需要去我「無事不登三寶殿」的領事館報到，別忘了！

# 到婆婆面前「看相」受訓

　　喬瑪這邊老太太說她是老式家庭，雖然沒有緣定三生，定盟、完聘那一套，但對「小小」年紀的兒子的婚事，必須親自插手。此時外面的動亂皆已平息，兩人都已離婚。說好一天，要把我這個比兒子大十二歲的新婦請去「看相」。看了不夠，還要過口試關，回答幾個問題。我姑且把這些問題記下來，讓我們的讀者逐一欣賞。

　　第一，老太太把本來眼珠就很鼓圓的眼睛睜得更大了，向我直射過來說：「妳愛我的兒子嗎？」這真是一句廢話，難道她等待的是「不愛」？我都為我未來的丈夫感到不好意思。這個問題大概是為了給第二個問題助威。當她得到肯定的答案後，便繼續說，由於我丈夫身體不適，再婚的一切手續推遲並從簡，千萬不要得罪依拉。

　　（根據我的資訊，依拉已找到一位長她十歲的未婚夫，老實人。離過婚，沒有孩子，看來依拉已開始用自己唯一的孩子相威脅，她哪裡捨得放棄與名人的關係。）

　　我心裡想，最好的辦法是，您老對我們的婚事不聞不問。暫時也不要去巴結依拉，才能殺殺她的威風氣燄，到時候自己會找上門來。但是這些話，我可不能說。

　　第三，也是最惹我惱怒的一條，我未來的婆婆指了指一下她滿頭的銀絲對我說：「幾年前，我和先生在中國時頭髮還沒白，回來還不過幾年已經全白了。日子過得很快，妳只比我小十六歲，到那時妳也會蒼老，而他還年輕力壯，在外面搞女人的事，妳可不要有意見。」

　　聽到這裡，我客氣地打斷了她的話：「對不起，妳兒子要是在外面亂搞女人，妳以為我會熟視無睹嗎？現在的女人不是可以離婚嗎？」

　　這時，她打發喬瑪去廚房幹點什麼，就趁機要我起誓，絕不把兒子帶到西方去。我告訴她：「也許妳兒子想去，我可沒有這個想法。」

　　說老實話，我又不是嫁給她，這些事又何必她多管。這下子便撒下婆媳不和的種子了。我立刻感到我們不會成為朋友。這是第一次，也就作罷，以後確實要有戒心。

　　老太太的清規戒律也關係到已離婚的依拉，處處要把優先權給她，諸如：「在她再嫁以前，你們不要結婚。喬瑪手上的金戒指，還要戴下去，免得刺激依拉和她不幸的孩子。」她又在試圖擺布我們的生活，這位喜愛弄權的老太太。

# 清規戒律行不通，有情人終成眷屬

　　時為一九七四年孟冬，十二月七日我的藍卡居留證已將到期。過去我的身分是蘇聯人的妻子，既然離婚就沒有這個身分。那時蘇中關係還很僵，說不定會把妳請回祖國參加社會主義建設。這個危險是太大了，喬瑪會捨得我走嗎？而且我們必須在七號前成婚，否則會與居留證的日期脫節。

　　至於說戴原來的戒指雖為小事，你既然已登了記，誰還能區別哪個是新的，哪個是舊的。依拉處處拿兒子做抵押，婆婆就提出種種不合理要求，大驚小怪，深怕失去祖母的身分。

　　我們結婚那天，父母沒在場，幾天以前，已趕去療養院「避難」，並指示兒子先去訪問依拉和孫子。這就不用幫我的忙了。他跟依拉喝得差不多的時候，才來參加自己的婚禮。否則，這一切都要觸犯清規戒律！

　　我竟在結婚喜宴這一天，穿了一身塔夫綢做的漂亮白旗袍！在婚姻登記所還照相留念，且來了許多朋友。但客人們走後，我辛酸地掉下眼淚。本來是我們的喜事，新郎的表現卻使我感到異常失望。鍊條已經掛上，今後請勿隨便得罪新人。

# 不要忍辱負重，應該見機行事

　　在喬瑪的眾女友中，有一位高中女同學本來看上了喬瑪，但後者只把她當作一位好友看待。我們度蜜月時，還躺在床上，她就來電話，兩個親親熱熱，難分難解。我還以為又是金陵十二釵之一。「不，哪裡，我們完全是朋友關係。她早已結婚啦。」這位女士在門德列夫喬瑪父親的教研室當研究生，由於認識，由父親當導師。

　　可能丈夫比較有錢，慶祝典禮竟設在有名的而且很貴族的布拉格飯店。第一次跟公婆作客，我也打扮得格外漂亮些。

　　一個大教研室二三十人就坐滿了一個大餐廳。俄羅斯人酒一開始喝就沒完沒了了。導師、導師夫人、老師、父母親等一一敬到，然後歇一會兒，讓大家下席輕鬆一會兒。喬瑪對我說：「來，我們到外廳，我給妳介紹娜塔沙。」我很大方地走過去跟她握握手。轉眼看見這是個舞廳。我知道喬瑪不會跳舞，因此只想觀賞一眼。就在我回過頭的這瞬間，不但喬瑪不見了，連娜塔沙的影子也沒有了。

　　我身旁空空如也，一個認識的人也沒有，只好去找喬瑪。這個飯店有好幾層樓，大大小小的餐廳不知有多少。我走得暈頭轉向也沒看見他們的影子。此時我怒火中燒，不知這叫什麼，憶故？尋歡作樂？不管是什麼，都和我們現在的身分不合。難道蘇聯知識分子家庭的大少爺竟無禮到如此地步？

　　我好容易才找回了那個餐廳。我問座上人：「是否看見喬瑪？」連老太太坐在上位，看見我被丟下，也沒有說幾句人情話。經過二三十分鐘，廳裡都不安起來，都不禁問道：「喬瑪和娜塔沙怎麼不回來？」

當時我心中的氣憤已到難以忍受的地步，想馬上起來穿上衣服就走，但衣服號碼又不在我身上。好吧，看在他父親面上，就忍下去吧。後來，等到他們玩夠了，才雙雙歸來。在坐的人莫不感到譁然。

好呀，看你們這家人，怎麼這麼不尊重女性，我還以為是一個有教養的世家，才做了你們的媳婦！這才回憶起七三年我滿四十二歲生日那一天，本想為我倆的愛情恢復歡慶一番，飯早做好了，誰知喬瑪匆匆送來一把花，意思意思，留下我一個人獨自灑淚。原來這一天是父親的命名日，非參加不可。我早知道的話，就會把瑪琳接回來了。從此，我才體會到，我的心上人而立之年才剛到不久，但也許永遠也立不起來了。他每天的生活都控制在母親手中。

回到父母家，在廚房裡，我問老太太，怎麼有這種規矩，他又不是貪玩的小孩！她只能對我說：「這不是什麼了不起的事，不必放在心上。」從此，這位娜塔莎一次也沒有被我邀請過，他們的友誼也長久停止了。

不久前，喬瑪住院時告訴我，她曾來電話到教研室，想把友誼恢復，說她離婚了，家裡還有什麼不幸。但已改嫁。當年她也有丈夫時，還表現得如此不尊重人，現在又有什麼可說的？喬瑪想跟她恢復友誼的願望，被我斷然拒決了。

# 父親心臟病再發，猝然去世

　　電報發來，喬瑪正在家裡給外校一位老師輔導論文。喬瑪很愛父親，而父親也確實是一位值得人們尊重的人，一個沉默寡言的大學者，而且還多才多藝，彈鋼琴、朗誦、打排球都很優秀。他的死，對全家人來說，當然是一個沒有意料到的打擊。但我丈夫表現得很從容，沒有中斷輔導，對公事表現了難得的責任感。

　　次日，從白俄羅斯邊界布列斯特城開回來的車隊，八九電鐘就到達門德列夫學院。大禮堂已用黑紗和紙花布置得十分莊嚴，人們不斷地走進去與遺體告別，向家屬弔唁。我作為一家的小輩坐在棺材盡頭聽著音樂沉思，想到這個家將會發生什麼變化。當大廳裡放出柴可夫斯基的葬曲時，我心裡的悲哀更加深切。父親確是一個難得的好人，又是一位享有盛名的學者，莫斯科整個學術界都為之哀悼。

　　記得車隊到達時，先去學院，老太太回到家裡，在廚房裡跟我們共進早餐。這時她很冷靜，很有把握地用祈使句的口氣對我說：「我們今後同住，妳今後也會像妳巴黎的姐姐有一套五間居室的住宅。」

　　當時我覺得很突然，第一，我姐姐住在一人的單間裡，第二，婆媳同住大概不是一個好辦法。她要三人同住為什麼不徵求喬瑪的意見？在父親還沒有入土前就談這些問題，好像有些不尊重死者。所以我的答覆也有些模棱兩可，免得得罪老人。

# 婆婆胸有成竹，要跟兒媳同住

當時我們教研室正在討論一篇論文，寫得倒還可以，沒有指導思想。因不是博士論文，主任看樣子不想讓它通過，免得取代自己的職位，而這位黨員又是當時批判我們的主力軍。我已看出該發言的篇章。

但因婆婆習慣了外面請人做飯，現在不願進廚房。我們面前放著大本論文，如何是好？經喬瑪解釋，我們老太太的大架子才放下來。父親去世後，她也遠不如從前那樣神氣了。但一再提醒我，廚房不是男人去的地方。

這樣，住了將近兩個月，我又去請那位好心的黨委書記幫忙，買下一套三居室的單元房，分期付款，住宅環境非常好，就在大環行路附近的樹林裡。是一個休養區，有一個大湖，夏天一早我們就跑步去游泳。合作社房子由父親在世時付百分之七十，其餘分期付款二十年，三間房，大的做客廳，小的做喬瑪的書房，我的書桌放在臥室裡。

老太太要合居的堅定口氣把我嚇得只好去請教律師，和年齡較大的鄰居，免得入鄉不合俗，引起人們對我這超齡媳婦的非議。律師是個大忙人，他沒有多說，只簡短的兩句：「妳想不跟兒子離婚，就別同居吧！」我馬上意會到他的意思。

沒有同居還天天來電話，把我們的所做所為全部掌握，我對這種克格勃式的交往很反感，恨不得電話費能按用電話時間算。老太太的電話一來，我寒暄兩句就請兒子來接。但這位堅強的老太太，不把一天的日程掌握在手中，哪兒肯甘休，就像一個軍樂隊的最高指揮員似的。

　　次年，天氣剛轉暖，她就宣布長期流感，而且漸漸不出門了。除
非有汽車接送。人還不到七十已不願到樓下買麵包。我建議陪她出去走
走，她也不去。不願在長凳上見到那些「下里巴人」。換房子的事，多
年來一直提出，向喬瑪施加壓力，再通過他來壓我，誘我。我已警告過
喬瑪同住的後果。何況你這獨生子，一言一語，唯命是從。

　　有一年春天，流感剛開始，來自她那方的壓力就開始了。除了絕
食，還有控制體溫的妙方。幾年前做白內障手術時，她就向我誇口：
「大夫說，明天動手術不能有溫度。」果然溫度就聽她擺布了。一切都
按大夫的說法才行。所以我就知道我們的老太太比賈母還強。她跟諸葛
亮一樣，有那呼風喚雨的本事。

# 老太太終於有了夥伴

那一年，我和丈夫正準備出遊克里米亞。我去看老太太。她說已站不起來，走不動路，家裡不能活動了。我就對她說：「您老放心。我有個朋友，不久前也找到一個女人當幫手，要費又不高。」自此以後，換房子的問題，就暫時不提了。

我曾在很久以前就跟愛人說過，到了她年高體弱，有腦血栓或其他病症，不能自己下床料理自己，我們自然會搬在一起住。這是很顯然的，我又沒有推卸做媳婦的責任。

不久後，老太太隔壁搬進一位年齡更高的教授夫人。丈夫去世後，她把自己的三間居室跟女兒換了，給自己留兩間，換到老太太旁邊。

這可好了，有了伴兒，問題根本解決了。只不過過去我們有車，食品部分由商店送，部分由我們供給；現在食品多半靠退休的外甥女購買。

一方面我們住處相隔很遠，另方面兩人都在寫博士後論文。喬瑪每週去探望她老人家一次，有時我也作陪。他答辯後，接任老主任做教研室主任，也就更忙了。

老太太每逢自己和丈夫生日和命名日，必然把兒孫幾代請來助興。我的生日和喬瑪父親的命名日都在一天，有了衝突，這才開恩，免了我們出席。

喬瑪有一次說漏了口，把老太太以後的打算告訴我。我們既然不跟她同住，她去世後將把房產全部遺留給孫子。這當然對兒子不很公平，但自此以後，她就不再以感冒相威脅，讓我過到安靜的日子。老太太有福氣活到八十五才壽終歸地府。

# 一把尖刀

　　瑪琳在寄宿中學畢業後，考上莫大歷史系夜校部。

　　瓦尼亞中專畢業後，竟也考上莫斯科石油技術學院，一面學習，一面打工，可以維持自己的生活。等他畢業不久，蘇聯整個體制改變了。他從過去的思想異議者，搖身變成了共黨的同情者。主要是跟領導鬧意見，反對市場化。

　　再說，低工資收入太少，他不願好好幹。後來，跟一個女同學同居，人家要孩子他不要；結果卻生出了兩個又聰明又好看的孫子。大的叫鮑利斯，小的叫瓦尼亞。到大的四周歲我們才知道。

　　年輕的媽媽一人擔負兩個孩子，最後考上競選移民去了加拿大。這兩個孩子的父親反而淪為啃老族，把自己的不幸都推給新政權的擁護者身上，成了我心上的一把尖刀。所謂惡性循環也！但母親畢竟是母親，母愛也永遠是母愛，奈何！

# 瑪琳再嫁

　　瑪琳在莫大的專業是歷史，暑假也就跟著考古隊去工作，反正夜校需要工作證。我送她到車站，隊裡的同伴指著一個大鬍子的隊員開玩笑說：「妳女兒已經有個乘龍快婿在等著她。這人叫尤拉，剛離婚第二次。」說罷，引得大家轟然大笑。

　　這位老公人倒不錯，但是個煙鬼，寫書寫到清晨才躺下睡。他們生了一個可愛的小女孩，屋裡整天烏煙瘴氣，兩人生活步調不一致，無法同居下去。離婚！離婚！又是離婚！尤拉已是第三次。偏偏又是一個絕對的好人！

　　瑪琳考上大學和讀研究生期間，喬瑪在學文言和國學方面給了她很大的幫助，塑造她成為一個真正的學者。到中國去實習那年，她認識了清華畢業，搞高能物理專業的小伙子方揚華。他父母雙雙都是列寧格勒讀理工畢業的。於是我們這個家，又回到炎黃子孫的行列中。

　　我女兒聰明能幹，有強烈的意志力。揚華來俄後，經過瑪琳的努力，也在莫大讀了免費博士學位，答辯兩個月後就被美國某大學請去工作。瑪琳後走一步，鼓得大大的肚子裡，已懷著第三胎索菲亞，經過三天三夜不眠的白天和夜晚，等完成她的專著並交給出版社，才帶著二女兒佐婭飛向大陸彼岸。之後，她出版的書竟上了光榮榜，真是喜事一樁。

　　但那次，瑪琳因為要換三趟飛機，長途跋涉，結果索菲亞早產，而我可憐的女兒還幾乎喪命。第四個男孩出生後，她常常回顧心愛的研究工作。那小子會把它埋葬嗎？

　　金黃頭髮的大孫女瑪麗安娜，等到俄羅斯學年結束後才跟去。我把用外祖父留下的遺產給他們買的，一套兩居室的單元房租出去，支援她在美國上大學昂貴的學費，直到畢業。去年，她漢語比賽得全美前三名，又到北京參賽。俄羅斯大姐比中國二妹大十四歲。這個差距對二女兒的成長當然不利，才決定再接著生一胎，也就是索菲亞。

　　時間、空間與人物的命運不可能在一個平面上交接，我又不得不把方向盤轉到時間給我留出的叉道上。不把一生中所有重要的事件寫完，今年就無法交稿。交給誰？還要先把這個至關重要的問題解決了。但能活到那個時候嗎？最好不要中途而廢，又不要讓原稿被砍得體無完膚，這確實是一個值得推敲的難題。暫且讓我們先回到上世紀，一九七九年的十二月二十四日。

# 第一次踏上母親的祖國

　　一九七九年十二月二十四日，阿富汗戰爭爆發前夕，憑著我的中國護照，畢生第一次來到我的第二個祖國，我母親的故國，和在我童年夢幻中最美麗的聖誕節之夜。

　　時霆小弟開車把我送到附近的天主教堂。豎風琴深沉的樂聲充滿了整個教堂的拱頂。我點燃了一枝蠟燭，肅穆地拜倒在插滿鮮花、燈火輝煌的聖殿前，為我親愛的母親在天之靈，禱告上蒼，永遠保佑她，保佑她的孩子們、孫子們和所有的子孫後代，也保佑她曾經愛過的父親。他雖然背棄了妳，死前卻以善言提到妳並表示懊悔。正如時霖在父親壽終正寢終歸地府時所說：「鳥死其鳴亦哀，人死其言亦善。」何況他倆最後是在天主教堂裡成婚的，就像我和我的那位漢學家。

　　三十一號除夕，本想趕回來辭舊迎新，不巧只買到次日的票。列車在華沙站放走了最後一個趕回家過年的波蘭人，整個車廂裡只剩下我和一個來莫大進修的西德人，另外就是兩位列車員。我和那位叫艾德蒙的西德俄語老師，可以說一見如故。等到列車進入邊界站停下換軌時，一隊武裝到牙齒的邊防軍，開始檢查護照。

　　西德護照打開來，看也沒看一眼，就有禮貌地歸還原主。當把我這個堂堂社會主義大國的護照拿到手裡時，翻來覆去查閱，幾乎要用放大鏡一頁頁地找出不存在的暗碼。同時也對我這單身女人施加壓力：讓妳老實點，偏要走這斜路，這下子在我們手裡，還是乖乖地聽海關人員的指教。

接著我的兩個大箱子，經那位朋友的幫助，拖到海關受檢。一件件翻出來，就扔到木板桌上。這些醜鏡頭，都被那位同行的旅客看在他那雙層厚的近視眼鏡裡，次日就會在莫斯科西方居民群聚的場合中加以渲染，引起公憤，並對我們威風凜凜的邊防部隊欺弱凌強的作風加以嘲笑。

　　我給丈夫買的燈絨褲雖被順手牽羊地拿走了，我卻認識了一個難得的好友，贏得了整個德語世界和滿天下的德國友人。

　　此後的十年裡，斷斷續續總有一些從西德來蘇聯的旅遊團，隨著那位好友來拜訪我們，享用一頓膾炙人口的中國晚餐，伴著萊茵河的葡萄美酒和一場交心的談笑。當然，在莫斯科的西德學校任教的老師更是我們坐上的常客。

　　有來有往，我們掛外籍白牌兒的小汽車，有時也會出現在戒備森嚴的外國人居住區。當局明知開車的是那個不聽擺布的中國人和她的丈夫，但在勃列日涅夫時代，同西方的交往很頻繁，除非訪問對像是某一外交人員或著名記者，何必要為這四不像的中國人去火中找栗。

　　要是真的遇到敏感人物，回家的路上就會有一輛車跟著，到那僻靜點兒的街上叫停下，檢查證件，然後很有禮貌地把你放走。他們也早已知道，西德使館的高級翻譯（參贊）是我們的好朋友，最近才任滿退休。

# 第二十九章

蘇聯解體前鐵幕後的幾件軼事

* 不許看中國報紙
* 這是帶給我們學校的恥辱
* 不守中庸之道
* 我們都要遵守交通規則
* 陷入克格勃的圈套
* 克格勃跟我算總帳
* 別人的帳也算在我身上
* 招安與打壓雙管齊下

# 不許看中國報紙

　　我是一九五七年來莫斯科的，正當兩國友誼萬年長青之時，但還沒過兩年，中蘇友好的千里國界就變成一道不可逾越的萬里長城。不但國內不來留學生，連《人民日報》也被封殺。我覺得太沒有道理。

　　我編的第一部漢語口語教材，花了十幾年才出版，雖然印了一萬冊還是供不應求，這說明俄國人對漢語的興趣有增無減。修訂本也計畫不少於一萬冊。但長年累月不接觸祖國的語言，確實感到生疏了。

　　訂閱報刊的時間快過去了。我決定做個實驗，到郵局去打聽一下。就在隔壁有一家，我問：「《人民日報》能訂嗎？」服務員的答覆完全出乎我意料之外：「為什麼不能訂？這是報刊目錄冊，你自己去查號碼。」當我翻到中國報刊那一頁，大吃一驚，簡直不敢相信自己的眼睛。除了《人民》、《光明》和《工人日報》外，還有好幾種專業性的刊物。

　　我定了一份《光明日報》就去付款。這時報刊組的主任好像有所醒悟，連忙叫我等一等。我看她拿起話筒跟好幾處聯繫，然後走過來給了我一張條，上面是全蘇報刊局地址。

　　我是開車來的，半小時後，已到了那個機構九樓的辦公室。我把來由簡單地敘述了一番。那位領導問了一下我單位的電話，便說：「這個問題要跟你們領導商量一下。」從他們這種踢皮球的方式看來，希望不會大的。

　　我幾乎就把這件事忘在腦後了。這之後不久，我們學校舉行黨組織改選前的全校職工大會。過去這種活動，我以外國人為藉口，很少參

加。教授和老師們陸續進入會場，我心想：我也來湊個熱鬧，怎麼說也算是個有功之臣！

# 這是帶給我們學校的恥辱

黨委書記，朝鮮語教研室主任馬祖夫宣布開會，然後立即用他的一隻手，指著坐在第四排的我，帶著神祕的口氣說：

「你們不會想到吧，在你們中間，就是坐在第四排的那位老師，竟向我們的中央報刊局提出要訂《人民日報》的要求！她這樣做有什麼目的？各位都知道，《人民日報》只庫存在圖書館，平時，不能借，而她竟然要訂到家裡。這不是給我們莫大亞非學院丟臉嗎？」

他的話音還沒有落，全場肅靜。我把每個字聽在心裡，立刻起身發言駁斥他的謬論。我說：

「對不起，教漢語編寫教材的老師，十幾年看不見一份中國報紙，行嗎？何況人家中央部門也沒有像你那樣胡說，我們可以在一起對證。你在眾人面前侮辱了我，也請當眾道歉。」

這位黨書記後選人（一位好酒之徒），沒想到我的反應如此尖銳，兩眼發愣，顧左右而言它。

會後我立即去黨委辦公室，看見他正在扔掉處理過的文件，等待重新當選。我很不客氣地要求他打電話把事情弄清楚。他倒是打了電話，歪曲事實，敷衍了事，說他沒有時間接待我。我警告他為了維護我的尊嚴，我不會就此甘休。

次日下課後，我驅車直奔列寧山新樓黨委所在的十樓，找到負責國際問題的書記，把昨日發生的事，一五一十地訴說了一番，並問他是否打算對此事做出反應：「我會知道您採取什麼對策嗎？」他倒很文明地送我到辦公室門前，一路上說：「會有什麼反應，妳一定將感覺到。」果然，這屆改選，那位傲慢的教研室主任竟未參選。

# 不守中庸之道

　　氣候逐漸轉寒，今天，正好要在離市中心較遠的人文學院語言教研室上課。這是經過主任的決定，要在二年級培養若干語言學專業的高材生學習漢語，可以由我篩選。結果有十二人報名，四人選上，都是女生。這四個女孩子聰明才智過人，對漢語反應很伶俐。

　　時光過得很快，不覺已到四年級，而且那正是一九八三年，我的第一部漢語口語教材問世的時候，這一天，我的姑娘們兩兩一對按照要求準備了兩個精彩的口語對話，發音、用詞語法都無懈可擊。我開車走出校門，心裡覺得異常欣奮和幸福，打開錄音機聽音樂，為我助興。

　　轉出校門，開上一條直通地鐵終點站西南站的三道柏油公路，兩旁還有側道。老遠我就看見，右側旁道一群年輕人，衝著紅燈跑向對面剛到站的無軌電車，他們毫無畏懼，一往直前，已過了馬路。這時候中途突然轉回來一個身體臃腫的老太太。我想，她自知體力不足，還是會回到中間的人行道。我剛加了一點油，迎接前邊的上坡路。誰知那位老太太又改變了初衷，拚命往無軌電車衝！完了！她正好撞在我的車頭上。我的小車，把個肥大的身體，像個布娃娃似的吊了起來，然後輕而易舉地扔在路旁。

　　我大吃一驚，忙把車停下，退到旁道，免得影響交通，又立刻把音樂關上。一看她腳骨顯然斷了幾節，已不醒人事。我連忙打電話給喬瑪，讓他通知交通警。當我回到車旁時，看見一個年輕人好意地對我說：「妳是綠燈過去的，我看見了，是她犯了規。」同時表示願留下給我做證。我十分感謝他，這當然是很難得的。又聚過來幾個人也都異口

同聲地說：「老太太違反了交通規則。」

　　外面天氣很冷。我下車後的第一個反應是車禍嚴重，雖未犯規，但出了人命案，如關牢，我應該利用這個機會寫論文，像列寧那樣在草堂裡寫《國家與革命》那本小書，工作效率一定比現在高。這時，交通警已來了，把車和人跑動的軌道測量了好幾遍。喬瑪也趕來了，我立刻覺得輕鬆一些。

# 我們都要遵守交通規則

次日，交通警要我到內務部去，協助偵查工作。原來這位老人眼力很差，平時出門都有人陪著，那天一人過街給女兒買文具（她是畫家），不幸遇到我，發生這可悲的車禍。她已在當天逝世，享年七十。

我內心很不自在，給她家去電話表示哀悼，問他們是否需要為葬禮做些貢獻。他們都一概拒絕，但我一直心神不安。

次日，去學校，我考慮了很久，是開車還是不開？我心裡雖然很矛盾，但因膽小而拒開，也許這一輩子也就不開車了。我還是決定克服膽怯，加強警惕！

這次交通事件，好在有證人，沒犯規，否則很可能被我們的克格勃利用而拖下水。

# 陷入克格勃的圈套

　　我們的第二輛車已用了有好幾年，應該好好修理一下。經朋友介紹，丈夫把它送到列寧格勒大街以西的小鎮修理。我們的第一輛車，已舊得不不像樣。新車的車主是喬瑪，這就是說，後面不像外國人的車要掛白牌。

　　前一天晚上，修車的師傅來電話，說：「車修好了，請明晨十點來取。」他要出差去列寧格勒，無處放車。他和喬瑪已約好。沒想到，過不久，校長的女祕書來電話說，明天開校部會議，請高先生出席。喬瑪馬上給那位師傅去電話，說他有急事不能來，由他妻子代取。

　　次日早上，我乘公車，按照地址，到該鎮廣場下車。我所乘的公車從大街向西轉，那是一個丁字路，廣場就在路口。我從車窗望外瞧，看見一路上，一長排公車把回路堵塞住，還有幾個交通警在維持秩序，如臨大敵。我心裡納悶：「這又是發生什麼事故了？」

　　等到和師傅付清修理費，坐上小車往回開時，立刻發現有什麼異樣。當我拐彎，要向離列寧格勒大街只有不到一公里處開過去時，前面停著幾輛警車擋住我的去路，一位交通警很傲慢地揮動著手裡的交通棒，示意讓我停車。我把車玻璃捲下去，若無其事地問：「我犯了什麼規？」他說我車後的警示燈忘了關。

　　我看根本沒這事。車已經停下，他們要檢查我的證件，我都一一遞了過去。其中一個交警一句話也沒說，就咬定我是中國公民，車子開入了禁區。這時，兩旁早已有兩個證人聽候指示。填完表，簽了字，便把

執照還給我，說讓車主自己來取。我說：「既然是禁區，應當用標語指示。沒有事先通知，就來無理取鬧！」

　　我很不高興地坐上公車回去了。丈夫第二天才把車開回去。我問喬瑪：「校長找你有什麼事？」他也莫名其妙，不知有什麼事。據說，莫斯科周圍有許多此類禁區。美國使館曾以「至此止步」的標語製作了一個「汽車行車圖」，同時也完成了一項間諜任務，首都哪裡有軍事設施，可以向美國使館請教！

　　這次闖入禁區的後果是，以報告校方相威脅。好在我們教研室對校外之事無興趣，不了了之。同時我們從此也知道，我們家裡的電話，一天二十四小時，不停的地有人竊聽，這也是一個千真萬確的事實，否則消息怎麼會這樣靈通？

# 克格勃跟我算總帳

　　沒過幾天，莫斯科交通總局來電話請我去面談。這是戈巴契夫已經上臺之後。我早幾分鐘到了，屋裡一個人也沒有，借用別人的地方，還姍姍來遲，我心裡覺得很不是味兒。後來進來的，顯然是克格勃的「同志」，暫用別人的辦公室來審問我。他手裡拿著一個紙皮夾，用另一隻手指出我在哪年哪月哪一天，在環城公路哪一段違反交通規則。大部分是超速，也有闖紅燈的嚴重現象，差不多都是掛白牌時犯的。

　　我反問他：「那你為什麼不在出事的時候懲罰我，現在不是放馬後炮嗎？」

　　他嚴厲地警告我：「妳要是不遵守我們的交通規則，我們會宣布妳是不受歡迎的人，遣返中國。」

　　我大笑了一聲，說道：「那太感激你了！我父親已是八十高齡的老人，我多少次寫信要回去。我跟勃列日涅夫、戈巴契夫去過電報，但他們不聞不問。你有這個本事，真要感謝你了。」

　　他看教訓和恐嚇我的好戲沒有演成，就警告了幾句把我放出去。我回頭用半開玩笑的口氣對他說：「你們工作很積極，我們這個中國人家裡的電話，你們是日夜不停地二十四小時守著監聽，這樣做是違反公民權利的。反正監聽的都是我們學漢語的學生，沒有聽出什麼了不起的事兒吧？」

# 別人的帳也算在我身上

我丈夫比我記性好，他一聽我列數罪行，馬上想起法國使館的一位友人叫西利微亞。她去拉丁美洲工作前，曾借過我的車。那輛舊白車，大該是她忙著買東西，隨便開車。她的身分跟我不一樣，持有外交護照，出了點車禍，就順便算到我身上。這件事說明蘇聯有一定的法制觀念，但也更容易用賄賂去改變它的實質。

# 招安與打壓雙管齊下

　　不願合作的「中國人」和她的丈夫學位升了，職位卻停滯不前。喬瑪是一九六九年答辯副博士論文的，我是一九七二年答辯的。按照慣例，論文答辯一年之後，只要繼續從事研究工作，又有發表的，就應升一級為副教授。直接從克格勃調來管人事的副院長，在每五年討論個人升等問題時，就把我們的文件壓下來，視若無睹。直到一九八九年蘇聯解體前夕，才恢復了法制，升為副教授。

　　為此，我還在大庭廣眾上挖苦過這位副校長。提醒他：「我編寫的《現代漢語口語教科書》第一本發行一萬冊，第一頁就有高教部的指示：『在全國高校使用。』修訂本又在一九八八年發表，也是一萬冊。你如此熱中於以我是外籍教師為藉口，把我排出於我校教師每五年一次的職位升等討論之外，就等於把我排出於莫大教師行列之外，企圖剝奪和踐踏我做漢語教師的權利。那麼就請你代替我進行漢語教學，相信你會獲得更好的成就。」

　　最後，我們通過高教部的熟人向律師咨詢，才知道根本就沒有這樣的法律，這只不過是他那個「黨」在耍弄它歷來慣用的招安與打壓雙管齊下的手段。

# 第三十章

黑貓白貓們已在沿線行動

* 三十年後，終於回到祖國
* 父親精神不佳，也是被害妄想作祟
* 「六四」在莫斯科
* 紀念「六四」一周年參與遊行示威
* 歡迎「不受歡迎的人」
* 莫斯科未步「六四」之後塵
* 兩個政權並存的局面

# 三十年後，終於回到祖國

從勃列日涅夫在位期間，到戈巴契夫以改革者的姿態上任後，雖然兩國還未恢復關係，民間的往來早已開始。直到老友李福清，把黨中央某官員的電話和姓名給了我，算是走後門進去。三八婦女節那天，才接到那位官員的親自來電，叫我馬上去辦手續。三十年的宿望終於實現了。

當時我們夫婦都很欣奮，沒有我們賣力就不會成功，但蘇聯的經濟早已垮臺，商店裡空空如也，門可羅雀。偶爾才發點購物票，可以買到些東德出品的衣服鞋子。這已算是不幸中之大幸。為了買三百公克黃油，需要排兩小時隊。

老戈的所謂透明政策，裁軍新思維雖然博得西方政客們鼓掌叫好，國內老百姓卻吃不飽飯。而他的夫人在英國超市買貴重的手飾，一天換一身新裝，我們老百姓卻不知在哪裡可以買點東西送給相別三十年的親人。加上波羅地海加盟共和國要求不承認出賣它們獨立的蘇德祕約，因此，每逢週末莫斯科總要爆發起大規模的示威遊行。

就在那些日子裡，突然，通過友人介紹，家裡出現了著名臺灣女作家龍應臺。她告訴我們，他丈夫是德國人，兩人在美國念書時認識的。當時她已是一位發表了不少短篇、論文、雜文等負有盛名的作家，兼《中國時報》駐歐特派記者。她來後，原來住在旅館裡，結果遇到一個好色的翻譯，以為是克格勃，嚇得住到我們家裡。

正巧第二天爆發了全市性的民主大會，抵制老哥頑古不化，堅持一黨制。這時大概是一九八九年之春，我們第二次相見已在德國她家裡。一九九一年八月十九日，莫斯科國家非常委員會發動政變。我們一聽到

消息，連忙趕到市中心，那時葉爾欽已發表告全民書，我們又立刻趕到白宮建築街壘守夜，等待坦克的來襲。次日晚上，龍應臺的電話才接通，人們首先想知道的是天安門事件是否將在莫斯科重演。

　　一九八八年，當我們乘坐的列車一過滿洲里，鄧小平的黑貓白貓們早已在沿線行動起來啦！中國的經濟改革已開始，但它還沒牽涉到制度的改革！

# 父親精神不佳，也是被害妄想作祟

　　一九八八年的北京，使人感到一股清新中不失熱鬧的氣氛，不同波長和音高的市聲，夾雜著討價還價的城市音樂，恢復了北京城原來的面貌。

　　爸爸那時住的東大橋公寓房子，當然遠不如我們聽說但未見過的四合院。他老人家還是身著西裝，不減當年神氣，但精神已大不如前，眼神中泛起一絲擔憂，他那好色的老習慣，與年輕時相比，竟然是有過之而無不及。

　　退了休的政協民革委員哪裡在家裡坐得住，原來他與街坊一個工人的老婆已有多年醫生病人兼情人的關係，一旦被後母錦霞姨得知，就用嚴懲反革命的辦法待之：下跪，挨打，認罪，甚至把我母親在黃泉下的陰魂也招來助威。「你譚守仁色鬼一個，既不守仁，又不守義，我黃某比你快小三十歲，竟做出這種喪天害理之事。」這樣一來，爸爸已大減威風。

　　這時，余太太（白莎）唯一的孩子長大了，找到譚守仁家裡，把個爸爸嚇得魂飛魄散，以為是來向他索命的。誰知人家是因為從小沒見過母親，好不容易找上門來，想討一張生母年輕時的照片。可憐的白莎，雖魂斷塔下，卻換得永遠的青春！因為，在父親還收藏的相片中，她永遠是年輕的啊。但從此以後，那被害妄想也隨著年輕人的出現，溜進爸爸的腦袋裡。這個故事是錦霞含淚告訴我的，我這才感到爸爸是老啦！

# 「六四」在莫斯科

　　電視機、收音機整天在響著，六月四日在莫斯科也是一個大熱天，我密切收聽和收看天安門前的一切動態。我不僅同情和聲援那裡的絕食學生，而且感同身受，甚至像他們一樣，希望我們的總書記能在天安門廣場上講幾句話。

　　誰知，老大哥已繞過「人大」後門，跟小平同志相見，並匆匆完成復交之禮，躲到大使館裡去了。那是怎樣一個可笑的總書記呵，不惜千里而來，恢復舊交，竟沒有說幾句話，給天安門前的絕食學生鼓一鼓勁！別說演說。老大哥看見天安門廣場上的驚人場面，聯想到次日，蘇聯第一屆全國人民代表大會開幕，已不寒而慄，保身為妙。

　　果然，在次日大會上，薩哈羅夫院士以他微弱的、不斷被打斷的聲音，要求大會譴責北京當局不願與學生對話的立場。而我們不僅聲援絕食學生，時時都跟他們共為脣齒。

　　一九八八年，北京一個老朋友給我弄來一本《河殤》和電視系列片，我們看了連聲叫好，回去後組織了幾位翻譯，把它全部譯成俄文，並在莫大校刊《東方輯》全文發表，不過幾天，又舉行電視演出，邀請其他單位觀看。

# 紀念「六四」一周年參與遊行示威

　　次年，一九九〇年六月四日，莫斯科夜裡還凍冰。莫大學生，在大校門前那片長一百米的水池兩旁，搭起了帳篷，通宵不眠，以示聲援。

　　第二天，當太陽照到頭頂上時，莫大前的廣場上，已密密麻麻聚集了成千上萬的聲援者和市民，蒙難者紀念碑組織領導人發表簡短的開幕詞。第二個演講者就是我丈夫高辟天（喬瑪是小名）。他參與了該期校刊的全部編輯工作，此時，在麥克風前，將六四的整個經歷詳細地敘述了一番。

　　據說，那天夜裡學生們凍壞了。在莫大學習的中國留學生，不時給他們送來福特加和二鍋頭以表示感激，蘇中兩國的大學生，今後將要為同一個目標而奮鬥。

　　當時，我們每個人心裡都有山雨欲來風滿樓的預感。

# 歡迎「不受歡迎的人」

　　沒過幾天，李鵬繼戈巴契夫訪問北京之後首次回訪。總書記有命令：只許在花園環城線以外集會遊行！於是大批的人群，便湧向外交部大廈對面的草坪上，沒有違反規定。遊行者打著「劊子手滾出去」、「蘇中人民是沾滿血肉的兄弟」等標語牌。

　　戈巴契夫回莫斯科後，立即召開第一屆全國人民代表大會，會上民主派和反動保守派展開了激烈的鬥爭。年老體衰的薩哈羅夫，剛從流放地放回，在大會上發言譴責六四禍手，但他的講話，幾度被戈巴契夫打斷。

　　此後。蘇聯的政治舞臺以旋風般的速度變化著。

　　一九九一年，非常事件委員會，試圖在總書記去克里米亞休假期間，發動政變，結果以整個龐大的帝國崩潰而告終！

# 莫斯科未步「六四」之後塵

　　一九九一年八月十九日清晨，廣播裡宣布政變後，數十萬市民學生和工人趕到紅場，隨後向葉爾欽所在的白宮挺進。部分市民已行動起來了。

　　我和喬瑪也加入群眾的行列，把堆在市府底層塗滿機器油的鐵杆，抬到白宮正門搭成一個強大的街壘。也有站在一邊看熱鬧的，不接受我的動員。收音機裡不斷傳來，政府的坦克部隊，從城外調進市區的消息。

　　夜裡兩點鐘，在人群中維持治安的民警和個別神職人員，勸堅守白宮的母親們把孩子帶回去。但人們赤膽忠心，堅守陣地。累了，到公車裡休息一會兒，一直守到早晨六點，才有消息說，已達成協議。由葉爾欽等人組成的特別委員會，直飛雅爾達總書記休養所，把他請回來。這之前，非常委員會曾先一步去雅爾達，但戈巴契夫沒有同意他們的主張。

　　至於說，總書記是真的被軟禁，還是故意作態，這個關鍵問題，到現在還沒有一致的看法，答案可能已消失在歷史的塵土中。

　　最後，由俄羅斯、烏克蘭和白俄羅斯，三個聯盟共和國領導人，在白俄羅斯協商，一致決定蘇聯解體。俄羅斯聯邦代表原來的蘇聯，葉爾欽任第一屆主席。

　　整個政變從週一持續到週六，最後，在馬涅日廣場舉行了史無前例的群眾哀悼大會，宣布新政權成立。這期間，堅守白宮的市民，每天都得到支持者的食品供應，人們的心情從一個高潮，進入另一個高潮——罪惡的帝國已不復存在！

　　在以上事件發生的同時，作者拿起了那早已被忘掉了的新聞記者的筆桿，將現場發生的事件，忠實地記錄下來。包括蒙難者衣冠及照片

前的悼詞。全部日記，已在事發數日領導換手後，由莫斯科廣播電臺播出，在國內引起沉沒的「迴響」和深刻的「反省」。作者希望把它付在本書中，供讀者細讀。

# 兩個政權並存的局面

　　一九九三年，葉爾欽獲選為俄羅斯聯邦主席。當時被選為副主席的魯斯科依是曾在阿富汗作戰有功，一九九一年革命爆發時，向葉爾欽投誠的空軍元帥。兩人任職不久，魯斯科依宣布反對葉爾欽和他的改革方案。兩人及其擁護者雙方針對改革的形式和速度，發生了激烈的爭執，兩派的擁護者幾乎每天都在紅場和白宮附近遊行示威。

　　副主席單方面糾集其同黨在白宮舉行非法選舉，公然彈劾葉爾欽自稱主席，使整個局勢更加白熱化。在當時的分裂狀態下，稍不謹慎便會引發起國內戰爭，葉爾欽只好解散議會。

　　當情況日以加劇時，魯斯科依公開號召，並聯合一切反對改革的人士鎮守在白宮。改革派則用防暴員警將白宮包圍起來。市長下令招斷內部的水電供應。但竊居在白宮以外的反對派，特別是反動軍人，驅散了防爆員警，攻入白宮對面的新蘇維埃大樓（它的造型好似一部翻開來的厚書）。

　　入夜時分，匪徒們迫使一大隊載重汽車，載著事先準備就緒的軍火武器，開往較遠的電視臺。那天好像是個週日，我們正應邀，在牛津大學著名蘇聯問題專家，借居朋友的住房處作客。電話突然響了，是女兒打來的，說：「電視塔著火了，反對派要攻打克裡姆林宮。」我怕她處於激情會和同學們參於戰鬥，立刻回家制止。

　　這時，從唯一沒有被堵住的莫斯科民主電臺傳來改革的主力，經濟學家蓋達爾慷慨激昂的講話。他號召民主人士，死守克里姆林宮，不要放棄民主的果實。他們當時正在蘇維埃廣場，而在通向電視塔的地區已

展開街道戰。維護電視塔的武警勇敢應戰，幾度把來犯者打退，不讓火焰往上伸延。

這時留在克里姆林宮的葉爾欽一直憂心忡忡，猶豫不決，他不能輕易動干戈，以免引起大規模的流血事件，甚至把軍隊牽入內戰中。但形勢已急轉直下，改革的命運已處在千鈞一髮中。直到夜間一點鐘，葉爾欽才跟國防部長達成協議，宣布於清晨六時開始砲轟白宮。

次日清早，我和丈夫趕到蘇維埃廣場時，砲轟還沒結束。每間隔一兩分鐘繼續著，擴音機不斷地警告在白宮高層樓上的市民和兵士：加速往下撤，雙手高舉，以示投降。最後，他們才一個個從上層已陷入火焰中的白宮被放出。

當天晚上，我們已在電視裡看見魯斯科依和他的匪徒們，打著白旗，舉著手，在警衛的監督下狼狽地從一樓的狹道裡鑽出來。為首的幾個叛變分子，監禁一年後，因表現良好，放回原單位。當局這一人道主義的做法，引起人們的公憤，和不同的意見。

擴音機裡還繼續傳來要求市民到輸血站去獻血，擔架不斷地從白宮抬出，街道上不時能看見還沒抬走的重傷員，空氣中充滿燒焦的味兒。我已把我的三色旗交給帶領同學隊伍的另位旗手，不加思索，跳上輸血公車直奔醫院。臨走時，我叮囑同學們絕對遵守紀律。

輸血站輸血的人很多。原來我的血型是一型，可以給任何人。可惜的是，兩個手臂的靜脈管都過細，流動量極慢，用了一個半小時才全部輸完一般單位的量。

等到我回到我們莫大聚集的廣場戰鬥早已停止，投降的頭頭們早被抓走了。在焦黑的煙灰中，醫務人員忙著把重傷員抬進醫院。這時還可以聽到埋伏在房頂上的狙擊手向街道放槍。我的學生們帶著三色旗去看熱鬧，使我感到分外不安。我究竟是老師，不應該把旗子給了學生自己去輸血。

這次事件的主犯經扣留一年後，全部釋放，國家逐步走上穩定的民主改革道路。

# 第三十一章

## 克里米亞的針灸大夫金玉蘭

* 從香港來的一枝奇花
* 回歸熱帶生活
* 玉蘭生了一個小千金
* 隨波逐流，順其自然
* 追求理想丈夫
* 玉蘭終於闖禍了
* 如履薄冰，朋友相助
* 在山腰築起一座體育宮
* 天有不測風雲，人有旦夕禍福

# 從香港來的一枝奇花

　　玉蘭生長在香港，那時中國南部的那顆明珠還沒有回歸，蘇中兩國的友好關係正處於蜜月階段，她來北京念書，考上醫學院。她偶然看見了《青年報》上有篇文章，表揚從遙遙萬里的北國首都莫斯科來學中文的別佳・塔瓦洛夫，和學歷史的米海依・克劉科夫。

　　這兩個俄國男孩子，使當時的眾多女孩子們立刻入了迷，都想捷足先登。玉蘭愛上的是別佳，可能因為克劉科夫已有老相識，而她與別佳則是近水樓臺。後來，兩人在老毛像前三鞠躬，口袋裡的蘇共黨證放好，這椿婚事就算成功了。這張黨證也隨時能夠發揮它特有的功能，不管是你共產黨的天下也好，變了天，成了國民黨的天下，那就更妙。其中的道理也無須詳細分解。

　　年輕的南國姑娘和她的朋友都不是黨員，只不過是步丈夫後塵來蘇聯而已。來蘇後，暫時在莫大為她設置的針灸療室接待病人，等丈夫把該補的科目考完，等待分配。針灸大夫，一般人們都很歡迎的。我們認識，是因為前夫瓦良，希望針灸能有助於治好他的腦瘤。

# 回歸熱帶生活

　　別佳畢業後，被分配到海參威（今之伏拉迪沃斯克）遠東大學教漢語。這對他那位從中國帶來的熱帶植物而言，好不難過。該地靠寒帶，沿海地區，四面八方終年受到刺骨寒風的襲擊，顯然是不能存活下來的。

　　聰明的玉蘭，借助早年在莫斯科相識的著名教授和他們在克里米亞天文臺工作的近親這層關係，不但選定了半島南部最優美的雅爾達市，而且向她多年的病人借貸，買下一套三居室的單元房。加上兩間封閉式陽臺，稍加整修，三室成五間，此外還有廚房衛生間，在那時已算很闊氣。陽臺前的空地種上熱帶植物，不等丈夫辦好退職轉業手續，已帶著兩個孩子，置身於氣溫和水溫都不次於她老家香港的雅爾達新區。丈夫來後不教漢語也罷，改行當翻譯。

　　克里米亞的居民看見本島出現了一位救星，凡是西醫已無能為力的疑難雜症，都把希望寄託在這位佛爺身上。當時，一般人就算有錢也買不到足夠食品的。但是，玉蘭的病人中間，碰上是商店老闆的話，一箱箱食品就從商店直接運到她的小廚房和大冰箱裡了。

# 玉蘭生了一個小千金

　　兩個男孩子都十幾歲了。一個整天鬼混，金媽媽好不容易給他在學校弄了個位子，年年考試兩分，學校以開除相威脅。一句話，沒出息。有出息的弟弟，早已被同班女同學拉走了，肚子已經大了。

　　金媽媽突然想要一位千金，老了也有人供一碗飯，「若敖之鬼餒而」（比喻沒有後代，無人祭祀。魯迅在《阿Q正傳》中曾引用），也是一件人生之大哀（魯迅言）。經她掐指一算，這胎定是女的，就讓她長下去。玉蘭出院了，果然是生了個中國小乖乖。我們為此應邀出席，藉機到雅爾達觀光，這還是頭一次呢。

　　火車到了辛菲羅波爾，換乘無軌電車，繞著山路往下，沿途山石崢嶸，遍地野花，實為奇觀。下車進入市區，多年生花木，千姿百態，香氣處處撲鼻，讓你迷途而忘返。問起中國大夫住哪兒，無人不知無人不曉。那天晚上，家裡只有一個別佳等我們兩位貴賓。少後，幾碟涼菜上桌，配著本地出產的葡萄酒，想吃新鮮的葡萄，伸手到窗外即可到手。

　　別佳出生在伏拉基米爾州一個比較偏僻的小城市裡，但確是一個世代知識分子家庭，母親和姐姐都是音樂老師。對東方文明的嚮往，曾促使別佳走上一條很長的路程。遺憾的是他和他學了五年的漢語之間的距離，也越來越大了。

　　誘人的南方沒有教漢語的工作，瓦夏並不感到悲傷，島上有全國最大的尼基塔植物園。天天還有專車送研究人員上下班。別佳雖不是一朵熱帶奇花，卻有驚人的記憶力。不到幾年工夫，一個莫大的植物園裡，上千種多年生和上萬種一年生植物，不僅它們的拉丁學名——俄文、英

文、德文名稱更不用說，連少見的中文和日文，也能不費吹灰之力對答如流。記憶力好，人不一定好，二者得兼難矣。

可惜，別佳的妻子玉蘭並不以其植物學知識之廣博為奇。她要的是像某某人的丈夫那樣為世人皆知的漢學大師。這就要求我們的別佳一步步地苦幹，論文題目是清代詩人龔自珍。這已經是定下來了。其次是導師，莫斯科東方研究所著名詩人與翻譯家艾德林那邊，也已經交涉好了，咱們不也曾為他佬免費服務過嘛！

# 隨波逐流，順其自然

　　一日，我在學校走廊忙著去上課，別佳從對面走來，兩人差一點兒撞個滿懷。

　　「別佳，你來這裡，有何貴幹？」

　　「我……我……這個……玉蘭要我來考研究生。」

　　「那你怎麼不考呢？」

　　「住在日尼亞家裡我受不了，他幾年不換被，臭氣薰天，再說回票已在手裡了，何必多此一舉？」他慢吞吞地說，兩手還比劃著，不時還搔搔腦袋。

　　我見他那糊塗勁，真有些哭笑不得，一把抓著他的手臂說：「快下去，到研究生部辦手續，然後上來等我下課，今晚住我們那兒。」

　　「我……我……好像還要考試。」

　　「考試就考吧，考幾天就住幾天，我不許你空著手回雅爾達，先把票退掉。」

　　我心裡著急，借屍還魂，用了玉蘭的口氣發令。別佳果然住了幾天，但沒考成。原來先要寫一篇介紹詩人龔自珍生平事蹟的摘要。

　　「《龔自珍詩集》這本書，我們家裡沒有！」

　　「沒有就沒有！」

　　我已是彈盡糧竭，放他回家，讓玉蘭釜底抽薪，也要從她故鄉香港那兒把書弄到手，現在只好讓他空手回去。

　　別佳簡直得意忘形，這下子在老婆面前可以振振有詞，自圓其說，何況條條理由都有證人，經得住考驗。等到明後年，龔自珍就算是親臨

　　海島，說不定還會三過其門而不入。那又要經歷多少年華，到那時導師也該是七八十高齡，苟延殘喘，連他那部陶淵明新版，恐怕因為作者最近仙逝而奄奄一息。哎，人謂百足之蟲，死而不僵。別佳說：「這也要看什麼人啦！沒關係，別緊張。那些玉蘭最羨慕的官場人物口袋裡都有黨證，可以另找導師。」

　　「你和這個黨又有什麼關係？」

　　「此見高明，對方回說，人命危淺，誰還會去管你答辯沒答辯，重要的是要按時『大便』！」

　　原來，別佳的肚子裡，還裝著我給他講過的這個笑話？

　　記得，我去清華採訪一個答辯論文的華僑學生時，同屋一個上海人說他去「大bian」了，我等了很久他才來，原來是去答辯去了

　　「好了，我不如去喝它一盅，得過且過，把票換到明天，你們別等我，我去找幾個老朋友聊聊天再回去，也不晚。」

# 追求理想丈夫

　　我在從同玉蘭的交往中，早就看出這精力充沛的她，需要的也許是比她更猛的男子漢。「但也不見得非得如此。」我曾經跟她討論過這個問題，勸她接受「比上不足，比下有餘」這個付諸四海而皆準的真理。我也曾跟她談過：「妳思想裡有一個謬誤，以為別佳不是妳理想中的人物。妳錯了，因為他其實是比你理想中的人物更理想。」

　　女兒已出世，將來誰給她洗衣服，誰給她做飯？說他沒出息？兒女個個都愛他——他確實有他可愛之處，像我們的五柳先生。再說，連陶淵明都捨棄了紅塵！

　　為了妳眷戀那虛名，硬要他去唸那他沒有興趣的詩人，不等於自找苦吃，何必多此一舉呢！在家裡誰都知道妳是總指揮，妳的臥房，誰都不能輕易進去擾亂妳的安靜。臥室四壁，用鍍金框架掛著女畫家給妳畫的，海邊大幅半裸體像。要是不瞭解法國印象派，還會以為這幾幅「波里尼西亞島國的女人」出自高更之手哩！

　　最近據說，這些藝術珍品留在家裡，被大兒子一件一件地賣掉了，連我都覺得可惜！妳的大名這裡無人不知，別佳又是全國植物園的才子。一個才子，一個女強人，還要去追求什麼？知足者常樂！

　　自從他們的女兒克莉絲琴娜一出世，我們集體給她起了這個名字後，我和喬瑪也被認作乾媽媽和乾爸爸了。每年暑假開始，我們老太太都會帶著小孫子住到她姐姐在城外的「達恰」。而我們也是學期一結束，就立刻買票去克里米亞。自此以後，年年如此。

我們先在玉蘭家住下，之後再到靠海岸更近的地方找房子租一間。

克里米亞的群山高聳雲霄，崢嶸陡峭，那岩石驚險峭立。山下面是一片蔚藍色的海水，水清見底。繚繞這個島國的公路到海邊，起碼要走半小時。海水清潔，毫無雜質。游夠了，爬到附近形似鱷魚的礁石上曬它一陣子，打開預備好的食品充饑。要是遇到週日玉蘭參加，那麼規模更大，大人小孩兒在海邊礁石上烤羊肉串，大吃大喝，好不熱鬧！

天氣轉涼時，金大夫先去頓巴斯，那兒的高收入礦工們，早已等得不耐煩啦。在頓巴斯那裡還能買到外地買不到的進口貨，特別是值錢的東西，拿到香港送給家裡人，也不嫌寒傖。

幾個大箱子裝滿了貴重的禮品，先坐火車到莫斯科，住我們家裡，還能接待一些病人。回來時給全家人買的衣物，就全塞在布袋裡面。我們兩家是有來有往的，住在我們家，還開車送到飛機場。

玉蘭性格很開朗，直腸子，無話不說，對丈夫雖也管得嚴，但妳人走了，就無法知道他那邊是否有外遇，偶爾發現口袋裡有避孕套，家裡就雞犬不寧。就在孩子們和我們面前，演出諸如罰跪請罪之類的家庭悲喜劇。

他們兩人，一個是急性子，一口廣東口音，夾雜著頓巴斯方音的普通話；一個卻是說話走路都慢吞吞，罵他沒出息他也不還嘴，只是一邊自言自語一邊唱那小調，很少為自己辯護。看來這一對夫婦的八字該是有沖有剋。

在他們家裡，隨時可見到滿園的病人，排隊等著看診，熱熱鬧鬧，天天如此。

# 玉蘭終於闖禍了

　　有一年，我們和往常一樣，開車送她去機場。這次七八歲的女兒也帶在身邊。和往常一樣，查她的箱子的海關人員，總是要特別仔細。第一道出示機票，東西都過去了。我們從欄外看她們過海關。忽然出現好幾個人，從女兒身上搜出好幾條金鍊子。我們都嚇呆了。這次本來還有她在秋明（著名的石油城）的病人，一位領導的車一起送行，因為東西比過去多。那位司機看見事情不妙，立刻溜之大吉。

　　海關決定把行李複查一遍，克莉絲琴娜嚇得不時出來上廁所，向我們報告消息。結果在複查中，從幾個箱子裡查出不少縫在衣服裡的金銀珠寶。這可麻煩了，蘇聯海關在這方面特別敏感。我們叫克莉絲琴娜不要著急，我們會等著她們。所有行李查完了。海關宣布，扣留機票，不許放行。我們等她們把手續辦完已是夜裡兩三點。

　　玉蘭在回家的路上，不停地罵蘇聯這個制度，出國探親也要扣留禮品，她也不能在香港白住幾個月，有來有往呀！我們一方面安慰她，一方面責備她，不能明知故犯，給自己惹出這種麻煩的事。

# 如履薄冰，朋友相助

　　此後的情況，不難想像到。稍有一些知名度的友人都被傳訊，一談三四小時。警方還在雅爾達幾個朋友家搜查出大量「贓物」，都是金銀財寶，蘇聯的貴重物品。我和丈夫在莫斯科也被傳訊，兩人分審。那時我還保留中國國籍。

　　我們又應邀去辛菲爾羅波爾法院，以證人身分出席審判。在高級旅館住了兩天。當天出席的還有莫斯科的物理學家、天文臺的學者、雅爾達的名畫家、《鋼鐵是怎樣煉成》作者的遺孀等，都是知識分子，沒有一個官場人物。當然他們在暗中也一定接受過傳訊，但知道金大夫出了事，我相信沒有一個人會說一句壞話。這是玉蘭的運氣，也說明她的恩惠，她是大家的救星。

　　最後宣判：緩刑兩年，行動受禁制，不許離開雅爾達。

# 在山腰築起一座體育宮

　　玉蘭多年的勞動成果，她一生的理想，一下子就付諸東流。真所謂：「智者千慮，必有一失。」

　　但是，我們的女強人，有無窮的精力，無窮的心術。海濱的住房多為公家所有，只好在半山上去實現她的理想，失財後，進財必然更多。何況，不必再帶到香港老家去了。

　　她先買了一輛汽車，每天往返於家裡海濱診療所和建築工地之間。據說要蓋三四層樓，最高一層是羽毛球場，全部是岩石結構。

　　我雖然沒有看見，但完全可以想像到，玉蘭俗稱「達恰」的宮殿，其規模之大，至少可以把去法院公審，替她說好話的所有朋友們，請去大吃大喝一場。

# 天有不測風雲，人有旦夕禍福

　　不幸的消息傳來，別佳因心臟病突發，與世長辭。

　　我們可以想像到，別佳英年早逝的原因：為了實現玉蘭的理想，別佳幾十年為之瀝膽披肝，耗盡生命精力，再加上酗酒成習，也無益健康，因此，享年不過六十歲。

　　別佳的死猶如山崩地裂。據說在出殯那一天，尼基塔植物園的全體員工和全城市民都擁上街頭，加入送葬行列。這對夫婦原本該是令人稱羨的呀，因為，玉蘭可說是一枝異國奇花，而別佳則是個天資傑出，與眾不同的俄羅斯人，他是一個從不在乎個人利益又富同情心的善良人，不但有學問而且有求必應。

　　小女兒跟爸爸的感情最密切，是爸爸把她帶大的，她無法接受沒有爸爸這個事實。因此，她的精神受到很大刺激，心情十分沮喪，想要去看看乾媽媽乾爸爸，解解悶。要來，我們當然很歡迎。我們歡聚一堂，過了幾天愉快的日子。

　　此後，玉蘭帶著女兒去美國、加拿大定居，玉蘭則為了生存，到處神遊，她再也找不到像別佳那樣可愛的丈夫了。我們的乾女兒過著獨居的生活，日日思念爸爸。她的兩個哥哥，各自有了自己的小家庭。

　　想當年如此熱鬧的一個大家庭，從此便不復存在了。

# 第三十二章

給自己開闢一個人間天堂

* 我不願意再寄人籬下
* 俄羅斯農村早已進入垂死階段
* 用自己的雙手改造大自然
* 盧布急速貶值，房頂非拆不可
* 重點工程來日方長
* 有來有往
* 向海洋奪取生存空間
* 女兒翅膀硬了，昨日之日不可留
* 三十年如一日

# 我不願意再寄人籬下

在夢中，我常見到南京樂家路上的那幢小房子和小園子，於是便無聲高唱：「哪年，哪月，才能夠回到我那美麗的故鄉，什麼時候，才能歡聚在一堂！」有的人的夢想會實現，但大多數人的夢想，永遠是夢想。

在八年抗戰已接近尾聲時，我們譚家一家人忽然被置身於一個很大、很漂亮的石砌洋房裡。走出那造型很別致的大木門，一片茂密的樹林會把你擁抱。跑上山去，一棵枝椏橫生的黃桷樹會向你道好，歡迎你來鋸木灣。

原來我們的老相識——那家英國人，年歲很大了，已把他們的房子和土地的使用權全部給了我們。戰爭繼續多久，就住多久，想一輩子住下去，那就給你一個永遠使用權。

你瞧，東南西北，在草叢中到處都能見到刻著「梅」字的界石。我們從堡上園搬到鋸木灣，「私有制」的觀念不但沒有沖淡，反而感覺到生下來就在那裡長大的。但是，我們畢竟不能在大西南那一隅深山密林中住一輩子啊。不管在那裡感到多麼親切，不管它給我們帶來過多少快樂。

可喜的是，外祖父的遺產，使我實現了終生的一個夢想。

# 俄羅斯農村早已進入垂死階段

在俄羅斯大小城市周遭，分散著許多大小不同的木結構房屋，過去，它的住戶是以此為家的村民。有的人家還用雕花木板，把窗戶和屋簷點綴成雕空的花樣，顯出濃厚的民族風格。木漆配色，就根據個人的審美觀發揮。

在冬日萬里雪封的田園野地裡，你會看到一片片彩色的農房聚集著，給青一色的大自然加點顏色。這些房子和屋後的一片土地，都是一個格式的，具有絕對的功能價值。

就拿我們買的那幢來說，也很典型，是用又粗又大的圓木搭起來的。在冬天，只有三四十米見方的暖房裡生著爐子，光那大爐子就占去了室內空間的六七米。

各家屋裡開著五扇到七扇窗戶不等。夏天，天氣暖了，過冬的框架可以取下。冬天，一家七八個人擠在一間屋裡；嫌擠，就用木板分成幾間隔開來。但爐子只有那一個，厚厚的木門不讓暖氣放出去。

出門之後，還有大小兩間暗室，上方開著一個不大的窟窿，用一根電線和燈泡穿過去。一天二十四小時，靠它渾濁的光線，把中間那兩間和整個牛棚照亮，免得不小心掉到糞坑裡。

記得有一次，我的小孫女，找到一個剛分娩的刺猬媽媽，她用個重籃子把它蓋上了。可憐的刺猬媽媽掙扎了一個晚上，才從籃子裡爬出來去找她的孩子們，但沒走幾步路，就「噗通」一聲掉到糞坑裡，成了一個落後農村的殉難者。可憐，剩下幾個孤零零的小刺猬，不知投奔哪裡？

我們的牛棚已破爛不堪，用來儲存砍好的木塊和煤炭，燒爐子。有些農戶家裡養了牛，主婦早六點就起床擠奶，中午和晚六點還要擠一次，製成各種乳製品，供全家食用。有兩條乳牛的人家，把多餘的奶做成乳酪，賣給來此避暑的市民。這還不是正業，村子裡曾有一個專做玻璃珠子的工廠，許多人整天要在高溫車間裡操作。不過，現在它因競爭不起早已倒閉了。

如今，這個曾經有牛奶場、雞鴨場和大片耕地的村子，好像跟生產農產品，已毫無關係了。年輕一代早已到城市去謀生，老一代去世後，把房子留給後代來過夏，或把它買掉。

另外，值得一提的是，俄羅斯農村差不多家家都有設在房子外面的鍋爐房，供家人洗澡、洗衣服。有錢的人蓋得講究些，叫做「掃納」，北歐國家也很盛行。洗澡時，爐子加溫到近百度，脫光了衣服便往爐上澆水，澆得滿屋是水蒸氣。這時便用纏緊了的白樺樹枝條，抽打被蒸氣烤紅的身體。直到汗流滿身，讓身上的毛孔伸張，骯髒的液體隨汗流出，有助健康。有的人家還在房外造一個磚砌的水池，熱得受不了時，跳下去涼一下，又馬上回到蒸氣房。據說這一冷一熱，也能強壯身體。

不妨說，你在農村買了房子和一片園地，你就是某某村莊的來客。父母們自小教我入鄉隨俗嘛，因此我們跟左鄰右舍關係都很好。我常常在晚上休息前到這家或那家，給一輩子起早摸黑，幹苦活——擠牛奶、種地的農婦們做「赤腳大夫」，免費按摩。我手指有勁，做了以後有特效。

還記得，我曾給一位來我校參加會議，下了飛機，腰神經根炎發作，動不了的法國教授按摩了兩次，他當天的報告雖然沒做成，次日卻能在市內觀光一天，也算到了莫斯科。這位教授，後來經常來信送禮，表示感謝。

# 用自己的雙手改造大自然

　　我們用最後一筆遺產，把房子和兩千平米左右的地買下來以後，改修工程便開始了：從裡向外，自下而上。

　　大爐子拆了以後，可以用它的磚塊擴充地窖。除了臥房、廚房、餐室以外，還能空出一個藝術室。老太太家的那架鋼琴，在她去世後居然出現在農村裡，牆上也掛著我們自己和上輩老祖宗的畫像。玻璃櫃裡陳列著中國古玩。這之前，牆紙也全部換成新的，配上對色的幔帳。接著，兩個暗房各開一扇窗戶，掛上窗廉，外面已是夏天了。

　　經對面的街坊維克多介紹，木工依格爾（中等航校畢業），又招來兩個在烏克蘭吃不飽飯的壯漢，用了不到三天的工夫，把好大一個牛棚拆掉，糞坑填塞了，一個十六平米的夏日客廳便屹立在我們眼前。

　　另外，還有一間四平米大小的洗澡間，一個雙手伸開才能摸到牆的過道，東南兩個方向都開了兩扇門。這項工程已很可觀，但改造藍圖還不算完成。客廳裡十二扇落地玻璃窗，要訂做好窗框、窗玻璃，自己漆上兩道油漆，地上打著透明的油料，才能過冬。我們各有分工，測量玻璃、裝玻璃、天花板上上透明漆，這是喬瑪的任務。過去的暗房裡也得換地板。

　　總而言之，把一幢農房現代化，不僅要財力人力，還要有眼力和想像力。我們在北京友誼商店買了不少主題新穎、價錢不高的布染畫，給整齊的木製牆壁增添了不少藝術氣息。

# 盧布急速貶值，房頂非拆不可

　　西屋裡占地面積過多的大爐子一定要拆，我和喬瑪因此一直在為冬天取暖問題發愁：是安裝用化學液體的暖氣管好，還是蓋一個新爐子？這兩種處理法都各有其長，各有其短。主要的是需要一筆很大的開銷。好在這時我們已經聽說關於有賣電器自動調節爐的消息。買來掛在牆上，插上電插頭，就能調節溫度，或使室內保持常溫。

　　第二個問題是拆掉頂樓，蓋起一個三間的二層樓。二樓要帶過道，還有一個小餐廳和廁所。二樓是為女兒一家人設計的，這個方案自然最理想。但一個是造價高，其次是有許多工作要自己動手。

　　你要是從暗房裡那個窄小的梯子爬上去，借助於一個小小的窗戶，就會看見滿地的塵土，到處掛著蜘蛛網，在半昏暗中，模糊可見原主從上半個世紀以來積累的破爛。丟了捨不得，留下又不知哪天才用得上。怎麼處理這些垃圾呢？須知要等全部破爛搬走，把頂樓收拾乾淨，才能開工。

　　我一想到這個醜惡的頂樓，心裡就把它盡量向後推，明年再說吧。誰知這時廣播裡突然宣布盧布貶值的消息，頓時人心惶惶，排隊在銀行裡把存款提出，不等物價猛升。

　　時局的發展沒有給我們留下選擇的餘地，我們當天就把存款全部提出，請鄰居依格爾把工程需要的材料和工價估計了一番，當天就雇人把大小尺度的木板運回家來，兩人立刻動手收整樓上的破爛，也不嫌它髒啦。

　　時間已是晚秋季節，隨時會下大雨，這是蓋屋頂時最忌的。記得我們在戶外整理花壇時，忽然烏雲滿天，從遠處望去，兩個像螞蟻似的工人

正在尖形屋頂上鋪鐵皮，好不危險！最後一張鋪好了，已下起滂沱大雨。

　　值得欣慰的是，這座房子的每一扇窗戶上，都有我們親自勞動過後留下的指紋。

# 重點工程來日方長

　　既然要把房子設計成兩家用，同時做到井水不犯河水，首先要申請引水入戶，其次要採取防盜措施。我們已經被偷過一次，損失不小。

　　我們的最終目的是住在一個綠蔭繚繞的大花園裡，享有絕對的隱私權，隨時能使用熱水洗澡，用生物馬桶代替抽水馬桶，讓孩子們跟大自然為友，我的丈夫永遠跟我在一起。

　　我們的別墅，地勢很別致，自上而下曲折迂迴，使人感到：「山窮水盡疑無路，柳暗花明又一村。」一年有差不多三個季節以上，可以看到各種一年生和多年生的花草。

　　現在，兩個前門和一個後門都上了鎖。為了不再被偷，我們在暖屋裡裝上了一個大鐵門，給窗戶也訂做了鐵製的防盜裝置，來時取下。一時不用的東西，像車輪、割草機等也一律放在地窖裡。

# 有來有往

　　蘇聯時期受到我們厚待的德國朋友們，到了一九八九年，爭先恐後
地要把這份友誼，還報給這對在蘇聯禁閉了多年的夫婦。他們建議按地
區遠近去德國各地旅遊，並去家裡作客。艾德蒙是他們中間的老大。他
知道，我們現在正不惜一切，把多餘的收入都用在建築上。我那時還在
給臺灣學生帶碩士論文，艾德蒙看見我們好辛苦，工程消耗很大，便搞
了一個援助我們的集體行動。雖經我們拒絕，他們還是要堅持，使我們
能儘早完成我們的防盜工程。

　　德國的中小城市有許多保存了中世紀的建築風格，和母親小時候給
我們講的一模一樣。我們到了西德，先坐汽車訪問了幾個中部的城市。
然後坐火車去接近瑞士的福萊爾堡，那裡住著鋸木灣的夏家。我一個人
在上海念書時常去他們家，這次專程來拜訪他們兩位老人家。

　　這個城市本身就顯得古色古香，沒有留下戰爭的痕跡。我感到自己
好像從昨天那個世界跨進一個新世界，又好像是一個久別的孩子，居然
回到了家鄉。家裡一切都是現成的，不，這是幾百年來，我的德國祖宗
一代代勤苦勞動的果實。沒看媽媽冒著敵機的狂轟濫炸，把她的勞動果
實一件一件地從鬼子手裡搶回來。不記得嗎，她在異國他鄉寒風刺骨的
山野裡，從死神的手裡奪回她的孩兒。這就是愛，是對勞動的愛，對自
己的親人和對別人孩子的愛。

　　當然我們也要到卡塞爾老家的房子看看，過去是我們的老家，這
房子是外祖父買的。誰知後祖母不但不讓她親生女兒繼續求學，我就更
不用說。我中學畢業想來念大學，祖父在她的影響下，推說經濟還沒

復甦，以為我也會變成一個啃老族。戰爭期間，這個城市受到的破壞最大，遭受美軍不斷的轟炸。好在外祖父走運，他的房子幾乎沒有受到損害。那次旅遊是跟喬瑪兩人同去的，所以馬不停蹄，對西德有一個比較全面的認識。

一九九九年我們又一起去已經統一的德國開會，會後還去看了幾位好友。斯時夏家兩老已先後去世，我心中很難過，如喪考妣。兩老能如此長壽，不但因他們相依為命，還有女兒在身邊。

我們趁這個機會在法國邊界批發店買了二樓所需要的窗廉。那時依格爾也不再堅持，把他在農村沒見過的涼臺和樓梯蓋好了。

# 向海洋奪取生存空間

　　一九八九年去德國時，又應一對住在法蘭克福附近的夫婦所請，去參觀他們在北海邊的「達恰」。丈夫在莫斯科西德學校任教多年，現在已退休。這次遊覽給我們留下了異乎尋常的印象，我們親眼看到人們向海洋奪取生存空間。

　　德國北海寒冷的海水，不時濺起驚天動地的浪濤。頭頂上黑色的烏雲好似伸手可得，近處的海水猶如不斷滾動的鉛浪，遠看上去，天連水，水連天。在這個極北地區居住的德國人，不僅在海邊修築了許多防洪、防浪設施以擴大耕地面積，甚至也捨不得放棄在遠處的海面上伸出的六七個小小的島嶼。這些被稱為哈里坎的小島，彼此相距很遠，只有坐飛機從空中才能把他們一覽無餘。

　　朋友們邀請我們乘接送旅客的大型摩托輪，一路乘風破浪，有時會感到寒意，只好躲到船艙裡去取暖。大約四十分鐘之後，輪渡的發動機逐漸停下。往前看，在周圍的惡浪中突然出現了一片狹窄的土地。它的造型很特別，不像是個島，倒和陸地上的農村沒有兩樣，這裡可以看到農田、教堂、學校、公墓和幾幢兩三層樓的木製農房，典型的牧歌式的田園生活。稀少的青草地裡，還有一群牛在晚霞中放牧，使人感到農家樂的恬靜景象。

　　這個哈里坎是其中最大的一個，它之好像一片農田，是因為和海水的距離很近。幾排整整齊齊的鐵質的破浪裝置把它與海水隔開。我們隨著講解員參觀了四壁長滿了青藤、園內還有花草的教堂。這個古老的

建築是唯一石製的。我們又參觀了那些幾百年前在這裡安居的先民的住房，看見紡織機、漁網和農民的衣物，完全保存著舊觀。

回去時，我們還參觀了著名德國先鋒派畫家諾爾德的故居，就在離海邊不遠。甚至在希特勒時代，他也敢於向暴君抗爭，創造出許多蔚為壯觀、氣宇軒昂的畫幅。由於他家居北海，離大城市太遠，當局屢禁而不止。在戰爭年代中，他創作了許多色彩鮮豔的作品，諸如占去整個牆壁的《旋舞曲》。畫中是穿著五色繽紛的彩裙的少女們，在飛快地旋舞。連許多靜物畫也是用色明亮繽紛，使人感到畫家在與命運的奮戰中，有意要給周圍灰茫茫的世界帶來一些鮮豔的色彩。

德國人做事最討厭拖拉，可能因此而鍛鍊成唯我獨尊的反面性格。這種純理性的個性，在遇到出現某一暴君時，很容易被利用成為壓迫其他民族的手段。

遊覽這個小島時，我心裡奇怪，他們德國人是如何在如此險峻的自然環境下，為自己開闢一點點生活空間的？他們的生活處處都有條有理，顯得乾淨美麗，找不到一個骯髒的角落。由於這個民族天賦的好強、愛美、珍惜大自然，因而把環保看得那麼重要，就像是對待自己的家園，怎能不把它弄得清潔美觀呢！

這時，我腦海中突然浮現出我的祖國，不禁高唱起：「我所愛，我所愛的大中華，我將永遠地為你盡忠……」這是抗日戰爭時一支歌頌祖國的動人歌曲。唱著唱著，我的眼睛裡不自覺地冒出熱淚來。

# 女兒翅膀硬了，昨日之日不可留

　　當我們回到莫斯科，把一把鑰匙交給瑪琳時，她懷著歉意說：「你們真是太辛苦啦，把這個破農舍改造成一個小天堂，但是我們卻沒有福氣享受。揚華博士論文答辯後，美國某私立大學邀請他去工作，妻子、女兒作陪，肚子裡的第三個孩子也已急不及待地要來到人間啦。」

　　聽了這個消息，我一下子呆了，不如說全身癱瘓了。丈夫看見我那可憐相，勸我：「把眼光放遠些。他們一家四口人在莫斯科連吃飯都吃不飽，現在來了這個機會，難道把它放棄？」

　　想想，為了「井水不犯河水」，我跟依格爾爭論了多少次？為了保證小孩子們上下樓安全，我們又動了多少腦筋？誰知上天給我準備了跟母親一樣的命運！

　　如今，每每來到別墅，夕陽西下時，坐在葡萄棚下看日落，那寂寞空虛的心情，正是物是人非事事休。

　　我們窗外那棵小白樺，多年前樹尖被我剪掉了，現在卻長成了兩根分不開的連理枝。我們會等到你們回來的，你們的姥姥和喬瑪公公願為連根同苑之秋草，不做飛空之落花！

# 三十年如一日

　　我和喬瑪從一見鍾情、性生活中的一些障礙克服之後，就成了一對靈肉最完美的情愛夫婦，到現在已過了三十年。這三十多年當然並不是「天天如一日」，等喬瑪把煙酒都戒了，等到老太太仙逝，獨生子與母親之間的臍帶終於脫落後，我們的關係才日趨融洽。

　　三十年來，喬瑪對我的孩子們一直視如親生子女。他在學術方面給瑪琳的幫助更是可貴。對害有抑鬱症，難與人相處的兒子，也盡量同他保持親人的關係。

　　至於喬瑪提到自己不是個美男子，有這種或那種缺陷時，他常以嘲弄的方式自嘲或解嘲，總是惹得在場的人哈哈大笑。這使我更覺得這人很可愛。事實上，我一天比一天地，更加感到我丈夫是一個非常善良和了不起的人。我們的關係也日益親密。至於說這三十年來，他在俄語和電腦方面對我的大力幫助，也是我在事業上得以發揮、獲得成功的一個主要因素。深信我們將永遠是一對恩愛夫婦。

　　誰會想到，幾年以前，像他這樣一個出色的教研室主任，因為支持院長的新經濟政策，竟引起周圍那些舊勢力的不滿和猜忌。喬瑪在大庭廣眾面前為院長打抱不平，得罪了那位出言不遜的前主任，此人便動員教研室裡那些居心叵測的無名小卒，群起而攻之，以一票之差罷免了喬瑪教研室主任的職務。

　　這位生性善良，沒有經驗的才子，卻受到如此殘酷的打擊！他曾多次在心理科醫院治療，兩年前去白俄羅斯開會時，又罹患了心臟病。這

些小人們，他們的目的是達到了，但在每個舉手投票的人身上都沾染了陷害能人的罪過。

喬瑪身心受到的打擊，使他失去了工作能力和對生活的信心，甚至演變成企圖輕生。但我卻把他從死神的手中搶回來了。我以自己的愛和關懷使他感到溫暖，每日服用大量貴重的藥品，使他逐漸有些好轉。

他知道不能棄我而先去，我們中間不是至少還有十二個寶貴的年華嘛！我不會至此而罷休，一定要把他精神上的壓抑扭轉過來，使他重新對將來抱著希望和信心。這是我所肩負的第三個十字架，我將用自己的痛苦換來他的新生。

對曾經打擊他的老主任，「二戰」參加者，今天五月九日勝利節，喬瑪還是像往常一樣打電話表示祝賀。喬瑪不會記仇，是一個天生的基督徒，世界上不能沒有他這個好人！

# 第三十三章

## 震撼世界的日日夜夜

* 走出黑暗

* 又回到蘇聯時代？

* 人的汪洋大海快要沸騰！

* 推倒那反動頭目的鐵像！

* 可以握您的手嗎？

* 赤手空拳的人們跟惱羞成怒的裝甲車拚鬥

* 去瞻仰烈士們倒下去的地方

* 浩瀚的人海籠罩在肅穆的悲哀中

# 走出黑暗

一九四九年五月，當我還是一個十八歲的少女在上海念書時，曾迎來了中國共產黨。

一九九一年八月二十一日蘇聯的社會主義制度瓦解了，建立起民主自由的國家。我和我丈夫曾是這個震撼世界七日七夜事件的目擊者和參與者。

我曾在事件發生進程中寫了七篇現場報道，事後應俄羅斯廣播電臺華語部邀請，用中文向全世界華語使用者播送。這裡描寫的時間是從八月十九號星期一開始的，到第二個星期一電臺轉到民主人士手裡開始廣播。

# 又回到蘇聯時代？

　　八月十九日星期一早晨，許多莫斯科人還在外地度假時，蘇聯上層領導集團軍事政變的消息，有如一場噩夢，闖進人們平靜的生活中。討論，猜測，但不願相信的事居然發生了……趕快去市中心！

　　車上乘客保持著令人驚奇的沉默，列寧大街路面上留著坦克和裝甲車開過的痕跡。沒想到馬克思大街地鐵站竟還開著。小股的人流不斷湧向克里姆林宮旁的馬涅日廣場。整裝以待的防暴員警守在紅場邊，這裡已能聽到抗議的響亮呼聲。

　　葉爾欽總統在俄羅斯聯邦議會大廈前，站在向那裡開進的坦克上，發表告人民書的消息鼓舞了人心。他宣布政變頭目的行為違反憲法，要求蘇聯總統戈巴契夫出來，向人民做解釋，號召全俄總罷工，對竊取政權的一小撮冒險分子，進行非武力鬥爭。

　　這些掌握軍權的政客為了保住自己的特權，在九個共和國和中央簽訂聯盟條約前夕，孤注一擲，用非法手段把總統軟禁（但多數人認為這是戈氏的策略），對蘇聯人民下此毒手，演成滔天罪行。「六四」事件會在莫斯科重演嗎？這是每個人都關心的問題。歷史不會簡單地重複。

　　傍晚，我們懷著無比壓抑的心情，趕到矗立在莫斯科河畔，被人們親切地稱為俄羅斯白宮的白色議會大廈前時，保衛大廈的莫斯科市民已行動起來。我和丈夫立即投入建築街壘和工事的戰鬥中。附近工地上的鋼筋混凝土結構，鋼條和鐵架用少數卡車和更多的人力扛到白宮周圍的通道，我們把工人運來的一捆捆帶著油泥的鋼索解開，反坦克工事，從

四面八方平地而起，無軌電車堵住附近的幾個街口。我們要保衛俄羅斯聯邦的合法政府。

政變頭目竊奪總統權，他背後是不願轉為民用的強大軍事工業。偽代總統領導的非常委員會，做賊心虛，在記者招待會上，雙手不停地打顫。狗急跳牆，這雙背著良心的黑手，不會幹出乾淨的事來。但是人民不會再向暴政屈膝，聽人宰割。

克制著心中的畏懼，我們跟死守在議會大廈前，赤手空拳的莫斯科人，跟軍人議員帶來的八輛坦克一起，隨時等待進攻，度過了第一個驚心動魄的夜晚，直到天明。

次日，稍睡之後，中午又回到議會大廈。此時，這座民主自由的白色堡壘前面，已是人山人海。它的心臟和大腦，是以葉爾欽為首的俄羅斯聯邦合法政府。兩年多來，我們參加過無數次示威遊行，像今天這樣激動的場面，還是頭一次看見。令人欣喜的是，大多數參加者是青年人。沉默多年的蘇聯青年，不願再做螺絲釘，他們動起來了。與會代表一個個慷慨激昂地發言。薩哈羅夫夫人、詩人、科學院士、神父、投誠的克格勃高級官員，烏克蘭、亞美尼亞、阿塞拜疆、格魯吉亞代表紛紛表示支持俄羅斯政府。

七個月以前，我們曾大聲疾呼：「今天是立陶宛，明天是莫斯科。」這個明天到來了。在民主自由生死存亡之際，曾警告我們，獨裁政權會再度上臺的。前外交部長謝瓦爾納澤，也趕到會場。人群川流不息地，從四面八方，擁到白宮前，一面百公尺長的紅藍白俄羅斯國旗，被人們從莫斯科蘇維埃舉到這裡，這樣的民族，是不可能被戰勝的！

傍晚時分，緊張的氣氛又籠罩著議會大廈。電波傳來，坦克即將衝擊白宮的消息，政變黨徒欲動又不敢。電臺一度不響了，所幸，它又再一次給人們帶來了保衛議會大廈的聲息。

午夜時分，終於流血了。一輛裝甲車想突破工事，被群眾攔截，數人身亡，死於政變者砲彈和坦克的鐵鏈下。清晨，消息傳來，又一個蘇

軍正義將領倒戈投誠，但強大的軍事機器還威脅著莫斯科和民主的燈塔
——俄羅斯議會大廈。成千上萬的守衛者，在陰冷的秋雨下挨餓受凍。

　　我不能寫了，要趕緊把家裡的食品、飲料、被子帶去支援俄羅斯和
各族兄弟姐妹們。改革不可逆轉，最終的勝利屬於我們！

　　　　　　　　　　　　　莫斯科，八月二十一日十三點三十五分

# 人的汪洋大海快要沸騰！

## ——為了保衛民主自由與人權

　　現在是莫斯科時間十九點四十分。我們剛從俄羅斯議會大廈，步行到布加林大街電報局。宵禁後，車輛還沒通行。事態變化如此迅速，政變的消息傳出不到六十小時。人民叛軍已狼狽逃竄，不知去向。

　　中午停筆後，我用四分之一的月薪買下了附近商店裡僅有的全部酸奶、大批麵包、黃油和果汁，拿出家裡存了一年，準備挨餓時吃的全部罐頭和冰凍香腸，煮了四大鍋米飯，叫女兒和她的中國朋友來，四個人用旅行袋裝好，由我開車前赴俄羅斯白宮，支援守衛議會的莫斯科人。

　　人的汪洋大海快要沸騰了。人們圍繞著在夕陽的餘暉中莊嚴地屹立著的白色的民主堡壘。貪婪地聽著正在進行的俄羅斯聯邦非常會議實況，民主的聲音衝破黑夜在響亮著。一隊警察穿過人群向大廈走去，人們向他們歡呼，拍手致謝，他們沒有聽從叛國的頂頭上司，內務部長（偽非常委員會成員之一）的命令，始終站在首都民主力量這一邊。

　　這時，從廣場的另一角，遠遠地走來俄羅斯聯邦的防暴隊伍。昨夜，在決定民主力量生死存亡的那些時刻，他們守在葉爾欽總統身邊，隨時準備為保衛合法政府的心臟和大腦而捐出自己年輕的生命，人們遙遙地向他們歡呼致敬。但我們還不能放鬆，今天夜裡還要繼續守衛著！

　　我的血液在沸騰，我的心因為歡樂而快要爆炸了！我想跟在場的每個人擁抱，親吻。對，為了保衛民主自由與人權而進行的戰鬥，是莫斯科的民主力量，是在這方圓不過兩公里的小塊土地上展開的。這近千萬人口的城市裡，大多數居民，這兩天還過著他們「日常」的生活。這些

人還不會散播民主的火種，我們要用自己的熱和光，溫暖他們的血液和靈魂，照亮他們心靈中黑暗的一角……

　　請看民族的精英是怎樣的形象：昨天午夜，五百名手無寸鐵的勇士們在遠離議會大廈的外圍地區抵擋住了第一批逼近的坦克和裝甲部隊。當一輛坦克想越雷池一步，一位阿富汗參戰者，毫不猶豫地躍上軍車，想阻止駕駛員前進。當頭一顆子彈飛來，他倒下去了。這個年輕的生命被鋼鐵的齒輪高高地捲起，他的戰友奮不顧身想奪回同伴的軀體，而被瘋狂蠕動著的坦克軋死。在全世界正義人們眼前展開的，這場光明和黑暗的白刃戰，一剎那間停止了。壯士們的鮮血，民主力量的志氣，嚇倒了一小撮罪犯。這是持續了七十三年的罪惡帝國的垂死掙扎，我們勝利了！

　　我向俄羅斯民族的精英們脫下帽子！

　　天安門事件沒有重演！

　　　　　　　　　　這次歷史事件的見證者和參與者譚傲霜

# 推倒那反動頭目的鐵像！

　　現在是一九九一年八月二十二日莫斯科時間十五點。昨天中午，俄羅斯白宮廣場舉行群眾大會，慶祝民主力量勝利，人們如醉如狂，葉爾欽宣布一個新紀元在俄羅斯國土上開始了。

　　夜間，戈巴契夫安全返回，在記者招待會上，他仍把希望寄託在社會主義和蘇共身上，雖然也對民主力量表示感謝和欽佩。這位肚臍還沒有跟體制分開的總統，恐怕永遠也不會像葉爾欽那樣能夠脫胎換骨，奈何！

　　狂歡的人群，擁向歷次舉行民主行動的馬涅日廣場，繼而走向豎立著克格勃（KGB）創始人捷爾任斯基鐵像的盧布陽基廣場。這個七十三年來曾對無數無辜的人們，進行迫害的，恐怖組織的大本營，就設在這座鐵像對面。

　　民主人士曾多次建議把鐵像搬走，把KGB大樓改成史達林暴政受害者紀念館，都未被其領導人——軍事政變成員之一克劉奇科夫所接受。現在，憤怒的群眾爬上碑座要把它推倒。但莫斯科市長已在夜間當即下令由工人技術人員用吊車搬走，這才大快人心。

# 可以握您的手嗎？

　　今天，二十三號星期五，我從大學漫步走向那個罪惡的廣場，想用自己的眼睛證實夜間在一萬五千雙眼睛的監督下發生的事。果然只剩下一個由青年人守衛的空碑座，上面用血的顏色寫著「可恥」（позор）五個俄文大字目。就在這瞬間發生了意想不到的奇蹟。

　　親愛的聽眾們，當我在寫這篇短訊時，我手上還帶著葉爾欽總統身上的溫暖，希望它能傳到你們的身邊和心裡。

　　就在不過一個小時以前，我在KGB總部所在的廣場上跟葉爾欽握了手。事情是這樣的，當我轉過頭來想離開廣場時，兩輛黑轎車在離我十米的地方停下，人群中立即爆發出「葉爾欽，葉爾欽」的歡呼聲，幾秒鐘之後，身材高大挺直，頭上滿是銀絲，滿面春風的葉爾欽在一大堆人的簇擁下迎面走來。我從人堆中鑽出時他已面對著我。有人給他遞紙條，也許是生活有什麼困難要他幫助。我毅然伸出手來：「可以握您的手嗎？」一隻大手，溫暖柔和而有力。那一剎那，我感到他的心是多麼的善良。

　　我還想對他說一點什麼，但已被擠開。站定以後，他已在對廣場的人們宣布：「今天上午九個共和國和戈巴契夫會見時決定，KGB、國防部和內務部部長的職務，由忠實於民主，未曾與叛國分子合作的政治人士擔任。KGB頭子由去年十一月被戈氏解職的內務部長擔任。」廣場上又一次沸騰起來了。

　　最新消息：下午四時許，戈氏去俄羅斯議會大廈與議員會見。民主議員乘勝緊逼死抱著蘇共不放的蘇聯總統。葉爾欽當場宣布蘇共中央

大樓已被封閉,並當著戈氏面,簽署了暫時禁止蘇聯共產黨的活動,以待調查其與叛國集團關係的法令。斯時,戈巴契夫灰溜溜地顧左右而言他。黎明的曙光已在世界最大的國家升起!

一九九一年二十三日十八時正

# 赤手空拳的人們跟老羞成怒的裝甲車拚鬥

　　八月二十二日，我從市中心開車回家，決定去瞻仰，兩天前夜裡，三位烈士用鮮血阻止重兵前進，決定民主命運生死存亡的地方——花園環城路和加里寧大街交叉處的地下車輛通道。

　　加里寧是蘇聯建國後第三任主席，他的紀念像也已被清除。正是在這裡演出了那驚心動魄的一幕，也是在這裡一萬多名手無寸鐵的莫斯科人冒著下了一整天一整夜的陰雨，準備好用自己的身軀保衛民主的果實。要知道，他們只不過是那天夜裡，保衛俄羅斯議會大廈的，數以十萬計的，莫斯科人中的一小部分。我想提醒諸位，十九日夜晚，二十日清晨，筆者守衛在白宮前時，還只有幾千人。

　　剛才我們學校一位學中文的學生，叫安東的，告訴我，十九號他本應隨莫斯科大學學生代表團赴美訪問，聽到政變消息，他決定留下。安東告訴我，次日夜裡，他親眼目睹，並參與了，花園環城道上的那場白刃戰。下面是他的敘述，和今天二十四日消息報的報導基本吻合。

　　戰鬥是在二十日午夜至二十一日清晨兩點的時間發生的。政變先頭部隊的兩輛履帶裝甲車衝開了由無軌電車排成的街壘，想通過這個缺口向右繞道，沿莫斯科河，衝向議會大廈。就在這條，將近三百公尺的，地下通道盡頭，人群立刻擁向前來，堵住缺口，但又開來幾輛軍車，衝闖著通道出口的障礙物。

　　這時季米特·卡馬爾跳上「五三六號」裝甲車，就在裝甲車艙蓋打開的那一剎那，一顆子彈射穿了季米特的腦門。這是一說。另一個說法是：當軍車與街壘衝闖時，後艙的艙蓋被闖開，軋在季米特的腦袋上，

把他的身體壓在車尾。頓時有許多人奔向裝甲車,想把季米特拉下,第二位烈士伏拉基米爾‧烏索夫也是其中之一。老羞成怒的裝甲車拚命向人群來回開倒車,把伏拉基米爾壓成幾段捲在履帶的鐵鏈上。

這時憤怒的人群,把剛灌上汽油的瓶子,向那隻野獸扔去。安東說:「我當時沒有一點恐懼,只有切齒的憤恨。」「五三六號」裝甲車著火了。一個軍官帶領著士兵從車中逃出,一面向空中開槍,穿過人群。旁邊另一輛車上也響起槍聲。第三位烈士伊利亞‧克呂切夫斯基中彈倒下,有數十人受傷。

這三位烈士在不很久以前都曾經在軍隊中服過役。其中兩人是軍人家庭的孩子,一個父親是少尉,一個是海軍中將。二十三歲的季米特曾參加過阿富汗戰爭,是一位駕駛重型卡車的司機。三十七歲的伏拉基米爾在合資企業工作,有妻子和他所深愛的女兒。二十八歲的伊利亞為猶太裔,是位建築師。

# 去瞻仰烈士們倒下去的地方

　　在壯士們倒下的地方，大片的鮮血已被雨水洗掉。此刻當我懷著無比崇敬的心情來到這裡時，曾經是一片血泊的地方放滿了鮮花，點著一枝枝搖動著的燭火。俄羅斯人有個風俗，把死者生前愛吃的食品放在他墳墓前，所以這裡零散地放著麵包、餅乾、糖果和一大堆近幾個月很難買到的香煙。

　　在隧道口，混凝土壁上，豎立著帶黑紗的紅藍白俄羅斯國旗和一座木製的十字架，上面寫著三位烈士的名字。花堆上一位北海艦隊水兵留下了他的水手帽。

　　這裡，在花叢中，我看到兩首無名詩人的詩。一首是俄羅斯人寫的，一首是外國人用英文寫的。

　　俄文詩原文：

　　　　Росчерк гусениц –

　　　　белым мелом

　　　　По асфальту

　　　　как по доске

　　　　Остановлены танки –

　　　　телом,

　　　　Горечь черная

　　　　на щеке

Слезы утром

наполнят сводку,

Страх погонит

путчистов прочь

Пью до дна

поминальную водку

За героев,

ушедших в ночь


俄文詩漢譯文（筆者譯）：

履帶鋼鍊的痕跡，像白色的粉筆，寫在柏油路的黑板上；

身軀擋住了坦克，黑色的苦痛留在年輕的臉上；

明晨眼淚將淌滿報紙的版面，恐懼將嚇走篡奪政權的匪幫；

為了在黑夜中離去的英雄，我將飲盡杯中這斷人心腸的烈酒。

英文詩原文：


If you are able

Save for them a place

Inside of you

And save one backward glance


When you are leaving

For places they can

No longer go

Be not ashamed to say

You loved them

Though you may

Or may not have always


Take what they have left

And what they have taught you

With their dying

And keep it with your own


And in that time

When men decide and feel save

To call all war insane

Take one moment to embrace

Those gentle heroes

Of freedom

You left behind


英文詩漢譯文（筆者譯）：

　　如果你能夠的話，在你內心深處給他們留下一個角落，並留下回頭的一瞥；當你去到他們不復能去的地方，不要因為你說愛他們，而感到慚愧，儘管你也許並沒有在生前，總是愛過他們；把他們留下的，和他們的死，對你的教誨帶去，與你自己有的那份留著；當人類下定決心，滿懷信心，宣判一切戰爭為狂妄，請分出短暫的一刻，去擁抱你留在後面的，為自由而倒下的高尚的魂靈。

# 浩瀚的人海籠罩在肅穆的悲哀中

一九九一年八月二十四日星期六上午十時，馬涅日廣場已是一片人的海洋。今天這裡沒有憤怒的吼聲，也沒有歡喜若狂的烏拉聲，浩瀚的人海籠罩在肅穆的悲哀中。人們捧著鮮花，來為二十一日凌晨，給他們帶來黎明前的曙光的烈士們，送葬致哀。筆者闔家三代（有炎黃血統、日耳曼血統、俄羅斯血統、亞美尼亞血統）也在送葬的行列中。

紅藍白三色旗幟帶著黑紗在頭頂上招展，我看見一面米字形英國國旗。人群中不時傳來「救護車，救護車」的喊聲。今天有許多年老體衰的莫斯科人。哀樂聲從遠處的主席臺徐徐傳來，市長、俄羅斯聯邦副總統魯斯科依（昨天，他的軍銜因為動員軍人向民主投誠有特殊功勞，破兩格從中校升為少將）、戈巴契夫（他第一次出席，過去被他諷刺為所謂民主人士的集會）、薩哈羅夫夫人、宗教領袖、阿富汗進步參戰者等人相繼講話。接著，俄羅斯正教神父和猶太教神父先後舉行宗教追悼儀式。三個烈士之一是猶太裔。

人群中可以看到一些過激的，但卻引起人們反思的標語牌：

「戈巴契夫你應對政變負責！」

「陰謀家和騙子手下臺！」

「打倒蘇共和殺人兇手」。

有個別人在私下議論總統的所做所為，想為今後吸取教訓，做出結論，甚至引起了爭論。須知今天的集會參加者不只是以往的民主力量，但他們的激情被理智的聲音壓倒了：

　　「朋友們，安靜下來，我們今天是來為拯救俄羅斯的烈士們送葬！」

　　震撼世界的幾個日日夜夜過去了，三位死者的鮮血在洗滌著殘存的骯髒制度，三個年輕的生命為垂死掙扎的罪惡制度敲響了喪鐘，光明已在前方！

# 後記　終於等到這一刻

　　二○○七年八月三日，我在機場接客，等待從紐約出發的班機。謝爾蓋把我送到機場後，才想起連買花的事都忘了，遺憾！去看看機場二樓，應該有一個鮮花攤。果然，五枝潔白的菊花很快到手了！

　　我一面耐心等待，一面凝視著眼前的花發呆……多麗！這分明是李清照筆下的多麗！多麗的形象映入我心目。似愁凝，似淚灑，向人無限依依。

　　瑪琳，妳母親不是風雨無懼的菊花嗎？但她也有一顆思女之心呀！在「達恰」團聚的五週中，那潔白的花朵，深綠的枝葉，一直挺挺玉立在瓶中，沒有絲毫凋謝的跡象。

　　終於，廣播裡傳來：「紐約班機已到達！」再過二十來分鐘，出口處首先現出瑪琳搜尋的目光，緊跟著三個可愛的孩兒，十歲的佐婭，七歲的索菲亞，五歲的維尼亞（班傑明的俄語維尼亞明的愛稱），也投入佬佬的懷抱。啊！那是多麼幸福的一剎那！

## 空氣裡充滿銀鈴般的笑聲和呼喚聲

　　仲夏之際，瑪琳攜帶二女一男，來到莫斯科。從七月五日直到今天（二十七日）一直在我們的「達恰」。頓時，老大一個花園和農舍充滿了孩子們銀鈴般的呼喚聲和笑聲。

　　每天起床雖然有遲有早，一頓豐富的早餐，吸引著大家。每每在餐間禱告時，孩子們都會提到，為此感謝我主。水果早飯，配上黃瓜番茄——美國人喜好的三明治，也是桌上必有的項目。同桌共餐之後，「緊

張的」玩耍和學習便開始了。

二孫女佐婭兩歲離開莫斯科,是揚華頭一個女兒。她思維和動作快如疾風閃電,爸爸那裡繼承的。五歲起開始學小提琴,現在已能拉難度很大的,巴哈和韋瓦第的提琴曲。

## 佐婭小提琴進步很大

來此之後,早上母親在樓上跟她複習舊課,學習新曲,午休後跟公公合奏。有鋼琴伴奏,進步很大,與職業小提琴演奏家相去不遠了。

這孩子已能幫助母親,每天也是我的助手,一起準備早餐。一天四頓。傍晚,吃完簡單的牛奶燕麥粥(本地養的乳牛),她就急於要打麻將,而且動作之靈敏,思路之敏捷,無人可比。每次打三四番,她總要和一兩次,打出癮來了。

白天佐婭在媽媽指教下,讀俄語童話。妹妹和她都是書迷,英語童話能看原本。尤其是老三索菲亞,聽力雖然差一些,想像力很豐富,常常給小弟班傑明讀英語故事書。

## 索菲亞,一個善於思考的姑娘

索菲亞讀得有聲有色,有時講她自編的故事,佐婭也隨著聽。班傑明一聽她讀故事就是兩三個小時,注意力絲毫不分散。

老三和弟弟年齡較近,所以弟弟聽她的,成天一起在院子裡閒蕩。班傑明已學會寫俄文字母和短句。媽媽每天都要抽身給三個孩子讀俄語故事。她很重視孩子們的俄語教育,不忘母親的祖國。

晚上四人一起,在後院空地上打羽毛球,或玩皮球。

## 大姐瑪麗安娜

大姐瑪麗安娜二十四,今年結婚了,姑爺也是俄羅斯人,一米八大高個兒。他們認識後,在夏威夷訂婚,後來才結婚。

　　瑪麗安娜現在也在莫斯科，聯合國下面一個調查性組織工作，住在俄羅斯父親家。每天十點上班，下午六點下班。這段實習算在她一年級碩士學程中，有一定的份量。

　　安娜（簡稱）成熟很早，生活和學習都能掌握得住，獨立性強，住在美國另一州，從中學，大學，到碩士，沒有換過。

## 在痛苦中誕生的

　　老三索菲亞是在瑪琳剛去美國出生的。瑪琳為了走前將專著手稿完成，交給出版社，她三日三夜懷著肚子拚命趕，接著是換三趟飛機。瑪琳的身體因此累垮了。在揚華最初工作的俄亥約州產院，孩子早產，而母親的生命處於千鈞一髮間。整個機體已開始全部失去功能。大夫們已把丈夫請來最後一見，但充滿毅力的瑪琳，竟在最後一夜裡，決心要活下來，她竟然戰勝了死神。這與她是一個虔誠的基督徒，當然也有關係。

## 美國並不是個天堂

　　他們到了美國。這個國家，遠不是揚華所想像的天堂一個。當他的工作合同到期後，因為找不到工作，瑪琳又一次懷孕，無法養活一家六口，揚華幾乎走上絕路，寧肯去當只拿少數助學金的研究生。

## 老天爺開恩

　　好在老天爺施恩，扭轉乾坤，他終於在著名的耶魯大學獲得醫療物理職位，給癌症患者做微量放射線治療。三年之後，拿到出入美國的綠卡。來美七年，夜以繼日地等待，終於達到了目的。

## 母愛勝於一切

　　瑪琳雖也有了綠卡，但她的犧牲也太大了！祖國俄羅斯，她有深厚的感情。科研工作，她有豐碩的成果。還有一個摯愛她的母親，一個引

導她成長的繼父和老師，這一切，包括去中國幾次，收藏的近千冊的書籍，都只好放棄。這個打擊，只有從孩子們身上，孩子們對她的愛中得到補償。

她也確實是一個十全十美的母親。從身心的成長到生活上的每一個細節，絕不含糊。音樂、閱讀、講俄語、針織、刺繡、運動⋯⋯全面發展，而且給他們宗教薰染。

這個家庭英俄漢語合璧，使我聯想到我們的童年，起碼在語言上有相同之處。大姐瑪麗安娜跟其他弟妹年齡上的差距很大，儼然成了第二個媽媽。

## 第二個媽媽

上個星期瑪琳週六、週日去莫斯科訪友，把大女兒請來幫我們的忙。索菲亞見到大姐，喜出望外，投在她懷裡，像隻溫柔的小貓，用舌頭舔她的臉。

沒想到這個姑娘也的確繼承了母親的一套嚴格而又慈祥的教育法，一來就給三個弟妹各發了一張白紙，要用他們手上的彩色筆，根據自己的觀察和想像，畫一幅以「達恰」為主題的畫。小傢伙們都愛畫畫，也愛上了這個「達恰」，連五歲的維尼也沒忘記在畫中反映我們專給他們買的那個打氣的游泳裝置，就放在夏日客廳前面。

安娜小時曾隨母親去臺灣，在國小念了一年半，家裡跟繼父說漢語，有一定的水平。

## 兒童世界

喬瑪自小會打撲克牌，會玩各種兒童智力遊戲，我們的別墅就變成了一個兒童世界。晚上，吃完燕麥粥，全體到附近的原野和樹林散步，有助睡眠。昨天還在草原上放成功了大姐小時留在「達恰的風箏。真是

其樂無窮！」

　　瑪琳前兩天爬上頂樓，整理她七年前留下的衣物和文書，要把多年來保存的書信手稿和過去的相片都付之一炬。好在喬瑪及時阻止，「手稿是不會燃燒的」（引自布爾加科夫《大師和瑪格麗特》一書），才把大堆待燒的文書扣下來，經過甄別，留作我們家史存案。我已看出闊別七年的愛女，確實活得心安理得，使我深深地感到慰藉。

　　今年院子裡的漿果豐收，取之不盡，吃之不竭。可惜蘋果經過一年的「休息」，沉甸甸地掛在樹上，滿園都是，要到八月中旬才能摘下來吃。李子頭一次結果，滿樹已紅得發紫，過幾天，摘下來就是一包水。還有無子小葡萄，那就更晚一些。

　　他們的回票是八月十三日，斯時已是人去樓空。但這一個半月來的接觸和共處，實在是很難得的一次，不僅看到了真真實實的孩子們，也瞭解到他們各自的性格和特點。

　　也許這將是最後一次了！不會吧，瑪琳說還要來！

## 公公姥姥相依為命

　　這期間，自從喬瑪輕身未遂，他的情況很不穩定。跟孩子們相處，為人師表，當然在某種程度上使他的抑鬱症好一些，但還談不到好轉。之前還經常想著，與其這樣痛苦地活下去，不如一死。這種念頭一脫口而出，立刻使我的心恍如沉落深淵，失去了生趣。

　　他是我在這裡唯一的親人，兩人相依為命。上次把他從九死一生中救過來，對我精神上的打擊太大。我們兩人就像肚臍帶連在一起，豈能讓他拋我而去？

　　令我感到安心的是，回到城裡以後，他畢竟開始有了好轉的跡象，竟也談起要把舊作編成集子出版。但願老天爺保佑他。

## 班傑明的等待

　　孩子們已在叫我打麻將，尤其是佐婭，牌迷一個。離開「達恰」後，等待著他們的還有聞名世界的莫斯科馬戲院。班傑明已一再提醒我。小傢伙很淘氣，但不會越軌。他一身的勁兒，大概會成為一名大力士，媽媽將來的支柱。這孩子很聰明，從不失言。最後幾天，整天用漢語叨叨，碰！吃！過崗！麻將了！把索菲亞學會的幾句與爸爸的見面詞：「爸爸，好久不見了！」「你好嗎？」「我好想你呀！」也聽會了，聲調從不出錯誤！多麼可愛的小人兒！

　　送走了萬里而來的親人，回到「達恰」，登上二樓，只見這裡那裡留下了孩子們的手跡。從地上撿起維尼的一張畫，小心地掛在女孩子臥房裡的「兒童畫廊」上。人去樓空，但我心裡卻沒有空寂感。孩子們天天在成長，女兒也更加成熟了。他們還會回來的，這個「達恰」就是他們的家嘛！

　　　人生像萬花筒似的變化無窮。
　　　昨日之日不可留，今天已是明日的開始。
　　　在時間的長流中，它只是那麼一剎那，
　　　幸福的火花，卻可以給這一剎那，帶來永生。

# 好一枝傲霜菊花
## 譚傲霜教授回憶錄讀後

　　一個偶然的機會，使我有可能較早地讀到譚傲霜教授的回憶錄。今年春節後不久，譚傲霜把她的回憶錄用電子郵件發給我，試圖在北京找一家出版社出版。我在幫她找出版社的過程中，得以先睹為快。

　　譚傲霜教授是我六十多年前一九四四年在重慶市南岸廣益中學的老同學。那時我們還都是孩童，彼此之間並不很熟。只不過由於她那混血兒的特點，兼之她的體育運動出色，全校同學沒有不認識她的。她於一九四五年抗戰勝利後就隨家去上海。之後半個世紀，我們之間沒有聯繫。直到二○○七年，香港《開放》雜誌發表她的文章，講述了她在莫斯科參與了民主運動並埋葬世界上最早、最大的專制極權國家的經歷。我看到這篇文章後，就給她寫了封信託人帶至莫斯科大學亞非學院。她收到信以後，立即給我回信，回憶當年同學的一些情景。這樣，我們就聯繫上了，之後，我們不時用電子郵件書信往來。

　　在與出版社聯繫的過程中，出版社提出，書稿中有些用語不符合當今中國的習慣。但她的文字基礎扎實，寫起來文筆流暢，不時還有些詩詞，頗具文采，讀來十分順暢。這樣我就對這部回憶錄從頭到尾比較仔細地讀了一遍。我一邊讀，一邊也隨著她的回憶，瞭解她那很不平、遇到不少坎坷且有一定傳奇色彩的一生的經歷。

　　我們是同時代人，我與她同庚，都是一九三一年出生的。她在中國的二十六年的生活，使我也回憶起那些逝去的歲月。她在重慶的那八年生活過的地方：小鎮黃桷埡，她居住的鋸木灣，讀書的廣益中學，學校山頂上的文峰塔，蔣介石和貴人們的住地——汪山，從南岸進城必經的

江邊——海棠溪……，都一一又浮現在我的腦海裡。如果有機會，我們同去故地重遊一趟，回味一下當年的情景，該多好！這不可能了，畢竟我們都年屆八十了！

後來她到了上海，過了一段孤苦的日子。國難當頭，父母離婚，母親去了青島，父親又不管，自己還未成年。好在能有教會學校讀書。她上學震旦女中是天主教辦的。我當時就讀的重慶明誠中學也是天主教辦的。這兩所中學的上一級大學，就是震旦大學，同北京的輔仁大學，同為天主教在中國辦的姐妹大學。我不是天主教教徒，但我還對天主教有一些瞭解，所以我們有一定的共同點。

後來，她考上了北京的燕京大學新聞系（後併入北大中文系），畢業後當記者，經歷「肅反」運動，直到一九五七年去蘇聯。這段時間，我也在北京，有共同的經歷。只可惜，當時我根本不知道她也在北京。但這段歷史，我也親身經歷。她自己雖然表現積極，而且又獲得過全國女子跳水冠軍的榮譽，但她在「肅反」中也免不了被懷疑、受審查。她在母親是德國人、父親社會關係又比較複雜的特殊的家庭出生，自己在中學集體參加過學校組織的「聖母軍」，這在當時被認為是反動組織。在「肅反」中，那日子還好過得了嗎？所以當看到她的這些回憶時，我能充分理解。

由於她出生在那樣的特殊家庭，自幼就生活在兩種語言和文化環境中。除從父親那裡接受中華文化外，也接受從母親那裡帶來的德國文化。小時候，母親就教她講德語，學德文，還幫助她和其他孩子們辦德文小報。這就等於她從小就掌握兩種母語——中文和德文。上中學和大學，學的是英語。她就讀的上海震旦女中是教會學校，校裡的各國修女以英語為共同語，在這英語語境中，她自然也就受到英語的薰陶。後來，她嫁了個蘇聯人到蘇聯，自然地又掌握了俄語。她是難得地掌握中、德、英、俄四種語言的稀有人才。特別是她在大學期間就讀中文系，對中國古典文學深有研究，這種得天獨厚，使她無論是在蘇聯的

電臺用華語播音，或是在莫斯科大學從事漢語教學，都成就斐然。她在丈夫的俄文修辭幫助下，完成並於二〇〇二年出版了一部浩大的語法專作《論孤立語的隱性語法：以漢語為例——句法，語義，語用》，這部書在莫斯科大學兩百五十周年時獲羅蒙諾索夫（該校奠基人）獎。於二〇〇四又出版了《從語言文化和思維方式看中國人的世界圖景》一書，還寫了好幾本現代漢語教科書並與丈夫完成了有新意的文言教材。作者曾是世界漢語教學學會常務理事，代表俄羅斯，又曾是全俄漢語教師協會會長，她曾在歷屆國際漢語教學討論會論文集發表報告文章，並在語言學刊物上多次發表文章。

　　她這種人才，也便於廣泛的國際交流。她作為俄羅斯著名的漢學家，凡有關漢語學術研究的世界性會議，都邀請她參加。她有機會多次前往法國、德國、美國、臺灣、羅馬和北京等地訪問，發表論文或演講，介紹她漢語研究方面的學術成果，在國際上產生廣泛影響。現在，她身在俄羅斯，兩任丈夫和孩子們是俄羅斯人，女兒女婿住在美國，幾個外孫是美國人，姐姐住在法國，弟弟住在德國，簡直有點像是小聯合國了。

　　混血兒的一個特點就是生性好動。這在譚傲霜身上得到充分體現。她一生愛好體育運動，對跑步、跳躍、騎馬、騎自行車、游泳、跳水、體操等等都有興趣。我還記得，在重慶南岸文峰塔下廣益中學的運動會場上，女子一百米、二百米、四百米的賽跑冠軍得主，都是譚傲霜。她的個子不高，體格也不顯得特別健壯，但在比賽場上，她總是跑在前面，場外的觀眾，特別是同班女同學，不時喊出：「譚傲霜加油！譚傲霜加油！」她在這沸騰的啦啦隊呼喚聲中衝到終點。後來，她對跳水運動特別有興趣，也掌握一定的技巧，在一九五二年廣州越秀山游泳場舉行的第一屆全國游泳比賽大會的女子跳水，譚傲霜一跳奪冠。以後她去克里米亞、立陶宛度假，不管是黑海的洶湧波濤，或是波羅地海的刺骨海水，她都要下海去游一游跟海浪搏擊一番才算過癮。她的愛好運動，

還童心未泯。一九九二年在莫斯科近郊度假，一棵大樹吊著一根繩子似的樹藤，使她想起兒時住家附近也有一棵大樹的樹藤，幾個孩子想學電影人猿泰山吊著樹藤飛盪，不料，家長怕孩子們摔傷而狠心地砍掉了，使孩子們的願望破滅。這時譚傲霜不知自己已人到老年，她竟忘乎所以，抓住樹藤就飛盪起來。好一個泰山，把樹藤扯斷，使她重重地摔到了地上。她沒有想到，這時她的體重比兒時增加一倍以上，樹藤哪能有這份承重能力？這些回憶十分真實，她那好動的天性描寫得栩栩如生。讀起來彷彿自己也回到兒童時代。

譚傲霜在回憶錄中，不少地方流露了她的善良和愛心。她受過天主教洗禮，教義中教育人要有愛心、做善事。對小時候帶她、服侍她的楊媽的懷念、到臺灣在幫助過自己的孃孃墓前懷著深情的思念、對正直的北大當年黨委書記紐友希的感恩之情……等等，都情真意切，十分感人。

譚傲霜有倔強的性格。她在廣州獲得第一屆全國游泳比賽大會女子跳水冠軍後，體育部門的領導認為她有培養前途，準備送她去匈牙利培訓兩年，日後當職業運動員。能出國，這在當年被大家認為是多好的事啊！但傲霜不這樣看，對出國沒有什麼羨慕，家裡母親就是外國人，經常能瞭解外國的資訊。她認為自己學的專業更重要，而自己的志向不是今後運動員，就拒絕了領導的好意。

她在北京大學畢業後，拿著分配介紹信，帶上行裝，乘火車去天津。那裡的分配處，要她到某中學當體育教員。叫一個北大新聞系畢業生去教中學生的體育，簡直荒唐！在那時，有一條規定，叫「服從組織分配」。許多畢業生都遇到過這種荒唐事，也就不高興地服從了。譚傲霜卻不是這種人，她不服從這種荒唐分配。她二話沒說，立即拖著行李趕回北大，對這種胡亂分配表示抗議。也算她好運，遇到一位能理解她的好人——北大當時的黨委書記紐友希。後來，把她分配到僑委中國新聞社做記者。

一九五五年，「肅反」運動展開。譚傲霜正在同一個蘇聯留學生談戀愛。這在今天來看能算個什麼事呢？談戀愛正常，願意跟誰談就跟誰談，誰管得著？可那個時候不行。有人揭發她們的這一關係，當局千方百計地要現場抓人，她也千方百計地擺脫他們的追蹤。軍隊派來的專案組還嚴詞警告。在有同事被逼跳樓自殺的極度緊張的氣氛下，譚傲霜始終拒絕承認。於是，她被扣留軟禁，剝奪她做記者的權利。運動結束後，譚傲霜以憲法為根據予以抗議。之後，決定給自己炒魷魚，留下一份因病辭職申請書後便逍遙而去。這種表現，在當時的中國是十分罕見的，也是很危險的，等於自絕生路。離開了組織分配的工作崗位，到哪裡找飯吃？有幾個好漢能有這膽量？後來，倒是領導軟了，向她「求和」，並根據她的要求把她調到俄文報紙《友好報》報社。這幾件事，充分反映了她那渴望自由和叛逆的性格。

在回憶錄的最後，描寫了一九九一年八月十九日蘇聯發生政變期間，譚傲霜和丈夫曾是這個震撼世界七天七夜事件的目擊者和參與者。她曾在事件發生進程中寫過七篇現場報導，事後應俄羅斯廣播電臺華語部邀請，用中文向全世界華語聽眾播送。

她寫道：「傍晚，我們懷著無比壓抑的心情，趕到矗立在莫斯科河畔、被人們親切地稱為俄羅斯白宮的白色議會大廈前時，保衛大廈的莫斯科市民已行動起來。我和丈夫立即投入建築街壘和工事的戰鬥中。附近工地上的鋼筋混凝土結構、鋼條和鐵架用少數卡車和更多的人力扛到白宮周圍的通道。我們把工人運來的一捆捆帶著油泥的鋼索解開。反坦克工事，從四面八方平地而起。無軌電車堵住附近的幾個街口。我們要保衛俄羅斯聯邦的合法政府。」

政變頭目們可能狗急跳牆，舉起屠刀，製造流血事件。「但是人民不會再向暴政屈膝，聽人宰割。克制著心中的畏懼，我們跟死守在議會大廈前赤手空拳的莫斯科人，隨時等待進攻，度過了第一個驚心動魄的夜晚，直到天明。」

她講到：「成千上萬的守衛者，在陰冷的秋雨下挨餓受凍。我不能寫了，要趕緊把家裡的食品、飲料、被子、帶去支援俄羅斯和各族兄弟姐妹們。」

　　「中午停筆後，我用四分之一的月薪買下了附近商店裡僅有的全部酸奶、大批麵包、黃油和果汁，拿出家裡存了一年，準備挨餓時吃的全部罐頭和冰凍香腸，煮了四大鍋米飯，叫女兒和她的中國朋友來，四個人用旅行袋裝好，由我開車前赴俄羅斯白宮，支援守衛議會的莫斯科人。」

　　她寫道：「一九四九年，我在上海迎來了中國共產黨，一九九一年又在莫斯科送走了蘇聯共產黨。」

　　這是她一生的光輝篇章。對民主的追求，對專制的鬥爭，多麼勇敢、堅強！多麼意志堅定！多麼大公無私！

　　他父親給她取名譚傲霜，來自蘇東坡的〈冬景〉中的詩句：「菊殘猶有傲霜枝。」寓意像秋天的菊花，不怕冰霜的侵襲，婷婷玉立，這還真是應驗了。她八十個春秋，豐富多彩的人生，歷經坎坷，她總是挺立面對。

　　好一枝傲霜菊花！

劉鵬

二〇一一年六月八日於北京西山

血歷史20　PC0222

**新銳文創**
INDEPENDENT & UNIQUE　譚傲霜回憶錄

---

| 作　　者 | 譚傲霜 |
| 責任編輯 | 林泰宏 |
| 圖文排版 | 邱瀞誼 |
| 封面設計 | 蔡瑋中 |

---

| 出版策劃 | 新銳文創 |
| 發 行 人 | 宋政坤 |
| 法律顧問 | 毛國樑　律師 |
| 製作發行 | 秀威資訊科技股份有限公司 |
| | 114 台北市內湖區瑞光路76巷65號1樓 |
| | 電話：+886-2-2796-3638　傳真：+886-2-2796-1377 |
| | 服務信箱：service@showwe.com.tw |
| | http://www.showwe.com.tw |
| 郵政劃撥 | 19563868　戶名：秀威資訊科技股份有限公司 |
| 展售門市 | 國家書店【松江門市】 |
| | 104 台北市中山區松江路209號1樓 |
| | 電話：+886-2-2518-0207　傳真：+886-2-2518-0778 |
| 網路訂購 | 秀威網路書店：http://www.bodbooks.com.tw |
| | 國家網路書店：http://www.govbooks.com.tw |

---

| 出版日期 | 2012年6月　初版 |
| 定　　價 | 700元 |

---

國家圖書館出版品預行編目

譚傲霜回憶錄 / 譚傲霜著. -- 一版. -- 臺北市：新銳文創,
　2012.06
　　面； 公分. --（血歷史20；PC0222）
　BOD版
　ISBN　978-986-6094-82-8（平裝）

　1. 譚傲霜　2. 回憶錄

782.887　　　　　　　　　　　　　　　101007855

# 讀 者 回 函 卡

感謝您購買本書，為提升服務品質，請填妥以下資料，將讀者回函卡直接寄回或傳真本公司，收到您的寶貴意見後，我們會收藏記錄及檢討，謝謝！如您需要了解本公司最新出版書目、購書優惠或企劃活動，歡迎您上網查詢或下載相關資料：http:// www.showwe.com.tw

您購買的書名：＿＿＿＿＿＿＿＿＿＿＿＿＿＿＿＿＿＿＿＿＿＿＿

出生日期：＿＿＿＿年＿＿＿＿月＿＿＿＿日

學歷：□高中 (含) 以下　　□大專　　□研究所 (含) 以上

職業：□製造業　□金融業　□資訊業　□軍警　□傳播業　□自由業
　　　□服務業　□公務員　□教職　　□學生　□家管　□其它＿＿＿

購書地點：□網路書店　□實體書店　□書展　□郵購　□贈閱　□其他
您從何得知本書的消息？

　　□網路書店　□實體書店　□網路搜尋　□電子報　□書訊　□雜誌
　　□傳播媒體　□親友推薦　□網站推薦　□部落格　□其他＿＿＿＿＿
您對本書的評價：(請填代號　1.非常滿意　2.滿意　3.尚可　4.再改進)

　　封面設計＿＿＿　版面編排＿＿＿　內容＿＿＿　文／譯筆＿＿＿　價格＿＿＿
讀完書後您覺得：

□很有收穫　□有收穫　□收穫不多　□沒收穫

對我們的建議：＿＿＿＿＿＿＿＿＿＿＿＿＿＿＿＿＿＿＿＿＿＿＿

＿＿＿＿＿＿＿＿＿＿＿＿＿＿＿＿＿＿＿＿＿＿＿＿＿＿＿＿＿＿＿＿

＿＿＿＿＿＿＿＿＿＿＿＿＿＿＿＿＿＿＿＿＿＿＿＿＿＿＿＿＿＿＿＿

＿＿＿＿＿＿＿＿＿＿＿＿＿＿＿＿＿＿＿＿＿＿＿＿＿＿＿＿＿＿＿＿

11466
台北市內湖區瑞光路 76 巷 65 號 1 樓

**秀威資訊科技股份有限公司**　　　收
BOD 數位出版事業部

................................................................................

（請沿線對折寄回，謝謝！）

姓　　名：＿＿＿＿＿＿＿＿＿　　年齡：＿＿＿＿　　性別：□女　□男

郵遞區號：□□□□□

地　　址：＿＿＿＿＿＿＿＿＿＿＿＿＿＿＿＿＿＿＿＿＿＿

聯絡電話：(日) ＿＿＿＿＿＿＿＿＿　　(夜) ＿＿＿＿＿＿＿＿＿

E-mail：＿＿＿＿＿＿＿＿＿＿＿＿＿＿＿＿＿＿＿＿＿＿